Andreas Bellasi · Höhen, Tiefen, Zauberberge

Andreas Bellasi (Hrsg.)

Höhen, Tiefen, Zauberberge

Literarische Wanderungen in Graubünden

Mit Fotos von Erich Gruber

Rotpunktverlag

Verlag und Herausgeber danken den folgenden Institutionen für Werk- und Druckkostenbeiträge:
Kulturförderung, Kanton Graubünden
Stadt Chur
Lia Rumantscha
Walservereinigung Graubünden
Pro Grigioni Italiano
Stiftung Jacques Bischofberger
Stiftung Stavros S. Niarchos, Chur
Stiftung Lienhard-Hunger
Pro Raetia
Familien-Vontobel-Stiftung
Oertli-Stiftung
Ernst Göhner Stiftung

www.rotpunktverlag.ch
Umschlaggestaltung, Umschlagfoto: Erich Gruber (Steinmann im Val da Cam)
Druck und Bindung: fgb · freiburger graphische betriebe · www.fgb.de
ISBN 3-85869-277-8
1. Auflage

Inhalt

Auf einen Blick. Die literarischen Wegweiser

Schriftstellerinnen und Schriftsteller und ihre Werke, die dieses Lesewanderbuch inspiriert haben. Die vollständigen bibliografischen Angaben finden sich in den jeweiligen Kapiteln.

Silvia Andrea (Pseudonym für Johanna Garbald-Gredig),
»Violanta Prevosti. Geschichtlicher Roman« (1905)
LiteraTour 15: Val Bregaglia/Bergell

Ulrich Becher, »Murmeljagd« (1969)
LiteraTour 10: Oberengadin

Thomas Bernhard, »Der Untergeher« (1983)
LiteraTour 2: Churer Rheintal

Cla Biert, »La müdada« (1962)
Cla Biert, »Die Wende« (1984)
LiteraTour 16: Engiadina Bassa/Unterengadin

Hans Boesch, »Der Kreis« (1998)
LiteraTour 9: Surses/Oberhalbstein–Oberengadin

Caspar Decurtins, »Rätoromanische Chrestomathie« (1914)
LiteraTour 17: Val Mora/Val Müstair/Münstertal

Gion Deplazes, »Levzas petras« (1961)
Gion Deplazes, »Bittere Lippen« (1976)
LiteraTour 24: Val Sumvitg

Arthur Conan Doyle, »An Alpine Pass on ›Ski‹« (1894)
LiteraTour 6: Davos

Jon Durschei, Irmgard Hierdeis, »Mord in Mompé« (1987)
LiteraTour 25: Cadi/Bündner Oberland

Remo Fasani, »Pian San Giacomo« (1983)
LiteraTour 30: Mesolcina/Misox

Georg Fient, »Heimatluft. Prättigauer Art und Unart« (1953)
LiteraTour 4: Prättigau

Max Frisch, »Stiller« (1954)
LiteraTour 6: Davos

Reto Hänny, »Ruch. Ein Bericht« (1979)
LiteraTour 7: Chur

Reto Hänny, »Flug« (1985)
LiteraTour 27: Heinzenberg

Hans Haid u. a., »Ein Leben lang« (1995)
LiteraTour 22: Vals

Toni Halter, »Caumsura« (1967)
Toni Halter, »Campsura« (1976)
LiteraTour 21: Val Lumnezia/Lugnez

Jakob Christoph Heer, »Der König der Bernina« (1900)
LiteraTour 12: Oberengadin

Wolfgang Hildesheimer, »Marbot. Eine Biografie« (1981)
LiteraTour 28: Via Spluga (Thusis–Chiavenna)

Silvio Huonder, »Adalina« (1997)
LiteraTour 7: Chur

Johann Josef Jörger, »Bei den Walsern im Valsertal« (1913)
Johann Josef Jörger, »Urchigi Lüt« (1918)
LiteraTour 22: Vals

John Knittel, »Via Mala« (1934)
LiteraTour 25: Val Medel/Lucmagn/Lukmanier (oder Avers)

Massimo Lardi, »Dal Bernina al Naviglio« (2002)
LiteraTour 13: Val Poschiavo/Puschlav

Elizabeth Main, »The Story of an Alpine Winter« (1907)
LiteraTour 11: Oberengadin

Thomas Mann, »Der Zauberberg« (1924)
LiteraTour 6: Davos

Hugo Marti, »Davoser Stundenbuch« (1934)
LiteraTour 5: Davos

Niklaus Meienberg, »Stille Tage in Chur«. Aus: »Reportagen aus der Schweiz« (1974)
LiteraTour 7: Chur

Conrad Ferdinand Meyer, »Jürg Jenatsch. Eine Bündnergeschichte« (1874)
Conrad Ferdinand Meyer, »Die Richterin« (1885)
LiteraTour 26: Domleschg

Hans Morgenthaler, »Woly, ein Sommer im Süden« (1924)
LiteraTour 3: Arosa

Markus Moor, »Notizen über einen beiläufigen Mord« (2000)
LiteraTour 14: Val Bregaglia/Bergell

Friedrich Nietzsche, »Der europäische Nihilismus« (1887)
LiteraTour 8: Churwalden–Lenzerheide

Jon Semadeni, »Il giat cotschen« (1980)
Jon Semadeni, »Die rote Katze« (1998)
LiteraTour 18: Engiadina Bassa/Unterengadin

Flurin Spescha, »Das Gewicht der Hügel« (1986)
LiteraTour 19: Domat/Ems

Placidus Spescha, »Beschreibung der Erstbesteigung des Rheinwaldhorn im Jahre 1789«
LiteraTour 29: Vals–Rheinwald

Johanna Spyri, »Heidis Lehr- und Wanderjahre« (1880)
Johanna Spyri, »Heidi kann brauchen, was es gelernt hat« (1881)
LiteraTour 1: Bündner Herrschaft

Robert Louis Stevenson, »Die Schatzinsel« (1883)
LiteraTour 5: Davos

Leo Tuor, »Giacumbert Nau, cudisch e remarcas da sia veta menada« (1988)
Leo Tuor, »Giacumbert Nau, Hirt auf der Greina« (1998)
LiteraTour 23: Greina–Val Sumvitg oder Val Campo (TI)

Ernst Zahn, »Die Frauen von Tannò« (1911)
LiteraTour 20: Safiental

Quelle literarischer Inspiration und
Imagination: Graubündens Landschaften
(im Bild das Val S-charl)

Andreas Bellasi

Vorwort

Mit einem Rucksack voller Bücher. Die Berge im Kopf

Lesen und wandern in Graubünden

»Chaus e muntognas, Köpfe und Berge«. Unter diesem Motto feierte Graubünden 2003. Aus Anlass seiner 200-jährigen Zugehörigkeit zur Eidgenossenschaft. Etwas mehr als zwei Jahrzehnte vor der Einschweizerung des gebirgigen Freistaates – durch das Diktat Napoleons – datiert eine frühe literarische Erwähnung Graubündens. Allerdings eine wenig schmeichelhafte. In Schillers »Die Räuber« (2. Akt, 3. Szene) genießt das »Graubünder Land« den Ruf, »das Athen der Gauner« zu sein.

Vielfalt in Köpfen und Landschaften

Wie erfuhr Schiller, der bekanntlich weder am Vierwaldstättersee in der Innerschweiz noch in Graubünden war, vom Gerücht graubündnerischen Gaunertums? Den »Wilhelm Tell« überließ ihm der Dichterkollege Goethe in Weimar. Doch der reiste erst Jahre später durch Graubünden; Schriftliches zu Land und Leuten hinterließ er nicht.

Die Frage löst sich biografisch: Ein Bündner Kopf gehörte zu den Lehrern des jungen Schiller. Dass dieser seinen Zögling ungerecht behandelte, gar misshandelte, ist anzunehmen, wenn sich der Dichter später mit der pauschalen Desavouierung des Herkunftslandes des Pädagogen revanchierte.

Graubündnerisches Gaunertum gab es zwar, wie anderswo in römischer Zeit, im Mittelalter und während der Kriegswirren im 17. Jahrhundert. Aber um 1780, als Schiller seine »Räuber« schrieb und Goethe die Schweiz bereiste, hatte bereits ein tief greifender Wandel eingesetzt. Der Passverkehr entwickelte sich zu lukrativ, als dass sich die wirtschaftlich mächtigen Köpfe das Geschäft durch unsichere Wege hätten ruinieren lassen. Als die Nachfrage weiter stieg, wandelten sich die vormaligen Halsabschneider zu erfolgreichen Hoteliers und Fremdenführern.

Graubünden ist der kulturell und sprachlich vielfältigste Schweizer Kanton. Immerhin werden hier drei der vier verfassungsmäßigen Landessprachen gesprochen. Dazu kommen Dialekte und Idiome. Neben dem mehrheitlich gesprochenen Bündnerdeutsch, darunter die walserdeutschen Dialekte von Davos, am Heinzenberg, im Prättigau, Rheinwald und von

Vals, und dem Italienischen ist es das Rätoromanische mit seinen verschiedenen Idiomen, die im Übrigen auch Literatursprachen sind.

Solche Vielfalt auf kleinem Raum ist sensationell und einzigartig in Europa. Auch landschaftlich spielt sich ein Spektakel ab. Aussichtsreiche Höhen, wildromantische Tiefen, zauberhafte Berge. So präsentiert sich Graubünden wie ein Leporello: Jedes Tal offenbart eine andere Fazette. Die Fotos in diesem Buch zeugen davon.

Freilich: Neben dem Schönen und Atemberaubenden ist nicht zu übersehen, dass auch Gegenwart und Moderne, Investoren und Ingenieure ihre Spuren hinterlassen. Nicht alle Schluchten und Flussufer sind unberührt und nicht jeder Pass liegt einsam. Nicht jeder Gipfel ist Schwindel erregend, und viele, die es waren, sind heute durch Aufstiegshilfen leicht erreichbar. Rummelgipfel, mit Panorama gewiss, aber auch mit Gedränge.

Inspiration, Imagination

Der Berg im Kopf. Oder der Berg vor dem Kopf. Graubünden als traditionelles Transit- und Passland hat früh schon Literaten und Künstler angezogen – und jene, die etwas länger blieben, auch in seinen Bann gezogen. Auf ihrer Italienreise haben viele Graubünden passiert, die Ost-West-, zumal aber die Nord-Süd-Pässe traversiert. So finden sich insbesondere in der Reiseliteratur ab dem späten 17. Jahrhundert Anmerkungen zu Graubünden und Schilderungen einzelner Routen, etwa der Viamala- und Roflaschlucht und des Splügenpasses.

Ab der Mitte des 19. Jahrhunderts hält der Fremdenverkehr in Graubünden Einzug, und gewisse Orte und Talschaften werden zu touristischen Destinationen, die ihren Niederschlag im Schaffen einzelner Dichter und Denker, sei es als Inspiration oder Imagination, fanden. Dazu gehören prominente Köpfe: Von Theodor W. Adorno bis Stefan Zweig, von Bertolt Brecht bis Franz Werfel, alle Manns, Friedrich Nietzsche, Robert Musil, Jean Cocteau, Marcel Proust, Rainer Maria Rilke, Arthur Schnitzler, Hermann Hesse besuchten Graubünden regelmäßig oder gelegentlich.

Zahlreiche Literaten, auch etliche Vertreter der Weltliteratur, hielten sich in den Lungenkurorten Arosa und vor allem Davos auf. Einigen geriet die Kur zur schöpferischen Zeit. Das in diesem Kontext wohl berühmteste Werk ist »Der Zauberberg« von Thomas Mann, der indes nicht als Patient in Davos weilte. Ob Mann wanderte, ist nicht verbrieft. Musil nannte ihn den »Schriftsteller mit den schärfsten Bügelfalten«. Sein Roman war lange Zeit fast Synonym und meist einzige Assoziation zu Davos. Doch auch »ech-

Wildromantisch: Somvixer Rhein bei der Frontscha

ten« Tuberkulosepatienten wurde der Kuraufenthalt zur produktiven Zeit und die Landschaft Davos zur literarischen Szenerie. Später fand ein bekannter deutscher Schriftsteller in Graubünden seine Wahlheimat: Wolfgang Hildesheimer entdeckte auf der Suche nach einem rheumafreien Klima Poschiavo und lebte dort bis zu seinem Tod.

Nicht nur Durchreisende, Gäste und Patienten, auch einheimische Literaten haben im dreisprachigen Kanton eine eindrückliche Anzahl Werke hervorgebracht. Am produktivsten sind dabei die rätoromanischen Autoren und Autorinnen. Zudem liegen zahlreiche Arbeiten aus Italienisch-Bünden vor. Und die Mundartdichtung, zumal im Walserdialekt, hat einige beachtliche Texte geschaffen.

Literarische Schauplätze in Graubünden

Die Vielfalt der Landschaften hat eine vielfältige Literatur inspiriert. Aus dem reichen Fundus schöpft dieses Buch. Ausgewählte deutschsprachige, rätoromanische, italienische sowie zwei englische Werke, entstanden zwischen dem Ende des 18. Jahrhunderts und der jüngsten Gegenwart, weisen – im über 10 000 Kilometer langen Wanderwegnetz Graubündens – die Wege für 30 literarische Wanderungen. Sie begleiten und ermuntern, wo die Strecke beschwerlich wird. Und sie spenden Trost, wo die Landschaft – durch touristische Nutzung, hemmungslose Überbauung – verstellt und unlesbar wird.

Die LiteraTouren verteilen sich über den ganzen Kanton Graubünden; einzelne lassen sich zu mehrtägigen Wanderungen kombinieren.

Der Literaturbegriff ist bewusst weit gefasst. Die Auswahl der Werke will einen möglichst repräsentativen Querschnitt der Graubünden-Belletristik bieten und sie ermöglicht einen Einblick in alle geografischen Regionen des Kantons.

Die literarische Spurenlese beabsichtigt zweierlei Anregungen: bekannte und unbekannte literarische Werke wieder zu lesen oder zu entdecken sowie wandernd Einblicke in Kultur und Landschaft des heutigen Graubündens zu gewinnen. Die Zitate aus den literarischen Wegweisern sind kursiv gesetzt. Jedes Kapitel weist sie bibliografisch nach und listet weiterführende Literatur zur Vertiefung auf. Der Anhang enthält eine ausführliche Bibliografie zum Kulturraum Graubünden – eine Anregung zum Weiterlesen und Weiterwandern.

Wissenswertes für den Weg

Die LiteraTouren sind mit subjektiver Leidenschaft geschrieben. Es sind persönliche Landschaftseindrücke und Literaturerlebnisse. Entsprechend setzen sie unterschiedliche Akzente; so steht einmal die zu entdeckende Landschaft im Vordergrund, ein anderes Mal das literarische Werk. Die Palette vom kurzen Spaziergang zur strapaziösen Route mit deftigen Auf- und Abstiegen ist breit gefächert.

Die LiteraTour-Infos am Schluss jedes Kapitels geben sachliche Hinweise und Orientierungshilfen. Büchersymbole klassieren die geschilderten Wanderungen: Fünf Bücher symbolisieren mehrtägige sowie anspruchsvolle und anstrengende Bergtouren mit steilen Auf- und Abstiegen; vier stehen für Bergwanderungen, die zwar Ausdauer erfordern, aber keine nennenswerten Schwierigkeiten aufweisen; drei Buchsymbole zeigen leichte Wanderungen ohne größere Höhendifferenzen an; zwei symbolisieren den literarischen Spaziergang (ein Buchsymbol stünde für die Schauplatzbesichtigung, ein Vor-Ort-Verweilen, was in diesem Buch nicht stattfindet).

Wichtige Hinweise für die Planung liefern die Gehzeiten, Höhendifferenzen sowie Karten. Die empfohlenen besten Jahreszeiten für die meisten LiteraTouren sind der Sommer und der Herbst. Zu bedenken ist dabei, dass in höheren Regionen bis Ende Juni oder noch länger Schneefelder liegen können; die örtlichen Tourismusbüros informieren. Überhaupt sind Wetterprognose und Wetterbeobachtung wichtig sowie solides Schuhwerk und Regenschutz unabdingbar beim Wandern. Ferner ist zu beachten, dass in Graubünden vom 9. bis zum 30. September gejagt wird! Zur An- und Rückreise sind öffentliche Verkehrsmittel empfohlen.

Unweit der Inn-Quelle: Lägh dal Lunghin (2484 m)

Die Routenbeschriebe fallen mal kürzer, mal länger aus. Die meisten literarischen Wanderwege sind gut markiert und ausgeschildert. Die Routen sind dort ausführlicher beschrieben, wo sie nicht einfach vor einem liegen, wo nicht an jeder Verzweigung ein eindeutiger Wegweiser steht. Und sie benennen mögliche Irrungen und geben Hinweise auf Varianten – Abkürzungen, Abstecher, Umwege. Rasten und Ruhen nennt Gaststätten am Weg, die zur Einkehr laden, sowie Unterkünfte für die Nacht; dafür empfiehlt sich vorgängige Reservierung. Der Anhang des Buches enthält nützliche Adressen für den kulturellen Graubünden-Aufenthalt.

Dank

Zum Gedeihen und Gelingen dieses Buches haben viele vieles beigetragen. Ihnen sei hier herzlich gedankt:
Beat Hächler, dem Herausgeber von »Das Klappern der Zoccoli. Literarische Wanderungen im Tessin« (2000). Das Buch stand Vorbild.
Kurt Wanner, dessen Buch »Der Himmel schon südlich, die Luft aber frisch« (1993) bei der Planung und Recherche unschätzbare Anregungen und eine Fülle von Details geliefert hat (leider ist das Buch vergriffen).
Jürg Frischknecht, Lorenz Kunfermann, Georg Jäger, Clo Duri Bezzola, Vincenzo Todisco sowie Marlise Daum und Gaby Schneider für die wertvollen Hinweise und die Hilfe bei der Erstellung der Auswahlbibliografie.
Annetta Ganzoni für die Hilfe bei der Beschaffung der Porträtaufnahmen.
Franziska Nyffenegger für das Lektorat und dem Team des Rotpunktverlages für Betreuung und Gestaltung, insbesondere Andreas Simmen, der vieles erleichtert hat.
Erich Gruber, der das Buch mit seinen Landschaftsbildern bereichert, und den Mitautorinnen und Mitautoren.
Die Spuren sind gelegt. Zu Zauberbergen und anderen Höhen und Tiefen. Mit einem Rucksack voller Bücher, die Berge im Kopf, heißt es nun: Lesend die Landschaft erwandern und eine vielfältige Kultur entdecken.

Heile Welt im Weltbestseller: »Heididörfli«
oberhalb Maienfeld

Ueli Redmann

LiteraTour 1: Maienfeld–Ochsenberg–Jenins–Rofels

Heidis Herrschaft. Idylle pur – und ohne Schrecken

Auf den Originalwegen von Johanna Spyri, »Heidis Lehr- und Wanderjahre« (1880) und »Heidi kann brauchen, was es gelernt hat« (1881)

Fast alles ist, wie es war. Der Bahnhof Maienfeld, an dem Johanna Spyri im August 1879 ausgestiegen ist, steht da wie damals. Ebenso eine Gartenbeiz mit Bäumen. Keine grelle Tourismuswerbung, kein Rummel. Die Übersichtstafel »Heidis Heimat« könnte man leicht übersehen. Von der Pferdekutsche des Obristen von Salis-Jenins wurde Johanna Spyri damals abgeholt. Und auch in unsern Tagen sind Ross und Reiter und Kutschen in der Herrschaft unterwegs. Doch heute empfängt kein Guide die beiden Japanerinnen mit Kind im Buggy, ein schäbiger Heidishuttle ersetzt das Pferdegespann und fährt gar ohne sie los. Etwas verloren, nicht unbeholfen, wenden sie sich schließlich an den verschlafenen Kiosk. Flüstern das magische Wort. Erhalten ein einfaches Plänchen, das sie auch in ihrer Sprache und Schrift informiert.

Johanna wird abgeholt – die Zeit bleibt stehen

Konservativ sind die Bündner Herrschäftler, Bewahrer. Was nicht geändert werden muss, wird belassen, und das Alte vermag zu überdauern. Fremden wird höflich begegnet, gern wird der Gast bewirtet, doch um dessen Gunst wird nicht gebuhlt. Ein Tourismusförderungsgesetz haben sie abgeschmettert und das regionale Tourismusbüro den Ragazern jenseits des Rheins im Sankt-Gallischen überlassen. Auch das »Swiss Heidi Hotel«, das im Industriequartier von Maienfeld steht, ändert nichts daran: Die modernen

Veröffentlichte ihren späteren Kinderbuchklassiker anfänglich anonym: Johanna Spyri (1827–1901)

Wie zu Spyris Zeiten: Ankunft in Heidis Heimat

Marketingstrategien haben die Herrschäftler verschlafen, ließen den Heidinamen nicht als Marke schützen, sodass sich andere damit brüsten können und die Sarganserländer das »Heidiland« betreiben wie auch das »Heidiwasser« abfüllen. Die Herrschäftler haben sich so das Entscheidenste, das Wichtigste, das Größte geholt: Authentizität! Hier ist alles echt, nichts gestellt, nichts beschönigt. Hier geschieht nichts Spektakuläres, hier ist Realität. Abertausende von rührenden Einträgen in allen Sprachen und Schriften im Gästebuch des Heidihauses belegen: Wer hier ist, schaut Wahrheit, erlebt an sich selbst den Beweis, dass Heidi war und ist, bestärkt den Glauben, dass trotz allen Düsternissen das Reine, das Heile, das Unverdorbene obsiegt.

Am Bahnhof entdecken die Japanerinnen den Wegweiser zum Heidiweg, eilen kurzschrittig städtchenwärts, durch doch ein wenig Neustadt, über eine pompöse Straßenkreuzung, tauchen bald wieder links – die holprige Pflästerung schüttelt im Buggy das schlafende Kind – aufwärts in alte Zeiten: vorbei am Schloss Brandis, durch Gassen entlang altgediegener Hinterhöfe zum großen Platz im »Städtli«, wie die Maienfelder ihr Dorf seit vielen Jahrhunderten stolz nennen. Nicht einmal der rege Verkehr vermag darüber hinwegzutäuschen: Hier ist die Zeit stehen geblieben.

Versteckspiele und Umwege

Der Buchanfang umspielt den Titelnamen: die Heide, das Heidi, der Heide, Heidelberg – doch dieser Name fehlt. Frankfurt nennt die Geschichte und auch der Wegweiser im Heididorf (»Frankfurt 368 km«), aber in Heidelberg hat Spyri die armen Kinder geholt (davon später), und durch den »Heidelberg« verlässt man das Städtchen auf dem Heidiweg. Spyris Zugang war das nicht, sie kam von Jenins her. Verwirrliches Spiel, das liebte sie. Gab sich lange nicht als Autorin ihres Werkes zu erkennen: »*Von der Verfasserin von ›Ein Blatt auf Vrony's Grab‹*«, so nennt die Erstausgabe die Urheberin, und auch die Adressaten blieben vielfältig: »*Für Kinder und auch für Solche, welche die Kinder lieb haben.*«

Wen wollte sie schützen: sich selbst? Vor der Kritik ihrer »Kollegen« Meyer und Keller? Ihren Mann, den Zürcher Stadtschreiber Johann Bernhard Spyri? Oder schämte sie sich ihrer Vermessenheit, dem von ihr so verehrten Frankfurter Goethe und dessen »Wilhelm Meister« mit dem Titel ihres Buches – »Heidis Lehr- und Wanderjahre« – so unverblümt nachzueifern? Ahnen konnte sie nicht, dass sie Letzteren an Weltberühmtheit und kommerziellem Erfolg locker überrunden würde.

Die Ortsangaben sind eindeutig: Beim »Heidelberg« verlässt der Heidiweg das Städtli, geht aufwärts durch die Weinberge, die »Wingerten«, Naturweg bald. Unterhalb am Städtlirand ist jetzt Schloss Salenegg zu sehen, wo Rilke gelegentlich weilte und in seinem letztveröffentlichten Gedicht den Wappenbaum besang. Während der zwei Generationen jüngere Rilke dichtete: »Denn das Schöne ist nichts als des Schrecklichen Anfang …«, schreibt Spyri – wohl aufgrund eigener biografischer Erfahrungen – im »Heidi« gegen das Schreckliche an. Denn tatsächlich gedeiht Idylle nur am Rande des Abgrunds, umringt von Schrecken. Und Idylle verheißen Wanderung und Geschichte, genauso, wie es Johanna Spyri in den Eingangssätzen ihres Heidibuches schildert: »*Vom freundlich gelegenen, alten Städtchen Mayenfeld aus führt ein Fußweg durch grüne, baumreiche Fluren bis zum Fuße der Höhen, die von dieser Seite groß und ernst auf das Tal herniederschauen. Wo der Fußweg zu steigen anfängt, beginnt bald das Heideland mit dem kurzen Gras und den kräftigen Bergkräutern dem Kommenden entgegenzuduften.*«

Die Maienfelder nennen ihr Dorf »Städtli«

Jetzt ist alles da: der Schauplatz, Freundlichkeit, ernstes Herniederblicken, kurz und kräftig die Heide, und schon sind Leser und Leserin mit allen Sinnen Kommende, die sich auch beim neuerlichen Lesen gern auf den großartigen Text einlassen.

Die typischen Herrschäftler Wingertmauern sind gelegentlich mit »Stäpfli« unterbrochen, schmalen Mauerdurchbrüchen, die unten mit einer eingesetzten Steinplatte bewehrt sind. Und durch ein solches betritt auch die Heidiwandererin die Heide, die Maienfelder Allmend. Uralte Buchen mit weit ausladenden Ästen, knorrige Eichen, da und dort etwas schütter, Eichensterben auch hier. Eine archaisch großartige Landschaft. Durch Bäume schimmert ein altenglisches Landhaus: der »Römersteig«, Wohnsitz von John Knittel, dem Schöpfer von »Via Mala«, der nicht nur Namen, sondern sogar die Geografie verschlüsselte (vgl. LiteraTour 25).

Beim Weiler »Bofel« treibt das Konservative paradoxe Blüten: Ein altes Privatrecht verhindert den logischen Weiterweg und zwingt Heidiwandernde aller Mütter Länder zu einem ärgerlichen Schlenker über die Straße. Dann »Ober-Rofels«, das Heididörfli. Auch die Japanerinnen sind angekommen.

Heidi – the Original

Ist Heidi ein Original? Oder ein Typus? Ein Archetypus gar? Und was ist dann dessen Schattenseite? Die Bigotterie? Der Sadomasochismus? Gar das Perverse schlechthin? Heidi – weibliches Wesen ohne Unterleib. Wie eine Mickymousefigur. Alles ist rein, kein einziger schmutziger Gedanke. Auch sprachlich bleibt es ein Neutrum, das Heidi, ist altersmäßig nicht einzugrenzen; Lehr- und Wanderjahre wären Adoleszenzjahre; aber Spyris Heidi fehlt jede körperliche Natur.

Dafür haben die Tiere im Heididörfli Natur mit allem, was dazugehört. Und auch im neu erstellten »Dorfladen« ist alles, was es zu kaufen gibt, echt, brauchbar, währschaft, bodenständig: Rucksäcke, Mützen, »Holz aus Großvaters Wald«, Küchen- und Geschirrtücher, Kissen, bemaltes Geschirr, »Heidi-Wii«, »Heidis Steinpilz-Polenta«, »Heidi-Honig«, »Alpöhi-Tropfen«, »Peters Gemüsesuppe«, »Bündner Gerstensuppe Großmutterart«; alles gewiss von freundlichen jungen und alten Maienfelderinnen von Hand hergestellt, an der Föhnsonne luftgetrocknet und für ewige Zeiten haltbar gemacht. Daneben die Konserven heutiger Zeit: Heidifilme in Schweizerdeutsch, Hochdeutsch und anderen Sprachen, Musicals und Hörspiele, selbstverständlich die Bücher.

»Heidi's House – the Original« – auf Wunsch mit geführtem Rundgang

Unweit davon: das »Heidi's-House – the Original«. Das Ticket aus dem Laden öffnet das Drehkreuz. Die Japanerinnen am Ziel ihrer Wallfahrt: andächtig, ergriffen. Eine Stimme begleitet die Besucher durchs Haus, das genauso ist, wies war; genauso, wie man es sich vorgestellt hat: Sogar die lebensgroßen Figuren wirken, als wären sie schon immer da gewesen. Nur Geißenpeter ist seiner Zeit voraus und liest »Heidi 2« am Stubentisch. Die frommen Sprüche an den Wänden reimen sich unbeholfen. Die Vitrine mit Ausgaben von Heidi aus aller Welt weckt beklemmende Gedanken: Heidi scheint umso heller zu strahlen, je patriarchaler und kriegerischer die Vergangenheit ist. Und während die Hintergrundstimme erklärt, dass »Heidi« nach der Bibel das meistgelesene Buch sei (aber wer hat schon die Bibel gelesen, und wer zählt die Korane?), wird der Heile-Welt-Schatten plötzlich riesengroß. Drängt einen durch die Hintertür ins Freie, in die Natur, auf einen Aussichtsplatz, wo tatsächlich ein »Peace Committee« verkündet: »Wie können wir Frieden erlangen? Nicht indem wir über Frieden sprechen, sondern indem wir auf der Straße des Friedens gehen.« Da sind sie nun doch noch zusammengekommen, die unzertrennlichen Geschwister Sentimentalität und Brutalität! Da bleibt nur noch eins: den Schattenmantel abgeschüttelt wie weiland Heidi seine Kleider und hinauf durch die Wälder – wandern!

Der Himmel ist oben, unten die Höll

Das alte kleine Weglein hinauf zum »Hof«, das Spyri seinerzeit wohl gegangen ist, gibt es nicht mehr. Der Frühling 1879 bedeutet für Johanna Spyri eine anstrengende Zeit: Sie arbeitet an literarischen Projekten, Geschichten für die »Schweizerzeitung« und besonders am Olga-Manuskript; ihr einziges Kind, der 24-jährige Jurastudent Bernhard, kränkelt; der Frühjahrsputz muss geleistet werden. Und obendrein noch diese wohltätige Aktion: Zusammen mit einer Freundin holt Johanna Spyri zwei kleine Kinder aus Heidelberg zu deren kranker Mutter nach Zürich. Sie ist am Rande ihrer Kräfte.

Da erinnert sie sich ihrer Freundin aus gemeinsamer Zeit im Welschland: Anna von Salis-Hössli aus Jenins. Dahin fährt Spyri für ein paar Tage. An einem frühen Augustmorgen wandern die beiden Frauen von Jenins nach Rofels zum »Dörfli« und hinauf zum »Hof«. Noch gleichentags beginnt Spyri zu schreiben; vielleicht serviert der Diener Sebastian Tee; er wird mit seinem richtigen Namen in der Geschichte verewigt. Vier Wochen später ist »Heidi« geschrieben, liegt rechtzeitig zu Weihnachten gedruckt vor. Legende? Fast so, wie sich Kinder und wohl auch andere das Romanschreiben eben vorstellen: begonnen mit dem ersten Wort und geschrieben, geschrieben bis zum letzten.

Ein steiler ehemaliger Fahrweg geht hinter dem Heidihaus durch den »Lufawald« in die Höhe, schnaufend verflüchtigen sich die schwarzen Gedanken, machen Kräuterdüften Platz. Überdies beanspruchen auf der anschließenden Forststraße die 12 Stationen von »Heidi's Erlebnisweg – Wandere, spiele und lerne« die Aufmerksamkeit. Die Fragen im Wettbewerbsbogen wollen gelöst sein: Texttafeln, geschnitzte Figuren und Erlebnisangebote geben Hinweise. Sentimentalität und Brutalität lösen sich auf im Kitsch, das Wandern im Mischwald bleibt angenehm.

Auf halber Höhe zur Alp geht links der heutige Zugang zum »Hof« ab – ehedem Geißenpeters lottriges Zuhause. Noch höher öffnen sich prachtvolle Blicke ins Rheintal, auf Autobahn, Bahngeleise, Zementfabrik und Kehrichtverbrennung, gleichsam Heidis

Unterwegs auf dem Heidiweg: Spyris Protagonisten

Frankfurt, während beschaulich Wandernde um sich reine Natur und – wenn nicht eben auf dem Alpweg ein Biker je nach Richtung heraufschnauft oder herunterzischt – die Ruhe über allen Wipfeln spüren können.

Auf dem »Ochsenberg«, der Heidialp, steht Großvaters Hütte erfreulich unverändert: ein typisches Maiensäß. Kein Kitsch, kein Rummel, keine Neubauten, sogar das Klo im Schopfanbau hat Erlebniswert. Die drei Wettertannen, deren Rauschen Heidi so gern lauschte, sind neu gepflanzt. Auf dem Bänklein vor der Hütte ist Wohlsein. Hier also hat Alpöhi, der alte Haudegen, seine Enkeltochter großgezogen und obendrein die lahme junge Klara in Pflege genommen.

Wer Böses denkt, ist ein Schelm; Pädophilie und sexueller Missbrauch sind neumodische Dinge, 1880 redete man davon noch nicht!

Literatur

Johanna Spyri, *Heidi, Die Gesamtausgabe*, illustriert von Rudolf Stüssi, Verlag Desertina, Chur 2000 (diverse andere Ausgaben)

Niklaus Meienberg, »Vom Heidi, seiner Reinheit und seinem Gebrauchswert«, in: *Reportagen 1*, Limmat Verlag, Zürich 2000

Regine Schindler, *Johanna Spyri Spurensuche*, pendo-verlag, Zürich 1997

Jürg Winkler, *Johanna Spyri, Aus dem Leben der »Heidi«-Autorin*, Albert Müller Verlag, Rüschlikon 1986

Jean Rudolf von Salis, *Rilkes Schweizer Jahre*, Suhrkamp Taschenbuch 289, Frankfurt a. M. 1975

Jean Villain, *Der erschriebene Himmel; Johanna Spyri und ihre Zeit,* Nagel & Kimche, Zürich 1997

Unberührte Landschaft: geografisch die Ochsenalp, »mythisch« die Heidialp

LiteraTour-Info

Einstufung 📖 📖 📖
Gehzeit 4 ½ h
Höhendifferenz 680 m
Beste Jahreszeit Mitte März bis Mitte November
Karten Landeskarten 1:25 000, Blätter 1155 Sargans und 1156 Schesaplana; Wanderkarte »Bündner Herrschaft - Bad Ragaz« 1:25 000 (vor Ort erhältlich)

An- und Rückreise
SBB bis Bad Ragaz (Fahrplanfeld 905) oder Maienfeld (Fahrplanfeld 880); Postauto Bad Ragaz-Maienfeld-Landquart (Fahrplanfeld 900.65)

Route
Vom Bahnhof Maienfeld stets den roten Markierungen »Heidiweg« folgend bis zum Sträßchen namens Heidelberg. (Neugierige gehen bei dieser Abzweigung zuerst noch ebenaus weiter zum Schloss Salenegg und bewundern die faszinierende Imitationsmalerei - das Trompe-l'œil - in der Einfahrt.) Bald folgt ein angenehmer Fußweg durch die Weinberge und an deren oberem Ende der Durchgang auf die Allmendwiesen. Bei der Wegkreuzung geht es linker Hand zum »Heidibrunnen« (Abstecher 300 m). Rechter Hand führt der Heidiweg weiter nach Ober-Rofels, dem Heididorf.
Das touristische Angebot besteht aus dem »Dorfladen« mit »Original Heidi-Souvenirs« und integrierter Poststelle mit Heididorf-Sonderstempel, einem Streichelzoo und natürlich dem »Heidi's House - the Original«, einem zum Museum umgebauten Walserhaus. Über dem Heidihaus (ab jetzt blaue Markierung »Heidiweg«) beginnt »Heidi's Erlebnisweg - Wandere, spiele und lerne, mit Auszügen aus Johanna Spyri's Heidigeschichte, illustriert von Rudolf Stüssi und spielerisch dargestellt vom Stadtforstamt Maienfeld«, der entlang von 12 Erlebnisposten hinauf auf den Ochsenberg führt (Frageblätter dazu gibts im Dorfladen). Der Erlebnisweg ist nur anfänglich steil, mündet bald in die Forststraße. Diese führt auf den Ochsenberg, wo Fahr- und Wegspuren zur »Heidialp« gehen. Von Mitte Mai bis September ist die Alphütte von einem Hirten bewohnt und bewirtet, der Besuchenden gerne das Innere zeigt. (Seine Anwesenheit wird durch eine Hinweistafel beim Heididörfli

angezeigt; Auskunft auch bei den Infostellen.) Vom Ochsenberg entweder weiter der Straße nach oder (schöner) über den markierten Wiesenweg bis zum »Kaltboden«, 1183 m (in der Landeskarte nicht bezeichnet; 20 Min.). Hier beginnt der Abstieg auf einem Fahrweg durch die Flanke der Schlucht hinunter zum Talgrund der »Teilerrüfi«, dann der Waldstraße folgend zu den Wiesen und hinunter nach Jenins. Das Haus der Anna von Salis-Hössli, in dem Johanna Spyri mit der Heidigeschichte begonnen hatte, ist das heutige Pfarrhaus an der Kreuzgasse 8. Von der Straßenkreuzung bei der Kirche den Weg zwischen Gemeindehaus und Post wählend stets auf gleicher Höhe durch Wiesen Richtung (Unter-)Rofels, Ausblicke ins Rheintal, auf Bad Ragaz und links darüber das ehemalige Kloster Pfäfers. Von Rofels zuerst auf der Straße, dann durch die bezeichneten Wanderwege hinunter nach Maienfeld.

Varianten
Rundwanderung roter Heidiweg: Bahnhof Maienfeld–Heididörfli–Rofels–Bahnhof, ca. 1½ h
Rundwanderung blauer Heidiweg: mit dem Heidishuttle vom Bahnhof Maienfeld (Abfahrten Shuttle Juni bis September von 10.10 bis 17.10 Uhr stündlich, außer 12.10 Uhr) zum Restaurant Heidihof; von dort Heididörfli–Ochsenalp–Kaltboden–Jenins–zurück zum Heidihof, gut 3 h
Wanderung von Jenins nach Malans (Älplibahn mit prachtvoller bewirteter Aussichtsterrasse bei der Bergstation, Gasthäuser, Postautohaltestellen, RhB-Bahnhof)

Rasten und ruhen
In der Bündner Herrschaft ist der nächste Gasthof, meist mit Garten, nie sehr weit. An den Heidiwegen laden zudem eingerichtete Feuerstellen zum Picknick und Grillieren, so beim Heidibrunnen und unterhalb des Ochsenbergs.

Informationen
Heididorf, 7304 Maienfeld;
Tel. 081 330 19 12
Tourismus Bündner Herrschaft, c/o Bad Ragaz Tourismus, Maienfelderstrasse 5, 7310 Bad Ragaz; Tel. 081 302 10 61; www.buendnerherrschaft.ch, www.maienfeld.ch, www.heidi-swiss.ch

Tipps
Badeplausch in der Tamina-Therme Bad Ragaz, täglich 7.30–21 Uhr (außer Feiertage), Tel. 081 303 27 41
Torkelbesuche: In allen vier Gemeinden der Bündner Herrschaft (Fläsch, Maienfeld, Jenins, Malans) finden sich Hinweistafeln auf die Selbstkelterer, die insgesamt über 20 verschiedene Weinsorten pflegen, vom reellen Beerli-Wii bis zum raren Completer
Kutschenfahrten durch die Bündner Herrschaft: Rössliposcht, Tel. 081 302 31 75; www.roessliposcht.ch

Idylle als Trug- oder Zerrbild: bei Zizers

Dres Balmer

LiteraTour 2: Zizers–Chur

Ideales Gelände für den Freitod. Variationen in Schwarz-Weiß

Ein Streifzug gegen Thomas Bernhard, »Der Untergeher« (1983)

In Landquart denke ich: dieser Bahnaufwand! Dieser Schienenluxus! Die Bahnlinie Landquart-Chur wird doppelt geführt, nämlich bundesschweizerisch und rhätisch. Ich steige in den Regionalzug nach Chur. Landquart, Landquart Ried, Igis, Zizers, Untervaz, Trimmis, Haldenstein, Chur. Das sind die Namen aller Stationen. Ich fahre aber bloß bis Zizers. Der Zug hat keinen Kondukteur, gelbe Schilder verordnen Selbstkontrolle. Das ist gespenstisch. Hoffentlich hat der Zug wenigstens einen Lokomotivführer. Ich bin der einzige Fahrgast in meinem Wagen und kann mich selber kontrollieren. Ich sage Grüezi wohl, Billett bitte, hole das Generalabonnement aus der Tasche, zeige es mir selber, kontrolliere genau die Daten darauf, nicke und sage: In Ordnung, merci und schönen Tag noch. Igis ist ein kleiner, gepflegter Bahnhof im Chalet-Stil. Links, also im Osten, die Berge der Voralpen. Mittagplatte, Zipperspitz, Scammerspitz, Hanen, Ful Berg und Montalin. Igis wirkt gesichtslos, anonym, viele Einfamilienhäuser, höchstens 20 Jahre alt. Ein Schlafdorf. Dramatische Wolken, die Sonne bricht manchmal durch ein Wolkenloch und bescheint einen Flecken auf der Erde.

Der Bahnhof Zizers hat geschindelte Fassaden in beiger Farbe. Unter den Fenstern hängen Blumenkästen ohne Blumen. Ich habe in der Dorfbroschüre »Willkommen Zizers Weinbaudorf« und in einem Buch über die Gegend Fotos gesehen vom Bahnhof Zizers, und auf ihnen sind die Blumenkästen auch leer. Der Wegweiser ist im Gebüsch versteckt. Seit der letzte Wandernde hier ausgestiegen ist, müssen es Jahre her sein.

Mich fröstelt. Auf dem gelben Pfeil steht: Trimmis–Chur 2 ½ Stunden. Es ist 10 Uhr. Dem Bahndamm

Fand die Gegend um Chur, vor allem die Bündner Hauptstadt und diesen Ort namens Zizers, entsetzlich: Thomas Bernhard (1931–1989)

Stattliches Dorf: So sehen Bahnreisende Zizers

entlang, dann zwischen den Häusern durch zum Gasthaus Nussbaum. Wegen Betriebsferien geschlossen. Ein Nachbar vom Nussbaum besitzt einen Hund und hat an jedem Winkel Schilder angeschraubt, im Ganzen ein Dutzend. Auf allen Schildern steht dasselbe: Warnung vor dem Hunde. Doch der Hund schläft vor seiner Hütte. Er blinzelt nicht einmal, als ich vorbeigehe.

Ich gehe ins Dorf hinauf, auf die stark befahrene Kantonsstraße. Neuerungen sind seit dem letzten Besuch zu verzeichnen. Der Schlüssel versprach früher auf einem Schild weiblichen Gästen zwei Drinks zum Preis von einem und hatte bis 2 Uhr in der Früh offen. Heute steht auf dem Schild etwas anderes: »Die Bar bleibt geschlossen. Für Whisky- und Weindegustationen wende man sich an die Telefonnummer soundso.« Der Steinbock ist auch zu, den kann man kaufen. Der Löwen steht ebenfalls immer noch zum Verkauf, die Telefonnummer der zuständigen Immobilienfirma prangt auf einem großen Transparent. Die Gastronomie ist am Boden. Geschäftszentrum Zizers mit Gasthaus Krone. Coop-Supermarkt. Daneben ein leerer Laden. Ich gehe in die obere Straße. Die ist weniger stark befahren. St.-Johannes-Stift. Eine gedeckte Bogenbrücke führt über die Straße, sodass die Bewohner des Stifts in den dahinter liegenden Obstgarten gelangen können. Ein Ort der Ruhe. Ein Altersheim. Weil das Stift dem Bistum Chur gehört, hat die letzte österreichische Kaiserin, Zita, hier ihren Lebensabend verbracht.

Zizers, die »perverse Wortschöpfung«

Gar nicht gnädig verfährt Thomas Bernhard mit Zizers in seinem Buch »Der Untergeher«. Der Erzähler, der in Madrid an einem Buch über den kanadischen Pianisten Glenn Gould schreibt, nennt Zizers gar eine *»perverse Wortschöpfung«*. Mit Glenn Gould und Johann Sebastian Bach hat alles Unglück des Untergehers begonnen. Mit bürgerlichem Namen heißt der Untergeher Wertheimer. Er und der Erzähler haben zusammen mit Glenn Gould bei Horowitz in Salzburg Klavier studiert. Das ging eine Weile ganz gut. Bis zum Tag, als sie hören, wie Glenn Gould Bachs Goldbergvariationen spielt. So überirdisch gut ist dieses Spiel, dass beide, der Erzähler und Wertheimer, ihre Pianistenpläne an den Nagel hängen. Es ist aussichtslos, an Glenn Gould herankommen zu wollen. Wertheimer *»geht in die Geisteswissenschaften hinein«*, wie er selber sagt, und für den Erzähler beginnt ein jahrelanger *»Verkümmerungsprozess«*, wie er es nennt.

Eines Tages trifft in Madrid ein Telegramm ein, Wertheimer habe sich das Leben genommen. In der Schweiz. In Graubünden. In Zizers. Wertheimer hat seinen Selbstmord genau inszeniert. Seine Schwester, mit der er lange zusammengelebt hat, hat den reichen Schweizer Chemiekonzernbesitzer Duttweiler geheiratet, der in Zizers eine Villa besitzt. Wertheimers Schwester ist viel erfolgreicher als er selber, sie ist lebenstüchtig und hat eine gute Partie gemacht. Das wurmt ihren Bruder dermaßen, dass er sich genau vor ihrem Haus in Zizers am dicken Ast eines Baumes aufhängt.

Der Spaziergang geht weiter nach Süden. Überall hängen Schilder von Arztpraxen. Praxis Dr. Johannes Künzle, vielleicht ein Verwandter des Kräuterpfarrers Künzle, der in den Jahren 1920 bis 1944 in Zizers lebte. Dann Dr. Christoph Peng, ebenfalls Arzt, ein Zahnarzt, Dr. Per Nielsen, und ein Tierarzt, Dr. Viktor Walser. Jetzt ist der alte Dorfkern hinter mir. Unpersönliche Einfamilienhäuser, mittelständisch. In welchem Haus hat die Duttweiler, Wertheimers Schwester, gewohnt? Bergauf, nach Süden, wieder Wegweiser. Die Häuser werden jetzt etwas hablicher. Oh, jetzt sind es schon bescheidene Villen.

Letzte Residenz der letzten Habsburger
Kaiserin Zita: das Johannes-Stift

Weinberge sind begehrte Wohnlagen

Vor dem Bach, der Chessirüfi, finde ich den Ort, an dem sich Wertheimer erhängt haben könnte. Ein Baum. Vielleicht war es hier. Oben an dem Sträßchen steht eine Villa, von deren Wohnzimmer aus man zum Baum herunter sieht. Am starken Ast dieses Nussbaums könnte er sich aufgehängt haben, einsehbar vom Salon der Villa aus, wo das Feuer im Cheminée knistert. Im Tschalär, so der Flurname, steht auf einem Schild: »Zizerser Produkte Grendelmeier + Bannwart«. Ich gehe hin, sehe, dass viele Menschen am Arbeiten sind. Sie sortieren Kartoffeln und füllen Most ab. Der Laden ist im Moment geschlossen, doch eine Frau unterbricht ihre Arbeit, schenkt mir mit einem freundlichen Lächeln einen Apfel und sagt, ich solle wiederkommen.

Ohne das Lächeln der Frau und ohne den Apfel wäre dieses Zizers mit allem, was Wertheimer hier aufgeführt und was Thomas Bernhard darüber berichtet hat, unerträglich traurig. Man spaziert und hat Thomas Bernhards Buch im Kopf, die Bernhardvariationen über künstlerische Aussichtslosigkeit, über das Scheitern, über das Untergehen, über die immer und immer wieder beschworene Stumpfsinnigkeit der Voralpen, und man spaziert ja jetzt tatsächlich durch diese Bernhardsche Voralpenhölle.

Voralpiner Stumpfsinn

Thomas Bernhards »Untergeher« ist ein schwieriger Reisegefährte. Man beginnt zu lesen, ist am Anfang ein wenig angewidert, doch dann, von einer seltsamen Faszination gebannt, liest man weiter, gerät unrettbar in den Strudel der Bernhardschen Jeremiaden hinein. Neben Zizers kommen die Städte Chur, Salzburg und Passau vor, die der Erzähler allesamt entsetzlich stumpfsinnig und geisttötend findet. Er denkt, dass das bergnahe Klima ganz allgemein das Gehirn der Menschen erweicht, und die Schweizer hält er für noch stupidere Alpenbewohner als die Österreicher.

Den ganzen ersten Teil seines Monologs hält der Erzähler in einer leeren Wirtsstube in Österreich. Erst nach zwei Dritteln des Buches taucht die Wirtin auf, die den Gast gar nicht hat eintreten sehen. Zum Glück ist sie nicht vorher gekommen, so hat der Erzähler Zeit, sich über die Schmuddeligkeit österreichischer Gasthäuser aufzuregen. Die Scheiben sind schmierig, es riecht nach ranzigem Frittieröl, die Küche ist voller Ungeziefer, dieselben Leintücher in den Betten werden gleich für mehrere Gäste nacheinander gebraucht. Ausnahmsweise findet der Erzähler in diesem Punkt an der Schweiz etwas Gutes: Schweizer Gasthäuser, denkt er, sind appetitlicher als österreichische.

Dann zieht er auch über ein Hotel in der Churer Altstadt her, das er entsetzlich abgestumpft findet, düster und feucht und stinkig. Heute ist es das führende Haus am Platz. Der Erzähler kennt es aus seiner Kindheit, als er mit seinen Eltern auf der Bahnreise von Österreich ins Engadin jeweils dort abstieg. Als er zu Wertheimers Beerdigung nach Chur fährt, meidet er ebendieses Hotel wie die Pest und quartiert sich in einem anderen ein.

So intensiv kaputt, so absurd übertrieben sind des Erzählers Schwarzmalereien, dass man manchmal laut herauslachen muss. Und so wird der Spaziergang mit Thomas Bernhards »Untergeher« etwas erträglicher, man spaziert nicht mehr mit ihm, sondern man geht gegen ihn. Mit aller Kraft muss man sich dagegen wehren, in den Strudel hineingezogen zu werden. Wie wollte man sonst der Lust widerstehen, sich ebenfalls am nächsten Nussbaum aufzuhängen, sich aufs Bahngeleise zu werfen oder in die grauen Fluten des Rheins? Wie sollte man sonst ans Ziel gelangen?

Rechts, im Tal unten, steht die Zementfabrik. Ein Schlot mit rot-weißen Strichen, als ob hier je ein Flugzeug vorüberflöge. Von unten herauf faucht die Autobahn, hie und da rattert ein Zug vorbei. Gegenüber Untervaz. Asphalt wechselt ab mit Naturbelag. Ein Weg mit groben Steinbrocken führt hinunter zum großen Hof in Molinära. Hier geht niemand durch. Hier ist die Abzweigung nach Says hinauf, eine

Heiter und gelassen: naturnaher Fürstenwald

hübsche und felsige Bergvariante, die ich von früheren Spaziergängen kenne. Diesmal bleibe ich auf dem unteren Weg. Ein wildes Wegstück jetzt durch das Geröll des Hagtobels. Mountainbiker überholen mich. Die einzigen Menschen unterwegs. Niemand spaziert hier.

Vor Trimmis überquert das Sträßchen den Bach, der aus dem Valturtobel kommt. Links steht ein Bunker, vor der Brücke im Straßenbelag sind Deckel eingelassen, die weggenommen werden können, um Panzersperren zu verankern, um die Stadt Chur vor der Einnahme durch fremde Truppen zu schützen. Trimmis. Viele Einfamilienhäuser, ein Schlafdorf wohl auch dies. Vor einem alten Haus spannen sie zwei Pferde vor eine Kutsche, zwei Frauen streichen in einer Garage Fensterläden. Leere Gassen. Eine Bank samt Bankomat. Das Gasthaus Krone hat ungeheuer komplizierte Öffnungszeiten, die sich nur Stammgäste merken können. Di Ruhetag.

Der Fremde im fremden Schlafdorf

Das ist schon eigenartig. Da kommt der Fremde durchs fremde Dorf. Der Fremde ist fremd und das Dorf ist fremd. Der Fremde hat mit dem fremden Dorf nichts zu schaffen, das fremde Dorf hat mit dem Fremden nichts zu schaffen, es hat auf ihn ganz sicher nicht gewartet. Nur durch den Besuch von Gasthäusern entstehen in der gegenseitigen Fremdheit manchmal Löcher, doch die Gasthäuser sind immer geschlossen, wenn man gerade vorbeikommt, und so bleibt das Dorf fremd.

Trimmis dämmert dem Mittag entgegen. Ein schattiger Hohlweg mit schönen Trockenmauern, mit eingelassenen Sitzplätzen zum Ruhen. Romantisch. Lauschig. Aus einer anderen Zeit, wie das Pferd, das sie vorhin vor eine Kutsche gespannt haben. Was haben Pferde noch verloren, was Kutschen? Hier im Hohlweg befindet sich eine der schönsten Stellen. Man sieht nicht hinunter ins geschäftige Rheintal, das Fauchen der Autobahn ist jetzt nur noch gedämpft zu hören. Leicht aufwärts offenes Weideland, brennende Sonne. Und jetzt in den Wald.

Er heißt Fürstenwald (und er heißt so, weil er dem früher fürstlichen Churer Bischof gehört), und er ist ganz magisch, weil am Boden schön grünes Gras wächst. Sobald keine Villen und Panzersperren in Sicht sind, ist die Natur heiter und gelassen. Auch die Natur hat nicht auf den Fremden gewartet, aber sie nimmt ihn freundlich auf in ihrem Wald mit dem hellgrün leuchtenden Grasboden und wird so ganz vertraut, ganz anders als die Asphaltdörfer mit ihren Häusern aus Stein, aus Glas, aus Beton, aus Eternit. Ich stülpe mir die Kopfhörer des Discmans über und höre Glenn Goulds

Interpretation der Goldberg-Variationen, eine Aufnahme aus dem Jahr 1955. »Zur Gemüthsergetzung« hat Johann Sebastian Bach sie komponiert, doch sie werfen sich einem nicht an den Hals, um einen zu ergötzen. Sie sind kristallin, unaufgeregt, fast kühl und fremd wie der Wald mit dem grünen Grasboden. Es ist eine Musik, die sich nicht anbiedert, kein Ohrwurm, nur schwer kann man sie pfeifen oder singen, aber es ist eine Musik, die den Spaziergänger mit dem Discman höflich eintreten lässt in ihre funkelnde Kathedrale. Dem Wertheimer hat diese Musik den Untergang gebracht, den Spaziergänger rettet sie aus dem galligen Strudel von Thomas Bernhards Jeremiaden, eignet sich also doch »zur Gemüthsergetzung«.

Eine schöne Kiesstraße führt über freies Gelände, leicht abwärts. Zur Mittagszeit liegt Chur mir zu Füßen (vgl. LiteraTouren 7 und 8). Die ersten Villen, jetzt aber richtige Provinzbonzenvillen. Ich suche den Friedhof, wo sie den Wertheimer in aller Herrgottsfrühe begraben haben, doch weil ich ein schlechter Landkartenleser bin, verwechsle ich Friedhöfe mit Rebbergen. Ich sehe hohe Mauern mit Efeu und denke immer, dahinter ist der Friedhof, dann blicke ich hin und sehe, dass es Rebberge sind. Das wäre ja auch bizarr, eine Stadt, die zur Hälfte aus Friedhöfen bestünde. Rebberge sind fröhlicher als Friedhöfe. Ein roter Backsteinbau, ein Spital. Und wieder Mauern, Efeu. Ich denke: der Friedhof. Ich blicke über die Mauer und sehe abermals einen Rebberg. Ich gebe die Suche nach dem Friedhof auf. Weingärten sind mir lieber als Gottesäcker.

Literatur

Thomas Bernhard, *Der Untergeher,* Suhrkamp Verlag, Frankfurt a. M. 1988

Walter Schmid, *Region Chur – Bündner Rheintal. Ferien- und Freizeitbuch,* Verlag Terra Grischuna, Chur 1999

Wo gehts zu den Friedhöfen? Chur

LiteraTour-Info

Einstufung 📖 📖
Gehzeiten 2 ½ h. Variante Valtanna/Says: zusätzlich 1 h und etwas anstrengender
Höhendifferenz 180 m; Variante Valtanna/Says: 370 m
Beste Jahreszeit Das ganze Jahr
Karten Wanderkarte 1:50 000, Blatt 248 T Prättigau
An-/Rückreise SBB bis Landquart (Fahrplanfeld 900), RhB bis Zizers (Fahrplanfeld 910)

Route
Vom Wegweiser (im Gebüsch versteckt) am Bahnhof Zizers hinauf zur oberen Dorfstrasse, dann übers freie Feld, durch Rebberge und später Wald stets nach Süden, immer leicht auf- und abwärts. Im Wald über das Bachbett der Scheidrüfi und auf schlechtem Weg steil hinab zum großen Gehöft Molinära. Von hier über freies Feld nach Trimmis. Auf schönem Hohlweg, später über offene Weiden, dann hinein in den Fürstenwald, der dort aufhört, wo die Stadt Chur beginnt.
Variante: Wer auf der Wanderung gerne einen kleinen sportlichen Umweg macht, steigt nach dem Hof Molinära und nach dem Hagtobel links steil hinauf in die Streusiedlung Valtanna/Says (877 m) und auf der Fahrstraße bergab nach Trimmis.
Trimmis–Chur wie beschrieben.

Rasten und ruhen
In Zizers gibts mehrere Gasthäuser und Cafés. In Trimmis isst man gut im Restaurant Sonne (Tel. 081 353 86 91, So und Mo Ruhetage). In Chur bietet die Küche des Hotels Stern eine ansprechende Auswahl an Bündner Spezialitäten und eine sehr schöne Weinkarte mit regionalen Gewächsen. Dazu übernachtet man im Hotel Stern sozusagen standesgemäß: Als Bub stieg hier Thomas Bernhard mit seinen Eltern ab auf der Reise ins Engadin, er karikiert das Hotel im »Untergeher«. Es steht an der Reichsgasse 11, 7000 Chur, Tel. 081 258 57 57,
E-Mail: info@stern-chur.ch,
www.stern-chur.ch, Reservation empfohlen.

Informationen
Chur Tourismus, Grabenstrasse 5, 7002 Chur, Tel. 081 252 18 18
E-Mail: info@churtourismus.ch,
www.churtourismus.ch

Tipps
Zizerser Produkte vom Biosalat über Gemüse, Obst, Most, einheimische Weine bis hin zu Fleisch und Würsten von glücklichen Tieren findet man bei der Familie Grendelmeier-Bannwart am südlichen Dorfausgang von Zizers, links oberhalb der Spazierroute (Hinweisschild), Tel. 081 322 62 58,
E-Mail: grendelmeier@zizerser.ch,
www.zizerser.ch.

Idealer Ort für die Lektüre: Bergkirchlein Innerarosa

Köbi Gantenbein

LiteraTour 3: Arosa

Herzzerreißend. Totenjodel im Arschloch der Welt

Ein Spaziergang mit Hans Morgenthaler, seinen Briefen und »Woly, ein Sommer im Süden« (1924)

Bahnhof. Hier muss er Ende Juli 1922 angekommen sein. Hans Morgenthaler, Botaniker, Geologe, Dichter; ein nervöser, hagerer, ja ausgetrockneter Mann, 32 Jahre alt, doch viel älter scheinend, wenn wir der Fotografie glauben. Zurück aus Siam, wo er für eine Schweizer Firma Zinn, Silber und Gold schürfte. Entbehrungsreich und kolonialherrlich für drei Jahre mit Dienern und Frauen zu seinen Diensten. *»Man ist da allen Ehemännern, Bräutigämmern und Kiltgängern [...] um einen Büchsenschuss voraus.«*

Zurück aus der Fremde fand der Doktor der Naturwissenschaften an seine gesellschaftliche Schicht keinen Anschluss mehr, was ihn wohl auch freute. Er fluchte jedenfalls herzhaft gegen *»das Scheißdreckland und die Scheißdreckschweiz wo insbesondere alle Weiber defekte inferiore falsche verlogene Viecher sind«*. Und er bellte seinen Vater, Burgdorfs Stadtpräsidenten, als *»verfluchten Saubur und Scheißhund«* an, ein *»lahmer Aff & soll mir am Arsch lecken. [...] Denn er ist schuld dass ich kaputt gehe.«*

Als Schriftsteller war er am Anfang und schon am Ende. Nach einem prächtigen Berg- und einem kuriosen Paradiesbuch schloss der Naturwissenschafter kurz vor seiner Kur ein Buch mit einem sackstarken Titel ab: *Ich selbst. (Gefühle). »Pfui Teufel, kein Buch für die Menge«*, schrieb er seinem Vetter und Beichtvater Ernst Morgenthaler, einem Maler in Zürich. Das Büchlein versammelt furiose Skizzen, grübelnde Selbstanklagen, feinsinnig geschriebene Beobachtungen, kuriose Sprachspiele, grobe Machosprüche und gescheite Kunst- und Literaturtheorie.

Versprüht Gift und Galle gegen den Leidenszwang im Kurexil: Hamo Hans Morgenthaler (1890–1928)

Ein Kurort von rauem Charme: Arosa

Ans Morschangtalé, Ah Tschan, Mutz, Schang Gang, Hanneli, John Mo – so nannte er sich selber –, meist aber Hamo; Hamo war erschöpft und krank. Die eingebildete Syphilis erwies sich als Lungentuberkulose. Deshalb stand er Ende Juli 1922 auf dem Bahnhof von Arosa und rauchte trotz wunder Lunge eine Zigarre, einen schwarzen Stumpen. Er hatte wohl wenig Gepäck bei sich, denn er hoffte, nur kurz im *»Scheißkaff«* bleiben zu müssen, und stieg im Kurhaus Furka ab, es heißt heute Hotel Astoria. *»Man kann in einem Haus essen & schlafen & alles alles, schläft fast mehr als man wach ist, raucht nur auswärts auf 2000 Meter Höhe (wenn es niemand sieht), liegt in der Sonne & bratet bis man fast blau ist wie ein vertrockneter Eidechs. […] Nichts als Tannenbäume, Grashalme & Hustenleute. […] Wahrhaftig, man verreckt fast. Hols der Teufel.«* Zwei Jahre, mit Ausbrüchen nach Zürich und ins Tessin, blieb der kranke Dichter in Arosa.

Erhenken und zu Tode rauchen

Die alte Post. Wir gehen nicht dahin, wo Hamo während seiner ersten Aroser Etappe kurte, wir spazieren auf der langen Poststrasse nach Innerarosa. Ein städtischer Weg durch einen Ort von rauem Charme, Spekulantenarchitektur links und rechts in den Hang gestemmt, wir werden geplagt von lauten, rassig fahrenden Automobilen, von hektischer Unrast und Krach. Auch Hans Morgenthaler hatte von Arosa keinen guten Eindruck: *»Ich muss hier aus diesem Sauseich fort, aus diesem Scheißhausmilieu vor allem. Wenn ich länger in dieser halbvereckten Atmosphäre bleibe, verrecke ich am Strick. Im Sommer ist Arosa ein heißes unerträgliches Arschloch der Idiotie. Ich muss fort, ich muss fort oder erhenke mich. […] Hier rauche ich mich absichtlich & so schnell wie möglich zu tot.«*

Neugotik, umgeben von Spekulantenbauten: die Alte Post

Roger Perret, der 50 Jahre nach Hamos Tod diesen verlorenen Dichter wiederentdeckt und in zwei Lesebüchern dessen Gedichte, Briefe, Fragmente herausgegeben hat, findet die passende Metapher: »Kennt man Hamo noch nicht, lernt man ihn durch seine Briefe so kennen, dass man meint, seine Worte hätten im Herzen Tätowierungen hinterlassen.« Die Lektüre seiner Briefe aus Arosa gibt einen Eindruck davon, was es hieß, monatelang zu liegen und zu hoffen, Klima, Sonne, Luft und Höhe würden Tuberkulose und Seele heilen.

Hamo konnte und wollte mit den Lustbarkeiten des Kurlebens nichts anfangen, er spie nach einer kurzen Zeit der Hoffnung Gift und Galle gegen die Tanzabende und gegen die halbstündigen Promenaden, die die Ärzte ihren liegenden Patienten erlaubten. Hamo hat in Arosa periodisch gewütet, er beichtete seinem Vetter: »*Ich habe gestern wieder einen entsetzlichen Türk abgelassen auf die Botschaft des Arztes hin, habe im vollen Kursaal nach einer Tanznummer gerufen ›Scheißdreck‹, das tönte entsetzlich deutlich, man hat mich dann rausgeschmissen & der Ober Tänzer hat mich prachtvoll zu Boden geschlagen, ich kann es gut begreifen, ich habe zu Hause über die Liegehalle gekotzt & war am morgen ganz erstaunt, dass ich obendrein im Suff in die Hosen & sogar ins Nest schiss ohne es zu merken.*«

Hamos Briefe aus Arosa berühren das Herz, weil wir ihnen glauben. So gings mit der Kur. Langweile, Hoffnung, Absturz, endloses Warten, liegen, liegen, liegen: abgestellt zur Reparatur in »Ausspuckligen« und »Liegestühligen«.

Hamo hielt es »in dieser halbvereckten Atmosphäre« nicht aus

Hier verbrachte Hamo den Sommer 1924: Villa Anita (Abbruch im Oktober 2003)

Der große, unvollendete Kurroman

Villa Anita. Unweit der alten Post, im Gewühl am Hang oberhalb der evangelischen Kirche, stand die Villa Anita. Hier verbrachte Hamo von April bis September 1924 den zweiten Teil seiner Aroser Zeit. Er war nach anderthalb Jahren Kur, Fluchten ins Tessin und in die Stadt desillusioniert, was sein Leben und auch was seine Gesundheit anging. *»In diesem Scheißdreck oben verrecke ich von Tag zu Tag mehr. Gesund werde ich nur wenn ich will. Und ich will so wenig wie je in den drei letzten Jahren. Ich wünsche zu verrecken […] & rauche deshalb jeden Tag 8–10 Brissago.«*

Als Dichter war Hamo in der Villa Anita in Hochform. Er begann sein werdendes Werk zu ordnen: *Hamo, der letzte fromme Europäer, sein Leben, seine Versuche und Anstrengungen.* Sechs Bücher sollten es werden. »Chaos«, »Werden« und »Sein« hießen die drei Abteilungen. Die zweite Abteilung war unter anderem für »Kurjahre, Übersichtsroman« reserviert. Aber weder das Gesamtwerk noch die zweite Abteilung konnten entstehen. Wie schade, denn die 150 Seiten Fragmente zum Roman »Eymanns Kur« zeichnen ein faszinierendes und packendes Bild von den sozialen, medizinischen und kulturellen Zuständen der Kur; sie tönen saftiger als der durch und durch komponierte »Zauberberg« des teilnehmenden Beobachters Thomas Mann (vgl. LiteraTour 6).

Schon in den Fragmenten zu Hamos Kurroman wird der Furor seiner Briefe zur literarischen Form. Es sind packende Miniaturen des Leidens, es sind aber keine expressionistischen Stilübungen, wie sie zu jener Zeit durchaus gang und gäbe waren. Hamo schrieb präzise Reportagen und ironische Essays, die teilweise im »Aroser Fremdenblatt« erschienen: »Weggestellt zur Reparatur; das lustige Influenzabuch; auf dem Liegestuhl; Langstuhl-Kurzweil; Neuestes aus La Rosa«. Er kannte gewiss den »Zauberberg«, denn er meldete seinem Freund und Förderer Hermann Hesse: *»Bei Thomas Mann fand ich, dass korrekte wohl abgewogene Sprache doch auch nicht die letzte Weisheit ist.«* Ob er aus Respekt vor dem »Zauberberg« seinen Kurroman nie fertig schreiben konnte? Die berührende Intensität, die Verzweiflung seiner Aroser Kurbriefe und der Roman, den er in dieser Zeit schrieb, zeigen seinen literarischen Anspruch. Als er seine Kur in der Villa Anita fortsetzte, schrieb er Hermann Hesse: »*Ich habe letztes Jahr Kurnotizen gesammelt, aber alles wurde so kurz angeschnitten, und jedes Mal wenn ich zu einer längeren Geschichte ansetzte, ging ihr frühzeitig der Atem aus. […] Zu einer Kurgeschichte wäre ich doch nicht reif; das würde alles zu pessimistisch.*«

Das Romanfräulein Woly

»Egga.« Reif schien Hamo allerdings für einen Roman zu einem Thema, das ihn ebenso in Rage brachte wie der Hass auf die Schweiz, auf seinen Vater und auf seinen zerfallenden Körper – die Frau.

Wir sind nun schon drei viertel Stunden in kurmäßigem Tempo auf der Poststrasse unterwegs, haben das »Brüggli« passiert und das wild wuchernde Hotel Kulm, und wir kommen in Innerarosa am Ende der Poststrasse auf der »Egga« an. Immer noch ist Hamo mit uns, obschon ihm der Arzt nur kurze Spaziergänge erlaubt: »*9–9 ½ spazieren. 9 ½ bis 12 ½ liegen wie ein Aff. Fressen. 1 ½ bis 4 ½ wie ein Schafseckel liegen. 4 ½–5 Spazieren.*« Er war im Winter 1922/23 oft auf der »Egga«, denn hier wohnten seinesgleichen in den Winterferien: Ignaz und Mischa Epper, ein Künstlerpaar aus Ascona, der Maler Fritz Pauli und Lizzy Quarles van Ufford, Mischa Eppers Schwester. Groß, blonder Bubikopf, sportlich, ein Dutzend Jahre jünger als Hamo, aus gutem Haus. Sie wird Hamos »Romanfräulein Woly«.

Er schrieb seinem Vorbild Hermann Hesse: »*Es wird ein Roman werden, ein psychologisch scharfes Portrait einer Vertreterin eines Frauentypus, den ich nachgerade ziemlich gut kenne, und zu dem leider ein erschreckend hoher Prozentsatz unsrer modernen jungen Mädchen gehört. […] Die Geschichte beginnt in Arosa, wo ich die Woly, eine Nordländerin kennenlerne, studiere, errate, später kommt ein gemeinsamer Aufenthalt im Tessin. […] Zum Roman mit jetzt laufenden Ereignissen wird die Geschichte dadurch, dass sie noch einen wichtigen Freund hat und ich eine Brief-Freundin, eine ausgeprägte Kontrastfigur zur Woly. Und am Schluss sitze ich wieder allein am Lago & keine von beiden ist die ganz rechte, am besten gefällt mir plötzlich ein Tschinggenfräulein in einem Grotto, wobei das Buch hauptsächlich von der Zerrissenheit & Zerfahrenheit der modernen intellektuellen Frau handelt.*«

Der empirische Roman

Bergkirchlein. Der Briefeschreiber Hamo, der Bergchronist Mutz, der Reisereporter Morgenthaler, der Selbsterforscher »Ich« schrieb auf dem Liegestuhl in Arosa ein Panorama der modernen Geschlechterbeziehungen: »Woly, ein Sommer im Süden«. Ein unterhaltsames Buch, das leicht im Rucksack liegt und sich an einem Nachmittag auf dem Bänklein beim Bergkirchlein oberhalb der »Egga« lesen lässt. Wer Glück hat, findet antiquarisch für wenig Geld eine Ausgabe der ersten oder zweiten Auflage, die Wolys Schwester Mischa mit fünf Zeichnungen so illustriert hat, dass Hamo wortreich mit seinem Verleger Orell Füssli wegen der gespenstischen Nackten streiten musste.

Viele hundert Paare lassen sich hier im Bergkirchlein von 1492 trauen. Hamo wäre gerne unter ihnen gewesen. Er hat aber bald gemerkt, dass er bei Lizzy nicht landen konnte. Wie ein Maler nahm Hamo sich die Frau zum Modell, befragte sie, reiste mit ihr ins Tessin, predigte ihr – und formte sie und sich in einem Roman voller Dialoge. Ein Buch, das auch nach hundert Seiten detailreicher Beziehungskiste spannend bleibt und das trotz holpriger Kurven nicht in eine private Liebesbiografie abstürzt. Kühn präpariert und variiert der Macho Hamo die Rollen. Er als Gefühlsmensch steht der Vernunftsfrau Woly gegenüber. Ein Schwärmer, der sich aber mit den Männern einig sähe, die heutzutage Frauen aus der Dominikanischen Republik, aus den Philippinen oder eben aus Siam herholen, brauchen und wegstellen – er porträtiert respektvoll und leidenschaftlich eine Frau, die keck behauptet, *»dass eine gut erzogene gebildete Frau so wenig von einem einzigen Gatten leben kann, wie ein Mann von einer Frau allein«*. Und statt dass Woly ihm den abgerissenen Knopf annäht, spricht sie von Welt- und Frauenerlösung.

Für Hamo im Leben und im Roman ist das Unsinn, denn die Frau wird durch den Mann erlöst und gehört in die Küche und ins Bett. Erheitert blicken wir von der Kirche über die »Egga« nach Arosa, staunend, wie der wütende, kranke Hamo, dieser Bürgerschreck, ein patriarchalischer Füdlibürger ist und sich als Dichter über sich selbst lustig macht. Er entwirft einen anarchisch-individuellen Plan, wie er sich freikämpfen und die Welt verbessern will, mit *»Weibchen, [… die] uns schaffenden Männern kniefällig dienen«*. Seine Hauptfigur dagegen lässt er die keimende Emanzipation der Frau darlegen und leben. Fein säuberlich hält Hamo die Positionen fest, bemüht sogar seinen Hermann Hesse als Oberpriester, windet sich abenteuerlich durch Monologe und Predigten. Er gibt schließlich Woly Recht und lässt sich selbst scheitern.

In den Briefen an den Vetter Ernst und an das Vorbild Hesse ist nachzulesen, wie empirisch er den Roman in Arosa entwickelt hat, sein Modell liest und kommentiert Stück um Stück der werdenden Geschichte. Im richtigen Leben tröstet den an einer andern Frau Gescheiterten schließlich sein Vetter Ernst: »Deine Weiber scheinen wirklich alle zusammen dem Teufel ab dem Karren geheit zu sein. Lass sie liegen, diese Teigaffen und leg Dir mal eine von diesen notorischen Huren zu. [...] Aber das Rauchen lass doch um liebgottsternenwillen sein.«

Endlich: die Liebesgeschichte

Und dann? Hamo ließ das Rauchen nicht sein. Im September 1924 verließ er Arosa und kurte in Davos weiter, wo er in ein weiteres unglückliches Liebesabenteuer fiel. Nach einem Krawall mit dem Schriftsteller Jakob Bührer, dem Mann seiner Geliebten, flüchtete er in die Irrenanstalt Waldau, lebte später unstet in Zürich und im Tessin, wo er schließlich Ely traf, die Gegenspielerin von Woly im Roman. Sie hieß Marguerite Schmid, und die zwei kannten sich seit ihrer Studentenzeit. Nun nahm sie ihn mit nach Bern. Endlich, die erlöste Liebesgeschichte in einer Dachkammer.

»Woly« war Hamos letztes Buch. Sein groß angelegter Editionsplan zerfiel, die weiteren Romane und Reisebücher, fertig geschrieben, fanden zu seinen Lebzeiten keinen Verleger. Im Winter 1927 musste der kranke Dichter und mittlerweile begnadete Zeichner mit Atemnot nach Montana. Seinen zweitletzten Brief an seinen Vetter Ernst schloss er mit einem Gedicht: *»Lieber Gott, schlag mich tot, nimm von mir dies wüste Leben, dann werd ich Dir ein Müntschi geben.«* Am 16. März starb Hamo, 38 Jahre alt, in Bern, umsorgt von seiner Liebsten.

Literatur

Hans Morgenthaler, *Ihr Berge. Stimmungsbilder aus einem Bergsteiger-Tagebuch,* Orell Füssli Verlag, Zürich 1916

Hans Morgenthaler, *Matahari. Stimmungsbilder aus den malayisch-siamesischen Tropen,* Orell Füssli Verlag, Zürich 1921

Hans Morgenthaler, *Ich selbst. Gefühle,* Orell Füssli Verlag, Zürich 1923

Hans Morgenthaler, *Woly, ein Sommer im Süden,* Orell Füssli Verlag, Zürich 1924

Hans Morgenthaler, *Woly, ein Sommer im Süden,* Nachwort von Kurt Marti, Suhrkamp Taschenbuch, Frankfurt a. M. 1990

Roger Perret (Hrsg.), Hamo. *Der letzte fromme Europäer. Sein Leben, seine Versuche und Anstrengungen.* Ein Hans Morgenthaler Lesebuch, Lenos Verlag, Basel 1982

Roger Perret (Hrsg.), *Der kuriose Dichter Hans Morgenthaler. Briefwechsel mit Ernst Morgenthaler und Hermann Hesse,* Lenos Verlag, Basel 1983

Alte Bausubstanz zum Kontrast: Schanfigger Heimatmuseum Egga-Haus

LiteraTour-Info

Einstufung 📖 📖
Gehzeiten 1 h
Höhendifferenz 150 m
Beste Jahreszeit Ganzes Jahr, am schönsten im November
Karte Arosa Ortsplan und Umgebung 1:7500 mit Spazierwegen

Route
Vom Bahnhof Arosa zum Oberseeplatz. Dann der Poststrasse nach zur alten Post. Von hier gingen Hamos Briefe ins Unterland. 150 m weiter bei der evangelischen Kirche stand im Häusergewühl am rechten Straßenhang die Villa Anita, wo Hamo in seiner zweiten Aroser Zeit auf dem Balkon lag. Wir spazieren der Poststrasse entlang bis zu deren Ende auf der »Egga«. Dort ist das Schanfigger Heimatmuseum in einem Walserhaus aus dem 16. Jahrhundert eingerichtet (Winter Di, Fr 14.30–16.30 Uhr; Sommer Mo, Mi, Fr 14.30–16.30 Uhr). In einem der braun gebrannten Häuser machte Woly Ferien. Wir aber spazieren den Kirchweg zum Bergkirchlein hinauf. Auf dem Rückweg soll man, im Dorf vorne, in die katholische Kirche sitzen. Hamo war schon im Himmel, als die Architekten Gebrüder Sulser aus Chur 1935/36 diese Kirche samt Pfarrhaus bauten – eine der schönsten Kirchen des 20. Jahrhunderts in Graubünden. Hier möge man für den kuriosen Dichter Hamo eine Kerze anzünden.

Rasten und ruhen
In Arosa gibt es Restaurants aller Klassen und Preislagen. Mein Geheimtipp: der Wurststand beim Schwimmbad im Untersee. Gourmets fliehen zum Koch und Kellermeister des Waldhotel National, wo Thomas Mann abstieg, oder in den Hof Maran, wo es sich Hermann Hesse gut gehen ließ, ob bereits beim Lachs, wie es ihn heute gibt, ist in der Literaturwissenschaft umstritten. Je nach Saison kann man in einem der schönen Häuser wie dem Hof Maran oder dem Waldhotel National zu günstigen Bedingungen in einer weitläufigen Suite mit Kurbalkon Ferien machen.

Informationen
Arosa Tourismus, Poststrasse, 7050 Arosa, Tel. 081 378 70 20, www.arosa.ch

Tipps

Arosa war und ist ein beliebter Ort für Schriftsteller. Ueli Haldimann hat eine Bibliothek der schreibenden Gäste angelegt (Texte und Bilder aus zwei Jahrhunderten. AS Verlag, Zürich 2001): Sir Conan Doyle fährt über die Maienfelder Furka, Christian Morgenstern langweilt sich als Lungenpatient, Hermann Hesse fährt Ski mit einer jungen Frau und findet die Liebe zu den Bergen wieder, Thomas Mann beschließt, hier in den Ferien, ins Exil zu gehen, Annemarie Schwarzenbach schreibt einen Reiseführer und auch unser armer, hustender, kurioser Dichter Hamo hat seinen Auftritt.

Wer von Hamo genug hat, kann in Arosa die Entwicklung des Tourismus im Angesicht seiner Bauten studieren, er findet das ganze Programm: die zu Hotels oder Wohnungen umgebauten Sanatorien, die eigenständigen Palasthotels, abgewrackte Collagen aus Hotels und Appartementhäusern, die lauten Bauten des Sports, die überrissenen Straßen und den üppig gefüllten Katalog der Zweitwohnungschalets und Betonspekulanten. Bereichert wird das Aroser Gewühl von Bauten außerordentlicher architektonischer Qualität. Der Heimatschutz hat im Leporello »Baukultur entdecken« 20 Perlen der Architektur zu einem Spaziergang aufgereiht, und Karin Artho erklärt mit gescheiten kurzen Texten, was wir sehen. Gratis zu haben bei info@heimatschutz.ch; Tel. 01 254 57 00, oder bei Arosa Tourismus.

Imposante Baukunst in imposanter Natur:
Salginabrücke, 1929/30 von Robert Maillart
erbaut

Andreas Simmen

LiteraTour 4: St. Antönien-Chrüz-Stels (-Schraubachtobel-Schiers)

Ein Narr, ein Held. Und ein Kanzleidirektor als Wandervogel

Fußreisen mit Georg Fient, seinem Studäfridli und »Heimatluft. Prättigauer Art und Unart« (1953)

Wir könnten im Prättigau auf den Spuren von Georg Fient wandern oder in die Fußstapfen der von ihm geschaffenen Figur, dem Studäfridli, treten. Beide sind oft zu Fuß unterwegs gewesen. Doch für moderne Wandernde eignen sich die Spuren des Autors besser, denn Studäfridli geht auf Schusters Rappen meist zum Rappensparen und nicht selten kommt er nur auf komplizierten Umwegen und mit massiver Verspätung dort an, wo er eigentlich hin wollte – wenn überhaupt.

So nimmt er etwa, als er das eidgenössische Sängerfest in St. Gallen besucht, nicht die zu seiner Zeit noch junge RhB, sondern wandert mit seinen genagelten Schuhen (Guspenschuhen) und dem Pünteli mit Wurst und Brot das Prättigau hinaus in die Bündner Herrschaft, dort nimmt er, statt in Landquart den Zug zu besteigen, *»dä Chürzeren«* zu Fuß über die Luzisteig und hinab ins Liechtensteinische und ins St. Galler Rheintal, wo er gedenkt, auf den fahrenden Zug aufzuspringen; das gelingt auch, nur ist es der falsche, und so landet er im vorarlbergischen Bludenz. Von dort wandert er hochgradig missgelaunt *(»in aller Schwyntäubi«)* wieder zurück, über Feldkirch nach Altstätten, wo er den letzten Zug nach Rorschach erwischt. Jedenfalls ist Studäfridli deutlich mehr als einen Tag lang unterwegs auf seiner Fuß- und Zugreise von seinem Heimetli bei Pany nach St. Gallen. Und auf dieser Reise wollen wir ihn lieber nicht begleiten.

Unterwegs auf Schusters Rappen: der fabulierende Kanzleidirektor Georg Fient (1845–1915)

Zentrum einer Streusiedlung:
St. Antönien Platz

Auswandern

Als Georg Fient 1915 im Alter von 70 Jahren starb, erinnerte die »Prättigauer Zeitung« an seinen Auszug von zu Hause: wie das Bauernbüblein einst von der sonnigen Höhe Castanna bei Pany herabgestiegen sei, begleitet von den mütterlichen Segenswünschen, und wie die Nachbarinnen sich zugeraunt haben: »Fienten Jöri will Lehrer werden.« In der Tat, Lehrer wurde er zunächst; er unterrichtete an der Realschule in Küblis-Dalvazza. Doch dann zog es ihn weiter. »Der Schulmeister«, heißt es im Nachruf, »hat seine Heimat verlassen, aber nicht vergessen – nie, so lange er lebte.«

Das gilt auch für einen anderen Schulmeister aus einem anderen Dorf an der sonnigen Talseite, etwas weiter vorne im Prättigau: Der Lehrer Thomas Davatz aus Fanas wurde in ebendiesen Jahren auserkoren, eine große Gruppe von Auswandernden aus dem Prättigau und anderen Tälern Graubündens nach Brasilien zu begleiten. Die Zeiten waren schlecht. Es herrschten Armut und Hunger. Die Gemeinden waren froh, ein paar Mitbürger loszuwerden. Zudem wurden Auswanderungswillige mit Versprechungen nach Übersee gelockt: ein besseres Leben weit weg von hier. Am 8. April 1855 versammelten sich »*Arme, Trinker und Arbeitsscheue, Tolerierte, denen man gerne den Vorschuss für die Reise bezahlt hatte, um sie los zu sein …*« an der Tardisbrücke bei Landquart, »das Paradies in den Köpfen«, um ihre große Reise anzutreten. Eveline Hasler hat diese Reise beschrieben und auch das Ziel der Reise, »Ibicaba«, wo die Armutsflüchtlinge alles andere als das Paradies finden sollten.

Georg Fient, der seine Heimat ein paar Jahre später verließ, trieb es nicht so weit weg, und man darf annehmen, dass er auch kein Paradies im Kopf hatte, denn er landete – in Chur. Und trat in den Staatsdienst ein. Für den passionierten Wanderer blieb die engere Heimat vom neuen Wohnort aus ohne Weiteres zu Fuß erreichbar. In dem Band »Heimatluft. Prättigauer Art und Unart«, der Schriften aus verschiedenen zu seinen Lebzeiten veröffentlichten Büchern versammelt, finden sich Schilderungen von Wanderungen oder Fußreisen, die ihn zumeist von Chur aus zunächst ins Schanfigg führten, dann von St. Peter über den Hochwang nach Scära oberhalb Furna und hinab ins Tal der Landquart; oder von Langwies über Mattjisch Horn in die Fideriser Heuberge oder durchs Fondei und über Casanna hinab nach Klosters. All das sind heute noch empfehlenswerte Wanderungen, die allerdings auch dann ergiebig genug sind, wenn man von Chur bis in die Schanfigger Dörfer den Zug nimmt.

Studäfridli

Bis heute im Gedächtnis geblieben ist uns Fient vor allem mit seinen »lustigen Geschichten« (»Luschtig Gschichtenä«) auf Prättigauerdeutsch, und darin sticht vor allem die Figur des Studäfridli hervor, ein Prättigauer Narr und Held, eine erfundene, literarische Figur und doch so lebendig und so sehr in diese Landschaft und Kultur eingepasst, dass ältere Prättigauer und Prättigauerinnen noch heute ganze Passagen aus diesen Geschichten auswendig rezitieren können. Die Studäfridli-Geschichten, »von ihm selber erzählt«, sind auch eine Fundgrube für farbige Dialektausdrücke und -wendungen, die verschwunden oder am Verschwinden sind.

Studäfridli (mit bürgerlichem Namen Friedlich Gorjas) hat es gern, wenn etwas los ist; wo immer es etwas zu feiern gibt, ist er dabei. Seine Schwester Gretä schimpft gelegentlich, was denn *»deren en altä Schlitten da allem tonders Gritt nahzlaufen bruchi«*. Aber Fridli nimmts gelassen *(»das versteischt du nid, du alti Chebjä«)*. Und so hausen die Geschwister, beide Altledige, soweit friedlich zusammen. Sie nennen ein Haus und ein Gut irgendwo auf Luzeiner Gemeindegebiet ihr Eigen; in guten Jahren wirft es dreizehn Fuder Heu ab, Schulden sind keine drauf, und es gehören dazu eine Vorwinterung und ein Langsimaiensäß, *»es hübs Vehli«*, Hühner und ein Schwein.

Abgelegenes »Heimetli«: typisches Einzelgehöft (mit Lawinenschutzmauer)

Außerdem ist Fridli »Gschworenä« (Kreisrichter). Er raucht Hanauer, den Vierling für 15 Rappen beim Geschworenen Marti in Chur (*»rauchen tuen i wie es Schwyn«*), trinkt und isst gern viel. Auch dem Gesang ist er zugetan – *»liebersch ghöri nüd, as wenn einä bim Johlen äso rächt Briesch ablad«* (was sonst allerdings eher eine ausgewachsene Kuh tut) –, und er schwingt gelegentlich gar das Tanzbein, auch das in Guspenschuhen, denn andere hat er nicht.

Einmal, so erzählt Fridli, haben die St. Antönier ihn nach Wien geschickt, um beim Kaiser vorstellig zu werden, denn sie hatten ein Problem mit den Nachbarn im österreichischen Montafon, die sie beschuldigten, Vieh gestohlen zu haben. Mit dieser »Partnuner Grenzverletzung« hatten sich schon die Bündner Regierung und sogar der Bundesrat befasst, aber die Geschichte habe, so Fridli, keinen *»Fürruck«* genommen. Zuerst ziert er sich, aber die St. Antönier sind überzeugt, dass er der richtige Mann für diese diplomatische Mission sei; er sei schon in der Welt herumgekommen und wisse, wie man mit solchen Herren redet. Schließlich willigt er ein, nicht zuletzt da gute Bezahlung winkt sowie ein Vorschuss für die Reisespesen. Den Zug meidet er wie üblich und macht sich zu Fuß auf in Richtung Montafon. Aber schon an der Grenze auf dem St. Antönier Joch ereilt den Emissär das erste »Malör«, als er dem Zöllner, der ihn fragt, ob er etwas zu verzollen habe, höchst undiplomatisch zur Antwort gibt: *»Das überled Jehr!«* (Das geht Sie nichts an.) Er wird des Tabakschmuggels bezichtigt, da er eine große Rolle Hanauer auf sich trägt und einen solchen Eigenbedarf nicht glaubhaft machen kann. Jedenfalls kostet ihn das schon mal ein paar »Guldi«. Die »Malöre« häufen sich auf österreichischem Boden, und nach einer Fußreise, die ihn über Gargellen, Galtür und Ischgl führt, nimmt die ganze Mission bereits in Landeck ein unrühmliches Ende. Nach einem ausgedehnten Gelage, das er sich hier leistet, und diversen Missgeschicken, die sich in Eigendynamik vervielfachen, geht ihm das Geld definitiv aus. Er macht sich verdächtig, als er hungrig um einen Brotladen herumstreicht, und wird von der Polizei in die Schweiz zurückspediert – *»dass's Gotterbarm, i armä ungfelligä Tropf!«*. In St. Antönien kann er sich danach ein Weile nicht mehr blicken lassen.

Ein »Winner«, wie man heute wohl auch im Prättigau sagen würde, ist er also nicht gerade, dieser Studäfridli. Eigentlich geht ihm fast alles schief. In seinen Erzählungen versucht er uns zwar immer wieder weiszumachen, dass er sich die Dinge ganz besonders schlau zurechtgelegt hat, aber das Ergebnis seines Tuns und Trachtens ist stets ausgesprochen kläglich. Zwar sorgt er oft für Heiterkeit. Doch zumeist lachen die Leute *über* ihn, was ihm – da er in solchen Dingen nicht die feinsten Antennen hat – selber nicht auffällt. Die Studäfridli-Texte sind auch Satire auf den Prättigauer Dickschädel, ein Zerrspiegel. Das »Original« aus den Tälern – was wäre es ohne die herablassende Sympathie, die ihm in weniger originellen Gegenden entgegengebracht wird? Studäfridli ist der Tanzbär, der vorgeführt wird, ein Trottel, oft genug ein ebenso sturer wie fühlloser Dummkopf. Und doch: Wäre er *nur* das, er wäre längst vergessen.

»Materialismus«

1881 wurde Fient Regierungssekretär und zehn Jahre später Kanzleidirektor des Standes Graubünden, ein Amt, das er bis wenige Jahre vor seinem Tod bekleidete – »ünsche Kanzler« nannten ihn die Prättigauer. In all diesen Jahren war er auch publizistisch tätig. Er schrieb für das »Bündner Volksblatt«, die »Prättigauer Zeitung« und den »Churer General-Anzeiger«; nebst den »Luschtig Gschichtenä« (1898) gab Fient um die Jahrhundertwende noch andere Werke in Buchform heraus: eine Monografie über das Prättigau (»Das Prättigau. Ein Beitrag zur schweizerischen Landes- und Volkskunde«, 1897), »Winter- und Frühlingsblumen«, ein Band mit moralisch-philosophischen Beiträgen (1900), einige amtliche Schriften im Auf-

Aus- und Einsichten (vom Chrüz aus) in bäuerliche Lebensweise: Landschaft St. Antönien

trag der Regierung sowie »Ernstes und Heiteres« (1901), worin sich unter anderem die »Wanderbilder« finden.

In seinen Zeitungsartikeln hat Fient kaum zu aktuellen politischen Fragen Stellung genommen. Vielmehr handelt es sich um moralisch-philosophische Betrachtungen, um eine Art Laienpredigten zur Förderung bürgerlicher Rechtschaffenheit und Tugendhaftigkeit. Da ragt der erhobene Zeigefinger riesenhaft zwischen den Zeilen hervor: Seid lieb zueinander, erfüllt eure Pflicht, seid fleißig und wahrhaftig. Mit den Kindern nicht zu streng, aber auch nicht zu mild. Vermeidet Habgier und Neid. Das Glück ist still, die Hoffnung freudig, die Sorge bitter und so weiter. Und das Ganze durchsetzt mit Philippiken gegen die Modenarrheit, die Sensationsgier, den Aberglauben und vor allem den »Materialismus«.

Das Moralisieren, heißt es, gehöre zur Prättigauer Art (oder Unart). In Fients Zeitungsartikeln steht manch Ärgerliches, Erzkonservatives und Langweiliges. Doch in Kenntnis seiner übrigen Schriften wird man diese Dinge mit etwas Geduld lesen, denn an manchen Stellen dürfte ein selbstironisches Schmunzeln des Autors verborgen sein – das manchmal auch ganz offen zutage tritt. Etwa in »Ernstes und Heiteres«: *»Eine Freundin meinte, es sollte da* [nämlich in den Wanderbildern] *weniger vom Marenden* [Picknicken] *die Rede sein, das Materielle das Ideelle nicht überwuchern.*

Ja, meine Liebe, das sage ich an anderer Stelle ebenfalls, aber hungrige Vögel singen nicht schön, durstige schon gar nicht, weil ihnen die Zunge am Gaumen klebt.«

Und dann kommt ja auch immer wieder der Studäfridli dazwischen, der ein heilloser »Materialist« ist. Wir können uns diesen Gschworenä Friedlich Gorjas gut vorstellen, wie er an einem verregneten Sonntagnachmittag »ufm Gutschi« sitzt und dicke Wolken Hanauer in die Stube pafft, während seine Schwester Gretä Erbauliches von Fient aus dem »Bündner Volksblatt« vorliest. Zum Beispiel: »*Wenn die Schwere der Alltäglichkeit dich niederziehen will in die Atmosphäre des Materialismus, wo nur der Glaube an die Sinnenlust herrscht und man nur das Niedrige und Gemeine für wahr hält, so entreiß dich dem Wahn und den Glauben, den himmlischen, bewahre.*«

Fridli würde so etwas eine Weile auf sich wirken lassen. Dann, wenn es an der Zeit wäre, die Pfeife mit Hanauer neu zu stopfen, könnte er sich etwa folgendermaßen dazu geäußert haben: »Woll woll, das hed er widrm gnarret hübsch gseid, ünsche Schuelmeischter. Schryben chan dr Chogen schon, i chönntis sälber nid besser.«

Fremdenindustrie

Das schmale Werk des Schriftstellers Georg Fient ist ausgesprochen vielfältig. Da sind die landeskundlichen Schriften, die erbaulichen Laienpredigten und die Dialekterzählungen. Letztere enthalten nebst den Studäfridli-Geschichten Anekdoten, Schelmen- und Lügengeschichten – zum Beispiel diejenige des »Ischbartli«, der als Zuckerbäcker in Frankreich war und seine im wahrsten Sinne des Wortes unglaublichen Begegnungen mit Kaiser Napoleon *(»Näppi«)* zum Besten gibt –, Szenen aus dem Prättigauer Alltagsleben und historische Miniaturen.

Es gibt auch zwei wunderbare Parodien auf die Schillerballaden »Die Bürgschaft« und »Der Taucher«. »Wer wagt es, Rittersmann oder Knapp', / Zu tauchen in diesen Schlund? …«, so beginnt Schillers »Taucher« im Original. Bei Fient ist der »König«, der sein Gefolge auf die Probe stellt, indem er einen goldenen Becher in die wilde Brandung wirft, allerdings mit seiner Familie und Taglöhnern auf dem Acker beim Kartoffelernten, und beim »*Chleimaränden*« diskutieren sie über die Churer Stadtratswahlen. Der Jüngling, der den Becher aus der tosenden Brandung heraufholt, ist aber auch bei Fient in die Königstochter vernarrt, und auch hier kann er sie bei Wiederholung der Heldentat gewinnen. Nachdem er also das zweite Mal hinuntergesprungen ist, heißt es bei Schiller: »Da bückt sich's hinunter mit liebendem Blick, / Es kommen, es kommen die Wasser all, / Sie rauschen herauf, sie rauschen nieder, / Den Jüngling bringt keines wieder.« Und bei Fient: »*Und richtig ist das Chalb noch ämal abgsprungen und ärsuffen.*«

Erwähnt werden muss auch die Politgroteske zur Fremdenverkehrspolitik. Es handelt sich um das Protokoll einer Großratsdebatte. Allerdings verlegt Fient die Bündner Szenerie nach »*Kannibalien*«, und debattiert wird über eine Initiative zur Änderung des »*Gesetzes über Menschenfraß*«. Die Liberalen wollen, dass die Fremden künftig nicht mehr wie bisher roh gefressen werden, sondern dass sie »*zunächst skalpiert und sodann in Öl gebacken oder gebraten werden sollen*«. Sie versprechen sich dadurch eine positive Entwicklung auf dem Arbeitsmarkt (im Gastgewerbe etwa). Die Sozialdemokraten sind im Prinzip einverstanden, wollen aber, dass das Gesetz über Menschenfraß in »Gesetz betreffend die Fremdenindustrie« umzubennen sei. Zudem soll sichergestellt sein, dass die Erträge der Fremdenindustrie künftig gleichmäßiger verteilt werden und dass nicht wie bisher die Stärksten sich die besten Stücke aus den Fremden herausschneiden. Außerdem könne es im Interesse der Volksgesundheit nicht nur darum gehen, die Fremden inskünftig besser zuzubereiten: »*Wir begnügen uns nicht mit dem Fleisch, wir wollen auch Gemüse dazu.*« Am Ende setzen sich die Konservativen durch, welche die Initiative ablehnen. Sie sind der Meinung, diese könnte allenfalls dann wirtschaftlich begründet werden, wenn man einen Fremdenüberschuss zu verzeichnen hätte und also Fleisch exportieren könnte. Dann würde eine Verarbeitung der Ware ihren Preis steigern. Stattdessen aber tue vermehrter Import Not, und »*zu diesem Zwecke müssen wir den Fremden den Aufenthalt in unserem Land angenehm machen, was offenbar nicht geschähe, wenn man ihre Verspeisung noch komplizieren würde*«.

Vor Geschichten der eher derberen Sorte hat Fient in einem Vorwort die »*ängstlichen frommen Seelen*« gewarnt. Ein besonders gelungenes Exemplar dieser Sorte ist sicher die absurde Geschichte mit dem Titel »Warum?«: Chasper und Heiri gehen auf den Markt. Chasper hat eine Kuh, Heiri nicht. Da kreuzt eine Kröte ihren Weg. Chasper (aus dem Dialekt übersetzt): »*Wenn du diese Kröte frisst, gebe ich dir die Kuh.*« Heiri denkt sich, dass diese Kuh es wert sei, und fängt an, die Kröte hinunterzuwürgen. Als er etwa in der Hälfte angekommen ist, kann er nicht mehr. Anderseits fürchtet Chasper, dass die Sache schief ausgehen könnte; er ist daher heilfroh, als Heiri sagt: »*Wenn du die andere Hälfte frisst, kannst du die Kuh behalten.*« Also fängt Chasper an, den Rest der Kröte zu vertilgen. Danach treten die beiden an den Wegrand und halten *»eine gründliche Ansprache«* an die Büsche. Dann marschieren sie weiter, reden lange kein Wort. Bis plötzlich Chasper fragt: *»Du, warum heimer eigentli dä Chrott gfrässen?«*

Wandervogel

»Aus Hans Wandervogels Mappe« heißt die Abteilung mit den Wanderbildern in »Ernstes und Heiteres«. Georg Fient war ein Wanderpionier, und er war wohl – obschon in seinen Schriften von eigentlichen hochalpinen Abenteuern kaum die Rede ist – eines der ersten Prättigauer Mitglieder des Schweizerischen Alpenclubs. Für ihn war das Wandern nicht ein bornierter Sport, sondern eher in unserem Sinne ein »Landschaftslesen«: Er berichtet von landwirtschaftlichen Gepflogenheiten, geißelt die Abholzung einer ihm besonders lieb gewordenen Föhrengruppe, erzählt Sagen (und macht sich oft über sie lustig) und Legenden aus den Gegenden, die er durchstreift, gibt Gespräche wieder, die er am Weg geführt hat, und fragt sich, wann endlich jemand das wunderbare Scära oberhalb von Furna als Luftkurort entdeckt (was bis heute nicht passiert ist). Das *»Marenden«* ist immer wichtig, und dazu gehört eine Flasche Wein – oder zwei. An eine Falkniswanderung hat er nicht zuletzt deshalb gemischte Erinnerungen, weil der Wein Mangelware war – *»eine einzige Flasche Wein auf einen Mann und einen Weg von 13 Stunden. Seit Jahren habe ich den Wein nie so gespart ...«*

Gipfel erreicht: Chrüz (2195 m) mit Panorama nach Nordosten

»Hier oben lebt mir alles«: Riedwiesen auf dem Weg zum Chrüz

In Fients Zeit, dem letzten Viertel des 19. Jahrhunderts, boomte in der Schweiz der Alpinismus, und Gipfelstürmerei war angesagt. Doch die Einheimischen gingen nicht freiwillig weiter hinauf, als sie ohnehin mussten. Für seinen Lieblingsberg, das Chrüz, wirbt Fient mit dem Hinweis: »*Sogar mein Leibarzt J., der grundsätzlich niemals des Vergnügens wegen in die Berge geht und niemals höher als die Maul- und Klauenseuche, hat einmal aus freien Stücken bekannt, dass es hier wunderschön sei.*«

Wunderschön ist es noch heute auf dem Chrüz: Südlich liegt einem das ganze Prättigau zu Füßen, von der Klus bis hinauf nach Klosters, vom Furner Berg über die Fideriser Heuberge bis nach Gotschna, und gegen Norden die wie ein schlechtes Gebiss aufragenden Flühe der Drusen, Sulz, Schijen, Rätschen – der ganze Rätikon. Vor allem ist auch der Aufstieg von St. Antönien sehr schön. Fient ist oft auf diesen Berg gestiegen, und in einem Vortrag vor seiner SAC-Sektion bevölkert er ihn mit allerlei seltsamen Wesen, »*denn hier oben lebt mir alles*«. In seinem Wanderbild »Ansichtskarten von der Trostolla« steigt er allerdings von Schiers über Fajauna hinauf nach Stels und beklagt sich über den miserablen Weg, eine »*Via dolorosa*«, die man nur auf allen Vieren bewältigen könne. Wir hätten, würden wir den gleichen Weg nehmen, heute eher das gegenteilige Problem: Asphaltstraßen bis weit hinauf auf den Stelserberg.

Aber das Stelser Seelein gibt es immer noch, samt Seerosen im Frühling. »*Ich habe versucht, mit einem Rechen einige dieser Nymphen zu angeln, allein sie weichen zurück und spötteln: ›Komm herein.‹ Die Rosen wären hübsch, allein dem dunkelgründigen Wässerlein traue ich nicht recht*«, schreibt Fient. Und dann geht es auch schon weiter hinauf zur Trostolla, dem Marchgebiet zwischen der Gemeinde Schiers und dem heimatlichen

Luzein. Als dort die Gemeindegrenze festgesetzt wurde, so berichtet Fient, habe der Luzeiner Magistrat seinen Bub mitgenommen und ihm an der historischen Stelle die Ohren lang gezogen, »*bis er zu Gott schrie und Ohren hatte wie Fettblakten*« – damit er die March für immer im Gedächtnis behalte. »*Besser wäre es gewesen, man hätte den Alten dort aufgehängt, die Stelle wäre dann auch nicht so leicht vergessen worden.*«

Literatur

Georg Fient, *Heimatluft. Prättigauer Art und Unart,* Verlag Buchdruckerei Schiers, Schiers (zitiert wird aus der Ausgabe von 1963; das Buch ist derzeit vergriffen, antiquarisch über: www.zvab.de)

Georg Fient, *Ernstes und Heiteres,* Verlag Buchdruckerei Schiers, Schiers 1901

Georg Fient, »Das Kreutz im Alpenglühen«, Vortrag, gehalten in der Sektion »Rhätia« des S.A.C., Chur 1892

Eveline Hasler, *Ibicaba. Das Paradies in den Köpfen,* Nagel & Kimche, Zürich 1985

Holzmusik: Unter diesem Titel präsentieren der Schauspieler Andrea Zogg und die Musiker Reto Senn, Clot Buchli und Franco Mettler Texte aus den *Luschtig Gschichtenä* von Georg Fient, umrahmt von neu interpretierten Volksliedern und -tänzen. Komposition: Reto Senn. Es handelt sich um eine Eigenproduktion der Churer Klibühni (Erstaufführung November 2002, seither zahlreiche Aufführungen an verschiedenen Orten Graubündens). Die CD dieser gelungenen Produktion kann direkt bei Reto Senn bezogen werden (Tel. 081 635 18 45).

Hoch über dem Schraubachtobel:
Straße nach Schuders; im Hintergrund
Drusen- und Sulzfluh

LiteraTour-Info

Einstufung 📖 📖 📖 📖
Gehzeiten Aufstieg 2 ½ h, Abstieg 2 h
Höhendifferenz Aufstieg 780 m, Abstieg 900 m
Beste Jahreszeit Juni bis Oktober
Karten Landeskarte 1:50 000, Blatt 5012, Flumser Berge-Prättigau

An- und Rückreise

Von Landquart mit der RhB (Fahrplanfeld 910) bis Küblis; Postauto (alle zwei Stunden, Fahrplanfeld 910.55) bis St. Antönien Post
Postauto Stels-Schiers (Fahrplanfeld 910.35), RhB Schiers-Landquart (Fahrplanfeld 910)

Route

Wir starten in St. Antönien bei der Post (1420 m), wo das Chrüz/Kreuz merkwürdigerweise auf keinem Wegweiser steht, in Richtung Alp Valpun. Auf der Anhöhe Aschüel haben wir die Landschaft St. Antönien in ihrer ganzen Weitläufigkeit vor uns: eine Walser Streusiedlung, die bis in die 1970er-Jahre aus drei Gemeinden bestand; nun sind es noch deren zwei, St. Antönien und Ascharina. Oben an den Hängen des Chüenihorns die massiven Lawinenverbauungen, die an die dereinst zu radikale Rodungspraxis der Walser erinnern; im lawinengeplagten St. Antönien sind zudem die meisten Häuser und Ställe mit einem auf der Bergseite angebauten Mauer- oder Betonkeil (Ebenhöch) versehen. Während in der Landschaft über Jahrhunderte fast jeden Winter Lawinentote und -schäden zu beklagen waren, sind größere Katastrophen in den letzten Jahrzehnten ausgeblieben.
Wir folgen dem Weg Richtung Valpun links in den Wald. Nach kurzem Aufstieg erreichen wir das Grossried, ein wunderschönes in den Tannenwald eingebettetes Hochmoor, das wir auf einem Holzsteg durchqueren. Nach kurzem Aufstieg durch den Wald erreichen wir die Alpwiesen von Valpun. Den ehemaligen Untersäß gibt es nicht mehr. Beim modernen Alpgebäude des Obersäß geht es durch Heidelbeer- und Alpenrosenstauden immer bergan, den Gipfel stets vor Augen. Wir können auf dem sehr gemütlich angelegten Weg bleiben oder auch abkürzend geradeaus gehen. Gefahren gibt es nicht - auch nicht die Gefahr, sich zu verirren. Die Wanderzeit bezieht sich auf den ausgeschilderten Weg.

Vom Gipfel (2196 m) geht es in westlicher Richtung auf sehr gutem Weg hinab auf den Stelser Berg, zum berühmten Stelserseelein (1670 m), danach gelangt man leider schon bald auf die Asphaltstraße. Beim Berggasthaus zum See zeigt ein Wegweiser nach Stels, aber dieser Weg führt 1 h lang auf Asphalt. Man kann stattdessen in den Weg Richtung Nigglisch Wis einbiegen, der rechts hinunter an die Flanke des Schraubachtobels führt, verzichtet dabei allerdings zum Teil auf die einmalige Aussicht, welche das geneigte Stelser Plateau praktisch auf Schritt und Tritt offenbart.
Wenn man von Stels (1300 m) nach Schiers (650 m) wandern will, empfiehlt sich die Route über Nigglisch Wis – auf gutem Weg, immer im Wald – hinunter ins Schraubachtobel (1½ h). Im Tobel 300 m talauswärts erreicht man den »historischen Rundwanderweg«; nach einem halbstündigen Aufstieg gelangt man zur Aussichtsplattform, die errichtet worden ist, um die berühmte Salginabrücke zu bewundern. Danach kann man noch eine Viertelstunde steil aufsteigen zur Brücke, diese überqueren und über Maria Montagna hinab nach Schiers (1½ h) wandern (ab Brücke auch Postautoverbindung), oder man steigt wieder zurück ins Tobel und wandert dem Schraubach entlang talauswärts nach Schiers (1 h).

Rasten und ruhen
Zahlreiche Hotels und Restaurants in St. Antönien (Tourismus-Werbespruch: »Hinter dem Mond links«)
In Stels: Hof de Planis, 7226 Stels (Tagungszentrum, vermietet aber auch Einzel- und Doppelzimmer), Tel. 081 328 11 49,
E-Mail: stels@spin.ch,
Website: www.hofdeplanis.ch
Berggasthaus zum See, 7226 Stels;
Tel. 081 328 11 50 oder 081 328 11 74,
sporadisch geöffnet
Berggasthaus Mottis, 7226 Stels; Übernachtungsmöglichkeit (auch Massenlager),
Tel./Fax 081 328 13 19,
E-Mail: mottis-stels@bluewin.ch

Informationen
St. Antönien Tourismus, Am Platz,
7246 St. Antönien; Tel. 081 332 32 33,
Fax 081 332 30 01,
E-Mail: info@st-antoenien.ch
Auch: www.st-antoenien.ch/indextour.htm
Schiers Tourismus, Dorfstr. 20, 7220 Schiers;
Tel. 081 328 22 00;
Internet: www.schierstourismus.ch

Tipp
Das »World Monument« Salginabrücke, eine in den 20er-Jahren von Robert Maillart entworfene Stahlbetonkonstruktion von seltener Eleganz. Erbaut 1929/30, umfassend restauriert 1997/98. Für zahlreiche Fachleute ist das Bauwerk schlicht die weltweit schönste Brücke des 20. Jahrhunderts. Informationen unter:
www.schierstourismus.ch/salgina/salgina.htm

ROBERT
HANS HOFER

PETER
VERLEE

Unverändert seit Ernst Ludwig Kirchners
Aufenthalt: Sennhütte Stafelalp

Susanne C. Jost

LiteraTour 5: Davos Dorf–Podestatenalp–Stafelalp–Davos Glaris

Zwischenwelten. Seelenwanderung im Diesseits zum Jenseits

Die »Davoser 9-Alpen-Tour« mit Hugo Marti, »Davoser Stundenbuch« (1934) und Robert Louis Stevenson, »Die Schatzinsel« (1883)

Von ihren Lungenleiden abberufen, wurden beide nur 44 Jahre alt. Beide reisten in ihren kurzen Leben gern und oft, beide hielten ihre äußeren und inneren Reisen literarisch fest, und in beiden brannte eine unstillbare Sehnsucht nach Geborgenheit. Davos war eine Station auf ihren Reisen und in ihren Leben, eine Station, die sie mit manch anderen großen wie kleineren Literaten und Literatinnen teilten. Ihre Krankheit führte sie nach Davos, und sowohl der Schweizer Hugo Marti (1893–1937) wie auch der Schotte Robert Louis Stevenson (1850–1894) erlebten Davos als eine Zwischenwelt, in die sie sich jedoch in sehr unterschiedlicher Art und Weise hineinbegaben.

Ankommen und Hiersein

»Schwerer als das Hiersein ist das Ankommen. Wenn sich der geräuschvolle Eisenbahnzug in die Schlucht unten im Tal bohrt, durch das enge Felsentor, nackter Stein in ewigen Schatten mit struppigen Tannenkrüppeln, alles Licht plötzlich fort, die Welt bleibt zurück, die einem vertraut war; als ob eine Tür hinter einem zugeschlagen würde, so fühlt das ängstliche Herz.«

Der Aufstieg zum Ausgangspunkt der »Davoser 9-Alpen-Tour« erinnert mich an Martis Beschreibung des Übergangs von der einen in eine andere Welt. Schmal, steil und steinig führt der Weg von der Davoser Hohen Promenade hinauf in Richtung Büschalp. Man wird vom Wald verschluckt, scheint Abschied zu nehmen vom Tal und dem geschäftigen Alltag, bis man schließlich nach einiger Anstrengung die Untere Büschalp erreicht.

Setzte sich feinfühlig mit den Welten zwischen Heimat und Fremde, Leben und Tod auseinander: Hugo Marti (1893–1937)

Kein Entkommen in der Höhe: Davos markiert seine Präsenz

Auf der Waldstraße geht es weiter zur Schatzalp, direkt ins Herz des »Zauberbergs« der einstigen Heilsuchenden, für die nach Marti das Ankommen um so vieles schwerer war als das Hiersein.

Stevenson kam im Winter, erreichte Davos im Schlitten und genoss die Reise. Angekommen in Martis Sinne ist er jedoch nie. Er sträubte sich gegen das Kranksein ebenso wie gegen die Gemeinschaft der hier Leidenden. Er wollte weder ankommen noch hier sein. Zu beengend, zu tot empfand er die im Schnee versunkene Landschaft, der er dennoch – und keineswegs ohne Leidenschaft – einige seiner »Essays of Travel« widmet. Die winterliche Stille, nur hin und wieder unterbrochen vom Klang der Pferdeschlitten, faszinierte, beengte und beängstigte ihn. Sein Gesundheitszustand wie auch die Wege, die einen nur so weit vorankommen ließen, wie sie in den Schnee gegraben wurden, schränkten den stets Rastlosen empfindlich ein. Die Flucht trat er in Gedanken an. Während seiner zwei Aufenthalte in Davos vollendete Stevenson mit der »Schatzinsel« seinen ersten Roman und verarbeitete in »Silverado Squatters« die nicht ganz alltägliche Hochzeitsreise, die ihn und seine frisch geschiedene Gattin Fanny in ein kalifornisches Goldgräberstädtchen brachte, das er an einer Stelle aufgrund seiner Öde mit Davos vergleicht. Ansonsten rückt Davos gänzlich in den Hintergrund und findet zumindest an der Oberfläche keinen Eingang in die Welten, von denen Stevenson berichtet.

Obschon er die »Schatzinsel« nach längerem Unterbruch im schier fieberhaften Rhythmus von einem Kapitel pro Tag in Davos vollendete, schien ihm der Ort *»tödlich für die schriftstellerische Imagination«*, und er sorgte sich beständig um die Gesundheit und Unterhaltung von Frau und Stiefsohn, die ihn in die Berge begleitet hatten. Davos blieb ihnen trotz neuer

Freundschaften fremd, und so ist Stevensons Blick auf Ort und Geschehen auch in den »Essays of Travel« meist distanziert und beobachtend.

Hier ist dazwischen

Die Wanderung zieht sich weiter durch Lichtungen und Waldstücke auf einem steiniger werdenden Pfad hinauf zur Podestatenalp und über die Waldgrenze zur Lochalp. Bald schon, auf dem Weg zur Grüeni Alp, gibt ein Blick zurück die Sicht auf das einstige Sanatorium der Schatzalp frei. Trotz der Distanz thront das Gebäude wuchtig über der Landschaft, die Balkone – heute mit weniger berüchtigten Liegestühlen besetzt – der Sonne zugewandt.

Für Marti, der in seinem »Davoser Stundenbuch« in die oft schmerzliche Mitte von Ankommen und Hiersein in der Tuberkulosezeit vorstößt, wird aus dem Hiersein eine Zwischenstation, die ihm ein Bewusstsein seiner selbst eröffnet. So bezeichnet er sich und seine Leidensgenossen und -genossinnen an einer Stelle denn auch als *»glückliche Gefangene«*, zwischen denen und der Welt die Krankheit wie eine gläserne Wand steht. Martis ganz eigene Auseinandersetzung mit dem Sein zwischen Leben und Tod nimmt dabei ganz andere Gestalt an als in Thomas Manns großartigem Pendant, das den Schriftsteller in seiner Spektakularität als bloßen – wenn auch brillanten – Beobachter entlarvt (vgl. LiteraTour 6).

Martis bescheidenes »Stundenbuch« pflegt die Innensicht des direkt Betroffenen und wirkt dadurch leiser, aber auch berührender. Vom Liegen über das Ausgehen bis in den bunten Abend gleicht das Buch einer Seelenwanderung, die das Diesseits durchquert und dabei vom Jenseits bereits berührt wird. Die Landschaft und der Ort selbst erhalten darin ebenso ihren Platz wie die Innenschau, bestrebt nach einem Ankommen und Hiersein, das sich über die Gegenwart hinausdehnt, gleich einem Pendel, das zwischen Leben und Tod, Vergangenheit und Gegenwart, Nähe und Ferne hin und her schwingt. Martis Spiel mit Gegensätzen fasziniert. Er bringt sie episodenhaft zusammen und macht die Übergänge zum eigentlichen Hauptschauplatz.

Unterwegs von Alp zu Alp befindet man sich im Grunde genommen ebenfalls ständig in Zwischenräu-

Verströmt einen Hauch von »Zauberberg«: das einstige Sanatorium auf der Schatzalp

Die höchst gelegene auf der 9-Alpen-Tour: die Lochalp (2003 m)

men. Die Pfade, die von einer Alp zur anderen führen, sind von Gegensätzen geprägt. Einmal erlauben sie leichtfüßiges Voranschreiten, ein andermal lassen sie keuchen und stolpern, und das eine wird im Erlebnis des anderen jeweils rasch vergessen.

Der Weg führt durch Wald, über Wiesen und Matten ebenso wie über Geröll und Schotter, oder in Martis Worten: *»[...] durch dunklen Tannenwald und durch windgestreichelte Wiesen, an stürzenden Bächen und angebrochenen Felswänden vorbei.«* Spätestens ab der Grüeni Alp setzt zudem das Spiel ein, das ich auf dieser Strecke so sehr zu schätzen gelernt habe. Es ist ein Versteckspiel von Zuwendung und Abkehr, ein Ein-, Ab- und Auftauchen. So weit ich auch gehe, so nah kommt mein Ausgangspunkt immer wieder zu mir zurück, und Davos selbst wird zum ständigen Begleiter, der sich erst zuletzt, und auch wieder nur um ein Haar, abschütteln lässt.

Kein Entkommen

Von der Grüeni aus genieße ich den Blick über den gesamten Ort. Vom Wolfgang bis weit hinunter in den Unterschnitt, wo die Häuser spärlicher werden, und weit hinein ins Sertigtal bleibt kaum etwas verborgen. Solch weit schweifende Augenblicke sind keine Seltenheit und werden von der Begleitliteratur zur »Davoser 9-Alpen-Tour« hoch gepriesen. Die Tannen geben beständige Rahmen ab, durch die Davos in kleineren und größeren Ausschnitten immer wieder neu sichtbar wird und trotzig seine Präsenz markiert, damit es in der Bergwelt oben nicht etwa vergessen werde, und auch das Geläut von St. Johann scheint fast bis überallhin zu reichen. Mich fasziniert das virtuelle Versteckspiel, für Stevenson war die Unmöglichkeit, dem Ort zu entkommen, eine Qual.

Wie Marti greift er auf die Metapher des Gefängnisses zurück, von Glück jedoch keine Spur: »*A mountain valley […], and an invalid's weakness make up among them a prison of the most effective kind. […]. The mountains are about you like a trap; you cannot foot it up a hill-side and behold the sea as a great plain, but live in holes and corners, and can change only one for another.*« Was Stevenson zusätzlich zur räumlichen Enge belastete, war ein Gefühl des Ausgestelltseins, der Unmöglichkeit, sich den Blicken anderer zu entziehen. Es erstaunt deshalb nicht, dass er für seinen zweiten Aufenthalt nicht mehr das »Belvedere«, sondern die »Villa am Stein« als Unterkunft wählte (vgl. LiteraTour 6).

Wäre es Stevenson vergönnt gewesen, gesund nach Davos zu kommen, hätte sich seine Bedrängnis vielleicht in Grenzen gehalten. So jedoch boten die Berge eine geeignete Projektionsfläche für die Bürde, die ihm seine Krankheit war. Hätte er es bis nach hier oben schaffen können, er hätte seine Ruhe gehabt, und wenn er sich für seine Pause nicht die Stafelalp mit ihrem gemütlichen, aber sommers immer gut frequentierten Rasthaus ausgesucht hätte, wäre er auch vor den Blicken anderer verschont geblieben. Vielleicht hätte er sich unumwundener an der Bergwelt freuen können, am Tinzenhorn, das aus der Ferne grüßt und das Marti in »*Ausgang*« betrachtet, oder am Rinerhorn, das einen auf der gegenüberliegenden Talseite Schritt für Schritt begleitet. Eines wäre hier oben seinem stets fieberhaften Schaffen und Vorwärtstrieb sicherlich entgegengekommen: Fast jede Alp erlaubt die Sicht zurück zu bereits Besuchtem, fast von jeder aus lockt bereits die nächste.

Stevenson blickte und kehrte immer wieder nach Schottland zurück. Auf der Suche nach heilendem Klima und getrieben von seiner Rastlosigkeit, zog es ihn jedoch immer wieder weiter, bis er sich schließlich auf der Pazifikinsel Samoa niederließ, ohne dass ihn seine Krankheit je verlassen hätte, aber auch ohne dass er sich von ihr in seinem Schaffen hätte bremsen lassen.

Abschied

Der Aufstieg zur Stafelalp, der Ernst Ludwig Kirchner einen Platz in der Weltgeschichte gesichert hat, ist steil. Noch einmal blicke ich von oben auf ihre Gebäude – allesamt mit Walser Schindeldächern versehen – zurück und verabschiede mich erneut von einem Ausblick auf Davos und die gegenüberliegende Talseite. Dort drüben, umrahmt von dunklen Tannen, blitzte mir eben noch ein Fleck saftig-leuchtendes Grün entgegen, jetzt jedoch scheint die Farbe wie ausgelöscht. Die Sonne hat sich verschoben und treibt

Zentrales Bildthema von Ernst Ludwig Kirchner: die Stafelalp

ihr Spiel mit den Farben und Formen der Berglandschaft. Licht und Schatten. Wieder ein Gegensatzpaar, das Marti, aber auch Stevenson in ihre Beschreibungen der Landschaft aufnehmen und das bei Marti das Grundthema des »*Bunten Abends*« vorgibt, der mit der Dämmerung beginnt:

»*Das ist die flaue Stunde, die weiche Stunde, gefährlich wie keine andere: zwischen Licht und Dunkel, die Stunde der Dämmerung. Noch schwingt die laute Saite des Tages klirrend in uns nach, noch hat nicht die Nacht die Hand darauf gelegt und den Ton gedämpft. In unserem Leib zittern noch die Reize des Lichts, das uns umspült und mit knisternden Wellen berieselt hat. Wir sind müde von der lächerlich geringen Anstrengung, wir strecken die Waffen und ergeben uns, wir kehren in unsere Krankheit zurück wie in ein bergendes Haus, das wir mutwillig verlassen haben.*«

Einmal mehr zelebriert Marti hier den Übergang, das Dazwischen, und lässt seine Gedanken metaphorisch zwischen den Erscheinungen der Außenwelt und innerster Empfindung hin und her pendeln, der Charakterwechsel der Tageszeit fällt mit dem immer wiederkehrenden Abschied von der Welt und in die Krankheit zusammen.

Auch meine Route bringt mit der Überquerung einer kleinen Krete oberhalb der Stafelalp einen Charakterwechsel. Weit hinein ins Tobel führt der Weg, wird zusehends schmaler und steiniger, und bis sich der nächste Blick auf Davos öffnet, muss ich lange warten. Die Chummeralp nimmt mich schließlich trotz ihres Namens tröstend auf, aber nur, um mich erneut zu entsenden. Die Milch aus der Tause am Brunnen tut zum Abschied wohl, und ich wäre wohl noch länger geblieben, hätte ich gewusst, wie fordernd der Weg zur letzten Alp werden würde.

Rückkehr

Verspieltheit weicht Schroffheit und als ob der Berg beweisen möchte, dass auch er in all seinen grauen und schwarzen Schattierungen etwas Überraschendes zu bieten hat, lockt er den Blick auf eine Runse, die sich dunkelrot vom Nachbargestein abhebt und über den Pfad bis weit ins Bachbett hinunter rotes Gestein freigibt. Später werde ich meinem Erstaunen einen Namen geben können: Sanglomerat, ein altes Sedimentgestein, das es auch in der Zügenschlucht zu bewundern gibt und das auf dem dortigen Gesteinslehrpfad beschrieben wird. Ein kleines Exemplar davon in der Tasche, stelle ich mich dem letzten Aufstieg, und plötzlich grüßt Calvadel wieder durch die Bäume. Ein paar Schritte weiter noch und mein Ausgangspunkt hat mich wieder. Davos lacht mir in voller Länge ins etwas müde Gesicht, und kurz bevor ich die Anhöhe erreiche, blitzt in der Ferne die alte Monsteiner Kirche auf. Leuchtend weiß steht sie da und schaut ins Tal hinab. Der Pfad wandelt sich zur Naturstraße, die den Abstieg zu den Häusern der Bärentaleralp eröffnet.

Martis Beschreibung der Alpwiesen als »*samtene Kissen*« findet ihre Bestätigung in der Erleichterung meiner Füße, die nach all dem Gestein die Weichheit des Wiesengrundes dankbar annehmen. Dem rauschenden Bach entlang, durch Wald und über Lichtungen führt nun der Weg zurück ins Landwassertal nach Glaris. Die Panoramasicht wechselt zur beschränkten Detailaufnahme und kündigt den Alltag an, der nach langem Weg wieder ein Ankommen fordert. Stevenson würde es – zumindest im Herzen – gleich wieder weiterziehen; Marti schlägt nach seinem »*Ausgang*« vor: »*Wir werden morgen wieder durchbrennen, aber für heute nacht sind wir froh, unterzukriechen.*« Nach neun Alpen schließe ich mich Letzterem zufrieden und bereitwillig an.

Literatur

Hugo Marti, *Davoser Stundenbuch.* In: *Die Tage sind mir wie im Traum. Das erzählerische Werk.* Neu herausgegeben und mit einem biografischen Nachwort versehen von Charles Linsmayer, Reihe Reprinted by Huber Nr. 20, Huber-Verlag, Frauenfeld 2004

Robert Louis Stevenson, *Die Schatzinsel,* Reclam, Stuttgart 1999

Robert Louis Stevenson, *The Silverado Squatters,* Chatto and Windus, London 1882

Robert Louis Stevenson, *Essays of Travel,* Chatto and Windus, London 1905

Ian Bell, *Dreams of Exile. Robert Louis Stevenson,* Mainstream Publishing, Edinburgh 1992

W. G. Lockett, *Robert Louis Stevenson at Davos,* Hurst and Blackett, London 1934

Auffallend und anziehend in der Landschaft: Kirche Davos Glaris

LiteraTour-Info

Einstufung 📖📖📖📖
Gehzeiten 6 ½–8 ½ h
Höhendifferenz Aufstieg 440 m, Abstieg 500 m
Beste Jahreszeit Mitte Juni bis Mitte Oktober
Karten Landeskarten 1:25 000, Blätter 1217, 1197; 1:50 000, Blätter 258, 248

An- und Rückreise
RhB nach Davos (Fahrplanfeld 910), Ortsbusse in Davos, ab Davos Glaris Postauto (Fahrplanfeld 910.71) und RhB (Fahrplanfeld 915)

Route
In Davos Dorf beginnt gut markiert die »Hohe Promenade«. Die erste Verzweigung führt rechts durch die letzten Wohnhäuser in Richtung »Höhenweg/Weissfluhjoch« und mündet nach einem Waldabschnitt in die Untere Büschalp (Variante: mit der Parsennbahn bis Station Höhenweg und via Obere zur Unteren Büschalp). Von hier aus zieht sich der Weg entlang des gesamten Landwassertales über die Schatzalp zur Podestatenalp, Lochalp, Grüeni Alp, Erbalp, Stafelalp, Chummeralp und Bärentaleralp, von wo aus der Abstieg nach Glaris erfolgt. Die Alpen sind teils durch steinige Pfade, teils durch Wiesen- und Weidwege miteinander verbunden, die unterschiedlich weit in die dazwischen liegenden Tobel hineinführen. Die einzelnen Etappen nehmen ½ bis 1 ½ h in Anspruch. Die Route ist vollumfänglich mit »Davoser 9-Alpen-Tour« gekennzeichnet. Es kann von jeder Alp ins Tal abgestiegen werden.

Rasten und ruhen
Verpflegungsmöglichkeiten bieten sich auf der Schatzalp, der Erbalp und der Stafelalp. Als zusätzliche Stärkung empfiehlt sich die Milchbar beim Brunnen auf der Chummeralp (Selbstbedienung mit Kässeli).
Neben Unterkünften in jeder Preisklasse im Davoser Talboden bieten das Hotel Schatzalp (Tel. 081 415 51 51) und die Gruppenunterkunft auf der Stafelalp (Tel. 081 413 66 31) Übernachtungsmöglichkeiten entlang der Route.

Informationen
Davos Tourismus, Promenade 67,
Tel. 081 415 21 21, Fax 081 415 21 00,
E-Mail: info@davos.ch, www.davos.ch

Tipps
Zwischenhalt im Alpinum Schatzalp, das mit 800 Pflanzen die globale Alpenflora sowie einen Heilpflanzen-Garten informativ beschildert präsentiert; Juni–Sept. 9–17 Uhr, Führungen auf Anfrage, Tel. 081 415 51 51, E-Mail: info@schatzalp.ch, www.schatzalp.ch.
Entlang der gesamten Route lohnt es sich, immer auch einen Blick zurückzuwerfen, um die eindrückliche Aussicht auf Tal-, Alp- und Bergwelt in all ihren Perspektiven einfangen zu können.
Wer mehr über Davos zu Stevensons und Martis Zeit erfahren möchte, wird einerseits in der Dokumentationsbibliothek von Davos (Promenade 88, 7270 Davos Platz,

Tel. 081 413 08 26, Fax 081 413 40 74; E-Mail: timothy.nelson@davos.gr.ch) auf einen reichen Fundus von Büchern, Originaldokumenten und Bildern stoßen (Di 16–20 Uhr, Mi–Fr 15–19 Uhr). Andererseits lohnt sich für Interessierte ein Besuch im Medizin Museum (Ausstellungsraum Sonnenhof, Platzstrasse 1, 7270 Davos Platz, Tel. 081 413 52 10, Dez.-April und Juni-Okt., jeweils Donnerstag 17–19 Uhr oder auf Anfrage)

Kirchner Museum: Juli–Sept. täglich 10–12, 14–18 Uhr; Okt. Juni täglich 14–18 Uhr (vgl. Anhang: Graubünden Kultur S. 405)

Literarisch nicht erreichtes Ziel: das Büelenhorn (2512 m)

Daniel Anker

LiteraTour 6: Davos Dorf–Büelenhorn–Dischmatal

Zauberski. Erkundungen in unverspurtem Feld

Tiefschneewandern mit Thomas Mann, »Der Zauberberg« (1924), Arthur Conan Doyle, »An Alpine Pass on ›Ski‹« (1894) und Max Frisch, »Stiller« (1954)

Wir folgen aufs Wort. »*Sie hatten die unregelmäßig bebaute, der Eisenbahn gleichlaufende Straße ein Stück in der Richtung der Talachse verfolgt, hatten dann nach links hin das schmale Geleise gekreuzt, einen Wasserlauf überquert und trotteten sanft nun auf ansteigendem Fahrweg bewaldeten Hängen entgegen.*« Wir gehen ihnen nach, dem Hamburger Patriziersohn Hans Castorp und seinem lungenkranken Vetter Joachim Ziemßen, der schon seit einiger Zeit in Davos weilte und nun seinen Besucher an der »*kleinen Station*« Davos Dorf abgeholt hatte. Und dann ist da schon das Internationale Sanatorium Berghof, »*ein langgestrecktes Gebäude mit Kuppelturm, das vor lauter Balkonlogen von weitem löcherig und porös wirkte wie ein Schwamm*«. Hier gedachte Hans Castorp drei Wochen zu bleiben – es wurden sieben Jahre, vom August 1907 bis zum Ausbruch des Ersten Weltkrieges.

Wir lassen die Vetter eintreten und ziehen, die Ski noch auf den Schultern, daran vorbei. Das Gebäude liegt versteckt hinter Bäumen, und das ist gut so. Das Internationale Sanatorium, die heutige Höhenklinik Valbella, verlor 1957 die schöne Fassade und den Turm. Sie bildeten das äußere Vorbild für das Sanatorium Berghof, den Hauptschauplatz im Roman »Der Zauberberg« von Thomas Mann (1875–1955). Als eine der Vorlagen für die inneren Räumlichkeiten des Berghofs hingegen diente das 1910/11 erbaute Waldsanatorium auf der rechten Talseite. Hier war

In der Pose des Großwildjägers: der Sherlock-Holmes-Erfinder Arthur Conan Doyle (1859–1930) im Winter 1894 in Davos

Bescheidener und Schneebrett-erfahren (links im Bild): Max Frisch (1911–1991) mit Bergfreunden

Manns Frau Katia 1912 ein halbes Jahr zur Kur; Thomas besucht sie vom 15. Mai bis zum 12. Juni, und fast wäre er – wie sein Romanheld – länger geblieben, als Professor Friedrich Jessen einen kranken Punkt in der Lunge feststellte. Doch auf Anraten seines Hausarztes kehrte Mann ins Flachland zurückt und begann an der »*Davoser Novelle*« zu arbeiten. Die Erzählung wuchs sich zum Roman aus, den Mann – mit dem Unterbruch des Weltkriegs – im September 1924 beendete. Zwei Monate später erschien »Der Zauberberg«. Nach Davos war Thomas Mann nochmals vom 30. Januar bis zum 3. Februar 1921 zurückgekehrt; die Eindrücke des Winters hinterließen Spuren, am stärksten im Kapitel »*Schnee*«. Mann bezeichnete es als »Herzstück« seines rund 1000-seitigen Werkes.

Aufbrechen

Über Schnee schreiten wir bewaldeten Hängen entgegen, zuerst noch zu Fuß, aber schon bald mit den Ski an den Füßen, während Hans Castorp gelangweilt in der Balkonloge lag und wohlverpackt in die weiße Landschaft blickte: »*Der grünschwarze, mit Schnee beschwerte Tannenforst stieg die Lehnen hinan, und zwischen den Bäumen war aller Boden kissenweich von Schnee. Darüber erhob sich das Felsgebirg in Grauweiß, mit ungeheueren Schneeflächen, die von einzelnen, dunkler hervorragenden Felsnasen unterbrochen waren, und zart verdunstenden Kammlinien. Es schneite still.*« Bei uns wölbt sich ein stahlblauer Himmel über das Hochtal von Davos. Wir sind froh darum. Denn Skiausflüge bei Schneefall können rasch ungemütlich werden. Keiner hat es so intensiv erfahren wie Hans Castorp.

In seinem zweiten Winter kaufte er sich »*in einem Spezialgeschäft der Hauptstraße ein Paar schmucker Ski, hellbraun lackiert, aus gutem Eschenholz, mit prächtigem Lederzeug und vorne spitz aufgebogen, kaufte auch die Stäbe mit Eisenspitze und Radscheibe dazu*«. Stäbe? Mann nennt die Skistöcke einmal gar »Pickelstock«, in der Einzahl: Verschreiber eines Schriftstellers, der selber nur einmal auf Ski stand?

Aufsteigen

Halten wir uns nicht bei Ausrüstungsdetails auf. Fragen wir uns besser, ob wir in der richtigen Spur gleiten. Wohin unternahm Hans Castorp nach dem Mittagessen, die *»Große Liegekur und die Vespermahlzeit«* schwänzend, seine große Skitour? Allein, ohne etwas zu sagen, weil solche Ausflüge eigentlich verboten waren. Ging er *»hinter dem ›Berghof‹ empor in Richtung auf das bewaldete Seehorn«*, obwohl man auf seinen steilen Waldhängen eigentlich gar nicht skilaufen kann? Oder lenkte er seine *»langen, biegsamen Sohlen«* auf das Brämabüel, das tolle Skigebiet über dem Bolgenhang auf der linken Talseite, heute erschlossen durch die Seilbahn aufs Jakobshorn?

»Den Brämenbühl, am Rande des Mattenwaldes, kam er herunter«, heißt es am Ende des Kapitels. Doch wo waren dann *»die Stangen, eingepflanzte Stöcke, Schneezeichen«*, denen Castorp zu Beginn gefolgt war und von deren Bevormundung er sich absichtlich befreit hatte? Solche »senkrechten Holzstangen, an denen am oberen Ende befestigte kleine Querleisten genau die Richtung und Neigung zu der jeweilen nächstfolgenden Stange angeben« (Hermann Frei im Führer »Davoser Skitouren« von 1919), steckten auf der Skiroute zur Parsennhütte, doch die liegt auf der andern Talseite.

»Vor ihm lag kein Weg, an den er gebunden war.« Vor uns offenbar auch nicht. Thomas Mann beschrieb keine örtlich mit letzter Sicherheit festzumachende Tour, Hans Castorp *»stöckelte sich irgendwo bleiche Höhen hinan, deren Lakengebreite sich in Terrassen absatzweise erhoben, höher und höher, man wußte nicht, wohin«*. Vielleicht doch am Büelenhorn, dessen Westrücken sich terrassenförmig absenkt, bevor er dann in den Wald übergeht, an dessen unterem Saum die Höhenklinik Valbella liegt. Möglich ist es. Und so stöckeln wir höher, *»auf offener Berghalde gegen den Himmel«*.

Inspirierte das Innere des literarischen »Berghofs«: Waldsanatorium, heute Waldhotel Bellevue

Diente Arthur Conan Doyle und Thomas Mann als Logis: die Villa am Stein

Aufgeben?

Und gegen das Büelenhorn. Hans Castorp hingegen erreichte keinen Gipfel. Wollte er nicht, konnte er nicht. Denn ein Schneesturm brach los, der den Skitouristen fast umbrachte. »*Eine eiskalte Hand griff nach seinem Herzen, so daß es aufzuckte.*« Seitenlang beschreibt Thomas Mann die Irrfahrt seines Helden. »*Die Flocken flogen ihm massenweise ins Gesicht und schmolzen dort, so daß es erstarrte. Sie flogen ihm in den Mund, wo sie mit schwach wässerigem Geschmack zergingen, flogen gegen seine Lider, die sich krampfhaft schlossen, überschwemmten die Augen und verhinderten jede Ausschau – die übrigens nutzlos gewesen wäre, da die dichte Verschleierung des Blickfeldes und die Blendung durch all das Weiß den Gesichtssinn ohnedies fast völlig ausschalteten. Es war das Nichts, das weiße, wirbelnde Nichts.*«

Wer je einen Schneesturm erlebt hat, wird sich daran erinnern, an diese verzweifelte Blindheit. Und auch an diese Mischung von Angst und Hoffnung, von Lebensgefahr und Lebenswille. Endlich spürte Hans Castorp das Leben hautnah, abseits von Liegestuhl, Speisesaal und Spazierwegen, gleichzeitig gestreift vom Todeshauch, mitten in entfesselter Natur. Die Rettung kam mit der Zivilisation, in Form eines Heuschobers mit steinbeschwertem Dach. »*Willkommener, tröstlicher Anblick!*« An die aus Baustämmen gezimmerte Wand lehnte sich der Verirrte und wartete auf das Ende des Sturms, die »*langen Pantoffeln*« an den Füßen behaltend.

Abfahren

Vor einem solchen Heuschober unterbrechen wir die Abfahrt vom Büelenhorn ins Dischmatal. Ziehen aus dem Rucksack Lesestoff, nicht den »Zauberberg«, der wäre zu gewichtig, sondern bloß fünf Seiten, überschrieben mit »Ein Alpenpass auf ›Ski‹«.

»*Aeusserlich ist an einem Paar Ski nichts besonders Heimtückisches zu entdecken. Es sind zwei Pantoffeln aus Ulmenholz, 8 Fuss lang und 4 Zoll breit, mit einem viereckigen Absatz, aufgebogenen Zehen und Riemen in der Mitte zur Befestigung des Fusses. Niemand würde beim blossen Ansehen an alle die Möglichkeiten denken, die in ihnen lauern.«* Fast sachlich begann Sir Arthur Conan Doyle (1859–1930) seinen spannenden Bericht. Er erschien in der Dezembernummer der renommierten englischen Zeitschrift »Strand Magazine« von 1894, womit der Skilauf erstmals höhere literarische Weihen erhielt.

Im »Ski«, dem Jahrbuch des Schweizerischen Skiverbandes, wurde Doyles Text 1911 auf deutsch publiziert. Darin zählte der Kriminalschriftsteller eine der heimtückischen Möglichkeiten der Ski auf: »*Aber du ziehst sie an und wendest dich mit einem Lächeln nach deinen Freunden um, um zu sehen, ob sie dir auch zuschauen – und dann bohrst du im nächsten Augenblick deinen Kopf wie verrückt in einen Schneehaufen hinein und strampelst wahnsinnig mit beiden Füssen, um, halb aufgestanden, von neuem wieder im gleichen Schneewall unrettbar zu ertrinken; so gibst du deinen Freunden ein Schauspiel, dessen sie dich niemals für fähig gehalten hätten.*« Kein Wunder, dass der Erfinder des Sherlock Holmes den Schluss zog: »*Die Ski sind die bockbeinigsten Dinger der Welt!*«

Zum Skilauf war Doyle gekommen, weil bei seiner Frau Tuberkulose diagnostiziert und ein Aufenthalt in Davos verordnet worden war. Die Doyles installierten sich im Winter 1893/94 in der Villa am Stein, die unterhalb des Waldsanatoriums liegt. Ein geschichtsträchtiges Haus: Robert Louis Stevenson (vgl. LiteraTour 5) weilte dort im Winter 1881–1882, Thomas Mann während seines ersten Davos-Aufenthaltes im Jahr 1912.

Ließ seinen Romanhelden und die Familie skilaufen: Thomas Mann mit Ehefrau Katia und Tochter Elisabeth (nicht in Davos, sondern in St. Moritz) im Winter 1932

Arthur Conan Doyle schrieb Skigeschichte. Mit Worten und mit Taten. Sein »Alpenpass« ist die Maienfelder Furgga zwischen Davos und Arosa. Doyle überschritt sie am 23. März 1894 zusammen mit den Davosern Johann und Tobias Branger. Die beiden hatten, auf den Tag genau, im Jahr zuvor erstmals diesen Pass traversiert. Sieben Stunden brauchten Doyle und seine Führer für die Skitour, eine gute Zeit noch heute. Die Aroser Hotelgäste, die von der Fahrt wussten, wollten nach dem Mittagessen die Rutscherei der Skipioniere mit den Ferngläsern begucken – zu spät, weil diese bereits am Mittagstisch in Arosa saßen. Sie hatten halt das Wesen des (Touren-)Skilaufs noch nicht erfasst, im Gegensatz zu Doyle: »*Tatsache ist, dass es leichter ist, einen gewöhnlichen Gipfel zu ersteigen oder eine Reise über einen der höheren Pässe im Winter als im Sommer zu machen, wenn nur das Wetter beständig bleibt. Im Sommer muss man sowohl hinunter- als hinaufsteigen, und eins ist so mühsam wie das andre. Im Winter ist die Arbeit um die Hälfte geringer, weil der grösste Teil des Rückwegs ein blosses Gleiten ist.*«

Abbrechen

Wir steigen wieder in die Bindungen und gleiten weiter in die Tiefe. Zu lange hat die Rast vor der Hütte gedauert, der Schnee ist schon fast zu weich, aus dem lockeren Schwingen wird ein schweißtreibendes Pflügen. Lust und Frust liegen beim Skifahren abseits der Piste nur Minuten auseinander. Nur Zentimeter auch. Ein scheinbar ungefährlicher Hang wird sich durch Sonneneinstrahlung in eine Halde verwandeln, die ins Rutschen kommen mag. Aber auch ohne diese Wirkung kann ein Hang plötzlich losbrechen, wenn die Spannung darin zu groß geworden ist. »*Ein köstlicher Tag, alles voll Sonne, klar und gewiß, und wir stehen kaum hundert Schritte unter dem weißen Gipfelkreuz, das die schwarzen Dohlen umkreisen – plötzlich ein Krach in der blauen Luft oder unter dem glitzernden Schnee, ein kurzer und trockener Ton, fast zart, fast wie der Sprung in einer Vase; einen Augenblick weiß man nicht, ob es aus der Ferne oder aus der nächsten Nähe gekommen ist. Als wir uns umblicken, bemerken wir, wie sich der ganze Hang, er ist steil, bereits in ein wogendes Gleiten verwandelt hat.*«

Max Frisch (1911–1991) hat dieses Schneebrett – so nennt man die meist von den Tourenskiläufern selbst ausgelösten Lawinen, bei denen Schneeschichten mit einem Schlag losbrechen – im »Tagebuch 1946–1949« geschildert, unter dem Stichwort »Davos« im Jahre 1947. Eine halbe Seite voller Dramatik, die er mit Constanze von Meyenburg, seiner ersten Ehefrau, erlebte. Schon zuvor war er mit Käte Rubensohn in den winterlichen Davoser Bergen unterwegs gewesen; eine Fotografie in seiner Biografie zeigt das Paar vor der Parsennhütte. Davos wurde auch Schauplatz in seinem ersten Roman, »Stiller«: »*Gestern in Davos. Es ist genau so, wie Thomas Mann es beschrieben hat*«, hält die Hauptfigur im ersten Heft fest.

Und genau so ist es, wenn man erfasst wird: »*Ringsum ein Bersten, lautlos zuerst, und der Schnee geht uns bereits an die Knie. Allenthalben überschlagen sich die Schollen, und endlich begreife ich, daß auch wir in die Tiefe gleiten, unaufhaltsam und immer rascher, mitten in einem grollenden Rollen.*«

Wir folgen nicht mehr. Hoffen bloß, dass für uns das Schneebrett Literatur bleibt.

Literatur

Arthur Conan Doyle, »An Alpine Pass on ›Ski‹«, in: *Strand Magazin*, London, Dezember 1894; »Ein Alpenpass auf Ski«, in: *Ski. Jahrbuch des Schweiz. Ski-Verbandes*, VII. Jg., Bern 1911

Max Frisch, *Tagebuch 1946–1949,* Suhrkamp Verlag, Frankfurt a. M. 1950

Max Frisch, *Stiller,* Suhrkamp Verlag, Frankfurt a. M. 1954

Thomas Mann, *Der Zauberberg,* S. Fischer Verlag, Berlin 1924

Urs Bircher, *Vom langsamen Wachsen eines Zorns. Max Frisch 1911–1955,* Limmat Verlag, Zürich 1997

Günther Schwarberg, *Es war einmal ein Zauberberg. Thomas Mann in Davos – Eine Spurensuche,* Steidl Verlag, Göttingen 2001

Thomas Sprecher, *Davos im Zauberberg. Thomas Manns Roman und sein Schauplatz,* Verlag Neue Zürcher Zeitung, Zürich 1996

Dietmar Grieser, *Schauplätze der Weltliteratur. Ein literarischer Reiseführer*, Langen Müller Verlag, München-Wien 1976

Ken Lindenberg, *Rund um den Zauberberg. Thomas Mann und Davos,* Calanda Verlag, Chur 1989.

Hans Schüpbach, *LiteraTour durch die Schweiz,* Ott Verlag, Thun 2002

Wilfried Schwedler, »Den Bergsteiger sah man ihm nicht an. Auf alpinistischer Spurensuche bei Max Frisch«, in: ders., *Schreibtisch mit Gipfelblick. Wie Schriftsteller das Gebirge erleben*, Panico Alpinverlag, Köngen 1997, S. 175–186

Thomas Sprecher: »Wie es zum ›Zauberberg‹ kam«, in: *Davoser Revue*, Jg. 71, Nr. 3/1994, S. 11–17.

Auf dem Weg zum »Zauberberg«. Davoser Literaturtage 1996, hrsg. von Thomas Sprecher, Klostermann, Frankfurt a. M. 1997 (Thomas-Mann-Studien, Bd. 16)

Davos und der Zauberberg. Thomas Manns Roman und sein Schauplatz, Davos Tourismus 2002 (mit ausführlichem Literaturverzeichnis)

Glück für Davos: Ernst-Ludwig-Kirchner-Museum, im Hintergrund: das Büelenhorn

LiteraTour-Info

Einstufung 📖 📖 📖 📖
Gehzeiten Aufstieg 3 h, Abfahrt 1 ½–2 h
Höhendifferenz 950 m
Beste Jahreszeit Dezember bis März; die Südwestabfahrt vom Büelenhorn am schönsten (und sichersten) bei Sulz im Februar/März. Lawineninformation beim Eidgenössischen Institut für Schnee- und Lawinenforschung in Davos Dorf: www.slf.ch und Tel. 187
Karten Landeskarte 1:25 000, Blatt 1197 Davos; 1:50 000, Blatt 248 S Prättigau (mit Skitouren)

Führerliteratur
Vital Eggenberger, *Skitouren Graubünden*, Verlag Schweizer Alpen-Club, Bern 1999
Rudolf und Siegrun Weiss, *Davos-Prättigau*, Rother Skiführer, Bergverlag Rother, München 1996

An- und Rückreise
Von Landquart mit der RhB bis Davos Dorf [Fahrplanfeld 910]

Route
Vom Bahnhof Davos Dorf (1560 m) kurz stadteinwärts, dann links die Geleise kreuzen und später das Landwasser queren. Rechts an Sportgeschäft und Hotel Bünda und unterhalb der Höhenklinik Valbella vorbeigehen. Die Straße steigt leicht an. Dort, wo sie eine Kurve nach links macht, beginnt der Skiaufstieg. Schräg aufsteigen in die Waldschneise von Duchli. Hinauf zu einem Haus und nach rechts zum Alperschließungssträßchen (P. 1664 m). Ihm folgen, dann seine Schlaufen in Waldlichtungen abkürzen und linkshaltend zur oberen Hütte von Inschlag. Nordwärts, schon bald im Wald, auf einen breiten Rücken und über diesen an die Waldgrenze und zur freistehenden Arve (Wegweiser P. 2117 m). Nun ostwärts über Rücken und durch Mulden zu einer Steilstufe. Diese bei sicheren Verhältnissen rechts oder links haltend überwinden, bei unsicheren etwas mühsam über eine felsdurchsetzte Rippe. In flacherem Gelände, zuletzt auf dem Nordwestgrat, zum Gipfelsteinmann des Büelenhorns (2512 m).
Abfahrten: 1) Wie Aufstieg, nur sollte dafür im Wald gutmütiger Schnee liegen. 2) Auf der Aufstiegsroute zurück bis unterhalb der

Steilstufe, dann südwestwärts nach Büelenbergmeder zum obersten Heuschober. Nun deutlich links haltend zu Punkt 1871 m von Am Berg, auf der Erschließungsstraße zwei Gräben queren und hinunter nach Träjen. (Hierher auch bei besten Verhältnissen direkt vom Büelenhorngipfel: zuerst noch kurz dem Südostgrat entlang, dann über sonnige Steilhänge und die Hütte P. 1953 m.) Von Träjen auf der Langlaufloipe durchs Dischmatal, zuletzt am Rande des Mattenwaldes. Über die Ebene Richtung Internationales Sanatorium Berghof.

Rasten und ruhen

Conditorei Weber in Davos Dorf - diese Brote! Café Schneider in Davos Platz - diese »Stückli«! Im Restaurant Zauberberg isst man chinesisch.

Hotel Bünda, Museumstrasse 4, 7260 Davos Dorf, Tel. 081 417 18 19, www.buenda.ch, info@buenda.ch: das der Höhenklinik Valbella und dem Büelenhorn nächstgelegene Hotel. Waldhotel Bellevue, Buolstrasse 3, 7270 Davos Platz, Tel. 081 415 37 47, www.waldhotel-bellevue.ch, hotel@waldhotel-bellevue.ch: das Zauberberg-Hotel im ehemaligen Waldsanatorium, mit einem Zimmer von einst, mit dem Restaurant Magic Mountain, mit Lesungen, mit der Villa am Stein gleich unterhalb. Hotel Zauberberg, Salzgäbastrasse 7, 7260 Davos Dorf, Tel. 081 417 17 17, www.zauberberg.ch, zauberberg@bluewin.ch: hat nichts mit dem »Zauberberg« zu tun, nur mit dem Umstand, dass der Zauberberg in Davos heute ein gesundes Image hat; die Lage des Hotels ist zauberhaft, die Preise sind es auch.

Informationen

Davos Tourismus, Promenade 67, 7270 Davos Platz, Tel. 081 415 21 21, Fax 081 415 21 00, E-Mail: info@davos.ch, www.davos.ch

Tipps

Medizin Museum, Platzstrasse 1, 7270 Davos, Tel. 081 413 52 10, Do 17–19 Uhr. Und gleich in der Nähe: Wintersportmuseum, Promenade 43, 7260 Davos Platz, Tel. 081 413 24 84; Winter Di, Do, Sa 16.30–18.30 Uhr, Sommer Di, Do 16.30–18.30 Uhr. Kirchner Museum: Juli–Sept. täglich 10–12, 14–18 Uhr; Okt.–Juni täglich 14–18 Uhr (vgl. Anhang: Graubünden Kultur S. 405)

Tages-Skitouren Davos/Klosters, fast täglich mit einheimischen Bergführern, Tel. 081 413 77 00

Die Davoser Literaturtage finden in den geraden Jahren im August statt.

Thomas-Mann-Archiv der ETH Zürich, Schönbergstrasse 15, 8001 Zürich, Tel. 01 632 40 45, www.tma.ethz.ch

Die Postkartenseite der Bündner Metropole:
Arcas

Margrit Sprecher

LiteraTour 7: Chur

Zwischen Hölle und »urbanem Himmel«. Chur ist schön, verweile

Eine Altstadtwanderung mit Niklaus Meienberg, »Stille Tage in Chur« (1974), Reto Hänny, »Ruch« (1979) und Silvio Huonder, »Adalina« (1997)

Nein, Liebe auf den ersten Blick ist das nicht. Wer beim Umsteigen in die Bahnhofsunterführung gerät, will nur eines: weg von hier! Wer die Stadt auf der A 13 in weitem Bogen umfährt und die Hochhäuser immer mächtiger in den Himmel wachsen sieht, verstärkt den Druck aufs Gaspedal: ein Alptraum!

Niklaus Meienberg erinnerte der Anblick an »*Pariser Vorstädte*«. Doch der Vergleich ist zu mild. Churs Wohntürme sind hässlicher, weil willkürlich und ohne Not ins breite Schwemmland geklotzt. Und weil sie weniger von Wohnraumbeschaffung denn von Macht und Selbstverwirklichung sprechen. Der verantwortliche Architekt hat sich längst auf seine Farm in Namibia abgesetzt; sein Werk ist Chur erhalten geblieben.

Um wenigstens einige der an Chur vorbeipreschenden Wagen zu ködern, hat die Stadt ein Silo an der Autobahn mit allerlei Lockrufen vollgeklebt. Chur – die älteste Stadt der Schweiz! Das beste Shopping zwischen Zürich und Mailand! Nützen wirds nicht viel. So wenig wie damals das Plakat im Churer Bahnhof: »Chur ist schön, verweile.«

Niklaus Meienberg verweilte etliche Monate, ohne Chur schön zu finden. Im Gegenteil. In seiner Erzählung »Stille Tage in Chur« erheben sich die Berge wie »*Bretter vor dem Kopf*«. In den Kinos laufen Filme, die »*Max der Hühneroperateur*« und ähnlich heißen. Keine einzige linke Zeitung, dafür »*zwei tödlich-bürgerliche Dancings mit überteuerten Preisen*«. In der Kan-

Wünschte dem Churer Bürgertum einen Bergsturz an den Hals: Niklaus Meienberg (1940–1994)

tonsschule, wo er als Aushilfslehrer amtete, sperrten die stumpfen Schüler brav die Mäuler auf, wenn er ihnen den Geschichtsstoff in den Rachen stopfte. Und nannten ihn Herr Professor, trotz seiner wiederholten Bitte, auf den pompösen Titel zu verzichten. Am Ende seines Churer Gastspiels wünschte er der ganzen Stadt samt »*ihren Mumien*« lustvoll einen Bergsturz an den Hals.

Neujahrskarten und Leidzirkulare

Auch für die Altstadt, die er täglich auf dem Weg hinauf in die Kantonsschule durchquerte – kein einziges lobendes Wort. Nur das Adjektiv »*übersichtlich*«. Das ist sie tatsächlich. Selbst Besucher und Besucherinnen ohne Stadtplan schlendern zwangsläufig an allen kulturellen Höhepunkten vorbei – besonders wenn sie den roten Fußspuren folgen, die der Verkehrsverein aufs Trottoir gepinselt hat. In einer guten Stunde haben sie alles gesehen, was es zu sehen gibt. Bischöflicher Hof und Rathaus, Reichsgasse und Süesser Winkel. Vorausgesetzt natürlich, sie drehen in der Kathedrale nur eine Runde und verlieren sich nicht im Bärenloch, dessen lauschige Innenhöfe Mittelalter pur sind. Auf Straßen und Plätzen liegt ein neues stolper- und verkehrsfreies Pflaster; wer den Ausschnitt sorgfältig wählt, kann die modernen Architektursünden ausblenden und zwischen Unter- und Obertor, Arcas und Kornplatz manch dankbares Sujet für Neujahrskarten und Leidzirkulare knipsen.

»Wegbleiben wäre das einzig Wichtige« – Leiden an der Heimatstadt: Silvio Huonder (geb. 1954)

Nicht nur Meienberg hatte kein Auge für die Schönheiten Churs, auch andere Schriftsteller von Rilke bis Dürrenmatt sahen sie nicht. Für Reto Hänny ist alles nur die »*gepflegte Haut*« gotischer oder barocker Häuser, hinter der sich Spannbeton und Anwaltskanzleien verbergen. Thomas Bernhard beschimpfte Chur als eine der »*kältesten und finstersten Städte*«, wo eine Nacht reicht, um einen Menschen »*für den Rest seines Lebens zu ruinieren*« (vgl. LiteraTour 2). Und der Churer Silvio Huonder lässt seinen Hauptdarsteller im Roman »Adalina« feststellen: »*Von daheim wegbleiben wäre das einzig Wichtige.*« Zu Recht: Die Stadt treibt ihn in den Selbstmord.

Nichts für Künstler und andere Zartbesaitete

Zu verstrickt scheinen alle Schriftsteller in die sozialen und menschlichen Defizite von Graubündens Kapitale, um sich mit Banalitäten wie Sightseeing abzugeben. Niklaus Meienberg fand die herrschenden Besitz- und Machtverhältnisse »*antik*«, Reto Hänny den Umgangston rau. So rau, dass er »Ruch«, die Umkehrung des Namens Chur, zum Titel seiner bitterbösen Abrechnung machte. Silvio Huonder mag nicht mal so weit gehen. Der Schauplatz seines Romans, wo ein junges Paar zu Tode kommt, ist für ihn schlicht der Ort mit den vier Buchstaben.

Tatsächlich ist die Stadt nichts für Künstler und andere Zartbesaitete. Chur, das war erst der Lagerplatz der Römer Legionäre, später Zwischenstopp für Fuhrknechte und Kaufleute, deren Handelswege aus Deutschland sich hier bündelten, bevor sie sich über Julier und Splügen nach Italien weiterverzweigten. Der gesamte Nordsüd-Transitverkehr Europas zwängte sich durch Reichs- und Obergasse – gewissermaßen die erste Gotthardröhre und so eng, dass zwei Fuhrwerke kaum kreuzen konnten.

Auch 200 Jahre Verwaltungs- und Schulzentrum waren der von den Künstlern so schmerzlich vermissten Feinfühligkeit abträglich. Wie jede Beamtenstadt zeigte Chur Herablassung für Menschen mit ungewohnten Le-

»Übersichtlich«: die Churer Altstadt

Mittelalter pur: das Bärenloch

bensbahnen. Oder für Menschen, die ihren Unterhalt anders als hinter einem Schreibtisch verdienten. Oder mit romanischem Akzent statt mit den hellen A und spitzen K der Khuurer sprachen. Das nahe Bauerndorf Araschgen wurde als *»minderes Quartier mit rückständigen und dumpfen Einwohnern«* empfunden; die Eingemeindung von Felsberg schmetterte die Stadt mit der Befürchtung ab, *»500 unkultivierte Felsberger«* könnten in Chur für viele *»ungebildete Bastarde«* sorgen und die *»natürliche Descendenz echter Churer Bildung«* und das *»reine Blut des regenerierten Churer Bürgertums«* verwässern.

Linke Vögel

Heute drückt sich niemand mehr so deutlich aus – auch wenn das Churer Establishment noch immer am liebsten unter sich bleibt. Abends sah Niklaus Meienberg die Advokaten, Baumeister, Politiker und Professoren in den gediegenen Arvenstübli des Hotel Sternen zusammensitzen, über die *»linken Vögel«* schimpfen und dabei in kleinen Schlucken Veltliner trinken. Reto Hänny beobachtete sie im Stadttheater, einer weiteren Hochburg der Churer Bourgeoisie, wo sie sich im Foyer gar köstlich unterhielten und *»sich gegenseitig durch Anwesenheit beehrten«*. Die Churer Bürger schätzen bewährte Klassiker und hochflorige Teppiche und sehen gelassen zu, *»wie sich in ihrem Leben so manches ereignet, ohne Wesentliches zu verändern, und die Monate in abwechslungsreicher Gleichförmigkeit verstreichen«*.

Einst hatte Bertolt Brecht im Churer Stadttheater seine »Antigone« uraufgeführt. Später wurde hier manche Groteske gespielt. So verboten die Stadtväter ein Konzert des »Hazy Osterwald-Sextetts«, aus Angst, die neuen Sessel könnten Schaden nehmen und die Musik das kulturelle Niveau ihres Bildungstempels schänden. Keinerlei Bedenken hatten sie jedoch gegen den Auftritt von Schlagerstar Peter Kraus.

Anders die Jungen. Während Kraus artig für das Establishment trällerte, spielte auf Einladung eines 20-jährigen Churers der noch unbekannte Rod Stewart im Hotel Drei Könige vor 40 Personen. Und ja, es gibt Gerechtigkeit. Unaufhaltsam verkam das Stadttheater zum Gastspieltheater, wo heute die Besucher mit zuverläßigen Operetten und politisch unauffälligen, meinungsfreien Stücken abgespeist werden. Dafür boomte die Jazz-, Pop- und Rockszene und machte Chur zu einer der lebhaftesten Musikstädte der Schweiz.

Meienberg scheint kein großer Stadtwanderer gewesen zu sein. So vermisste er, *»abgeschlafft und ausgetrocknet nach der fünften Lektion«*, vor allem öffentliche Ruhebänke. Sie sind noch heute rar; offenbar herrscht in Chur die Meinung, wer sitzen wolle, solle auch konsumieren. Die ruhigsten Bänke findet man, versteckt, im melancholischen Dämmerschatten des Stadtgartens, des alten städtischen Friedhofs. Die sichtbarsten liegen in der prallen Sonne rings um das Fontanadenkmal. Meienberg muss hier oft gesessen haben: Fast eine ganze Seite widmet er dem in trutziger Kämpferpose erstarrten Bündner Helden Benedikt Fontana. Ein zu einfaches Opfer. Denn die Einheimischen, schon immer mit raschem Spott zur Hand, wenn es um leeren Pomp geht, haben Fontanas Gestik längst umgedeutet: Sein Kopf blickt Richtung Polizeihauptquartier, seine Rechte stopft mitnichten die herausquellenden Därme zurück, sondern hält den Bauch vor Lachen.

Eine wundersame Vermehrung

Am eindrücklichsten fand Niklaus Meienberg ein täglich neu stattfindendes Naturschauspiel: die Schülerwanderung hinauf zur Kantonsschule, die hoch oben am Berg *»das junge Blut und den Lebenssaft aus den Churerhäusern in die Höhe saugt«*. Schüler-Rinnsale aus Vazerolgasse, Rabengasse und Brändligasse, aus der Rigastrasse und Aquasanastrasse, vom Calandaweg und Plantaweg – alle vereinen sich zum bergwärts fließenden Strom. Und mittendrin Aushilfslehrer Meienberg, der darüber sinniert, wie er seine allzu braven Gymnasiasten zum Schülerstreik aufhetzen könnte.

Es war September, als Niklaus Meienberg sein Amt antrat. Die *»Berge, welche Chur einkesseln, schimmerten im Herbstglanz«;* die Gassen rochen, wie immer in dieser Jahreszeit, säuerlich nach neuem Wein. Der bischöfliche Rebberg liegt mitten in der Stadt, zwischen Kathedrale und Gefängnis, und sorgt jedes Jahr für ein neues Wunder. Obwohl so klein, dass er, rechnet Reto Hänny aus, *»kaum mehr als den Durst des Bischofs und seiner Chorherren und Prälaten löschen kann«*, liegen die Flaschen mit dem episkopalen Etikett in jedem Warenhaus. Hänny führt die wundersame Vermehrung auf einen *»Val de Penas«* zurück, jedenfalls auf *»etwas Spanisches«*.

Schweizer Rekord in Sachen gastronomischer Dichte

Wie auch immer: Trinken sollte man den so genannten Churer Schiller, gekeltert aus weißen und blauen Beeren der gleichen Lage, an Ort und Stelle: in der gotischen Trinkstube auf dem bischöflichen Hof. Dazu passen die Capuns der surselvischen Wirtin. Die in Mangoldblätter gewickelten Teigrollen sind, vielleicht, anderswo raffinierter. Nirgendwo isst man sie in schönerem Ambiente.

Lange Kiesbänke und lahme Schnellen

Auf der Hitparade schweizerischer Städtevergleiche schwingt Chur in puncto Lebensqualität stets obenaus. Die meisten Punkte holt es sich als Outdoor-Mekka. In wenigen Minuten führt die Luftseilbahn Brambrüesch mitten aus der Stadt auf eine Alp in 1600 Metern Höhe, wo im Sommer Kuhglocken bimmeln und im Winter Skilifte surren. Nach zehn Minuten Busfahrt steht man in Haldenstein am Rheinuferweg, der fünf beschauliche Kilometer weit nach Felsberg führt, an langen Kiesbänken und lahmen Schnellen entlang. Vielleicht sieht der Wanderer an den nahen Calandaflanken sogar Gämsen oder Steinböcke grasen.

Ebenso kurz ist die Busfahrt ins Kleinwaldegg oder den Fürstenwald. Tief liegt die Stadt in der Ebene. Meienberg irrt, wenn er schreibt, dass den *»aggressiven, schwarzen Bergen die Einkesselung gelungen ist«*. Offen liegen die Fluchtwege da: nach Westen in die breite Surselva und den Gotthard, nach Norden ins Rebgebiet der Herrschaft.

Beide Busfahrten, ob hinauf ins Lürlibad oder hinunter zum Rhein, führen durch Quartiere, deren Hässlichkeit kaum zu übertreffen ist. Das Lürlibad, an schönster Aussichtslage über den Spitälern gelegen, ist ein Beispiel dafür, wie es herauskommt, wenn willfährige Architekten ihren zahlungskräftigen Kunden alle Wünsche erfüllen: vom andalusischen Spitzbogen bis zur Südstaatenvilla. Oder ihnen Hangarblechdächer und wasserleichengrüne Fassaden als architektonische Kühnheit aufschwatzen.

Das andere Unviertel Churs, das Rheinquartier, liegt zwischen Bahnlinien und Fluss, Abdeckerei und Abwasserentsorgung, Rübenäckern und Spargelfeldern. Hier toben Jugendbanden, wohnen die Ausländer und Arbeiter mit Nachtschicht. Hier, zwischen Schweinemästerei und Hochhäusern, lässt Silvio Huonder seine quälende Liebesgeschichte zweier Halbwüchsigen spielen.

Schweizer Rekord

Heute haben die Ausläufer des Churer Gaststättenwunders selbst das Industrieviertel erreicht. Die Bar des Churer Sciencefiction-Künstlers und Oscar-Preisträgers H. R. Giger, in der schon Hollywoodgrößen wie Brad Pitt gesichtet wurden, liegt an der Comercialstrasse, ein Name, der alles über die Öde des Quartiers sagt.

Es waren Bars wie diese, die den kanadischen Trendsetter Tylor Brulé, »Swiss«-Designer und Herausgeber des Trendmagazins »Wallpaper«, bewogen, Chur zum »urban heaven«, zum urbanen Himmel, und zu den 100 trendigsten Städten der Welt zu erklären. Tatsächlich ist Chur so jung, dass Zürich daneben wie ein Altersheim wirkt. Denn seit Meienbergs Zeiten hat sich der Schülerstrom vervielfacht, und er fließt nicht nur den Berg hinauf, sondern auch in viele neue Schulen in den Außenquartieren.

Urbanes Glück fand Brulé auch in 500 Geschäften samt Shopping Malls und im Safari Beat Club, den er mit seinen Life-Konzerten zu den zehn Spitzenclubs Europas zählt. Überhaupt haben es ihm die 240 Gastrobetriebe angetan. Chur hält in Sachen Bar- und Restaurantdichte den Schweizer Rekord: Auf 250 Einwohner trifft es ein Lokal. Kaum ein Haus in der Altstadt, das nicht ein paar Tische vor die Türe stellt, wo das Leben bis weit nach Mitternacht tobt. An der Unteren Gasse, der Churer Ausgehmeile, ist in lauen Sommernächten kein Durchkommen. Musik und Worte widerhallen in den engen Gassen von sonnengetränktem altem Gemäuer. Hierher kommt, wer plaudern, trinken und rauchen will. Wer andere Bedürfnisse hat, geht ins Welschdörfli hinter dem Obertor, wo sich Erotikbar an Stripplokal reiht und sich die roten Fußspuren des Verkehrsvereins schamhaft verlieren. *»Abends um neun ist Chur tot«*, hatte Meienberg geschrieben. Von wegen.

Literatur

Niklaus Meienberg, *»Stille Tage in Chur«*, in: *Reportagen aus der Schweiz*, Limmat Verlag, Zürich 1994 (unveränderte Nachauflage der Ausgabe von 1974)

Reto Hänny, *Ruch*, Suhrkamp Verlag, Frankfurt a. M. 1994 (unveränderte Nachauflage der Ausgabe von 1979)

Silvio Huonder, *Adalina*, Fischer Taschenbuch, Frankfurt a. M. 1999

Armon Fontana, *Chur. Der Stadführer*, Desertina, Disentis 2003

Trendstadt Chur? Im Bild die Überbauung Benergut

LiteraTour-Info

Einstufung 📖 📖
Gehzeit 1 h. Die vertiefte Variante dauert 3 bis 5 h
Beste Jahreszeit Herbst, wenn sich ringsum die Laubwälder verfärben und der Föhn bläst
Karten Stadtplan Chur und Umgebung 1:7500

An- und Rückreise
SBB bis Chur (Fahrplanfelder 700, 880, 900)

Route
Bahnhof-Postplatz-Storchengasse-Reichsgasse-Martinsplatz-Hof/Kathedrale-Martinsplatz-Arcas-Obergasse-Obertor-Untergasse-Kornplatz-Fontanapark-Grabenstrasse-Postplatz-Bahnhof

Varianten
Die schönsten Spaziergänge in der Umgebung:
Mit der Brambrüeschbahn (Kasernenstr. 15, Auskunft Tel. 081 250 55 99) zum Maiensäß Brambrüesch (1600 m) mit zahlreichen Wanderwegen und Blick über den halben Kanton Graubünden.
Vom Bahnhof mit dem Stadtbus Linie 3 (Fahrplanfeld 900.70) nach Haldenstein, dann 5 km auf der Rheinpromenade stromaufwärts wandern, unterbrochen von einer stärkenden Rast im Restaurant Camp Au. Von Felsberg mit Bus Linie 1 (Fahrplanfeld 900.7) zurück. Oder umgekehrt.
Mineralwasserweg: Mit dem Postauto bis Churwalden (Fahrplanfeld 900.85); vom Kloster Churwalden aus dem signalisierten Wanderweg zum Flüsschen Rabiusa und von dort 5 km dem Wasser entlang bis zu den Mineralwasserquellen Passugg. Weiter zum Obertor in Chur.

Rasten und ruhen
Als schönste Trinkstube Churs gilt die spätgotische Hofkellerei am Hof 1 (Tel. 081 252 32 30). Das neu auferstandene Zunfthaus Räblüta am Pfisterplatz (Tel. 081 257 13 57) besitzt ein Kaminzimmer mit Bar und einen schönen Dachgarten. Bestes Preis-Leistungs-Verhältnis in Sachen italienischer Küche bietet das Obelisco, Vazerolgasse 12 (Tel. 081 252 58 58). Die aparte Kombination zweier Superlative: Churs bestes chinesisches Restaurant, das Han Kung, Rabengasse 6 (Tel. 081 252 24 58),

befindet sich im ältesten, im Kern noch vollständig erhaltenen spätgotischen Wohnhaus der Stadt. Weltberühmt: Giger Bar, Comercialstrasse 23 (Tel. 081 253 75 06). Schrill: Musiklokal Werkstatt, Untere Gasse 9, mit Jazz, Folk, klassischer Musik und WildeWeiberBar, wo die Pfarrerin Gisela Tscharner ihre hochprozentigen Getränke aus Feld, Wald und Wiese ausschenkt (Info-Tel. 081 252 20 20). Gepflegt: Controversa-Bar, Steinbruchstr. 2 (Tel. 081 252 99 44), wo regelmäßig Bündner Promis hinter der Theke stehen, vom Stadtpräsidenten bis zum Kunstmaler. Hotel Chur, Welschdörfli 2 (Tel. 081 354 34 00), direkt über der rauschenden Plessur gelegen. Ausblick über Churs schöne Altstadt bietet das Hotel Marsöl, Süesswinkelgasse 25 (Tel. 079 204 02 85), ein derartiger Geheimtipp, dass nicht einmal die Telefonnummer im Telefonbuch steht!

Informationen
Chur Tourismus, Grabenstrasse 5, 7002 Chur, Tel. 081 252 18 18, www.churtourismus.ch

Tipps
Bündner Kunstmuseum, Bahnhofstr. 36, mit Werken von Giacometti, Kirchner und der Churerin Angelica Kauffmann. Di–Sa 10–12 und 14–17 Uhr. Tel. 081 257 28 89; www.buendner-kunstmuseum.ch
Rätisches Museum, Hofstrasse 11, mit neusten Funden, die beweisen, dass Chur seit elftausend Jahren besiedelt ist. Di–So 10–12 Uhr und 14–17 Uhr. Tel. 081 257 28 88; www.rm.gr.ch
Safari Beat Club, Kupfergasse 11, Tel. 079 418 55 55; www.safari-beatclub.ch. Livemusik mit Bündner und internationalen Bands

Dem Himmel etwas näher, den Horizont im
Süden: Sporz oberhalb Lenzerheide

Andreas Bellasi

LiteraTour 8: Chur–Passugg–Parpan–Lenzerheide–Sporz–Lain

Buddhas Lenzer Heide. Die ungefähre Lage eines gedanklichen Durchbruchs

Unterwegs mit Friedrich Nietzsche, »Der europäische Nihilismus« (1887)

Über das Wetter ist nichts Genaues bekannt; extrem kann es nicht gewesen sein. Aber seine Gemüts- und Gesundheitslage ist brieflich exakt belegt. Als Nietzsche Ende September 1872 in Chur eintrifft – damit erstmals in Graubünden weilt, dessen berühmtester Gast er dereinst genannt werden wird –, plagen ihn rasende Kopfschmerzen und höllische Magenkrämpfe.

Nietzsche steigt im Hotel Lukmanier ab, einem fünfgeschossigen klassizistischen Bau am Postplatz am Rande der Altstadt. (Das Gebäude musste inzwischen einem Neubau der United Bank of Switzerland UBS weichen.)

Ein Kellner leistet Lebenshilfe

Es ist Sonntag, später Vormittag: Die Schmerzen treiben den 28-Jährigen, kaum angekommen, zu Bett. Erst am Nachmittag fühlt er sich etwas besser. Ein Kellner im Hotel Lukmanier empfiehlt ihm frische Luft, einen Spaziergang. Nietzsche befolgt den Rat und die vorgeschlagene Route. Der menschenscheue, weltungewandte junge Professor für alte Philologie an der Universität Basel schreitet durch die Churer Altstadt zum Obertor (vgl. LiteraTour 7) und wandert über die Landstraße hinauf nach Passugg.

Der Alleingänger in Gesellschaft: rechts im Bild Friedrich Nietzsche (1844–1900)

Der kurze, aber steile Aufstieg vom Meiersboden nach Passugg kann durchaus zur Keuchstrecke geraten. Immerhin kühlt dabei der Wald. Nietzsches Weg, heute ungangbar, stieg gemächlicher an, dafür staubiger. Das Gehen beruhigt ihn. Luft und Licht helfen, klären die Last in seinem Kopf. Die Gedanken, die ihm dabei zufallen, sind nicht überliefert. Aber er atmet tief.

Einst bedeutender Etappenort an der Julierroute: Churwalden

Und gerät gar ins Schwärmen, als er die Rabiusa-Schlucht betritt. Er genießt das Schaustück einer rabiaten Natur: ein tosender Wildbach zwischen hoch aufgetürmten Felskolossen, in dessen dunkelsten Tiefen drei mineralische Quellen entspringen, die 1863 wiederentdeckt, freigelegt und gefasst worden sind.

Hell begeistert kehrt Nietzsche zum Bad Passugg, damals eine kleine Herberge, zurück. Seine Gedanken sind beschwingt. Jedenfalls genehmigt er sich eine Flasche Asti spumante und dazu einen weichen Ziegenkäse. Brieflich rühmt er ferner die »unglaublich phantastische Lage« seines sonntäglichen Abstechers. Und er lobt die heilsame Wirkung der Quellwässer, von denen er trinkt, und nicht zu knapp. Nur Teilhaber einer zu gründenden Kurhaus-Aktiengesellschaft, wozu ihn der Badbesitzer eindringlich ermuntert haben soll, wird Nietzsche nicht – wie er überhaupt im Herbst 1872 keine weiteren Spuren in Chur und an der Rabiusa hinterlassen hat. Er reiste damals über die Via Spluga (vgl. LiteraTour 28). Aber Italien stillte ihm keine Sehnsucht. Dazu fehlte ihm die, wie er brieflich vermerkte, »Höhenluft, Hochalpenluft, Zentralhochalpenluft!«. Die fand er später und während Jahren fruchtbar in Sils Maria im Oberengadin, seinem »Land der Verheißung«, wo seine wichtigsten Schriften seinem Kopf entsprungen sind. Auf den Reisen dahin ist ihm Chur bloß noch Umsteigeort.

Das Kurhaus Passugg entsteht erst kurz vor Nietzsches Tod. Heute ist der Gebäudekomplex Hotel- und Touristikfachschule, während die einstige Waldparkanlage vor sich hin rottet.

Wandern gegen die Höllenqual

Nietzsche soll täglich fünf bis sieben Stunden gewandert sein. Also hätte er die Wanderung von Chur über Passugg nach Parpan und über die Lenzerheide ohne weiteres gemeistert. Gehen lindert ihm die krankhaften Kopfschmerzen. Im Gehen fallen ihm klare, auch kühne Gedanken zu. Nietzsche nennt sie »Gehdanken«. Nur Berge besteigt er nicht, neben Kopf- und Magen- quält ihn ein Augenleiden, das ihm keine anstrengenden Aufstiege gestattet. Dazu ist Nietzsche, von mittelgroßer, schwächlicher Statur, ein ängstlicher Wanderer. Nie verlässt er sichere Wege. Jedenfalls berichtet er nirgends davon. Und dies hätte er gewiss; seine Spazierwege und Wanderrouten schildert er, weniger landschaftsliterarisch denn als körperliche Leistungen, minutiös.

Fünfzehn Jahre nach seinem ersten Aufenthalt in der Bündner Hauptstadt ist die Wetterlage extrem und hindert Nietzsche an der Weiterreise. 1887 trifft der 43-Jährige bereits im Mai in Chur ein. Die Pässe ins Engadin sind unpassierbar verschneit. Inzwischen steigt der glücklose Dichterphilosoph nicht mehr im Hotel ab; er bevorzugt private Unterkunft. In Chur bezieht er in einem Haus am Rosenhügel Quartier.

Er harrt der Wetterbesserung. Aber er ist auch unschlüssig, wohin er überhaupt reisen soll. Brieflich äußert er seinen Widerwillen gegen das mondäne Treiben im Engadin. Die Wartezeit macht ihn launisch. Von ausgedehnten Spaziergängen, etwa entlang der Plessur oder hinauf nach Bad Passugg, ist nichts überliefert.

Dokumentiert ist dafür seine Lektüre. Am 13., 14. und 20. Mai sowie am 1. Juni 1887 hat »Prof. Dr. Nietzsche (wohnh. Rosenhügel)« in der Kantonsbibliothek Graubünden Bücher ausgeliehen. Quellen kolportieren, der kühne Denker hätte – Alptraum jeder Bibliothekarin, jedes Archivars – die Werke, die er studierte, mit Randnotizen versehen. Doch ein neuerer Handschriftenvergleich entlastet ihn von der marginalen Tat.

Beharrlich dem gesteckten Ziel entgegen

Der Weg von Passugg hinauf nach Churwalden heißt, wie ab und an in Graubünden, »Polenweg«, weil ihn polnische Internierte während des Zweiten Weltkriegs fahrbar gemacht haben. Anfänglich verläuft die Strecke

»Den See umgehen«, notierte Nietzsche in seine Liste

kontinuierlich ansteigend, höher und höher über der wilden Rabiusa, durch dichten Wald. Bei aller Frische, die das Gehölz spendet, kann einem der Weg lang werden. Kommt dazu: Auch Bikende sind unterwegs, mögen die rasante Talfahrt. Oder den Kraft zehrenden Aufstieg. Zu Fuß bleibt einem immerhin der Trost: Beharrlich bergwärts Gehen ist gesünder. Unliebsamer dagegen sind andere Begegnungen: Hunde, zumal kaum je an der Leine ihrer Haltenden. Wo der Wald dem Weidland weicht, kann einem der Weg vollends zur Durststrecke werden.

Nietzsche reist am 9. Juni 1887 mit der Pferdepost auf der so genannten Oberen Strasse, die auf der gegenüberliegenden Talseite verläuft (die Untere Strasse führt durch die Viamala; Nietzsche reiste auf ihr 1872 über den Splügenpass). Wo er Station machen, gar bleiben könnte, war ihm noch ungewiss. Brieflich hatte er Wunschorte angetönt: »Vielleicht Celerina, noch vielleichter die Lenzer Haide (wo es tiefen Wald gibt).« Die Route kannte er von seinen früheren Reisen ins Engadin.

Eine nützliche Landschaft und Luft

Churwalden bietet nichts Überraschendes, ein Straßendorf halt, das sein ökonomisches Heil im Bauboom suchte. Doch die tourismusindustrielle Mutation ist vergleichsweise harmlos (jedenfalls steht Schlimmeres noch bevor). Das einstige Kloster am nördlichen Dorfeingang bezeugt immerhin die frühere Bedeutung als Etappenort an der Oberen Strasse, der Julierroute, wo sich die Reiseherrschaften eine erste Verschnaufpause gönnten und sich, häufig verbunden mit einer Molkenkur, an die Höhenluft gewöhnten.

Die Luft am Fuße des Stätzerhorns trocknet noch immer Fleisch. Das mag man auch spüren beim durchaus angenehmen Aufstieg nach Parpan. Die Gegend produziert einen nahrhaften Gaumenschmaus: luftgetrocknetes Binden-, auch Bündnerfleisch genannt. Parpan war weiland nicht dauernd besiedelt; der Ort diente Säumern zur Rast und Feudalherren zur Sommerfrische. Das verrät, wo sie noch sichtbar ist, die Dorfstruktur, zumal aber die älteste Bausubstanz. Ob Nietzsche hier beschaulich wanderte, ist nicht schlüssig. Parpan figuriert zwar in seiner Liste der *»Spaziergänge auf der Lenzer Heide«*, die in seinem gleichnamigen Fragment enthalten ist. Valbella indes erwähnt er darin nicht, wiewohl der Flurname zu seiner Zeit wörtlich suggerierte, wo das Tal am schönsten ist. Überhaupt bleibt ungewiss, ob die Auflistung Leistungen oder Vorsätze festhält. Immerhin hält sich Nietzsche bloß drei Tage in der Gegend auf – zu wenig Zeit, um alle gesteckten Ziele zu erreichen.

Höhenflüge auf verlassenen Pfaden

Nietzsche am Berg. Er hadert. Ruhelos unterwegs, pendelt er jahreszeitlich zwischen Süden und Norden. Und ist nirgends zu Hause. »Keine Antwort auf die Frage wohin?« Dazu ist sein bahnbrechendes dichterisches Hauptwerk »Also sprach Zarathustra« ein kommerzieller Flop. »Wenn ich nur den Mut hätte, alles zu denken, was ich weiß …«, schreibt er einem Freund. Wonach er sucht: einem Höhenweg des Denkens.

Die Lenzer Heide, so die damalige Schreibweise, hat ihn bei früheren Reisen offenbar zu wenig beeindruckt. Aber im Juni 1887 überwältigt ihn die Landschaft. Er entschließt sich zum Verweilen; er steigt im Hotel Kurhaus ab, einer ehemaligen Sennerei, die einzige Herberge damals inmitten sommerlich genutzter Weiden, unweit des heutigen Postplatzes. (Das Gästebuch des Kurhauses ist zu Beginn des 20. Jahrhunderts beim Abriss des Hauses verloren gegangen.)

Heide bedeutet ursprünglich: Leere, von Menschen unberührter Landstrich, Einöde. Akkurat das hat er gesucht.

Nietzsche wandert stundenlang einsam. Durch nichts abgelenkt. Kein Naturspektakel weit und breit. Gegen den Wind, der ihm den Kopf läutert. Dabei muss er da und dort die Pfade auskundschaften. Und ab und zu verlässt er gar, ein Novum in seinem Leben, den sicheren Weg. Auch intellektuell. Denn mit den Gedanken, die er generiert, verlässt er die kanonisierten Trassen europäischer Denkweise. Seine Heidegänge sind ihm Aufbruch und Ziel zugleich. So füllt sich die Leere. In der Einöde erleuchtet ihn Buddhas Lehre. Das ewig Gleiche kehrt wieder. Nietzsche findet den Durchbruch. Er denkt zyklisch. Denkspiralen. Und deutet in seinem Lenzerheide-Fragment den Nihilismus seiner Zeit als europäische Form des Buddhismus.

Nietzsche hält seine Vision in sechzehn Thesen im Notizbuch fest. Und als Erster in der deutschen Philosophiegeschichte lokalisiert, datiert er seine

Gigantische Ferienanlagen, Fassungsvermögen: über 20 000 Personen

Gedankengänge. Das Manuskript umfasst zwölf Seiten und trägt die Überschrift: »Der europäische Nihilismus. Lenzer Heide den 10. Juni 1887«.

Schamlos verschandelte Heide

Noch Schlimmeres ist freilich immer denkbar. Aber um Nietzsches Heide wandernd halbwegs lesbar zu entziffern, bedarf es Gelassenheit, empfiehlt sich buddhistische Sicht, wonach alles Diesseitige trügerisch, ja nichtig sei. Soweit das Auge streift: Ödnis, überfüllt mit Zeit vertreibenden Einrichtungen, gigantischen Überbauungen, wuchernden Ferienkomplexen. Fassungsvermögen: über 20 000 Personen, Laufkundschaft und literarisch Wandernde nicht mitgerechnet. Übel beleumdet ist die Lenzerheide seit den 1960er-Jahren. Und am Image bessert auch die Zeit nichts.

Nur der Heidsee ist noch immer ein reizvolles Juwel. Weite Teile seiner Uferzonen sind für die Höhenlage einzigartige Sumpf- und Moorbiotope mit über hundert Pflanzen- und Vogelarten. »Den See umgehen«, hatte sich Nietzsche notiert. Und beim Vorsatz blieb es nicht. Der heutige See ist größer, als ihn Nietzsche erlebte; 1920 wurde er zur Stromgewinnung aufgestaut. Wer heute den Heidsee umgeht, wandert quasi im Rudel. Dafür behelligen einen keine Hunde. Jedenfalls in der Hauptferienzeit beschert die Bewegungsfreiheit kaum Gedankensprünge. Zu menschlich ist das Gedränge, zumal an heißen Tagen, und dann erst recht im Lido, wo sich Leib an Leib wassertriefend erfrischt oder schwitzend bräunt.

Das Panorama nach Süden erinnert ans Oberengadin: Sporz

Echt sind in der Landschaft die rätoromanischen Flurnamen. Wo die gefährdete Sprache im Ortsbild auftaucht, ist sie bloß Staffage. So trügt und täuscht, was nach Tal klingen könnte, womöglich nach

Stille, wie sie Nietzsche gehend in sich aufgesogen und »gehdanklich« ausgeweitet hat. Im Val Sporz frisst sich der feriengewerbliche Nutzen in die Natur. Erst auf dem Fußweg über Crestas wird die Landschaft ruhiger. Bloß kein Blick zurück und talwärts. Umso mehr weitet sich nach und nach eine Südsicht, gerahmt durch Gebirgsmassen in der Ferne, wo sich Horizont hinter Horizont reiht. Hier mochte sich Nietzsche weniger unglücklich gefühlt haben als üblich. Zumal ihn das Panorama ans Engadin erinnert haben muss.

Am Ziel aller Wünsche

Die Strecke nach Sporz ist offiziell kinderwagentauglich. Und die Kleinen, die auf eigenen Füßen stehen, gehen umso animierter, weil ihnen die Kinderbuchfigur Globi an Wegstationen die Sinne für die Natur und dafür, was in ihr summt, zirpt, muht, blökt, am Himmel fliegt, flattert und wolkt, schärft. Nietzsche erwähnt den Weg zum Sommerdorf Sporz und durch den stillen lichten Lärchenwald nach Lain begeistert. War ihm die Route zum Höhenweg des Denkens geraten?

Sporz liegt dem Himmel etwas näher. Und dieser ist hier oben so weit, wie er im Gebirge überhaupt sein kann. Die Ställe, Scheunen und einfachen Behausungen im einstigen Sommerdorf sind original. Wie zu Nietzsches Zeiten. Aber die Idylle ist inszeniert. Die schlichten Holzbauten sind zu Viersterneunterkünften umgenutzt. Zelebriert wird das Alpleben inklusive Tennisplatz und Liegestühlen. Die privilegierten Gäste genießen den exklusiven Luxus. Während die letzten Bergbauern zu ihren Füßen die mageren Wiesen zu Winterfutter verwandeln.

Hätte das Dasein ein Ziel – so lautet einer von Nietzsches Gedanken auf der Lenzerheide sinngemäß –, es müsste erreicht sein.

Literatur

Friedrich Nietzsche, *Sämtliche Werke.* Kritische Studienausgabe, hrsg. von Giorgio Colli und Mazzino Montinari, Walter de Gruyter Verlag, München 2001

Manfred Riedel, *Nietzsches Lenzerheide-Fragment über den Europäischen Nihilismus. Entstehungsgeschichte und Wirkung,* Kranich-Verlag, Zollikon-Zürich 2000

Andreas Hüser, *Wo selbst die Wege nachdenklich werden. Friedrich Nietzsche und der Berg,* Rotpunktverlag, Zürich 2003

Sonnenterrasse über dem Albulatal:
Vaz/Obervaz mit Weiler Lain

LiteraTour-Info

Einstufung 🕮 🕮 🕮 🕮
Gehzeit 6 h
Höhendifferenz 1000 m
Beste Jahreszeit Mai bis Oktober
Karten Landeskarten 1:25 000, Blätter 1196 Arosa, 1216 Filisur; Wander- und Tourenkarte 1:50 000, Chur-Arosa-Lenzerheide

An- und Rückreise
SBB bis Chur (Fahrplanfeld 905), Stadtbus Chur Linie 9 ab Bahnhofplatz bis Meiersboden (halbstündlich, nur Mo–Sa), Postauto Chur-Passugg (Fahrplanfeld 900.73), Postauto Chur-Lenzerheide (Fahrplanfeld 900.85), Postauto Lenzerheide-Lain-Muldain-Zorten (Fahrplanfeld 900.87), Sportbus Lenzerheide (halbstündlich)

Route
Ab Bahnhofplatz Chur folgt die Strecke dem Geleise der Chur-Arosa-Bahn und stößt beim Obertor an die Plessur, die den Weg zum östlichen Stadtrand weist. Beim Totengutbrüggli (Krematorium) ist eine fußfreundlichere, aber längere Wegvariante durch den Sandwald nach Meiersboden markiert. Wer den Stadtbus nimmt, verkürzt die Wanderung um 30 Minuten. Beim Zivilschutz-Zentrum Meiersboden beginnt der gut markierte Aufstieg nach Passugg. Markiert und ausgeschildert ist auch die weitere Strecke hinauf nach Churwalden. Bei Punkt 1212 trifft sie auf die Kantonsstraße. Nach etwa 100 Metern zweigt rechts der Witiweg ab; nach wenigen Metern führt der als Winterwanderweg signalisierte Wiesenweg zum Parkplatz der Stätzerhorn-Bahn. Bei Punkt 1240, bei der Brücke, folgt die Route dem Bärgliweg. Der markierte Aufstieg nach Parpan führt durch den unteren Stettliwald und folgt später dem Stätzer Bach, bis er auf die Kantonsstraße trifft. Vor dem Dorfkern zweigt der markierte Wanderweg westlich nach Valbella ab. Wer in Parpan verweilen will, findet den weiteren Weg problemlos wieder. Bei Punkt 1547 quert die Route die Kantonsstraße und führt markiert zur Talstation der Rothorn-Bahn und zum Heidsee oder Igl Lai. Die kürzere Route folgt dem östlichen Ufer südwärts, allerdings parallel zur Kantonsstraße. Die weitere, aber landschaftlich ruhigere Variante führt entlang dem nördlichen und westlichen Seeufer, als Seerundgang signalisiert, und zweigt beim Stauwehr in den Wald ab. Vorbei am Friedhof

trifft die Route auf die Voa Sporz und folgt ihr (asphaltierter Gehsteig!) bergwärts, bis nach einem knappen Kilometer der markierte Fußweg, auch als Globi-Wanderweg signalisiert, abzweigt und leicht ansteigend durch Wald und Weiden nach Sporz führt. Bei Punkt 1585 beginnt der Abstieg durch lichten Lärchenwald, allerdings auf geteerter Fahrstraße, nach Lain. Oberhalb des Dorfes zweigt ein angenehmer Panoramaweg zurück nach Lenzerheide ab.
Variante auf Nietzsches Spuren: Abstecher in die Rabiusaschlucht (25 Min.) - bei der Mühle Passugg als Quellenweg signalisiert (wegen Steinschlag häufig gesperrt, Trinkhalle nicht öffentlich zugänglich).

Rasten und ruhen
In der Churer Altstadt lohnen ein paar originelle Gaststätten die Einkehr: so das Restaurant Falken (Martinsplatz 9, Tel. 081 252 22 48) und das Restaurant Süsswinkel (Süsswinkelgasse 1, Tel. 081 252 28 56; So und Mo geschl.). Mitte Juli bis Mitte August gibts die Höflibeiz der Klibühni, die abends Essen und Trinken in speziellem Ambiente bietet (Kirchgasse 14, Tel. 081 252 02 37, Fax 081 252 74 71, E-Mail: kontakt@klibuehni.ch [vgl. LiteraTouren 2 und 7]). Damit die Wanderung zwischen Passugg und Churwalden nicht zur »Durststrecke« gerät, empfiehlt sich genügend Tranksame im Rucksack. In der touristischen Region Churwalden-Parpan-Lenzerheide bleiben der kleine und große Durst und Hunger nirgends ungestillt. Auch das Bettenangebot in allen Preisklassen ist reichlich; reservieren empfiehlt sich.

Informationen
Chur Tourismus, Grabenstrasse 5, 7002 Chur, Tel. 081 252 18 18, Fax 081 252 90 76, E-Mail: info@churtourismus.ch
Tourismusverein Lenzerheide-Valbella, Voa principala 68, 7078 Lenzerheide; Tel. 081 385 11 20, Fax 081 385 11 21, E-Mail: info@lenzerheide.ch

Tipps
Nietzsches Spaziergänge und Wanderziele auf der Lenzerheide, die er in seinem Fragment aufgelistet hat, sind heute gut markierte Wegrouten: von Lenzerheide via Resgia und Tschividains nach Lantsch/Lenz (1½ h); im Waldgebiet im Val Sanaspans (2 h); von Valbella über Sartons zur Alp Stätz (1820 m) und zurück nach Parpan (2 h).
Ortsmuseum Obervaz, neben der Kirche in Zorten (Anfang Juli–Ende Oktober: Do 13.30–17 Uhr; Tel. 081 384 14 60)

Von Walsern im 14. Jahrhundert besiedelt:
Alp Flix

Marco Guetg

LiteraTour 9: Savognin-Alp Flix-Fuorcla d'Agnel-Spinas/Val Bever

Über Furken und Falllinien. Ans Licht, ins Leben

Eine Jahrhundertrevue mit Hans Boesch, »Der Kreis« (1998)

Fast nachgeworfen haben sie einem das Land, damals, als der Tourismus in Savognin seinen Anfang nahm.

In der »Neuen Zürcher Zeitung« vom 27. März 1959 bot die Gemeinde »in schönster Südlage« und auf einer ehemaligen Schafweide »Bauland für Ferienhäuser« an. »Schweizer Interessenten werden bevorzugt.« Es kam ein deutscher Adliger. Er kaufte 23000 Quadratmeter Bauland, zahlte dafür weniger als 23000 Franken, trat dann noch im gleichen Jahr seine Weide für etwas mehr als 23000 Franken an einen Hamburger Architekten namens Hermann Fitzau ab. Der baute. Anfang 1960 präsentierte Fitzau sein erstes Musterhaus, verkaufte auf Anhieb zwei davon an Bürger aus seiner Heimatstadt, witterte Zukunft, stellte weitere Häuser in die »schönste Südlage«, verkaufte sie ebenfalls an Familien aus Hamburg, baute weiter...

Seither hat in Savognin noch manche Schafweide ihren Bauherrn gefunden. An den Rändern des Dorfes wurden Ferienhäuser hingestellt, verstreute Tupfer auf Weid- und Kulturland. Viele protzen im »typischen Bündner Stil«, den zu definieren niemand in der Lage ist: Mit ihren Erkerchen und Rundbögen zitieren sie ein bisschen Engadin; als Gestaltungsprinzip gilt offensichtlich gebeiztes Holz in Kontrast zu weißem Mauerwerk. An diesen Rändern entstanden auch Hotels – zehn sinds heute – und Mehrfamilienhäuser, »*augenlose Blöcke*«, wie es in Hans Boeschs Roman »Der Kreis« heißt, »*die zugesperrten Fensterläden der Wohnungen, die unbenutzten Klettergerüste und Rutschbahnen, [...] die Schaukelsitze hochgebunden, alles Zeichen, die zeigen, dass gerade jene Leute Häuser besitzen, die nicht darin wohnen*«.

Betrachtet romanhaft ein ganzes Jahrhundert: Hans Boesch (1926–2003)

Häuser im »typischen Bündner Stil« und »augenlose Blöcke«: Savognin

Hans Boesch, im Sommer 2003 im Alter von 77 Jahren gestorben, war Bauingenieur, arbeitete Anfang der 50er-Jahre im Kalibergbau im Elsass, wurde 1955 Verkehrsplaner im Kanton Aargau, wechselte 1970 an das Institut für Orts-, Regional- und Landesplanung an der Eidgenössischen Technischen Hochschule Zürich und forschte künftig über Themen, die ihn als Praktiker beschäftigt haben: über Stadtplanung, den Menschen und seine Mobilität. Daneben hat er seit 1952 Gedichte und Romane geschrieben und 1988 zum großen Finale angesetzt: zu einer Trilogie, in der er romanhaft ein ganzes Jahrhundert betrachtet (»Der Sog«, 1988; »Der Bann«, 1996) und die er 1998 mit dem »Kreis« abschließt. Sein gealterter Held Simon Mittler lässt darin gemeinsam mit Freunden das Jahrhundert ausklingen. »Der Kreis« ist aber auch ein Buch über Graubündens Landschaft und voll Melancholie; es erzählt von Verlust, von den Umwälzungen der Moderne und vom nicht gelebten Leben.

Savognin wollte Segantini nicht

Savognin ist der Ausgangspunkt unserer Wanderung. Wir gehen hinunter an die Julia, vorbei an alten Häusern und leeren Ställen, blicken hinüber auf die andere Talseite, wo Sessellifte den Piz Martegnas und Radons erschließen, sehen an diesem heißen Sommertag aus der Ferne den künstlich angelegten »Badesee« Lai Barnagn, dessen Wanne im Winter als Parkplatz dient, und fragen uns, ob sich das alles gelohnt hat.

Wer hinschaut, zweifelt. Wer rechnet, bekommt Recht. Dank der touristischen Erschließung, die 1962 mit der Inbetriebnahme der ersten Anlagen der Nandrò-Bergbahnen begann, wurde in Savognin der Abwanderungstrend gebrochen. In der ersten Hälfte des letzten Jahrhunderts lebten zwischen 400 und 500 Menschen in diesem Bauerndorf; heute zählt Savognin knapp 900 Einwohnerinnen und Einwohner. Gäste und Gewerbe schafften neue Arbeitsplätze außerhalb der Landwirtschaft. »50 Prozent der Bevölkerung« verdienen »ihr Einkommen unmittelbar aus dem Tourismus«, folgerte Mitte der 90er-Jahren eine Studie über die »wirtschaftliche Bedeutung des Tourismus in der Region Mittelbünden«, und rechnete vor, dass von den restlichen 50 Prozent lediglich 20 Prozent vom Tourismus »völlig unabhängig« wirtschaften. Zahlen, die aber auch aussagen, was die Studie nicht sagt: dass diese Fixierung auf den Tourismus auch Abhängigkeiten schafft.

Auf dem Talgrund führt eine Bogenbrücke aus Stein (punt crap) über die Julia. Ihrem linken Ufer entlang wandern wir Richtung Tinizong, vorbei an »Nossadonna«, der Hauptkirche von Savognin, an der Ende des 19. Jahrhunderts nicht verwirklicht werden konnte, was sie berühmt gemacht hätte. Giovanni Segantini (1858–1899), der mit seiner Familie mehrere Jahre in Savognin lebte und dort bedeutende Werke schuf, wollte 1887 die Nordfassade der barocken Marienkirche mit einem Fresko schmücken. Er hätte es gratis gemalt. Die Kirchgemeinde sagte Nein. Geblieben ist eine Skizze – übrigens das einzige Werk Segantinis, das sich heute in Savognin befindet.

Geschichte einer Flucht

Der Weg von hier aus und hinauf durchs Oberhalbstein entspricht einer Geschichte aus dem »Kreis«. Paola Madlaina lebt mit ihrem Mann Bartolomeo als Wirtin einer kleinen Gaststätte am Südportal des Albulabahntunnels. Dort treffen sich in einer kalten und stürmischen Januarnacht Menschen, um den Jahrtausendwechsel zu feiern. Frühere Zeiten werden wach, die Vergangenheit lebendig. Die Erinnerung treibt die Figuren in weit kreisenden Gängen durch die Landschaft Graubündens, durch Täler und über Pässe; die Freunde erzählen sich Geschichten von der Liebe, von Verlust, vom Tod – oder von einer Flucht: von der Flucht der jungen Paola Madlaina aus den Fängen eines Viehhändlers in Paspels, zu dem ihr Vater sie geschleppt hatte, damit sie ihre Jugendliebe Bartolomeo vergesse, der ihr Flausen in den Kopf gesetzt und Lust auf Lesen und Studieren geweckt hatte. Ein Mann sei dieser Viehhändler, sagt ihr Vater, *»ein rechter«*. Dort werde *»Paola Madlaina das Bücherlesen lassen. Endgültig. Vergessen werde sie den Unsinn. Und Bartolomeo damit.«*

Während eines Tanzfestes im Oberhalbstein, um 2 Uhr nachts, flieht Paola Madlaina, rennt in ihren Tanzschuhen *»zwischen Büschen und Heuwiesen, über grasbewachsene, streckenweise bekieste Wege«* durchs Oberhalbstein und hinauf auf den Septimerpass, über den Pass Lunghin rennt sie, hinunter ins Engadin und zu ihrer Urgroßmutter. Sie flieht, weil sie nicht das gleiche Schicksal wie diese erleiden will. Sie habe nie einen Mann gehabt, hat ihr die alte Frau verraten. *»Kinder schon, aber keinen Mann.«*

Paola hastet über die Ebene, vorbei am Elektrizitätswerk von Tinizong, erreicht einen Ort *»am Ende der Mulde, dort, wo die Talsohle steil anstieg, wo die Julia aus dem Felsen rauschte«*. Abseits der Straße steigt sie hoch, im Dunkeln und durchs Dickicht, zieht ihre Tanzschuhe aus und erreicht Rona. *»Eine Zeile von Häusern zog sich an der Talflanke hin, keinen Steinwurf über der Landstraße, die sich aus der Schlucht hervorwand und quer durch die Schwemmebene weiterführte.«*

Paola rennt. Wir nehmen es gemütlicher. In Tinizong überqueren wir die Kantonsstraße, biegen in einen »Römerweg« ein – der keiner ist – und steigen im Wald hinauf nach Rona. Boeschs Text im Kopf und die Landschaft vor Augen, fällt auf, wie alles in diesem Roman mit der Wirklichkeit übereinstimmt. Die Dörfer, Täler und Berge sind real und ihre Beschreibung exakt – ein Roman fast wie ein Reiseführer. Er könne eben nur über Orte schreiben, die er selbst gesehen habe, hat Hans Boesch einmal einem Besucher erklärt.

Paloa *»ging nicht auf die Landstraße hinunter, die mitten durch die Ebene hinter Rona führte«*. Wir auch nicht. Paloa *»lief am Rand der Ebene dem Waldrand entlang«*. Wir hingegen steigen von Rona aus durch Tannen und Lärchen den steilen Weg hinauf Richtung Alp Flix. Lichtungen geben den Blick frei auf die Nordflanke des Piz Platta, im Rücken breiten sich allmählich die »Bergüner Stöcke« aus, der Piz Mitgel, das Corn da Tinizong, der Piz d'Ela. Die Rückseite dieser formschönen Silhouette konnte Hans Boesch von seinem Haus in Latsch aus sehen, von jenem Weiler oberhalb Bergün, wo er sich nach der Pensionierung die meiste Zeit aufgehalten hat – als »halber Bündner«, der sogar zwei Jahre lang bei der Bergüner Dorflehrerin Romanisch gebüffelt hat.

Eine Alp mit 10000 Betten

»Verflixt schön«: geschützte Moorlandschaft Alp Flix

Wenig später wird man den Piz d'Err sehen, den Piz d'Agnel, die Tschima da Flix ... Zwei Dutzend Dreitausender recken sich in unmittelbarer Umgebung. Berge, die in Boeschs Roman Koordinaten liefern. Wir gewinnen rasch an Höhe, erreichen die Waldgrenze, flanieren auf 1900 Metern Richtung Alp Flix, über ein Hochplateau, das mit Seen und Mooren und anderen Postkartenmotiven nicht geizt: Wildbäche orgeln aus den Hängen, Moosmatten, Felszacken, Wiesen voller Blüten. Besiedelt wurde die Alp Flix von Walsern. Das war um 1350. Längst schon wurden sie von den Rätoromanen verdrängt, die ihrerseits dem Ansturm des Deutschen nicht trotzen können. Noch in den 1950er-Jahren wurde im Oberhalbstein fast ausschließlich Rätoromanisch gesprochen. Die Volkszählung von 2000 zeigt den Zerfall: Von den 2360 im Oberhalbstein lebenden Menschen gaben noch 1253 als Hauptsprache das Rätoromanische an. Man weiß: Die Tendenz ist sinkend.

»Verflixt schön« sei Flix, wirbt ein Prospekt. Das stimmt. Es ist so schön und die Hänge sind derart einladend, dass man die Gegend in den 1960er-Jahren touristisch erschließen wollte. Von Sur aus hätten Lifte an die Dreitausender führen sollen, und auf der Alp Flix selbst war eine Ferienstadt mit rund 10000 Betten geplant. Ein Industrieller aus dem Unterland hätte die Millionen nach Sur bringen sollen, stieg dann aber plötzlich aus dem Projekt aus. Heute würden selbst Millionen nichts mehr bringen. Die Alp Flix zählt zu den 88 Schweizer Moorlandschaften von besonderer Schönheit und ist seit 1995 geschützt.

Wir verbringen die Nacht im Hotel Piz Platta, ruhen aus, denn der nächste Tag ist lang, führt in acht Stunden über zwei Pässe hinunter nach Spinas, zu jenem kleinen Ort am Südportal des Albulabahntunnels, der Hans

Dem »Moloch Zürich« geopfert: Marmorera

Boesch Modell stand. Früh am Morgen spazieren wir über die Ebene zur Alp Salategnas, steigen über taufeuchte Alpweiden hinauf zum »Kanonensattel« und hinein ins Val Natons. Paola Madlaina wissen wir zu dieser Stunde am Stausee von Marmorera und noch immer auf der Flucht. *»Sie rannte. Sie rannte über den Damm, rannte auf der schnurgeraden Straße längs des Sees. Schon begann der Himmel grau zu werden; die Vögel erwachten.«*

Dem »Moloch Zürich« geopfert

Marmorera und sein Stausee. Vom Val Natons aus blicken wir hinunter, sehen kurz einen Ausschnitt, tiefblau zwischen grünen Weiden. Wo der See im Licht glitzert, stand bis Ende der 1950er-Jahre das Dorf Marmorera, bewohnt von Bergbauernfamilien. 140 Menschen waren es lange Zeit und es wurden immer weniger. 1940 zählte Marmorera noch 94 Einwohner. Dann kam die Stadt Zürich und wollte dort, wo das Dorf stand, einen Stausee anlegen. Ausziehen hätten die Einheimischen müssen, irgendwohin. Es regte sich Widerstand. Vergeblich. 1948 stimmte die Gemeinde, mausarm und ohne wirtschaftliche Perspektive, dem eigenen Untergang zu. Viele wanderten aus, andere bezogen Häuser in Neu-Marmorera. 1954 wurde das alte Dorf überschwemmt.

Der Bau des Stausees hat das Dorf gespalten. Viele klagten: Nicht mit rechten Dingen sei das zu- und hergegangen. Von den Zürchern übers Ohr gehauen worden seien sie. Pader Alexander Lozza (1880–1953), gebürtig aus Marmorera und Dorfpfarrer von Salouf, ein leidenschaftlicher Jäger, aktenkundiger Wilderer und rätoromanischer Poet, hat seine Bitterkeit über die verkaufte Heimat im Gedicht »Marmorera scumpara« (»Marmorera verschwindet«) ausgedrückt. In den ersten zwei Zeilen sagt der Dichter, was er von der Mehrheit seiner Mitbürger denkt:

»Agl grond Moloch Turitg, sacrifitgeschas
l'istorgia, igl lungatg, la traditiun!«
(»Dem großen Moloch Zürich opferst du
die Geschichte, die Sprache, die Tradition!«)

Paola steigt hoch, südwärts, gegen den Septimerpass, *»spürte die Sonne im Kreuz, warm«*, hört *»die Pfiffe der Murmeltiere, Pfiffe, die weitergegeben wurden von Bau zu Bau, von Auslug zu Auslug«*. Wir steigen hoch, westwärts. Heiß ist es, und die Landschaft wird immer karger. Über einen Steilhang erreichen wir schließlich die Fuorcla Leget (2767 m), werfen einen letzen Blick ins Tal, auf die *»purpurroten, vom kochenden Silber der jungen Julia durchschossenen Mulden hinter Bivio«*, steigen ab ins Val d'Agnel und sind nach etwas mehr als einer Stunde schließlich auf der Fuorcla d'Agnel, mit ihren 2984 Metern der höchste Punkt unserer Wanderung, und werfen einen letzten Blick hinüber zum Septimer, auf den Paola Madlaina geflohen war, *»zum Pass, der hinüberführte ins Bergell; doch sie stieg nicht ab. Sie wandte sich nach links und stieg weiter bis zum Joch zwischen Piz Grevasalvas und Piz Lunghin«*, der einzigen Wasserscheide Europas, von der aus die Flüsse in drei verschiedene Meere fließen: die Julia in die Nordsee, der Inn ins Schwarze Meer und die Maira in die Adria.

Wir lassen Paola Madlaina ziehen, hinunter nach Maloja, an den Silsersee und zu ihrer Urgroßmutter. Wir wandern in die entgegengesetzte Richtung, hinunter zur Jenatschhütte SAC und das Val Bever hinaus bis nach Spinas und an den Ort, wo »Der Kreis« seinen Anfang nimmt und sein Ende findet.

Übrigens: Im Berggasthaus Suvretta in Spinas kennt man Hans Boeschs Roman »Der Kreis«. Er werde immer wieder an Gäste ausgehändigt, sagt uns die Wirtin. Von dort aus können sie dann lesend durch Graubünden flanieren, bei den Freunden am Wirtshaustisch sitzen und ihren Geschichten lauschen und wahrscheinlich auch feststellen, was der Erzähler an einer Stelle bemerkt: *»Jeder der hier anwesenden und doch nicht anwesenden Personen hörte die Summe all dieser Geschichten anders, sah sie anders.«* Nur in einem Punkt gibt sich der Erzähler unbeirrt: *»Eigentlich war weder der Tisch noch der Sturm das Wirkliche dieser Versammlung, sondern die Geschichte Paolas.«*

Literatur

Hans Boesch, *Der Sog,* Nagel & Kimche, Zürich 1988
Hans Boesch, *Der Bann,* Nagel & Kimche, Zürich 1996
Hans Boesch, *Der Kreis,* Nagel & Kimche, Zürich 1998
Divers autours: *Pader Alexander Lozza* 1880–1953, Ediziun dall'Uniung Rumantscha da Surmeir, Riom 1980

Am Ausgang des gleichnamigen Engadiner Seitentals: Bever

LiteraTour-Info

Einstufung 📖📖📖📖📖
Gehzeiten 12 h
Zweitageswanderung: Savognin-Alp Flix 4 h; Alp Flix-Fuorcla d'Agnel-Jenatschhütte SAC-Spinas/Val Bever 8 h
Höhendifferenz Aufstieg 2000 m, Abstieg 1250 m
Beste Jahreszeit Juni bis Oktober
Karten Landeskarte 1:25 000, Blätter 1236 Savognin, 1256 Bivio, 1275 St. Moritz, 1237 Albulapass; Landeskarte 1:50 000, Blätter 258 Bergün, 268 Julierpass

An- und Rückreise

RhB bis Tiefencastel (Fahrplanfeld 940), Postauto nach Savognin (Fahrplanfeld 900.84 und 900.85); RhB ab Spinas (Fahrplanfeld 940), es halten täglich nur wenige Züge. Auskunft über RhB-Bahnhof Samedan, Tel. 081 288 56 56, oder Rail-Service Tel. 0900 300 300 (Fr. 1.19/Min.)

Route

1. Tag: Savognin (Post) durch das Dorf hinunter zur Julia, überqueren der alten Bogenbrücke, links der Julia entlang bis Kraftwerk Tinizong. Dort erneut die Julia überqueren und Richtung »Römerweg« hinauf nach Vardaval (Posthaltestelle an der Kantonsstraße). Links geht der »Römerweg« nach Rona ab. Eingangs Rona bei Punkt 1460 links Richtung »Alp Flix«. Nach ca. 1 h mündet der Weg in die »Veia Surmirana« und führt über eine Hochebene bis nach Tigias zum Hotel Piz Platta.
2. Tag: Von Tigias zur Alp Salategnas, von dort dem markierten Wanderweg über Weiden zum »Kanonensattel«; auf gleicher Höhe gehts weiter bis Punkt 2337, dann südöstlich steil Richtung Fuorcla Leget (2711 m); Abstieg ins Val d'Agnel bis zu Punkt 2568. Von hier aus nordwärts der blau-weißen Markierung entlang bis auf die Fuorcla d'Agnel (2963 m). Der Abstieg zur Jenatschhütte SAC kann auf zwei Arten erfolgen. Im Spätfrühling/Frühsommer, wenn der Vadret d'Agnel noch verschneit ist, in der Falllinie (keine Spaltengefahr!). Ist der Gletscher ausgeapert, steigt man ca. 200 Meter ab, hält nach Osten und folgt der gut sichtbaren Markierung (u. a. mit Steinmännchen) über ein Felsband hinunter zur Gletscherzunge, von wo aus ein markierter Weg zur Jenatschhütte führt und weiter talauswärts nach Spinas im Val Bever.

Varianten
1. Tag: Zustiegsmöglichkeiten sowohl in Tinizong, Rona, Mulegns oder Sur
2. Tag: Übernachtung in der Jenatschhütte SAC (Tel. 081 833 29 29; Hüttenwart Tel. 081 384 64 62)

Rasten und ruhen
Diverse Hotels in Savognin und Tinizong, ein Hotel in Mulegns (Garni) und Sur. Auf der Alp Flix das Berghaus Piz Platta (6 Doppelzimmer und 2 Viererzimmer), 1908 von einem Bergführer erbaut, 2000 umfassend renoviert. Reservation empfehlenswert: Tel. 081 659 19 29. Das Berghaus Piz Platta ist das einzige Restaurant auf der Route (große, windgeschützte Terrasse mit herrlicher Aussicht). Neben der gängigen Küche werden hier auch Speisen aus regionalen Frischprodukten angeboten. Am Ziel in Spinas das Berggasthaus Suvretta – ebenfalls mit großer Terrasse. Für Unterkunft ist Reservation erforderlich; Tel. 081 852 54 92.

Informationen
Savognin Tourismus, Stradung, 7460 Savognin; Tel. 081 659 16 16, Fax 081 659 16 17; E-Mail: ferien@savognin.ch; www.savognin.ch

Tipps
Ein Besuch der Barockkirche S. Martegn (eingeweiht 1667) in Savognin lohnt sich wegen des von Carlo und Antonio Nuvolone in der zweiten Hälfte des 17. Jahrhunderts geschaffenen Deckengemäldes, das einen Blick hinein in das »Himmlische Jerusalem« eröffnet und als eines der bedeutendsten des italienischen Barocks auf Bündner Boden gilt.

Atemberaubend: Fuorcla Surlej mit
Piz Bernina (links) und Piz Roseg (Mitte)

Marco Guetg

LiteraTour 10: Pontresina–Val Roseg–Fuorcla Surlej–Surlej

Heufieber, Flucht und Verfolgung. Weltgeschichte im Hochtal

Hoch über dem Oberengadin mit Ulrich Becher, »Murmeljagd« (1969)

Beim Laj da la Fuorcla, auf 2489 Metern über Meer, nach fünf Stunden durch Wald und über Stock und Stein, ungefähr dort, wo die Seilbahn von Surlej auf den Corvatsch das Alpsträßchen quert, haben wir uns in die Weide gesetzt und geschaut, hinuntergeschaut auf Maloja, Sils und Surlej, auf Silvaplana, Champfèr und St. Moritz, auf das Oberengadin mit seinen drei türkisfarbenen Seen, hinüber zu den Bergen, die direkt aus dem Wasser zu wachsen scheinen, auf die weiten Lärchenwälder haben wir geschaut und uns bei diesem Anblick keinen Augenblick gefragt, weshalb dieses Hochtal so häufig von Dichtern besungen worden ist. Hermann Hesse hat dem »oberen Engadin«, der »schönsten, am stärksten auf mich wirkenden« Landschaft, eine Erzählung gewidmet. Marcel Proust hat »geliebt in einem verlorenen Dorf des Engadins«, dessen Name Sils-Maria ist. Karl Kraus hat eine »Fahrt ins Fextal« reimend verewigt, Kurt Tucholsky tats mit einem »Kartengruß aus dem Engadin«, und für Thomas Mann war sein Aufenthalt im Oberengadin schlicht »der schönste Aufenthalt der Welt«.

Flucht in die kalte, reine Luft

Mit bedeutend weniger Pathos meldet sich der Schriftsteller Ulrich Becher (1910–1990) aus dem Oberengadin. Er ist im Winter 1934 nach St. Moritz gefahren, wollte arbeiten, doch das fiel ihm schwer und so reiste er zurück nach Zürich. »Die Luft ermüdete einen schnell«, schreibt er dem Vater, und »die hässlichen Hotelkästen mit den langweiligsten Menschen drin, nämlich die eleganten Reichen, schienen mir meine Stimmung zu rauben, der Ort

Frei von Pollen im »Paradies der Heufieberlinge«: Ulrich Becher (1910–1990)

»Sonne melkte Harzduft«, notierte sich Ulrich Becher im Val Roseg

macht mich nicht glücklich.« Dass er zur Sommerszeit dennoch immer wieder über den Julier fuhr und sich teils wochenlang im Engadin aufhielt, hatte medizinische Gründe. Ulrich Becher litt an Heuschnupfen und Asthma. »Hatte wieder einen Heufieberanfall«, meldet er seinen Eltern regelmäßig nach Berlin. Im Engadin aber, wo die Luft »kalt und rein« ist, wird er seine »Plage los, von einem Tag auf den anderen«. Bechers Vater, ein begüterter Berliner Anwalt, ermöglichte seinem vagabundierenden Dichtersohn diese Ausflüge ins Gebirge. Es gibt Bilder, die zeigen Ulrich Becher in den 1930er-Jahren, ein sportlicher junger Mann, dem es gut zu gehen scheint. Ein »schnittiger Sportsmann« sei sein Vater gewesen, schreibt Martin Roda Becher in seiner Familiengeschichte »Dauergäste«, ein *»Tennisspieler, verwegener Bergsteiger und Skifahrer«*, der mit einem *»roten Sportswagen«* gefahren kam, *»wenn er sich nicht gerade vom Chauffeur seines Vaters im noblen Horch kutschieren ließ«*.

Der Jungkünstler freundet sich allmählich mit seiner Kurgegend an, liebt das Licht und die Landschaft (»wahrhaft unvergleichlich«). Mühe macht ihm Pontresina und seine Preise. »Unter 34.50« sei nirgends ein Hotelzimmer zu haben, klagt er im Juni 1938, dazu kämen noch Trinkgelder und die Kurtaxe. Er habe sich dummerweise als »Heuschnüpfler« verraten und sich nicht »als kerngesunden Schreiberich« ausgewiesen, »der das Lokalkolorit und die Folklore studiert« und folglich »keinen Kurgebrauch von dem Ort macht«. Und eine Omelette »kostet 2 Franken«, meldet er nach Berlin, der Ort gefalle ihm »nicht im mindesten«. Er sei wirklich nur deshalb in Pontresina, weil es »hier keine Wiesen gibt, nur Wälder und Felsen«, was Pollenallergikern bekanntlich sehr entgegenkommt.

Anschlag oder Täuschung?

Durch einen dieser Wälder von Pontresina wandern wir, durch den God da Rusellas und hinein ins Val Roseg. Hier, auf der »Russellas-Promenade«, lesen wir in der »Murmeljagd«, wandern an einem heißen Tag im Juni 1938 Trebla und seine Frau Xane, die *»Sonne melkte Harzduft aus den Arven,*

Föhren, Lärchen« und *»aus Süden, vom Gletscher herab, schäumte ziemlich hochgeschwollen der Rosegbach«*, ein Idyll, bis Trebla plötzlich eine Entdeckung macht. Hinter einem *»Geröllblock«* sieht er eine Hand, *»die einen langen Gegenstand hielt, [...] etwas wie ein brüniertes Stahlrohr, dessen Ende sich langsam in Richtung auf mich verschob«*. Trebla packt die Panik und stürzt sich in Deckung. Ists ein geplanter Anschlag, eine Täuschung oder nur Verfolgungswahn?

Grund zur Furcht besteht am Vorabend des Zweiten Weltkriegs durchaus. Kurz nach Österreichs Anschluss an das »Tausendjahrige Reich«, am 13. März 1938, flieht der Erzähler, der Wiener Journalist Trebla, alias Albert, Freiherr von ***, mit seiner jungen Frau Xane in die Schweiz. Der als Fliegerleutnant im Ersten Weltkrieg verwundete Sozialist kommt zuerst nach Zürich, *»bis mich eine schwere Heufieberattacke-mit-Asthma zum zweitenmal verbannte: ins Oberengadin, wo wir im obersten Stock des Postgebäudes in Pontresina zwei relativ billige Zimmer mit Dusche mieten bei Madame Fausch, der Posthalterin«*. Dort brechen innerhalb eines einzigen Monats des Jahres 1938 die schauerlichen Neuigkeiten aus dem »Dritten Reich« und dem spanischen Bürgerkrieg über den vom Heuschnupfen und der eidgenössischen Fremdenpolizei zur Tatenlosigkeit verurteilten Trebla herein, der immer mehr das Ziel eingebildeter und tatsächlicher Verfolgungen wird.

Ein Emigrantenschicksal im Asylland Schweiz. Ulrich Becher hat es selbst erlebt. Am 2. Januar 1910 in Berlin als Sohn eines Rechtanwaltes und einer Schweizer Pianistin geboren, wurde er vom späteren Verleger Peter Suhrkamp (1891–1959) in Deutsch unterrichtet, und der Maler George Grosz (1893–1959) nahm ihn als einzigen Zeichenschüler zu sich ins Atelier. Zwischen Literatur und Malerei wählte Ulrich Becher die Juristerei, schrieb und malte nebenbei. 1932 erschien sein erstes Buch *»Männer machen Fehler«*, das am 10. Mai 1933 zu den vor der Berliner Universität verbrannten Büchern gehörte. Becher, 23 Jahre alt, war der jüngste »Entartete« und der jüngste Emigrant. Er ging nach Lugano, heiratete im gleichen Jahr in Wien die Tochter des Schriftstel-

Bilderbuchlandschaft: Hotel Roseggletscher

lers Alexander Roda Roda; das Paar hält sich in der Folge in Wien auf, kurze Zeit in Paris und in der Schweiz: in Zürich, Brunnen, Steinen, Arosa, Weggis und häufig im Engadin.

Nasenbrüche und eine Hirnerschütterung

Ulrich Becher hat regen Briefkontakt mit seinen Eltern und mit Georg Grosz, der bereits 1932 in die USA ausgewandert ist, und kommt dabei immer wieder auf Deutschland zu sprechen. Am 30. Mai 1934 sitzt er in der Villa Colina in St. Moritz, schreibt seinem Freund Grosz, der »getürmt« war, »bevor die Scheißhemden an die Reihe kamen«. Becher schreibt in antifaschistischen Blättern in Österreich, in der sozialistischen »Volksstimme« in St. Gallen und in der »Freiheitsbibliothek« von Heinrich Mann in Paris. Es seien »ganz wüste Artikel gegen das braune Untier, das apokalyptische Tiefentier« gewesen, sagte Becher in einem Interview. Er habe »vor Hitler gewarnt: Wenn man den nicht aufhält, wird er Europa zerstören!« Becher kämpfte nicht nur mit Worten. Sein Kampf gegen die Nazis, erinnert sich sein Sohn Martin Roda, hätte ihm »mehrere Nasenbrüche und eine Hirnerschütterung« eingetragen. Bechers Pendeln zwischen der Schweiz und Österreich nimmt 1938 ein Ende. Eben noch in Wien und auf dem Weg nach Kitzbühel zum Skifahren, entkommt das Ehepaar Becher nur knapp und zieht definitiv in die Schweiz. »Wir kamen damals, 1938 im März, gerade noch raus, mit dem letzten von der SS unkontrollierten Zug.«

Beim Abstieg liegt einem die Oberengadiner Seenlandschaft buchstäblich zu Füßen

Von den 1500 bis 2000 Schriftstellerinnen und Schriftstellern, die zwischen 1933 und 1945 Deutschland verlassen mussten, flüchten etwa 160 in die Schweiz. Die meisten wurden Opfer der »geistigen Landesverteidigung«. Mit Hilfe des Schweizer Schriftstellervereins (SSV), der mit der Fremdenpolizei zusammenarbeitete und Gutachten über Emigranten anfertigte, wurde den »unerwünschten Ausländern« die Aufenthaltserlaubnis entzogen und damit das Feld bereitet für deren Internierung oder Ausschaffung. Bleiben und arbeiten durfte – so der SSV –, wer »zur Bereichung des künstlerischen und intellektuellen Lebens« der Schweiz etwas beiträgt. Keine Chance hatten die »kleinen Zeilenschreiber« und »charakterlosen Skribenten, die in die Schweiz kommen, weil sie glauben, hier ein bequemes Leben führen zu können«.

Großvater war Pächter auf dem Rütli

Ulrich Becher geriet auch in dieses Räderwerk – trotz Schweizer Mutter. Ihm half nicht, wovon er gerne berichtete: dass sein »Großvater Martin Ulrich aus Steinen, Schwyz, Pächter auf dem Rütli war«, nach Amerika auswanderte und sich später in Berlin niederließ. Ihm half nicht, wovon sein Stammbaum Zeugnis geben soll: dass »einer meiner Vorfahren mütterlicherseits, ein Von Hospenthal, als Anführer im Kampf gegen die Österreicher in der Schlacht am Morgarten gefallen war«. Weil er kein Schweizer war, beklagte er sich 1980, »bekam ich es dann mit einer der widerlichsten, grausigsten Figuren der Confoederatio Helvetica zu tun, mit Dr. Heinrich Rothmund«. Was folgte: eine Vorladung nach Bern und die Mitteilung, »es wäre doch gut – die Schweiz sei so voll –, wenn ich mich nach einem anderen Asylland umsehen würde.«

Ulrich Becher und seine Frau verlassen 1941 die Schweiz. Unter der Obhut des Vatikans werden Protestanten, Juden und Atheisten als katholische Ingenieure und mit einem falschen Pass durch das Franco-Spanien und Portugal geschleust, von wo aus sie mit dem Schiff nach Brasilien weiterreisen. Dort lebte das Ehepaar Becher bis 1944, es folgten drei Jahre in New York, 1948 dann die Rückkehr nach Europa, zuerst nach Wien, von 1954 an bis zu seinem Tod lebte Ulrich Becher in Basel.

In der Figur des Trebla legt Ulrich Becher in der »Murmeljagd« (s)ein Flüchtlingstrauma bloß, versucht es zu bewältigen – 16 Jahre nach seiner Rückkehr in die Schweiz und Jahre nach seiner Versöhnung mit ihr. Trebla kommt ins Engadin, in die Schweiz, ins *»lebenssicherste Land Europas«*, leidet, woran Becher gelitten hat *(»Da hatt ich die zweite Heuasthma-Atta-*

cke des Abends erlitten«); Trebla widerfährt, was Becher widerfahren ist: Berufsverbot als Schriftsteller (Begründung: »Gefährdung der Neutralität durch landesfremde Elemente«); Trebla lernt die Politik eines Mannes kennen, der schon Becher in Rage brachte: Rothmund, den Chef der Fremdenpolizei *(»Der Rothmund, Trebla, ist – dein – Herr – über – Leben – und – Tod«),* und erlebt schließlich bei der *»Zürcher Fremdenpolente«,* was auch Becher erlebt hat: dass Asylgewährung als *»ein einseitiger Gnadenakt der Schweiz«* zu verstehen ist.

Hunderte sind unterwegs

Laj da la Fuorcla, 2489 Meter über Meer. Unter uns weiden Kühe, *»wohlgehaltene pfefferfarbne Kühe«,* würde Trebla dieses Schweizer Braunvieh nennen. Wir sind über das Val Roseg und die Fuorcla Surlej hierher gelangt, nach dem Hotel Roseggletscher den steilen Weg hinauf und durch eine Bilderbuchlandschaft gewandert, Piz Roseg, Piz Scerscen, Piz Bernina, Biancograt, am Talgrund mäandert die Ova da Roseg durch Geröll und Weiden. Wer zu dieser Jahreszeit hier wandert, muss eines wissen: Er ist nie allein. Hunderte fahren täglich von Surlej aus mit der Corvatschbahn zur Mittelstation, laufen den Höhenweg hinüber zur Fuorcla Surlej und von dort hinunter ins Val Roseg; in den zwei Stunden Aufstieg kommen sie einem entgegen, zu Fuß die meisten und auf dem Bike die Verwegensten. Grüezi. Guten Tag. Hello. Salve. Bonjour.

Laj da la Fuorcla, 2489 Meter über Meer. Wir schauen hinunter auf Maloja, Sils und Surlej, auf Silvaplana, Champfèr und St. Moritz, auf das Oberengadin, schauen auf die Landschaft und Orte, in die Ulrich Becher seine unzähligen Geschichten und sein Heer an Figuren am Vorabend des Zweiten Weltkriegs gewoben hat. Ein gemischtes Völklein hat Becher fern der fieberkranken Welt in dieses Hochtal getopft. Sie parlieren Deutsch und Französisch und Italienisch und Rätoromanisch, den Einheimischen und Fremden, Feriengästen und Asylsuchenden wird nach und nach klar, dass das Gefühl der drohenden Katastrophe inzwischen auch den friedlichen Touristenbetrieb des Engadins bedroht.

Von Pontresina aus lässt Becher seinen Helden mit dem Auto Richtung Maloja fahren, nein, rasen lässt er ihn, das Tachometer sinkt jeweils erst, wie sie in St. Moritz Bad ankommen, diesem *»sparsam beleuchteten Kurort«* mit seinen *»Arkaden aus gusseisernem Jugendstil-Firlefanz«.* Er rast bei Sturmwind durch den Suvrettawald, *»der ein einziges furioses Rauschen* *war«*, rast durch Champfèr und dem See entlang, wo die Wellen »*smaragdrote Schaumkronen*« tragen, »*als wäre ein Stück nächtliches Südmeer ins Hochtal verzaubert*«.

Wir schauen hinüber an den Sonnenhang beim Suvrettawald, wo die Guccis-Niarchos-Agnellis ihre Ferien verbringen, und erinnern uns: Dort stand einst die Villa Böhler, das einzige Haus, das der berühmte Hamburger Architekt Heinrich Tessenow (1876–1950) in den Alpen gebaut hat. Weil es dem holländischen Bierkönig Heinecken die Sicht nahm, kaufte er Anfang der 80er-Jahre die Villa Böhler für 4,9 Millionen Franken mit der alleinigen Absicht, seine Sicht ins Tal freizubrechen. Nach vielen Gutachten und langem Rechtshändel und einer Volksabstimmung wurde die Villa von Heineckens Architekt über Nacht widerrechtlich geschliffen. St. Moritz applaudierte.

Wir schauen hinunter auf Surlej, sehen, wie rund um die Talstation der Corvatschbahn Haus an Haus sich reiht, mehrstöckig fast alle, und erinnern uns an Pläne aus dem Jahre 1965. Wären sie realisiert worden, stünde jetzt auf diesem Flecken Erde eine Stadt für 25 000 Feriengäste. Die Schutzvereinigung Pro Surlej verhinderte das und erreichte in einer beispiellosen Aktion und abgesegnet durch einen höchsten Richtspruch, dass mehrere tausend Quadratmeter Bauland entschädigungslos wieder zu Wiesland wurden. Dieser Bautraum am Silvaplaner See ist inzwischen ausgeträumt. Nicht nur Surlej, sondern die gesamte Oberengadiner Seenlandschaft stehen unter Schutz.

Ulrich Becher und sein Trebla und seine »Murmeljagd« – ein Buch voll Geschichte und Geschichten; ein Abenteurer-, Ehe- und Kriminalroman, in den Becher mit gnadenloser Fabulierlust hineingestopft hat, was er in Jahrzehnten an realen Erfahrungen gesammelt hat. Sogar die Begründung, weshalb Ulrich Becher selbst so oft ins Engadin und nach Pontresina gereist ist, wird an einer Stelle und in Becherschem Bündnerdeutsch geliefert: »*Ppon-trres-sina*«, erklärt Dr. Tardüser dem kränkelnden Trebla, »*Ppon-trres-sina! Das Pparadies der Heufiebrrlinge!*«

Literatur

Ulrich Becher, *Murmeljagd,* Verlag Rowohlt, Reinbek 1969 (der Roman ist vergriffen, jedoch antiquarisch problemlos erhältlich; auch als Rororo Taschenbuch)

Martin Roda Becher, *Dauergäste,* Nagel & Kimche, Zürich 2000

Briefe Ulrich Bechers an die Eltern, Nachlass Ulrich Becher, Schweizerisches Literaturarchiv, Bern

Ulrich Becher/George Grosz, *Flaschenpost. Geschichte einer Freundschaft,* Lenos-Verlag, Basel 1989

Anna Kurth/Jürg Amann, *Engadin. Ein Lesebuch,* Arche-Verlag, Zürich 1996

Panorama auf das Passdorf Silvaplana mit seinem See

LiteraTour-Info

Einstufung 📖 📖 📖
Gehzeiten 5 bzw. 6 ½ h, sofern man nicht mit der Luftseilbahn nach Surlej gelangt
Höhendifferenz 900 m
Beste Jahreszeit Juni bis Oktober
Karten Landeskarte 1:50 000, Blatt Julierpass

An- und Rückreise
RhB bis Pontresina (Fahrplanfeld 950).
Luftseilbahn Corvatsch (Fahrplanfeld 2965)
Ab Surlej oder Sils Maria regionale Busse (Fahrplanfeld 940.80) nach St. Moritz

Route
Die Routen in diesem Gebiet sind hervorragend markiert.
Vom Bahnhof Pontresina ca. 300 Meter Richtung Dorf und dort der gelben Wanderwegmarkierung »Val Roseg« folgen (weniger reizvoll ist die Fahrstraße dem Flüsschen Ova da Roseg entlang; hier verkehren vor allem Pferdekutschen). Durch den Lärchen- und Arvenwald auf gut ausgebautem Wanderweg bis zum Hotel Roseggletscher. Unmittelbar vor dem Hotel geht der Wanderweg rechts ab und steil hinauf zur Fuorcla Surlej. Den Höhenweg hinüber zur Mittelstation der Corvatschbahn nehmen (45 Min.) und mit der Seilbahn »absteigen«.

Varianten
Unmittelbar nach der Fuorcla Surlej den markierten Weg zum Laj da la Fuorcla (P. 2489) einschlagen und etwa auf gleicher Höhe bis zur Mittelstation der Furtschellas-Bahn. Oder nach der Fuorcla Surlej bis zum Laj da la Fuorcla (P. 2489), dann aber rechts abbiegen und über Margun Surlej, Alp Surlej nach Surlej absteigen.
Zugegeben: Wandernde schätzen es in der Regel nicht, unter Seil- oder Sesselbahnen auf- bzw. abzusteigen. In diesem Fall lohnt es sich allein aus landschaftlichen Gründen. Während des ganzen etwas mehr als zweistündigen Abstiegs liegt einem die Oberengadiner Seenlandschaft buchstäblich zu Füßen.

Rasten und ruhen
Diverse Hotels der unterschiedlichsten Preisklassen in der Region.
Im Hotel Roseggletscher unbedingt einen Halt einschalten und einen Blick auf das Büffet mit diversen Kuchen und Beeren werfen.

Übernachten kann man ebenda:
Tel. 081 842 64 45;
E-Mail: info@roseggletscher.ch. Auf der Fuorcla Surlej gibt es ein Restaurant.

Informationen

Kur- und Verkehrsverein Pontresina, Kongresszentrum Rondo, 7504 Pontresina; Tel. 081 838 83 00, Fax 081 838 83 10; E-Mail: info@pontresina.com; www.pontresina.com
Verkehrsverein Sils i. E., Chesa Comunela, 7514 Sils/Segl Maria; Tel. 081 838 50 50, Fax 081 838 50 55; E-Mail: info@sils.ch, www.sils.ch
Kur- und Verkehrsverein Silvaplana, Via dal Farrer 2, 7513 Silvaplana; Tel. 081 838 60 00, Fax 081 838 60 09;
E-Mail: info@silvaplana.ch, www.silvaplana.ch

Tipps

Segantini-Museum (Di–So 10–12, 15–18 Uhr), Via Somplaz 30, 7500 St. Moritz;
Tel. 081 833 44 54
Kulturarchiv Oberengadin (Do 14–16 Uhr oder auf Anfrage), Chesa Planta, Mulins 2, 7503 Samedan; Tel. 081 852 35 31

Der Winter kaschiert den Schwund:
Morteratschgletscher

Ursula Bauer

LiteraTour 11: Am Morteratschgletscher

Lunas Lightshow. Eine englische Lady verfällt dem Hochgebirge

Eine Mondscheinwanderung mit Elizabeth Main und ihrem Hotelroman »The Story of an Alpine Winter« (1907)

Wo anfangen? Bei Johannes Badrutts berühmter Wette, die 1864 die ersten Wintertouristen ins Engadin brachte? Bei der Britin Elizabeth Main, frühe Promotorin des St. Moritzer Wintertourismus, Dame aus der allerbesten Gesellschaft, erfolgreiche Alpinistin, Fotografin und Autorin? (Die, da dreimal verheiratet, ihre Bücher zur Verzweiflung ihrer Bibliografen unter drei verschiedenen Namen veröffentlichte.) Beim Kulm Hotel, Flaggschiff der St. Moritzer Hotellerie, der Kulisse für »The Story of an Alpine Winter«? Beim Vollmond, der schon 1850 nach erfolgreicher Erstbesteigung des Piz Bernina Johann Coaz und seine beiden Begleiter nachts den Rückweg durchs »Labyrinth« finden ließ? Oder bei mir selber, die, Nichtalpinistin und die Kälte scheuendes Wesen, bisher selten und schon gar nicht im Winter das Spazieren in hochalpinen Mondnächten gesucht hat?

Lassen wir den Romanhelden von Elizabeth Main den Vortritt. Dem jungen Prince charming, Edward Gibson Bowden, erblicher Lord Colsworth, seiner Schwester Lady Livingstone, genannt Kitty, und Bowdens Herzendsdame Sybil Brownlowe, nicht adelig, aber reich. Wir treffen sie, zusammen mit ein paar weiteren Mitspielern, beim kleinen Gasthaus von Morteratsch. Zwischen den Arven sieht man den Morteratschgletscher liegen. Elizabeth Main (wir wählen der Einfachheit halber ihren bekanntesten Namen), eine eher spröde Schreiberin, wird angesichts der grandiosen Landschaft geradezu poetisch, lässt die Gletscherschnauze zwischen den Felsblöcken liegen und die Schneemassen über die Flanken der Berggipfel hängen,

Die Pionierin in Schnee und Eis: Elizabeth Main (1861–1934)

Imposante Hotelpaläste: Pontresina

die mächtig den Geburtsort des Gletschers umstehen. *»Its snout grovelling amidst shattered blocks of rocks, its upper snows hanging from the flanks of the mighty peaks around its birthplace.«*

Ein windstiller, sonniger Tag im Februar zum Ersten

Die Glöcklein der Schlitten, die die Partie vom Kulm Hotel in St. Moritz herübergebracht haben, verklingen im Wald. Es ist ein windstiller, sonniger Tag im Februar. Auf dem Gletscher, wenige Meter vom Gasthaus, formiert sich die Gesellschaft zur bergtauglichen Einerkolonne und zieht in die tief verschneite Arena der berühmten Oberengadiner Gipfel – Palü, Bellavista, Zupò, Crast'Agüzza, Bernina und Morteratsch – hinein. Hinten im Talkessel, wo sich der Pers- mit dem Morteratschgletscher trifft, trennt sich die Gesellschaft. Die frisch enthusiasmierten Gletscherfreundinnen treten den Rückweg an. Sie werden ihre Helden des Winteralpinismus am nächsten Tag mit Champagner im Val Roseg erwarten. Denn die Herren haben mit einer winterlichen Überschreitung des Piz Bernina Großes vor. Und die Main lässt mit Martin Schocher auch gleich einen Großen der Engadiner Bergführerzunft auftreten. *»The strongest and best of Engadine guides.«*

Um ein Uhr nachts werden sie von der Bovalhütte aufbrechen, einem klapprigen Hüttlein, das dank der grassierenden Bernina-Palü-Begeisterung bereits zweimal erweitert worden ist. Bei Vollmond wird man das »Labyrinth«, die Abbrüche des oberen Morteratschgletschers, queren, später in der wärmenden Wintersonne auf dem Piz Bernina rasten und sich gegen Abend im Rosegtal mit dem wohlverdienten Champagner (stilgerecht aus dem Kronenhof zu Pontresina) zuprosten.

Die Autorin weiß, wovon sie schreibt, sie hat alle Gipfel hier herum bestiegen. Und Schocher, der 234-mal auf dem Piz Bernina war, davon 26-mal im Winter, hat Elizabeth Main unter anderem auf ihrer spektakulären Wintererstüberschreitung des Palügipfels 1891 begleitet.

Promotorin des Wintersports

Ihre ersten, viel beachteten Auftritte im Engadin hat die 1861 geborene Alpinistin als Mrs Fred Burnaby, Ehefrau eines Gardeoffiziers der Queen Victoria und schillernden Abenteurers, 20 Jahre älter als sie. Mit 18 Jahren heiratet sie, mit 24 ist sie Kriegswitwe und ein Jahr später, im November 1886, taucht sie im Gästebuch des Hotels Kulm als Mrs E. Main auf. Der zweite Ehegatte, ein Professor der Naturwissenschaften, verbringt nur eine Saison im Engadin, dann verlieren sich seine Spuren (er stirbt 1892). Die Main wird ihn nie erwähnen. (Auch Söhnchen Arthur aus der ersten Ehe spielt kaum je eine Rolle.)

Elizabeth Main ist eine unermüdliche Promotorin des Wintersports, als Autorin und als Fotografin. Davon weicht sie auch in ihrem einzigen Roman nicht ab. Wir erfahren alles über das sportliche Leben der englischen Kolonie im St. Moritz des ausgehenden 19. Jahrhunderts.

Die Main lässt ihre Romanhelden und -heldinnen Eislaufen, auf dem Cresta-Run-Schlitten fahren, auf dem Bobrun spektakuläre Unfälle bauen, auch ein bisschen mit Skiern herumturnen (obwohl sie selbst mit Schneeschuhen zu ihren Hochtouren unterwegs ist) und die Wägsten der Wagemutigen ins Hochgebirge steigen.

20 Jahre war es her, dass Johannes Badrutt vier Engländer eingeladen hatte, nicht nur den Sommer, sondern – zur Probe und als seine privaten Gäste – auch den Winter im Engadin zu verbringen. Sonne

Zu Mains Zeiten unmittelbar am Gletscher: Gasthaus Morteratsch

garantiert oder Reisekosten zurück. Die Wette war ein Erfolg. Und die Rechnung des alten Badrutt ging mehr als auf. Die Herren konsumierten während ihres Gratisaufenthaltes ordentlich (was nicht inbegriffen war), sie blieben den ganzen Winter und sie kamen wieder. 1886, als die Main das erste Mal im Kulm logierte, war aus einem einfachen Gästehaus, der Pension Faller, ein Komplex von drei untereinander verbundenen Hoteltrakten geworden.

Hotelleben von innen

Elizabeth Main gehörte zu jenen, die es sich leisten konnten, im gesunden Klima der Berge die Winter zu verbringen, die im November zum Saisonauftakt anreisten und bis Ostern blieben, die das Hotelleben organisierten, als wärs eine Ferienkolonie, mit Zuständigen fürs Festkomitee, für die Pflege des Eisfeldes, für Wohltätigkeitsbazare, Kostümbälle und die Gästezeitung.

»The Story of an Alpine Winter« gibt einen realistischen Einblick in das Leben auf der Hotelinsel. Nicht nur auf dem Eis, auch auf dem gesellschaftlichen Parkett ist es glatt, obwohl man sich hier, fern von Londons Gesellschaft, vergleichsweise unkompliziert gibt. Eine unglückliche Schauspielerin sorgt für Missverständnisse, eine gesellschaftspolitisch sattelfeste Tante, Lady Elizabeth Armstrong, verhindert das Schlimmste (das vorzeitige Ende der zaghaften Liaison zwischen Bowden und seiner Sybil). Es gibt die alten Kulmianer der ersten Stunde wie Colonel Donaldson, schweigsame Alpinisten wie Denton und auch unerträgliche Bourgeois und Aufsteiger.

Elizabeth Main hat mit »The Story of an Alpine Winter« auch einen Schlüsselroman geschrieben. Donaldson ist dem legendären Dr. Holland, der grauen Eminenz der britischen Kolonie von St. Moritz, nachempfunden, Mr. Denton gleicht dem Alpinisten E. L. Strutt, der 1934 in seinem Nachruf auf die berühmte Kollegin als einziger den Roman erwähnen wird. (Elizabeth Main selber erinnerte sich später nicht gerne an ihren Ausflug in die Niederungen der Belletristik.)

Einheimische lässt sie unter ihrem richtigen Namen auftreten: Schocher, den Fotografen Fluri und die Hoteliersfamilie Badrutt. Das Palace, von Caspar Badrutt 1896 erbaut, trifft der Bannstrahl der altgedienten Kulmianerin ebenso wie das 1905 erbaute Grand Hotel. Eine Adresse für die Nouveaux Riches, die Amerikaner. Überhaupt keine Erwähnung finden die neuen, eleganten Hotels in St. Moritz Bad. In der britischen Kolonie auf dem Hügel von St. Moritz Kulm wird nicht gebadet.

Ein Abgesang

Das Buch ist auch ein Abgesang. Fünfzehn Jahre lang, bis 1900, verbrachte Elizabeth Main den Winter und auch einen guten Teil des Sommers in St. Moritz. Dann bricht sie abrupt ihre Zelte ab, heiratet ein drittes Mal und veröffentlicht 1907 »The Story of an Alpine Winter« unter ihrem neuen Namen, Elizabeth Aubrey Le Blond.

Die Seitenmoräne dokumentiert den Gletscherstand um 1850

Die junge Mrs Burnaby hatte in ihrem ersten, begeisterten Pamphlet für den Winteralpinismus, dem 1883 veröffentlichten »The High Alps in Winter«, gewünscht, dass der Schweizer Franken im Januar und Februar einst rollen solle wie im Juli und August. Ernüchtert konstatiert sie als Mrs Aubrey Le Blond 1907: »*The change had come suddenly, and Switzerland, while gladly acknowledging it, is barely ready as yet for the hordes that pour into the country at Christmas.*« Der Massentourismus ante portas, good Lord.

Auch das kleine Gasthaus mit Kiosk in Morteratsch wird auf den neuesten Standard gebracht, die sieben Fremdenzimmer mit fließendem Wasser versehen, ein Speisesaal angebaut. Eine elektrisch beleuchtete Eisgrotte im Gletscher und eine Bobbahn sorgen für zusätzliche Attraktionen.

Die Einsamkeit des Morteratschgletschers an einem sonnigen Wintertag, wie Elizabeth Main ihn beschrieb, war passé. »*The little group felt itself in the very heart of the mountains, for look where they would, not a human dwelling was to be seen nor the trace of a footstep.*« Auch heute kann man sich hier im Herzen der Bergwelt fühlen. Aber man muss großzügig sein, denn man teilt seine Gefühlsregungen mit vielen andern. Ein steter Pilgerstrom sonnenhungriger, bergseeliger Winterwanderer zieht das Seitental hinauf und herunter. Die Personenführung ist optimal. Langläufer keuchen auf einer separaten Loipe vorbei, ebenso die Skifahrer, die von der Diavolezza über den Persgletscher zur Bahnstation Morteratsch abfahren.

Nur ein paar Stunden später – es ist Nacht geworden – lässt sich störungsfrei der Illusion der großen Einsamkeit frönen, und wer sich nach dem Mond richtet, hat auch fürs Auge ein Spektakel. Mattsilbern stehen die Riesen im Talabschluss. Das metallisch klare Licht des aufgehenden Mondes

Drastisches Faktum. Und seit 2000 schwindet der Gletscher weiter!

fließt die Grate und Hänge hinunter auf den Gletscher, dann leuchtet der ganze Talkessel. Auf den Schneepolstern der Felsklötze im tief verschneiten Gletschervorfeld blinken die Schneekristalle auf wie kleine Wunderkerzen.

Vadret da Morteratsch, Morteratschgletscher. Das Tal hat noch immer keinen Namen. Heute wird den Wandernden mit Tafeln der Schwund der Eismassen drastisch vor Augen geführt. Seit Mains Gruppe hier vorüberzog, hat sich der Gletscher um zwei Kilometer zurückgezogen. Unser Spaziergang wird von Jahr zu Jahr länger werden (vgl. LiteraTour 12).

Schon leuchten wieder die Lichter des Gasthofs zwischen den Arven auf. Von den unscheinbaren Felsbändern zur Linken hängen die Eiszapfen wie gefältelte, schwere Vorhänge.

Und links die weiße Hölle

Die Felsen sind in die Filmgeschichte eingegangen. Für den späteren Klassiker »Die weiße Hölle vom Piz Palü« waren sie zur eisgepanzerten Steilwand aufmontiert worden, der kriegserprobte Kampfflieger Ernst Udet flog in kühner Präzision daran vorbei und Leni Riefenstahl fror. Im Februar 1929 wurde die berühmte Szene gedreht. Schrecklich sei es gewesen, erinnert sich die Riefenstahl in ihren Memoiren. »Es herrschte sibirische Kälte. Die Temperaturen bewegten sich zwischen minus 28 und 30 Grad.« So kalt ist es während unseres Winterspaziergangs auch, erfahren wir später, aber windstill und der Ausflug freiwillig.

Die Riefenstahl logierte im Hotel Morteratsch, das seine besten Zeiten bereits hinter sich hatte. Sie hat es Udet, dem Charmeur, nie vergessen, dass er ihren Schneefloh, den Kameramann Hans Schneeberger, Lenis große Liebe nach dem Fiasko mit Luis Trenker, im mondänen Palace vorne in St. Moritz in die große Welt einführte, während sie sich im abgeschiedenen Gasthaus von den strapaziösen Dreharbeiten erholen und der Ruhe pflegen sollte.

Das könnte sie heute noch. Abends, wenn die harten Tritte der Skischuhe, das Tappen der Langlauffinken verstummt sind. In der Arvenstube sitzen ein paar Bahnarbeiter beim Bier, eine Familie beim Fondue. Im eleganten Restaurant werden Forellen auf Wirsing, Chateaubriand oder auch Kutteln serviert. Die Tische sind hübsch gedeckt, die Blumen frisch, der Service ist freundlich. Und der Chef hat eine sehr angenehme Passion, er sammelt kleine, aber feine Weine.

Ein letztes Mal für heute zischt die Berninabahn in die lang gezogene Kurve aufwärts, quietschen die Bremsen des Gegenzuges abwärts, dann ist hier wirklich nichts mehr los. Nur finstere Nacht.

Die Eisenbahn hat vermutlich mitgeholfen, dass langjährige Gäste wie Elizabeth Main St. Moritz nach der Jahrhundertwende verließen. 1904 erreichte die Rhätische Bahn St. Moritz. (1906–1910 wurde die Berninabahn als reine Touristenbahn erbaut.) Der Kurort verlor seine Exklusivität. Fast jeder und jede konnte sich jetzt einen Ausflug ins Engadin leisten. Wenn auch nicht unbedingt eine Saison im Kulm.

Heute sind auch hier alle willkommen, so sie denn 600 Franken (oder auch ein bisschen mehr) pro Nacht zu zahlen gewillt sind für ein Zimmer, das aus jeder Falte des Bettüberwurfes gehobene Bürgerlichkeit ausstrahlt. Noch heute finden im Lesezimmer Bridgeturniere statt und leuchten die polierten Pokale der Bob- und Skeletonwettkämpfe aus den Vitrinen. Die Besitzerfamilie heißt längst nicht mehr Badrutt, sondern Niarchos. Die Wellnesszone ist kürzlich für etliche Millionen ausgebaut worden.

Ein windstiller, sonniger Wintertag im Februar zum Zweiten

In der Einfahrt des Kulm Hotels stehen die nachtblauen, übergroßen Limousinen des Hotels bereit. Wie die Schlitten von anno dazumal ziehen wir los Richtung Morteratsch. Ein Tag zum Verbummeln. Keine alpine Heldentat treibt uns und die Nacht ist noch weit. Der Cresta Run ist immer noch fest in britischer Hand, in männlicher. »Riders only, ladies not admitted.« Außer am Ladies Day im März. Heute ist Wettkampftag. Und noch lange nicht März. Die Damen sind sportlich-elegante Kulisse und für die moralische Aufrüstung zuständig. Zwei Arbeiter mit Schaufeln bewehrt, stehen in der gepolsterten, berüchtigten Kurve des Shuttlecock bereit, den Herren aus dem Stroh zu helfen. Eine bimmelnde Glocke markiert den Startschuss. Der nächste Skeletonschlitten rumpelt talwärts. Alles »very british«. In Celerina unten dominiert dann Italien.

An San Gian vorbei flanieren wir gegen Punt Muragl und auf einem säuberlich aus dem Schnee gefrästen Spazierweg weiter Richtung Pontresina. Imposant der Riegel der Hotelkästen, dominiert vom Kronenhof, immer noch das renommierteste Haus am Platz. Weniger auffällig, aber sehr präsent das Saratz gleich daneben.

Die gigantische Rückhaltemauer, das Bollwerk gegen rutschende Hänge über dem Dorf, wird von einem Restwald recht gut kaschiert. Der Schafberg ist mit Lawinenverbauungen gespickt wie ein Igelrücken. Und im Talgrund fließt die Flaz im neu gerichteten Bett.

Elizabeth Main mochte über diese Strecke noch kaum Worte verlieren, es gab hier zu ihrer Zeit nichts zu sagen, außer dass die Nebel feucht und kalt über dem Talboden lagen und man im Schlitten die Pelze enger raffen musste.

Am Ziel

Zwei Stunden später taucht das renovierte Hotel Morteratsch zwischen den Lärchen auf. Die Terrasse ist gut besetzt, jede Minute in der Sonne kostbar. Ein stetiges Rinnsal von Spaziergängern und Hunden rinnt aus dem Taleinschnitt von Morteratsch.

Bald schon werden wir die einzigen menschlichen Wesen sein in der großen Arena, dort hinter dem Arvenwäldchen. Winzlinge vor den gleichgültigen Riesen. Wir werden uns fühlen wie Könige von Morteratsch, glücklich mit den Zehen in den warmen Stiefeln wackeln, die Kälte tief in die Lungen saugen (und dann verschämt in die Halstücher husten). Der Kopf wird leicht sein. Einfach weitergehen, im klaren, kalten Licht durchs Labyrinth hochsteigen und auf dem Gipfel des Piz Bernina mit Cognac und Zwieback frühstücken, nichts einfacher als das.

Zugegeben, später, nach einer warmen Dusche eingemummelt in weiche Duvets, sind wir doch froh, uns jetzt nicht in der Bovalhütte aus den Wolldecken schälen zu müssen. Da mag der Mond auf dem Morteratschgletscher glänzen, wie er will.

Literatur

Mrs. Aubrey Le Blond, *The Story of an Alpine Winter,* London 1907
Mrs. Aubrey Le Blond, *Day in Day out,* London 1928
Elizabeth Main. Fotografin, Alpinistin, Schriftstellerin – eine Pionierin in den Alpen. Mit Beiträgen von Daniel Anker, Ursula Bauer u.a., Diopter Verlag, Luzern 2003

LiteraTour-Info

Einstufung
Gehzeiten 1 ¼ h
Beste Jahreszeit Winter
Karten Landeskarte 1: 50 000, Blatt 268 Julierpass

An- und Rückreise
RhB bis St. Moritz (Fahrplanfeld 940), Pontresina und Morteratsch (Fahrplanfeld 950)

Route
Das Herzstück unserer Tour ist die Wanderung vom Landgasthof Morteratsch (neben der gleichnamigen Bahnstation) zum Vadret da Morteratsch. Der Weg ist bis zur Gletscherzunge als Winterwanderweg präpariert und auch im Dunkeln leicht zu gehen.
Variante: Wer die ganze Kulisse des Romans auskosten will, startet oben in St. Moritz vor dem Kulm Hotel und wandert (beim Bären den Celerina-Wegweisern folgen) dem Cresta-Run entlang hinunter nach Celerina, auf einer Nebenstraße via San Gian Richtung Punt Muragl und entlang der Bahnlinie nach Pontresina. Dann den gepfadeten Winterwegen und Wegweisern nach Morteratsch folgen (plus 3 h 15).

Rasten und ruhen
Das Hotel Morteratsch ist unser warmer Hafen für den Nachtspaziergang. Die Zimmer sind neu, funktional, angenehm – wie der ganze Hotelbetrieb. Vor allem, wenn die Stoßzeiten vorbei sind.
Hotel Morteratsch, Olaf und Jeannine Apelt, Station Morteratsch, 7504 Pontresina; Tel. 081 842 36 13; www.morteratsch.ch
Das Kulm Hotel in St. Moritz ist sehr teuer und von zeitloser Eleganz (sprich: etwas démodé). Kulm Hotel, Via Veglia 18, 7500 St. Moritz; Tel. 081 836 80 00; www.kulmhotel-stmoritz.ch

Informationen
Kur- und Verkehrsverein St. Moritz, Via Maistra 12, 7500 St. Moritz; Tel. 081 837 33 33 und 081 837 33 55, Fax 081 837 33 77; E-Mail: information@stmoritz.ch; www.stmoritz.ch

Lektion in Glaziologie und Klimaveränderung

Kur- und Verkehrsverein Pontresina, Kongresszentrum Rondo, 7504 Pontresina; Tel. 081 838 83 00, Fax 081 838 83 10; E-Mail: info@pontresina.com; www.pontresina.com

Tipps
Die Bücher von Elizabeth Main sind nur in Bibliotheken oder antiquarisch, z. B. über www.bookfinder.com, zu finden (Preise rapide steigend)
Auswahl Main-Bücher: Dokumentationsbibliothek St. Moritz (Di, Mi 15–18.30 Uhr, Do 15–19.30 Uhr), Plazza da scuola, 7500 St. Moritz; Tel. 081 834 40 00, Fax 081 834 40 01; E-Mail: doku.stmoritz@bluewin.ch
Fotosammlung von Elizabeth Main: Kulturarchiv Oberengadin (Do 14–16 Uhr oder auf Anfrage), Mulins 2, 7503 Samedan; Tel. 081 852 35 31
Vollmonddaten: Museum Alpin (Mo–Sa 16–18 Uhr), Via Maistra, 7504 Pontresina; Tel. 081 842 72 73

RANTE

BAZAR RISTORANTE

Alternative Verkehrsverbindung zwischen
München und Venedig: Bernina-Passhöhe

Pit Wuhrer

LiteraTour 12: Pontresina–Morteratsch–Passo del Bernina

Heldenstücke in Schnee und Eis. Ein Schmachtfetzen

Pass- und mögliche Gipfelstürmerei mit Jakob Christoph Heer, »Der König der Bernina« (1900)

Vor langer Zeit muss Pontresina ein armer, ja erbärmlicher Ort gewesen sein: eine Pfarrei, ein paar Hütten, ein Säumerei, eine Schmiede und oben, am Waldrand, die Kirche Santa Maria. Sie immerhin steht noch – kaum sichtbar hinter den Hotelpalästen, Cafés, Stromleitungen und Liftmasten, die das Dorfbild mittlerweile prägen. Dort oben bei der Kirche hat sich vor rund zweihundert Jahren eine herzzerreißende Geschichte zugetragen, eine Geschichte voll Sehnsucht und Hoffnung, voll Leidenschaft und Stolz, voll Eigensinn und Elend. Hier reichten sich Cilgia Premont, die wunderschöne Tochter des Podesta vom Puschlav, und Markus Paltram, der Retter des Engadins, verträumt die Hand; und hier begrub Jahre später der ins Mark getroffene »König der Bernina« sein über alles geliebtes Kind, bevor er selber verschied.

Ja, sagt die freundliche junge Frau am Schalter des Kurvereins von Pontresina, von dieser Geschichte habe sie schon gehört, aber gelesen habe sie das Buch »König der Bernina« nie. Warum sollte sie auch? Sie hat Bettenburgen zu füllen, muss die vielen Fragen der zahlreichen Gäste beantworten, hier ein Tipp, da ein Hinweis. Wie wird das Wetter? Wo finden wir freie Zimmer? Welches sind die besten Parkplätze? Wann verkehren die Züge? Und zwischendurch ein kleiner Ratschlag: Das kleine Kirchlein Santa Maria sei ganz bezaubernd, auf jeden Fall einen Besuch wert, wunderschöne Fresken im Innenraum, leider nur werktags geöffnet für jeweils zwei Stunden am Nachmittag, Voranmeldung empfohlen. Aber wenn Sie Bergtou-

Der Bestsellerautor mit Gattin auf Landpartie: In der Mitte Jakob Christoph Heer (1859–1925)

Königin der Ostalpen mit Entourage: Zweiter von rechts Piz Bernina (4049 m)

ren buchen wollen, eine Besteigung des Piz Bernina zum Beispiel – der Schalter des Bergführervereins befindet sich grad nebenan ...

Ein boomauslösendes Buch

Wie soll sich in diesem Trubel eine Tourismusberaterin auch noch um ein altes, längst vergessenes Buch kümmern können, das seine Wirkung bereits getan hat? Das vor vielen Jahren eben jene Fremdenverkehrswelle lostrat, die die Gemeindeangestellten immer noch in Atem hält? Heute wird nach Wellnessangeboten und Mountainbikestrecken gefragt und nicht nach Jakob Christoph Heer, dem ehemaligen Lehrer und NZZ-Feuilletonredaktor, der einst das Engadin besang und sich für die Modernisierung des Tals in die Bresche warf. Die Unkenntnis ist entschuldbar.

Beginnen wir also mit der Wanderung, und beginnen wir am Bahnhof der Rhätischen Bahn bei Pontresina. Der liegt etwas außerhalb des Dorfkerns, auf der westlichen Seite der Brücke, die dem Ort die Vorsilbe verlieh. Der Rest des Namens Pontresina ist bis heute nicht ganz geklärt. Weist das Wort »Reschina« auf das Harz hin, das hier vor vielen Jahren vielleicht für den Bau der venezianischen Flotte gewonnen wurde, oder eher (und wahrscheinlicher) auf den Familiennamen Saratz/Saraschin, der sich wiederum von den Sarazenen herleitet, wie das Heimatbuch der Gemeinde vermutet? Uns kann das egal sein, schließlich folgen wir den Spuren des »Königs der Bernina«, und der ist wahrscheinlich ebenfalls rechts des Berninaflusses in die Täler gezogen, um am Roseggletscher und am Morteratsch das Wild zu schießen.

Hochalpinroute zur Winterherrin

Der Weg vom Bahnhof führt an den Pferdefuhrwerken vorbei, die fußmüde Touristen ins Rosegtal kutschieren, zweigt vor der Brücke über den Berninabach ab (die Hinweisschilder sind nicht zu verfehlen) und windet sich ganz allmählich, fast ohne Steigung, zuerst links, dann rechts der Bahntrasse Richtung Morteratsch.

Zehn Minuten nach Marschbeginn hätten wir die Möglichkeit, eine spektakuläre, aber auch weitaus anstrengendere Route durchs Rosegtal (vgl. LiteraTour 10) zum Berninapass zu wählen: zwei Stunden durch den Wald, dann hinauf zur neu erweiterten Tschiervahütte (weitere zwei Stunden). Von dort am nächsten Tag über den Biancograt auf den Piz Bernina und hinunter zum Rifugio Marco e Rosa. Am folgenden Tag über die Bellavista-Terrasse und den Piz Palü zur Diavolezza, von der man per Seilbahn auf den Pass hinunterfahren kann. Gemütlich und gefahrlos ist allerdings nur der letzte Teil dieser Strecke.

Das wusste auch Heer, der seine Heldin Cilgia Premont zur Fuorcla Surlej unterhalb des Piz Corvatsch aufsteigen und ausrufen ließ: »*Die Bernina ist die Winterherrin, ihr Schloss glänzt mit Zinnen und Türmen von Eis, und am Eingang stehen die Pagen, die Pize, und es ducken sich die Drachen, die Gletscher, sie legen die Köpfe zusammen und recken sich mit Ingrimm durch das Rosegtal ins grüne Land und lechzen, es zu verderben. Und die Bernina hält den Speer – das Licht. Und sie sagt: Wie darfst du in mein Mysterium blicken? Ich töte dich!*«

Ganz so schrecklich ist es heute freilich nicht mehr. Die Drachen lechzen kaum noch, sie sind selber bedroht und ziehen sich mit atemberaubender Geschwindigkeit in höhere Regionen zurück. Sie zu bewältigen, verlangt jedoch immer noch viel Erfahrung und eine gute Ausrüstung.

Da wir Seil, Steigeisen und Pickel diesmal zu Hause gelassen haben, widerstehen wir der Verlockung und schlendern – ungestört von den Mountainbikenden, denen die Gemeinde eine eigene Trasse eingerichtet hat – weiter Richtung Süden durch Arven- und Lärchenwälder. Links die Bahn, der Fluss und der Straßenlärm. Rechts blitzt nach 40 Minuten erstmals der Ostgipfel des Piz Palü hervor; kurz danach tau-

Die Aussicht bleibt hochalpin: In der Mitte Piz Palü (3905 m)

chen jenseits des Flusses die Zelte des (empfehlenswerten) Campingplatzes Plauns auf. Und bald danach kann, wer genau Bescheid weiß, sogar die Haarnadelkurve der Passstraße beim Montebello entdecken, in deren Innenkreis die Gemeinde Pontresina 1952 ihrem vermutlich größten Propagandisten Jakob Christoph Heer ein Denkmal setzte.

Verklärte Bergwelt begeistert das Publikum

Heer (1859–1925) hatte 1897 sein erstes Buch veröffentlicht, einen Heimatroman, der vor allem die deutschen Leserinnen und Leser begeisterte (»An heiligen Wassern« schildert die Geschichte des Wallisers Josi Blatter, der seinen Heimatort modernisierte und ihm zu lawinensicheren Wasserleitungen verhalf). 1905 publizierte er den Säntisroman »Der Wetterwart« (in dem er ebenfalls das Heraufkommen einer neuen Zeit mit der romantischen Verklärung der Bergwelt verband). Dazwischen schrieb er sein bekanntestes Werk: »Der König der Bernina« (1900 in Buchform verlegt) erschien zuerst als Fortsetzungsgeschichte in der deutschen Zeitschrift »Gartenlaube« und wurde bald ein Bestseller – vor allem in Deutschland. Mit einer Gesamtauflage von 400 000 Exemplaren gehörte der Band in Deutschland bis 1940 zu den 30 meistgelesenen Büchern, bis in die 1960er-Jahre wurden noch einmal 300 000 Exemplare verkauft.

Heer hatte den Geschmack des Publikums getroffen. Er bettete seine dramatische Liebesgeschichte ein in eine Zeit großer Not und großer Umbrüche. »*Die letzte Jugend zog aus, die einen als Zuckerbäcker, die anderen als Angestellte von Bündner Cafés in weiten Städten und Landen. Noch andere als Lehrlinge in Kaufmannsgeschäften, einige vielleicht auch wahllos auf gut Glück. Manche kamen nach einigen Jahre wieder und holten sich aus den zurückgebliebenen Mädchen der Dörfer Frauen, und selbst die weibliche Jugend verlor sich aus dem Tal. Draußen in der Welt zerstreut, blühte ein neues Engadin, im Tal aber herrschte das Grauen über die Entvölkerung, denn die einmal fortgegangen waren, kehrten nicht zurück.*«

Von J. C. Heer mitinitiiert: Seilbahnen zur Diavolezza und (im Hintergrund) zum Piz Lagalb (2959 m)

Ende des 18. Jahrhunderts hatte die Bündner Obrigkeit die Herrschaft über das Veltlin verloren, weil sich der damals noch revolutionäre Napoleon auf die Seite der seinerzeit rebellischen Veltliner schlug. Die Kolonialisten waren ihre Villen und ihre Pfründen los; das Engadin verarmte. Der Boden gibt nicht viel her. *»Fragt man in Sankt Moritz: ›Was gedeiht bei euch?‹, so antworten die Leute: ›Weiße Rüben‹, in Pontresina: ›Weiße Rüben‹, in Samedan: ›Weiße Rüben‹«.*

Im Reich des Königs

Ein Retter musste her. Und den entdeckte Cilgia Premont in Markus Paltram: Das Engadin, lässt Heer sie sagen, *»ist am Erlöschen. Auswanderung überall. Das Leben flutet von unserem Tal zurück.«* Wenn nur *»einer aufstände und dem Engadin die Ampel des Lebens wieder füllte! Wenn er ihm das Licht herunterholte von der Spitze des Bernina!«* Paltram versteht sofort. Denn Paltram ist der »König der Bernina«, dieser Beiname verpflichtet. Einen solchen »König« hatte es übrigens tatsächlich gegeben: Er hieß Gian Marchet Colani, lebte von 1778 bis 1837, war – wie Heers Romanfigur – Büchsenmacher und Jäger in Pontresina und soll 2700 Gämsen (und 30 Tiroler!) geschossen haben und sogar einer der Erstbesteiger des Ostgipfels des Piz Palü gewesen sein (daran bestehen allerdings erhebliche Zweifel).

Premont und Paltram waren also auch in historischer Mission unterwegs, als sie – wie wir – von Pontresina zum Berninapass zogen und an jene Stelle kamen, *»wo das Engadin sein schönstes Wasserspiel entfaltet.« »Zwischen dunklen Tannen und Arven hervor rauscht der Berninabach mit Wellen so klar wie Glas, zerteilt sie zwischen grün überwucherten Felsen und wirft die strudelnde Klarheit, schneeige Strähnen und Bündel, in die trübe Eismilch des Baches, der vom ganz nahen Morteratschgletscher kommt.«* Diese Stelle befindet sich nahe der Bahnstation Morteratsch und des gleichnamigen Hotels (vgl. LiteraTour 11).

Wer alpine Wanderungen liebt, biegt nun nach rechts ab und schlägt den gepflegten Weg zur Bovalhütte ein. Er führt im Wald steil hoch, steigt dann aber zwischen einer mächtigen Moräne, die der Morteratschgletscher hinterlassen hat, und den Hängen des Piz Morteratsch lange Zeit gemächlich und nur am Schluss wieder in Spitzkehren zur SAC-Hütte. Der Ausblick lohnt die Mühe: Der Biancograt rückt zum Greifen nahe, die mächtigen Eisbalkone der Bellavista wachsen mit jedem Schritt, tief unten blendet das Eis des Gletschers, der Palü entfaltet seine wahre Pracht. Die Hütte (2495 m) bietet eine karge, aber angenehme Unterkunft. Wer mag, blättert hier nochmals in Heers Roman. Die Isla Persa – eine Felskuppe im Eis, auf der Paltrams Tochter Jolanda den Freitod suchte – liegt gerade gegenüber.

Die Geschichte ist schnell zu Ende erzählt: Cilgia Premont und Markus Paltram finden dann doch nicht zueinander, der ungestüme »König der Bernina« nimmt sich (weil Cilgia nicht sofort will) eine andere Frau für eine Nacht und macht ihr ein Kind. Trotzdem verzehren sich beide weiterhin in Liebe zueinander; Paltram erfüllt seine Mission als Retter des Engadins, indem er zahllose Menschen aus Lawinen befreit. Unter den Geretteten befindet sich auch der Maler Ludwig Georgy, der sich, kaum dem Tode entronnen, sofort ans Werk macht: *»Die sturmgepeitschten Arven, die sich im Gefelse drängenden Herden der Bergamasken, das Idyll der äsenden Gemsen, das Schneeleuchten der Gipfel, der Traum der Seen, der innige Zauber des Lichtes […], das war herrlich beobachtete Natur.«* Seine Bilder werden überall ausgestellt, sogar im fernen London, und locken erste Touristen und Touristinnen ins Tal, denen bald weitere folgen. Das Engadin hat wieder eine Zukunft. (Auch den Maler hat es tatsächlich gegeben; er hieß allerdings nicht Ludwig, sondern Wilhelm Georgy und wurde für den anschwellenden Strom der Engadingäste selbst zur Attraktion. Um ihm bei der schöpferischen Arbeit zuzusehen, stiegen sie zu seiner eigens für ihn errichteten Hütte, der heutigen Georgyhütte, am Piz Languard hinauf.)

Das schreckliche Ende

Cilgia Premont heiratet einen Südtiroler, den sie und Markus Paltram einst vor dem Zugriff französischer Soldaten bewahrt hatten; sie bringt einen Sohn zur Welt; Paltram erschießt seinen Nebenbuhler in Notwehr; aufgrund dieser Tat dürfen sich Premonts Sohn und Paltrams Tochter (sie finden großen Gefallen aneinander) nicht lieben; Jolanda Paltram geht ins Eis, der »König« stirbt, Klappe zu. Ein Schmachtfetzen. Aber auch ein Roman, der vor Jahrzehnten Hunderttausende für das Engadin begeisterte.

Seither werden nur noch selten Menschen auf dem Eis erschossen, seither sterben vor allem die Gletscher. Nirgendwo in den Schweizer Alpen ist dies so gut zu beobachten wie am Morteratsch, weil nirgendwo eine Straße, eine Bahnlinie und ein bequemer Wanderweg so nah ans scheinbar ewige Eis führen. Auch der Cambrenagletscher zieht sich in höhere Lagen zurück. Um ihn erblicken zu können, steigen wir ab Morteratsch anfangs in angenehmer Distanz zur Passstraße in Kehren durch einen Wald und folgen dann dem Pfad zu den Bernina-Häusern, die – so wird vermutet – erst dem Pass, dann dem Bergzug und schließlich dem höchsten Gipfel der Ostalpen, dem 4049 Meter hohen Piz Bernina, den Namen gaben. Die kleine Hausgruppe selber wurde möglicherweise nach einer Person (Bernin oder Bernini) benannt.

Bernina-Passhöhe (2328 m) mit Lago Bianco, im Hintergrund Piz Cambrena (3606 m)

Kurz nach Bernina Sout, wie die Häuser inzwischen heißen, sehen wir, was der Massentourismus angerichtet hat: zuerst die Talstation *»unter den himmelhohen Mauern der Diavolezza, der Teufelshöhle«*, von der eine Seilbahn hinaufführt zu einem der schönsten Aussichtspunkte in der Schweiz (schön ist auch die dreistündige Bergwanderung zur Diavolezzahütte), dann die vor allem im Winter frequentierte Bahn auf den Piz Lagalb. Weiter gehts zu den *»seltsamen Hochgebirgsseen ... sie heißen der Weiße und der Schwarze, aus dem hellen fließt ein Bach, und seine Wellen ruhen, wenn sie genug gewandert sind, im Schwarzen Meer, aus dem Schwarzen See strömt wieder ein Bach, und seine Wellen gehen in die blaue Adria«*.

Lej Pitschen heißt der eine, Lago Bianco der andere. Damit die Wasser nicht überschwappen und die für die Adria bestimmten Tropfen ihr nicht verloren gehen (und über den Lej Nair und den Lej Pitschen gar ins Schwarze Meer gelangen), hat die Kraftwerke Brusio AG am Nordende des Lago Bianco eine Staumauer errichtet. Der Weg führt dieser Mauer entlang, danach kostet es nur noch ein paar Schweißtropfen bis zur Passhöhe. Von hier aus hat man zwar einen schönen Blick auf den Cambrenagletscher, die Aussicht nach Süden aber ist verstellt. Wer noch Schnauf hat, wandert weiter auf den Piz Campasc (ein schöner Aussichtsberg) oder nimmt den Weg dem See entlang hinab zur Alp Grüm und ins Puschlav (vgl. LiteraTour 13). Cilgia Premont hat die meiste Zeit in Poschiavo gelebt. Aber so ausgiebig wollen wir der Literatur zu dieser Wanderung dann doch nicht folgen.

Literatur

Jakob Christoph Heer, *Der König der Bernina,* Zürcher Oberländer Buchverlag, Wetzikon 1975 (noch lieferbar)

Daniel Anker, *Piz Bernina – König der Ostalpen,* AS Verlag, Zürich 1999

Daniel Anker, *Piz Palü – Dreiklang in Fels und Eis,* AS Verlag, Zürich 2003

Victor Stupan, *Pontresina,* Verlag Paul Haupt, Bern 1993

Nord-Süd-Stromtransfer. Blick Richtung Val Poschiavo

LiteraTour-Info

Einstufung 🕮 🕮 🕮
Gehzeiten 4 h. Wer die Variante zur Bovalhütte wählt, muss mit 4 h mehr rechnen (2½ h Aufstieg, 1½ h Abstieg).
Höhendifferenz 534 m. Variante Bovalhütte: 605 m zusätzlich rauf und runter
Beste Jahreszeit Mai bis Oktober (Bovalhütte ab Mitte Juni bis Mitte Oktober)
Karten Landeskarte der Schweiz 1:50 000, Blatt 5013 Oberengadin

An- und Rückreise
RhB Chur–St. Moritz–Tirano (Fahrplanfeld 940). Rückreise: Der letzte Zug ab Ospizio Bernina nach Pontresina fährt schon kurz nach 19 Uhr!

Route
Der ganze Weg ist bestens ausgeschildert. Man geht fast immer rechts (d. h. südwestlich) des Berninabachs. Zuerst fast eben nach Morteratsch (1½ h), dann etwas steiler bis zu den Bernina-Häusern/Bernina Sout (1 h). An der Bahnstation Bernina Sout bleibt man mit Vorteil rechts der Schienen und folgt einem schmalen Pfad, der nach wenigen hundert Metern wieder auf den Hauptweg stößt. Anschließend sanft ansteigend und vorbei an der Talstation der Diavolezzabahn zum Lago Bianco und in Kehren hoch zum Pass beziehungsweise ebenerdig zur Bahnstation Ospizio Bernina.

Variante 1: Zehn Minuten vor Morteratsch (kurz bevor Gehweg und Velostrecke zusammenkommen und der Hauptgipfel des Piz Palü sichtbar wird) zweigt ein Bergweg zur Bovalhütte ab (man kann aber auch beim Hotel Morteratsch abbiegen). Der Weg ist gut angelegt und an wenigen Stellen mit Drahtseilen gesichert; er ist auch für nicht ganz Schwindelfreie gut zu gehen. Bei schönem und stabilem Wetter ist diese Variante (4 h) unbedingt empfehlenswert.

Variante 2: Vom Hotel Morteratsch führt ein Lehrpfad zum Morteratschgletscher (ca. ¾ h bis zur Gletscherzunge, Höhendifferenz ca. 100 m). Hinweistafeln markieren den rapiden Gletscherschwund (über 1,8 km in den letzten 100 Jahren). Dazu gibt es zwei Broschüren – eine ausführliche mit vielen Daten und Illustrationen und eine Zusammenfassung. Beide können beim Kurverein Pontresina und am Empfang des Hotels Morteratsch gekauft werden (vgl. LiteraTour 11).

Rasten und ruhen
Zahlreiche Einkehrmöglichkeiten am Weg. Zum Beispiel die Alpschaukäserei beim Hotel Morteratsch (9–17 Uhr), das Restaurant bei den Bernina-Häusern (es wurde 2003 umgebaut) und die Gasthöfe am Pass: Hospiz (Tel. 081 844 03 03), Gasthaus Cambrena (Tel. 081 844 05 12) und – abseits des Straßenlärms – das Bahnhofbuffet Ospizio Bernina (Tel. 081 844 0307) bieten Essen und Unterkunft. Das Cambrena (einfache Zimmer) ist ganzjährig geöffnet, das Hospiz (Einzel- und Mehrbettzimmer) und das Buffet (Zimmer und Lager) sind im November geschlossen. Übernachtungsmöglichkeit und gutes Essen bietet die Bovalhütte (100 Schlafplätze). Reservation: Tel. 081 842 64 03. Sehr empfehlenswert für Bergwandernde mit kleinem Budget und Zeltausrüstung ist der Camping Plauns bei Morteratsch, der höchstgelegene Campingplatz Europas (Tel. 081 842 62 85).

Informationen
Kur- und Verkehrsverein Pontresina, Kongresszentrum Rondo, 7504 Pontresina; Tel. 081 838 83 00, Fax 081 838 83 10; E-Mail: info@pontresina.com; www.pontresina.com

Tipp
Erste Anlaufstelle für alpine Fußreisende, die eine Führung wünschen, ist die Bergsteigerschule Bernina/Bergell, Rondo, 7504 Pontresina; Tel. 081 838 83 33, Fax 081 838 83 80, www.bergsteiger-pontresina.ch

Das Veltlin zu Füßen: Ausblick auf Tirano

Vincenzo Todisco

LiteraTour 13: Brusio–Viano–Sasso del Gallo–Tirano

Abenteuer und Lebensgefahr. Konterbande jenseits der Romantik

Auf Schmugglerpfaden mit Massimo Lardi, »Dal Bernina al Naviglio« (2002)

Le strade del contrabbando sono infinite ... Unendlich sind die Schmugglerpfade ... Unsere Wanderung beginnt an einem der Schauplätze von Massimo Lardis viel beachtetem Erstlingsroman »Dal Bernina al Naviglio«. Carlo, der Protagonist, fährt den Leichnam des Bruders eines Freundes vom Spital in Poschiavo zum kleinen Bergdorf Viano, damit dieser dort zu Grabe getragen werden kann. An anderen Tagen benutzt Carlo sein Fahrzeug, einen Kleinbus, um bei Campocologno Zigaretten über die Grenze zu schmuggeln. Er ist kein *spallone*, trägt also die Ware nicht auf den Schultern (*spalla,* Schulter) über gefährliche Pfade durchs Gebirge, sondern betreibt einen motorisierten Schleichhandel. Frühere Generationen von Schmugglern, und zu Carlos Zeit noch viele Veltliner, waren mehrheitlich zu Fuß unterwegs gewesen. Von den vielen Pfaden, die in Lardis Buch minuziös beschrieben werden, wählen wir die klassische Route von Brusio über das ehemalige Schmugglerdorf Viano hinab nach Tirano in Italien.

Literarisiert ein Kapitel Sozialgeschichte zwischen Gebirge und Großstadt: Massimo Lardi (geb. 1936)

Es ging ums nackte Überleben

Spricht man heute von Schmuggel, denkt man an kriminelle Handlungen: Waffen und Drogen, aber auch Menschen, Frauen und Kinder, die für den Markt der Prostitution bestimmt sind. Doch in den 1950er-Jahren, dem zeitlichen Hintergrund von Lardis Roman, hatte der Schmuggel im Puschlav, und vor allem im Veltlin, aber auch anderswo, für die einheimische Bevölkerung eine wichtige wirtschaftliche und

Literarischer Schauplatz: Viano (im Hintergrund: die Südostseite der Berninagruppe)

soziale Bedeutung, denn er bot eine Möglichkeit, den mageren Verdienst aufzubessern. Nur dank des Schwarzhandels war es für viele möglich, über die Runden zu kommen. Für Salz oder Kaffee riskierten die Schmuggler, darunter auch Frauen und Kinder, ihr Leben. Bei Nacht und Nebel mussten sie sich beschwerlich über den Berg mühen. Tag für Tag. Talein, talaus. Über die grüne Grenze. Immer die Angst vor dem Warnruf des Grenzers im Nacken. Der Tod war ein Versehen, denn im Prinzip zielten die Grenzwächter auf die Beine. Man schmuggelte ums Überleben. Dass der Handel illegal war, wurde dabei verdrängt.

Schon vor dem Zweiten Weltkrieg wurden Kaffee, Tabakwaren und Zucker im Versteckten aus dem Puschlav nach Italien transportiert. Während des Zweiten Weltkriegs florierte der Schmuggel von Lebensmitteln. Getauscht wurde insbesondere Reis gegen Kochsalz. Danach blühte im unteren Puschlav der organisierte Ausfuhrschmuggel von Kaffee und Zigaretten. Die wichtigste Route führte über Viano. Die am eidgenössischen Zoll ordnungsgemäß deklarierte Ware wurde in Traglasten (in der Fachsprache *Bricolle* genannt) zu Fuß nach Italien transportiert.

Von den zahlreichen Kaffeeröstereien in der Gemeinde Brusio breitete sich damals ein penetranter Kaffeegeruch aus. Davon ist auch in Lardis Buch die Rede: »*Im Puschlav sind um die zehn Kaffeeröstereien rund um die Uhr in Betrieb. Wenn Tiefdruck herrscht und die Luft schwer ist, dringt der bittersüße Duft des Kaffees überall ein; Atmen ist, wie an einer immerwährend dampfenden Kaffeemaschine zu riechen.*« Mit der Anpassung der Kaffee- und Zigarettenpreise in Italien ging der Schmuggel seit 1973 kontinuierlich zurück.

»Dal Bernina al Naviglio« beschreibt einen Schmuggel, der weit herum akzeptiert war, jenen, den man ab dem Zweiten Weltkrieg bis in die 1960er-Jahren betrieb. Der Schauplatz ist das Puschlav, und die Routen der Schmuggler führen ins benachbarte Veltlin, nach Tirano, und weiter bis nach Como und Mailand. Von der imposanten Berglandschaft der Berninagruppe bis ins milde Veltlin und in die sanfte Poebene mit der lombardischen Metropole Mailand und dem Kanal Naviglio – auf den der Titel des Buches anspielt. Zwei diametral verschiedene und getrennte Welten.

Gab es während vieler Jahrhunderte in kultureller und sozialer Hinsicht zahlreiche Gemeinsamkeiten zwischen dem Puschlav und dem benachbarten Veltlin, so entstand während und nach dem Zweiten Weltkrieg – als Folge des italienischen Faschismus – ein Graben. »Dal Bernina al Naviglio« beinhaltet auch diese historische Komponente, und Carlos Reisen bedeuten unter anderem eine Wiederentdeckung des Veltlins und eine Auseinandersetzung mit seiner jüngsten Geschichte.

Eine literarische Landkarte

Massimo Lardi kennt die Gegend, die er in seinem Buch beschreibt, wie seine Hosentasche. Er ist 1936 im Puschlav geboren und aufgewachsen, hat an der Sekundarschule von Poschiavo unterrichtet und war lange Zeit Lehrer für Italienisch am Bündner Lehrerseminar in Chur. Von 1988 bis 1998 war er Redaktor und Herausgeber der Kulturzeitschrift »Quaderni grigionitaliani«. Lardi hat sich stark für die Sprache und Kultur Südbündens eingesetzt. Neben dem Roman, mit dem wir hier wandern, hat er zahlreiche Kurzgeschichten sowie drei Dramen geschrieben. Seine literarischen Modelle sind bei den Klassikern der italienischen Literatur zu suchen, zum Beispiel bei Alessandro Manzoni mit seinem Roman »I Promessi Sposi«, an den sich so manche Figur in Lardis Roman in origineller Weise anlehnt, oder auch bei Giovanni Guareschi mit seinem berühmten »Don Camillo«, von dessen Sprachwitz einiges in Lardis Dialoge eingeflossen ist. »Dal Bernina al Naviglio« ist ein Bildungsroman, und die zum Teil spektakulären Abenteuer, die Carlo erlebt, sind Etappen eines individuellen Reifeprozesses.

Über den Schmuggel vom Veltlin ins Puschlav gibt es recht viel Fachliteratur. Sehr wenig ist hingegen

La Dogana, das ehemalige Schweizer Zollhaus, heute umgenutzt

Ruine des einstigen italienischen Grenzpostens

über den Schmuggel bekannt, der von der Schweizer Bevölkerung betrieben wurde, dem so genannten »Export II«, wie die Schweizer Zollbehörden die »Ausfuhr von Waren im Zwischengelände« nannten. Und schon gar nicht in literarischer Form. Mit seinem Roman füllt Lardi eine Lücke und lässt Leser und Leserin in eine Welt und eine Zeit eintauchen, die bisher fast ausschließlich mündlich überliefert worden sind.

Für den Transport von Kaffee, Zucker und Zigaretten über die Grenze wurden Ladebusse mit Doppelboden oder anderen ausgeklügelten Verstecken benutzt. Es war ein gefährliches Unterfangen. »Dal Bernina al Naviglio« beschreibt auf genaueste Weise die Umgebung, in der die Schmuggelabenteuer spielen. Die Beschreibung der Landschaft und der einzelnen Schmugglerpfade ist so ausführlich und genau, dass man das Buch auch als eine Art literarische Landkarte lesen kann.

Carlo ist einer von vielen jungen Männern – es sind aber auch Frauen –, die einen Handel betreiben, der in Italien verboten, in der Schweiz aber legal ist. Früh verliert er den Vater; die Mutter bleibt mit einer ganzen Reihe von Kindern zurück. Carlo muss Verantwortung übernehmen, für die Familie aufkommen, mehr Geld verdienen. Der Schmuggel bietet ihm die Gelegenheit dazu. Er gibt sein Studium auf und setzt alles auf den illegalen Zigarettenhandel. Er tut es aber nicht nur aus Pflicht. Abenteuerlust und Risikofreude spielen ebenfalls eine Rolle. Carlo liebt die Spannung, das Prickeln im Bauch, jedes Mal, wenn er über die Grenze geht. Das Geschäft läuft gut, findet aber ein jähes Ende, als Carlo eines Tages in Italien festgenommen wird. Er kommt ins Gefängnis. Dieses Erlebnis markiert einen Wendepunkt. Als er wieder freigelassen wird, gibt er das Geschäft mit dem Schmuggel auf. Er kehrt in sein Tal zurück. Die Jugendzeit ist vorbei, jetzt ist er ein Mann.

Ein klassischer Schmugglerpfad

Die Wanderung beginnt entweder unten im Tal oder erst in Viano, einem kleinen Weiler oberhalb von Brusio. Brusio ist vielen Eisenbahnliebhabern durch den Kreisviadukt der Rhätischen Bahn ein Begriff, der es erlaubt, auf kleinem Raum einen beträchtlichen Höhenunterschied zu überwinden. Brusio ist aber auch berühmt durch seine Weinhändler, die den bekannten Veltliner Wein vermarkten.

Der Weg beginnt in Brusio an der RhB-Station, steigt der Bahnlinie entlang aufwärts und folgt der sich über I Prai nach Mottina hinaufziehenden Straße. Kurz vor einem markanten Hügel biegt rechts ein Fußweg ab und führt nach Ginet hinauf. Von Ginet aus benutzt man die schmale, kurvenreiche und geteerte Straße, die sich bergauf nach Viano windet. Stellenweise schlängelt sie sich durch steile Felswände. Keine leichte Übung, einen Kleinbus nachts dort hinauf zu steuern. Damals, in der Zeit, als Carlo mit seinem Gefährt schmuggelte, war die Straße nicht geteert. *»Es ist noch die alte weiße Straße, die in den zwanziger Jahren für die Wagen gebaut wurde. Sie wird von neun Tabernakeln mit Heiligenfiguren bewacht. Sie windet sich in so scharfen Spitzkehren die Abhänge hinauf, dass man bei jeder Kurve anhalten und vor- und zurückfahren muss.«*

Entlang der Felswand befinden sich heute noch dieselben Nischen mit Madonnen- und Heiligenstatuen, ein Zeugnis der religiösen Tradition im Tal. Die Straße verläuft teilweise in Waldpartien, was das Wandern angenehmer macht. Dabei hat man sehr schöne Aussichten auf das Dorf Brusio. Rechts vor dem Dorfeingang von Viano befindet sich der kleine Friedhof,

Bei Baruffini: Ausblick auf die Rebenlandschaft östlich von Tirano

vor dem Lardi die Begegnung des jungen Mannes mit der Witwe und der Dorfbevölkerung in Szene setzt. Nach dem steilen Aufstieg kann man sich hier einen ersten Halt gönnen und ins Tal hinunterschauen, das nach Süden hin allmählich enger wird. Auf der anderen Talseite erblickt man Cavaione, ein kleines Dorf, das ebenfalls an einer Schmugglerroute liegt.

Das kontrastreiche Val Poschiavo zieht sich vom Bernina-Hospiz bis an die italienische Grenze durch verschiedene Klimastufen. Als südöstlicher Zipfel des Kantons Graubünden ragt es wie eine Halbinsel in die italienische Provinz Sondrio (Veltlin) hinein. Der untere Talabschnitt steht unter starkem Einfluss des milden Veltliner Klimas. Die mittlere monatliche Temperatur sinkt nie unter die Nullgradgrenze, und die Vegetation entspricht diesem milden, trockenen Klima. Es wachsen hier viele typisch südlichen Pflanzen, wie zum Beispiel der Edelkastanienbaum, die Linde, die Hopfenbuche, der Feigenbaum, der Buchweizen und die Meerzwiebel, ein Liliengewächs aus dem Mittelmeerraum. In den Gärten findet man als immergrüne Pflanzen den Lorbeer, den Oleander und die Myrte.

Blickt man nach Norden, erkennt man die Talstufe von Miralago, welche klimatisch und pflanzengeografisch eine scharfe Grenze bildet, an der die meisten südlichen Vertreter der Flora Halt machen. Es zeigt sich auch die ganze Mächtigkeit des prähistorischen Bergsturzes von Miralago, eine Landschaftszenerie, deren Eindrücklichkeit durch die vergletscherte Bernina-Gruppe im Hintergrund noch verstärkt wird. In Lardis Roman wird dieser imposante Anblick eindrücklich beschrieben: »*Von den Steilhängen von Selva und der Alp Canciano bewundern sie* [Carlo und seine Freunde] *das Amphitheater des Puschlavs, darin die Ebene und den See als Arena, dahinter die Ausläufer des Bernina und die Alpen von Trivigno als Tribüne, weit darüber dominieren die rätischen Spitzen des Sassalbo und des Varuna und in weiterer Ferne die drei Piz Tri der Bergamaskeralpen.*«

Wir wandern die kürzere Variante ab Viano. Links beim Dorfausgang führt eine Abzweigung nach San Romerio. Die Straße endet bei La Dogana, dem Schweizer Zoll. Gegenüber der Dogana, auf einem Hügel, steht ein idyllisches Haus, die ehemalige Casa delle guardie. Der Weg geht zwischen Dogana und Casa delle guardie südwärts zum Sasso del Gallo (Cresta). Am rechten Hang folgt man dem alten Alpweg, der durch die Mulde hinabzieht. Wer die schöne Sicht auf den untersten Talabschnitt mit Campocologno genießen möchte, muss zum Grat aufsteigen. Der Sass dal Gal (Hahnenstein) fällt sehr steil gegen das Tal ab! An der malerischen Häusergruppe vorbei gelangt man zur Grenze.

Nichts zu verzollen

Am Anfang ist der Abstieg leicht, aber er wird schnell sehr steil. Der Weg ist mit Steinplatten gepflastert. Achtung, wenn es regnet oder feucht ist, kann man leicht ausrutschen. Es geht auf dem gut markierten Weg Richtung Baruffini und Tirano. Bald erreichen wir die Überreste des ehemaligen italienischen Zollpostens (Dogana italiana/Caserma), an denen der Weg recht steil vorbeiführt. Die Ruine des ehemaligen Grenzwächterhauses befindet sich auf einem Felsen in steilem Gelände mit freier Sicht ins ganze Tal und bis Tirano. Eindrücklich ist der Standort noch heute, nicht zuletzt weil das längst verlassene Gebäude aussieht, als hätte eine Bombe eingeschlagen. Die Wände sind eingebrochen und man bemerkt Zeichen von Vandalismus. Wandschmierereien – Valtellinesi figli di … – zeugen von der Abneigung der einheimischen Bevölkerung gegenüber den Grenzwächtern.

Von da aus geht es weiter abwärts. Um nicht ungewollt in Richtung Roncaiola einzubiegen, sondern weiter nach Baruffini zu wandern, ist Aufmerksamkeit erforderlich. Der Weg wird allmählich besser: zuerst ein breiterer Feldweg und dann ein geteertes Sträßchen. Die Vegetation, vor allem Kastanienbäume und Birken, ist sehr abwechslungsreich. Hier wütete vor mehreren Jahren ein Waldbrand, zu erkennen an den hohen, kahlen und schwarzen Baumresten, die wie mahnende Finger aus dem Unterholz ragen. Ein schrecklicher Anblick, auch wenn inzwischen zu sehen ist, wie der Wald langsam wieder nachwächst.

Weiter talauswärts öffnen sich schon bald die ersten Ausblicke ins Veltlin mit Tirano im Zentrum. Auf der linken Seite des Weges, immer noch im Wald, begegnet man einer Gedenktafel, die an den Tod einer Schmugglerin von damals erinnert: Irma Rinaldi, 1964 vom Gewehrschuss eines Grenzwächters tödlich getroffen. Ein eindrückliches Zeugnis der einstigen Schmuggeltätigkeit, die zu einem anthropologischen Phänomen dieses Tals geworden ist: »*Sogar den Frauen bleibt nichts erspart, wie der 23-jährigen Irma Rinaldi, die eines Nachts zwischen*

Bei Baruffini: in memoriam Irma Rinaldi (1939–1964)

dem Sasso del Gallo und Baruffini getötet wurde; heute noch steht dort eine immer mit Blumen beschmückte Gedenktafel.«

Der Weg führt nun dem Hang entlang gegen Osten, und oberhalb der Häuser von Piazzo gelangen wir auf eine geteerte Straße, der wir bis nach Baruffini folgen. Wir genießen eine sehr schöne, freie Aussicht über die Rebberge und den Talboden. In Baruffini, einer Fraktion des Städtchens Tirano, wandern wir am Friedhof vorbei, und rund 500 Meter nach dem letzten Haus biegt rechts eine Straße Richtung Roncaiola ab. Ihr folgen wir ein kurzes Stück, bis links der markierte alte Weg beginnt, der durch die terrassenförmigen Weinberge hinunter Tirano erreicht. Im Städtchen geht der Weg Richtung Adda, dem Fluss, biegt kurz zuvor rechts ab, überquert die Hauptstraße und führt geradeaus zum Bahnhof.

Literatur

Massimo Lardi, *Dal Bernina al Naviglio,* Collana della Pro Grigioni Italiano, Dadò, Locarno 2002 (Lardis Roman ist noch nicht übersetzt; die oben angeführten Zitate wurden von Vincenzo Todisco ins Deutsche übertragen)

Massimo Mandelli, Diego Zoia, *La carga. Contrabbando in Valtellina e Valchiavenna,* L'Officina del libro, Sondrio 1998

Otmaro Lardi, Silva Semadeni, *Das Puschlav. Valle di Poschiavo,* Schweizer Heimatbücher, Verlag Paul Haupt, Bern 1994

Vogelperspektive: Madonna di Tirano

LiteraTour-Info

Einstufung 📖 📖 📖
Gehzeiten 3 h
Höhendifferenz 830 m
Beste Jahreszeit Juni bis Oktober
Karten Carta escursionistica, Valposchiavo, 1:40 000, Kümmerly+Frey; Carta dei sentieri e rifugi 1:25 000, Tirano-Val Poschiavo

An- und Rückreise
RhB von Chur nach Brusio (Fahrplanfeld 950) Kleinbus von Brusio nach Viano (Fahrplanfeld 950.45) auf Anfrage (Reservation eine Stunde vorher: Tel. 0800 126 126). RhB ab Tirano (Fahrplanfeld 950)

Route
Die beschriebene Wanderroute Brusio-Viano-La Dogana-Sasso del Gallo-Baruffini-Tirano ist durchgehend markiert. Grenzübertritt Schweiz/Italien: Ausweis nicht vergessen!

Rasten und ruhen
Pensione Bottoni, 7747 Viano,
Tel. 081 846 54 83
Zahlreiche Gaststätten und Hotels in Poschiavo und Tirano

Informationen
Ente turistico Valposchiavo, Casella postale 62, Piazza comunale 39, 7742 Poschiavo; Tel. 081 844 05 71, Fax 081 844 10 27, info@valposchiavo.ch; www.valposchiavo.ch

Tipps
In Poschiavo sind der historische Dorfkern, die Kirchen, die Palazzi und das Museo Poschiavino im Palazzo Mengotti (Juni bis August: Di 15–17 Uhr, Fr 10–12 Uhr) sehenswert.
Brusio fasziniert mit seinem charakteristischen Kreisviadukt, daneben lohnt sich ein Besuch der Weinkellereien (Voranmeldung empfehlenswert).
Auch ein Bummel durch die Altstadt von Tirano sollte man sich nicht entgehen lassen.
Beim Ente turistico in Poschiavo ist die interessante Videodokumentation »Il contrabbandiere« von Christoph Rütimann erhältlich.

Zauberhafte Höhe: Sicht vom Pass da Cam
(2433 m) auf Sciora und Bondasca

Dres Balmer

LiteraTour 14: Maloja–Casaccia–Val da Cam–Soglio–Promontogno

Durchs Maroz zu Marugg. Eine Art Kriminalroman

Auf alternativer Fährte mit Markus Moor, »Notizen über einen beiläufigen Mord« (2000)

Das Bergell ist mir jetzt, in der höchsten Sommersaison, zu unruhig, die paar kulturellen Fixpunkte, die Segantinis in Maloja, der Palazzo Salis in Soglio, die Giacomettis in Stampa, zu bekannt, zu viele Autos sind unterwegs auf der Straße. In der Jugendherberge Maloja habe ich einen Schlafplatz reserviert. Ich habe einen Jugendherbergeausweis, Kategorie Senior. Ich bin in einem Schlafraum für 20 Personen einquartiert, den ich mit einer Gruppe von japanischen Touristen teile. Die untere Pritsche ist ganz belegt, oben, am einen Ende bei der Wand, nur ein einziger Platz. Ich steige hinauf und nehme die Matratze am anderen Ende, beim Fenster.

Es ist 10 Uhr. Ich bin müde wie ein Hund, öffne das Fenster, mache das Licht aus und will schlafen. Kaum bin ich eingedöst, geht das Licht an, die Japanergruppe kommt herein. Ich dachte immer, die Japaner seien ein diskretes Volk. Diesen Eindruck habe ich heute Nacht ganz und gar nicht. Sie schnattern und kichern und rascheln mit ihren Plastiksäcken. Eine Frau, der offenbar der Schlafplatz am anderen Ende gehört, steigt herauf und sagt sorry, sorry. Schon gut, sage ich und drehe mich zur Wand. Nun beginnen am anderen Ende fieberhafte Aktivitäten. Die Japanerin steigt das Leiterlein hinauf und hinab wie ein Eichhörnchen. Es nimmt mich wunder, was sie treibt, und da sehe ich, wie sie mit Koffern und Rucksäcken, die sie von unten heraufschleppt, eine Mauer zwischen sich und mir aufbaut. Ich drehe mich wieder zu meiner Wand und schlafe ein.

Hat sich mit seiner Romanfigur Marugg ein Ei gelegt: Markus Moor (geb. 1956)

Spätgotische Wallfahrtskirche San Gaudenzio
in Casaccia, seit 1739 Ruine

Die faulen Bäcker

Zu dumm: Das erste Postauto nach Casaccia fährt um 7 Uhr 14, doch Frühstück gibt es erst um halb acht, das folgende Postauto fährt erst um viertel vor zehn, also viel zu spät für eine ernsthafte Bergwanderung. Die Bäcker im Ferienort sind auch nicht mehr, was sie einmal waren.

Früher, da standen sie in aller Herrgottsfrühe auf, um 2 oder um 3 Uhr, so unsinnig früh, dass nur sie selber wussten, wie früh. Das war Ehrensache. Um 6 Uhr lieferte der Ausläufer des Bäckers die frischen Weggli und Gipfeli in die Hotels und die Jugendherberge. Dazu sang er ein Lied. Wenn er sich dem Hotel näherte, stiegen sein Gesang und der Duft der noch warmen Gipfeli und Weggli hinauf in die Gästezimmer, und der Duft war so himmlisch, dass die Gäste davon erwachten. Da musste auch der Wirt aus den Federn, sich schnell rasieren und seinen Gästen das Frühstück servieren, um 6 Uhr oder allerspätestens um viertel nach, denn die Gäste wollten bei schönem Wetter zeitig in die Berge.

Doch heutzutage, da tuckert der Ausläufer auf seinem Töffli erst um halb acht zum Hotel, und seine Brotwaren sind bloß aufgebacken. Er trägt einen Integralhelm. Falls er singt, hört man es nicht. Warum sollte der Wirt früher aufstehen und sich rasieren? Wieso der Gast? Genau das ist der Teufelskreis. Weil der Bäcker nicht aus den Federn kommt, um seine Brotwaren anzuliefern, steht auch der Wirt nicht vor halb acht auf. Und weil der Gast ja vorher kein Frühstück bekommt, steht auch er nicht zu einer anständigen Zeit auf, und so kommt er zu spät auf die Bergtour, um neun statt um sieben, und so gerät er ins Nachmittagsgewitter, und der Blitz erschlägt ihn, den Gast. Und alles nur, weil der Bäcker nicht zeitig aus seinem Nest steigt.

Ich frühstücke zusammen mit meinen japanischen Schlafgenossen, die sich alle entschuldigen – sorry, sorry – für den Lärm letzte Nacht. Sie fahren heute mit der Rhätoromanischen Bahn – der Reiseleiter nennt sie so – über den Berninapass nach Tirano. Vom Bergell, das ich ihnen auf der Karte zeige, haben sie noch nie etwas gehört. In der Rhätoromanischen Bahn sind sie wenigstens sicher vor dem Blitzschlag.

Ich folge den Wegweisern zuerst auf dem Sentiero storico nach Casaccia, vorbei an den Gletschermühlen, steil hinunter durch einen alpinen Urwald, der jetzt in seiner feuchten, duftenden Üppigkeit tropisch anmutet. Dann überquert dieser Pfad die Passstraße zum Maloja. Weil ich Höheres im Sinn habe und bald zur Sache kommen möchte, stelle ich mich an den Straßenrand und hebe den Daumen. Wenn schon Straße, dann Auto fahren. Der erste Wagen, ein silberner Golf, hält an, eine junge Frau öffnet mir die Türe und nimmt mich mit bis ins Dorf Casaccia. Hier geht es bergauf, zuerst in Richtung Septimerpass, dann aber nicht rechts ab, sondern geradeaus ins Val Maroz. Endlich liegt die Zivilisation hinter mir, die Rhätoromanische Bahn, die faulen Bäcker, die schnatternden Japaner.

Am Anfang war das Bild

Ich denke Maroz und Marugg, Marugg und Maroz, weil das ähnlich klingt. Ich habe den Namen Marugg in einem Roman von Markus Moor gelesen. Marugg, Gian Marugg, oder Hans Marugg, wie sie ihn nennen in Zürich, wo er Kriminalkommissar ist. Marugg stammt aus dem Bergell, aus Soglio. Eines Tages im August muss er ausrücken, um den Mord an einer Frau in einem kleinen Hotel aufzuklären.

Die Vorgeschichte der Tat wird im ersten Teil des Buches erzählt: Ein erfolgreicher, etwas grüblerischer Grafiker, etwa 50-jährig,

Zeuge einer Zeit, als der Septimerpass eine wichtige Verkehrsrolle spielte

halbglatzig und schnauzbärtig, sieht in der Zeitung das Foto einer Frau, die am Theater seiner Stadt arbeitet. Sie heißt Renate, er Rolf. Renates Bild fesselt Rolf, er schreibt ihr eine Karte, sie treffen sich zum Essen, gehen in Konzerte. Er schreibt ihr täglich, aber nicht bloß auf Papier, sondern auch auf Holzstücke, auf Bierdeckel, auf Früchte und Turnschuhe gar, die er ihr schickt. Es ist eine kreative Zuneigung. Sie unternehmen gemeinsame Reisen, verlieben sich, es entsteht eine Liebesgeschichte, die sein ganzes Leben in Frage stellt. Seine ganze bisherige so genannte Freiheit entpuppt sich als Einsamkeit und Beziehungslosigkeit. Renate ist etwas gelassener. Im Gegensatz zu ihm hat sie schon eine Ehe hinter sich, hat einen erwachsenen Sohn. Zusammen mit Renate erlebt Rolf seltsame Momente nie gekannten Glücks, nie erfahrener Nähe, die er genießt und denen er sich doch nicht ohne Misstrauen hingeben kann. Immer ist da auch die Angst, diese Momente könnten sich verflüchtigen. Als er ihr einen Heiratsantrag macht, erstarrt sie verständnislos. Sie möchte nicht.

Ein paar Wochen später essen sie in einem Restaurant ein Steak, so eines auf dem Holzbrett, zu welchem der Kellner ein gezacktes, starkes Messer bringt. Dieses Messer lässt Rolf nach dem Essen mitlaufen, aus Blödsinn, absichtslos, ohne etwas zu denken. Später erst hat er Mordgedanken. Ein paar Tage später übernachten sie in einem Hotel. In eine plötzliche Leere fällt er, nach einer Nacht, in der er sich *»schäbig vorkommt«*, wie es heißt. Diesen Rückfall will er nicht. Das Messer liegt bereit. Renate steht am Fenster und blickt hinaus in den Morgen. Er sticht zu, trifft genau, beim ersten Streich. Doch es war nicht geplant, nicht vorsätzlich, es war beiläufig.

Literarischer Schauplatz: Die Palazzi Salis in Soglio

Val Maroz. Der Weg steigt an, Meter um Meter, der Schweiß tropft. Vor mir sind zünftige Wanderer unterwegs, mit langen Hosen, schweren Schuhen und mächtigen Rucksäcken. Sie machen riesige Schritte, und sie keuchen. Ich überhole sie, einen um den anderen. Kein Wunder, sie schleppen große Thermosflaschen mit, ein Kilo Brot und sechs Äpfel, obwohl sie nur einen essen und fünf wieder ins Tal tragen werden. Missbilligend blicken sie auf meine bloßen Füße in den Sandalen.

Unterwegs zur Hochebene: Alp Maroz Dora
(1799 m)

Ich wandere immer leichter, jedes Jahr trage ich ein Kilo weniger. Und ich gehe anders, mache kleine, schnelle Schritte und achte darauf, dass der Gang möglichst lautlos ist, das heißt, ich setze die Füße behutsam auf. Das schont die Gelenke. Einen guten Geher hört man nicht kommen, Trampeltiere kriegen Probleme mit den Knien. Zuhinterst im weiten Val Maroz geht es hinauf zu einer Hochebene, von dort hinüber ins nächste Tälchen, ins Val da Cam. Rechts ist der Lagh da Cam, ein Seelein mit niederem Wasserstand. Normalerweise würde ich da hinunterspringen und ein Bad nehmen, doch der Himmel hat sich überzogen, ein kalter Wind pfeift, und es fallen ein paar Regentropfen.

Und noch ein Bild

Der Mord an Renate ist, kriminologisch gesehen, ziemlich simpel. Das Motiv ist einfach und grässlich: Rolf denkt nach über die weitere Entwicklung ihrer Liebe, und da kommt ihm bloß das Messer in den Sinn. Der Mörder, so scheint es Marugg, hat sich gar nicht bemüht, die Aufklärung seiner Tat irgendwie zu erschweren. So klar ist die Sache, dass der Grafiker schon drei Tage später verhaftet wird. Die Geschichte ist aber auch eine andere. Eine aus dem Bergell. Marugg sieht das Gesicht der Toten, und dieses Gesicht erinnert ihn an Anna, das italienische Dienstmädchen, das damals, kaum älter

Dieser Eingang ist öffentlich, die anderen Palazzi Salis sind privat

als Gian, der Bub des Dorfbäckers von Soglio, aus dem Unterland ins Haus kam. Ein kurzer Blick auf das Gesicht des Mordopfers genügt, um in Marugg einen Bergsturz der Erinnerung loszutreten.

Ich höre Donner grollen, sehe aber keine Blitze. Ich habe ein wenig Angst, denke an die säumigen Bäcker und was sie alles anrichten in den Bergen, jeden Tag hört man am Radio, dass Wandernde von Blitzen erschlagen werden. Das muss schrecklich sein, und wenn es sein muss, dann bitte rasch und gründlich, mit einem Streich, der sitzt. Jetzt Nebel, doch der Weg ist meistens gut bezeichnet. Durch den Nebel höre ich das Bimmeln von Kuhglocken. Warum werden nicht mehr Kühe von Blitzen erschlagen, wo sie doch ein großes Metallding um den Hals haben? Oder werden solche Unfälle in den Zeitungen nicht gebracht? Kurz lichtet sich der Nebel etwas, ich sehe ein paar Älpler beisammenstehen. Sie reden miteinander, und sie rauchen. Der Weg wendet sich nach rechts, ich vermute in den Nordhang des Bergeller Hauptales. Dieser Hang ist begrast, aber unsinnig steil, der Weg gut, aber schmal. Man muss sich auf seine Füße konzentrieren und darf an nichts sonst denken.

Maruggs Eigenleben

Der Autor, Markus Moor, Jahrgang 1956, lebt in Rheinfelden und hat an der Bezirksschule Laufenburg ein Teilpensum als Französischlehrer. Die »Notizen zu einem beiläufigen Mord«, seine dritte Prosaarbeit, sind im Jahr 2000 erschienen. Bald soll sein nächstes Buch herauskommen, das den Arbeitstitel »Nicht minder beiläufig« trägt; die Hauptperson ist abermals Hans Marugg. 1998 publizierte Moor das Buch »Anatol F.«, die Geschichte eines Findelkindes. Darin hat Kommissar Marugg, ein gebürtiger Bergeller, seinen ersten Auftritt, allerdings bloß in einem Kapitel. Vom Bergell hat Moor vorerst keine besonderen Kenntnisse, zu ihm keine besondere Beziehung. »Mit dem Marugg habe ich mir ein Ei gelegt«, erzählt Moor.

Nachdem Moor Marugg in der literarischen Fiktion in die Welt gesetzt hat, lässt Marugg Moor nicht mehr in Ruhe, fängt an, ein Eigenleben zu entwickeln. Moor fährt mit seinem Bub ins Bergell, fängt in Soglio an, Einheimische auszufragen über die Bäckerei, die etwas außerhalb des Dorfes steht, heute aber nicht mehr in Betrieb ist, über den Steinbruch bei Promontogno. Das war 1998. Die Frau vom Dorfladen nennt ihm die Namen von ein paar Leuten, die ihm Auskunft geben könnten, Moor besucht sie. Den letzten Bäcker von Soglio, den pensionierten Postautochauffeur, und so komponiert er seine detailreiche Fiktion aus Fakten. Moor vertieft sich in eine Doktorarbeit über das Brotbacken in den Bündner Südtälern.

Der Nebel lichtet sich etwas, man sieht an die andere Talseite. Es geschieht etwas Merkwürdiges mit dem Licht. Der Wald gegenüber ist schwarz, die Geröllrinnen, die ihn durchziehen, sind grau, die Bäche schneeweiß. Nach all der sommerlichen Farbenpracht zeigt sich gegenüber plötzlich alles gespenstisch schwarz-weiß. Der Weg ist jetzt stark überwuchert, die Zeichen spärlich. Ein Bachtobel, lehmig, kalkweiß, ein schmaler Trampelpfad. Ich denke, es ist leichtsinnig, mit Sandalen hier durchzugehen, nur Holländer machen so etwas, die rutschen dann aus, und dann muss man sie mit gebrochenem Knöchel per Helikopter herausholen. Jetzt wieder eine Dschungelvegetation, hohes Gras, ein ungepflegter Wanderweg. Ein paar verfallene Ställe. Aus dem Tal hört man die Kirchenglocken von Soglio. Mittag.

Nie gelebt?

Maroz und Marugg. Marugg und Maroz. Statt den Fall aufzuklären, denkt Marugg nach, oder: Es denkt in ihm nach. Es erinnert. Die Erinnerungen, übermächtige Bilder, werfen sich über ihn. Anna hat für ihn etwas Mütterliches, doch dann spürt der Bub, der zum Jüngling wird, dass sie eine Frau ist. Dass sie eine Frau ist, merkt aber auch Gians Vater, der sich an ihr ergötzt. Nacht für Nacht. Während seine Frau im endlosen Sterben liegt, in Moors Text unendlich wiederholt wie in Zeitlupe, obsessiv. Ihr Begräbnis, immer wieder ihr Begräbnis. Diese zähe Bergeller Schwermut, die Marugg umtreibt, auch jetzt, 40 Jahre später, ihn, den Bergler, der nie ein Städter geworden ist, sie wird in immer wiederkehrenden Schlaufen geradezu zelebriert. Jetzt, nachdem Marugg das Gesicht der Toten gesehen hat, wird ihm bewusst, dass er die Liebe zu Anna nie gelebt hat, dass er die wahre Liebe nie gelebt hat, dass man nie die wahre Liebe leben kann, obwohl er es mit seiner Frau Maria gut hat, wie es so schön heißt. Er ist mit Maria schon lange verheiratet, sie haben erwachsene Kinder. Marugg hat nichts zu klagen. Doch mit seinen Erinnerungen an Anna kommt dieser heimtückische Gedanke: Vielleicht hat er überhaupt nicht gelebt, nur vernünftig und einigermaßen anständig funktioniert, ein Leben lang. Abgründe tun sich auf. Die wahre Liebe, weil unerfüllt, das war Anna.

Der Kommissar Marugg und der Grafiker Rolf sind miteinander verwandt. Sie führen ein Leben ohne Emotionen, das also kein Leben ist. Beide, der Grafiker und der Polizist, entdecken plötzlich die Emotionen, der Polizist entdeckt sie erst, nachdem der Grafiker einen beiläufigen Mord begangen, ihm ein Gesicht geliefert hat, das ihn an Anna erinnert, das in ihm diese schwermütige Beschäftigung mit der eigenen Vergangenheit auslöst.

Beiläufiger Mord. Es war nicht Mord, es war eine Tötung, die bloß für das Ende der Emotionslosigkeit steht, als Versuch, den hohen Moment der Liebe zu halten. Renate muss dran glauben, damit der Grafiker zu den Emotionen findet. Der Mord muss passieren, damit der Polizist zu seiner Bergeller Vergangenheit findet. Der Mörder und der Polizist gleichen sich in ihrem Schicksal. In einem aber unterscheiden sie sich: Marugg hat nicht zugestochen.

Literatur

Markus Moor, *Notizen über einen beiläufigen Mord, eine Art Kriminalroman,* Edition 8, Zürich 2000

Bergell, Puschlav, Tessin. Ein Reisebuch, herausgegeben von Anna Kurth und Jürg Amann, Arche-Verlag, Zürich 1999

Silvia Andrea, Andreas Bellasi, Markus Bühler u.a., »Gottfried Semper im Bergell. Die Garbald-Saga«. *Du. Die Zeitschrift der Kultur,* Zürich, Tamedia, März 1999

LiteraTour-Info

Einstufung 📖📖📖📖📖
Gehzeiten 9 h; Maloja (1815 m)-Casaccia (1458 m) ¾ h; Casaccia (1458 m)-Val Maroz-Val da Cam (2456 m)-Soglio (1097 m) 8 h (5 ½ h Aufstieg, 2 ½ h Abstieg); Soglio (1097 m)-Promontogno (821 m) ¾ h Abstieg
Höhendifferenzen 1400 m; Maloja-Casaccia: 357 m Abstieg; Casaccia-Val da Cam: 998 m Aufstieg; Val da Cam-Soglio: 1359 m Abstieg; Soglio-Promontogno: 276 m Abstieg
Beste Jahreszeit Juni bis Oktober
Karten Wanderkarte 1:50 000, Blatt 268 T Julierpass

An- und Rückreise

RhB von Chur bis St. Moritz (Fahrplanfeld 940), Postauto bis Maloja oder Casaccia (Fahrplanfeld 940.81). Die Postautos bedienen das ganze Bergell bis Chiavenna.

Route

Von Maloja auf dem Sentiero storico (so ist der Spazierweg ausgeschildert) nach Casaccia. Von hier steigt der Weg mehr oder weniger sanft hinein ins Val Maroz, parallel zum Flüsschen Maira. Vor dem Läger Maroz Dora verlässt man den Pfad zum Septimerpass, der nach rechts abgeht, und folgt dem Tal bis zu den Ställen Maroz Dent und weiter zum Talabschluss. Jetzt überquert man die Maira und steigt in Richtung S/SW in die engen Kehren des Steilhanges bis in den sanften Pass (Steinmännchen), der ins weite Val da Cam führt. Man durchquert eine angenehme Hochebene, geht östlich und etwas höher am Lagh da Cam vorbei, um kurz nachher bei Punkt 2433 das Dach der Tour und wieder das Bergeller Haupttal zu erreichen. Jetzt führt die Route mehr oder weniger stark am Hang abfallend immer talauswärts. Zum Teil traversiert der luftige Pfad sehr steile Hänge. Bei der Überquerung zweier Bäche ist besondere Vorsicht geboten. In diesem Gebiet ist der Weg im Gegensatz zur übrigen Strecke teilweise stark verwachsen und lückenhaft signalisiert. Das letzte Wegstück hinunter nach Soglio ist wieder gut ausgebaut. Sehr lohnend ist das rassige Weglein von Soglio nach Promontogno.

Kastanienselve unterhalb von Soglio

Rasten und Ruhen

Grotto Salis in Promontogno, offen von Mai-September ab 15 Uhr, Tel. 081 822 11 06. Ebenfalls in Promontogno die Trattoria des Hotels Bregaglia, Tel. 081 822 17 77
Schlafen im prächtigen Palazzo Salis in Soglio, Tel. 081 822 12 08, E-Mail: palazzosalis@bluewin.ch, www.palazzosalis.ch

Informationen

Ente Turistico Pro Bregaglia, 7605 Stampa, Tel. 081 822 15 55, E-Mail info@bregaglia.ch, www.bregaglia.ch

Tipps

Die Dorfläden in Soglio und in Promontogno bieten schöne und schmackhafte regionale Produkte an. Sehr geschmeckt hat uns zum Beispiel der Kastanienlikör.

Definitiv südlich: Bergeller Grenzort
Castasegna

Ursula Bauer

LiteraTour 15: Vicosoprano-Castasegna-Villa di Chiavenna-Chiavenna

Für Glaube und Vaterland. Genussvoll auf geschichtlichen Spuren

Unterwegs in den Süden mit Silvia Andrea, »Violanta Prevosti« (1905)

»Violanta Prevosti« ist der wichtigste historische Roman des Bergells. Er spielt zur Zeit der Bündner Wirren vor 400 Jahren. Geschrieben hat ihn Silvia Andrea (1840–1935), die Frau des Zollinspektors von Castasegna.

»Ihr Herren Forestieri, ich bitte, steigt von eurem Pferd und nehmt in meinem Crott einen kühlen Tropfen«, katzbuckelt Don Pietro, der Dorfpfarrer von Villa, vor den beiden Fremden. Der Bündner Statthalter zu Chiavenna, Florian Sprecher von Bernegg, und sein Sohn Fortunat lassen sich an diesem heißen Sommertag 1603 nicht zweimal bitten. *»Sie stiegen einen schmalen Pfad zwischen Weinbergen hinan und erreichten einen mäßig großen Platz, wo Bänke und Tische aus Granitplatten unter mächtigen Kastanienbäumen standen und eine köstlich kühle Luft wehte.«*

Voilà. Die Kastanienbäume sind noch immer mächtig, ein leichtes Lüftlein weht, und die winzigen Grottokeller schmiegen sich an die Felsen im Hang. Nur Kinderspielplatz, Ausflugsrestaurant und Parkplatz muss man sich wegdenken.

Silvia Andreas historischer Roman »Violanta Prevosti« ist, neudeutsch gesprochen, beste Faction, Facts and Fiction, fundiertes Wissen spannend serviert. »Hätte ich nicht gewusst, dass eine Frau das Buch verfasst hat, so hätte ich auf einen Schriftsteller von Fach gerathen«, beliebte ein Kritiker Andrea zu loben.

Den Schwestern Prevosti auf den Fersen

Die Herren Sprecher von Bernegg sind historisch verbürgt, der weinselige Dorfpfarrer zu Villa di Chia-

Schrieb unter dem Pseudonym Silvia Andrea: Johanna Garbald-Gredig (1840–1935)

Villa Garbald in Castasegna: Hier lebte und schrieb Silvia Andrea

venna nicht. Er repräsentiert aber eine wichtige Sache – das Grotto: Weinkeller, Gartenlaube, Stammtisch, über Jahrhunderte eine Nische zum Kontemplieren und Disputieren. Nicolo Vertemate Franchi, den die beiden durstigen Reiter eben besucht haben, war ein reicher Kaufmann und, obwohl Bündner Untertan, politisch von Gewicht. Er wird beim Bergsturz von Plurs 1618 umkommen. Das Landhaus der Familie, der Palazzo Vertemate, ist einziger Zeuge für den Reichtum des untergegangenen Städtchens Plurs/Piuro.

Auch Giovanni Battista Prevosti, den die beiden nach ihrer Rast aufsuchen, ist eine historische Figur. Die einflussreichen Prevosti aus Vicosoprano galten als spanienfreundlich – in einer Zeit, in der sich ein guter Teil der Drei Bünde und auch das protestantische Bergell von den Achsenmächten Venedig-Frankreich hofieren ließen.

»*Der Mann hat eine feine Art anzunehmen*«, preist der spanische Statthalter in Mailand den Sympathisanten in Vicosoprano leicht süffisant. Und seinen Gesandten Casati lässt Silvia Andrea nachstoßen: »*Man sagt, dass er ebensogut venetianisches wie spanisches Geld annehme.*« Unersättlich seien sie, die Bündner, ihre Schlünde kaum mit Geld zu füllen. »*Die Ordnung heißt Konfusion.*« Gelte es jedoch ernst, so stünden Freiheit und Vaterland doch über allem, interpretiert Andrea aus der Sicht des ausgehenden 19. Jahrhunderts die Zustände im Freistaat der Drei Bünde kurz vor dem Dreißigjährigen Krieg. Prevosti wird im Herbst 1618, als gut 70-jähriger Greis, vom Hochgericht in Thusis zum Tod verurteilt.

Silvia Andrea schiebt dem Patriarchen zu Vicosoprano – wie er noch in Amt und Würden ist – zwei verwaiste Enkelinnen unter. Maria wird den größten Teil der Geschichte als frömmelndes, liebeskrankes Lämmlein dahinsiechen, während Violanta, ganz vaterlandsliebende Prostestantin, zum Vorteil der Geschichte in jeden Fettnapf tritt.

Wir wandern auf den Spuren der Schwestern talabwärts. Der Sentiero storico (vgl. LiteraTour 14) führt auf alten Talwegen von Maloja bis an die Grenze, dann der Percorso storico bis Chiavenna und weiter an den Comersee. Wir folgen – mit Ausnahme der kurzen Passage von Caccior nach Nossa Donna – diesen markierten Wegen.

Wir werden einen Blick auf Silvia Andreas Wohnhaus in Castasegna werfen, im Schatten bei den Grotti von Villa sitzen, Nicolo Vertemates Landhaus bewundern und in Chiavenna, wie weiland Violanta, vom Paradisofelsen auf das Städtchen hinunterschauen. Wir werden Violanta und Maria allerdings nicht nach Mailand ins Exil begleiten. Wir könnten sie, wenig später knapp dem Protestantenmord in Tirano entkommen, nicht mal in der Alphütte auf Albigna abholen, wo sie nach der strapaziösen Flucht aus dem Veltlin rasteten. Die Alp ist im Stausee verschwunden. Und zum Schluss, wie endlich die Liebe siegt, braucht es uns sowieso nicht mehr.

Aufbruch zwischen Folterkammer und Galgen

Wir beginnen unsere Wanderung in Vicosoprano. Hier residierten die Prevosti nahe dem Pretorio, dem Gerichtsgebäude des Tals. Der Rundturm stand schon, als die Prevosti-Enkelinnen im Sommer 1618 in Festgewändern zum Gartenfest in Vertemate (und wenige Wochen später ins Exil) aufbrachen. Nach einem ersten Blick in die Bergeller Historie, in die Folterkammer des Pretorio, wo wenige Jahrzehnte nach Violantas Zeit mit Folter und Bibel gegen Hexen und Hexer vorgegangen wurde, stärken wir uns nebenan gerne in den prächtigen Arvenstuben der Krone, der ältesten Herberge im Tal.

Ausgegrabene Zeugen des reichen, verschütteten Plurs

Blickfang an der steilen Talflanke

Dann schlendern wir durch lichten Wald, am ehemaligen Galgen vorbei, nach Borgonovo – Gärten zum Verlieben, herrschaftliche Häuser und, wenig außerhalb des Dorfes, ein Friedhof voller Giacometti.

Das stolze Gebäude des heutigen Talmuseums in Stampa, die Ciäsa Granda, mag auch den Prevosti-Schwestern aufgefallen sein. Es wurde 1581 hochgezogen. Die jüngste Berühmtheit des Bergells logiert, gut ausgeleuchtet, oben unterm Dach: der Bergeller Wolf.

Nach einem kurzen Stück Talstraße geht es über die Castelmursche Brücke nach Coltura. Zu Violantas Zeiten bestand der Weiler aus ein, zwei Bauernhäusern. Maurisches Schlösschen, Allee und Brücke kamen erst im 19. Jahrhundert dazu. Der »Zuckerbäckerbaron« Giovanni de Castelmur und seine Gattin Annetta wohnten nicht nur sehr gepflegt, sie waren auch generöse Mäzene. Das Anwesen ist heute ein Museum. Der Zuckerbäckerei, die im Engadin und Bergell nicht nur den Castelmur Reichtum bescherte, ist eine separate Ausstellung gewidmet.

In Caccior verlassen wir den Sentiero storico (der hier eine Schlaufe nach Soglio macht) für kurze Zeit und steuern die geschichtsträchtige Felsbarriere ob Promontogno an, die Porta, zu Violantas Zeiten ein wichtiges Nadelöhr. Hier schied sich das obere vom unteren Bergell, Sopraporta von Sottoporta, der Norden vom Süden, bewacht von der Burg Castelmur, die das Mäzenatenpaar Castelmur viel später renovieren ließ und samt der Kirche Nossa Donna, einer großzügigen Abwartsvilla und dem nötigen Unterhaltsgeld dem Tal schenkte.

Wieder auf dem Sentiero storico wandern wir an den Grotti von Promontogno vorbei nach Bondo. Der Palazzo der von Salis stand 1618 noch nicht, wohl aber die unscheinbare Kirche San Martino aus dem 13. Jahrhundert. Die Fresken im Chor waren eben unter einer gutprotestantischen Tünche verschwunden (und haben so bis zu ihrer Wiederentdeckung 1960 alle Umbauten und Aufregungen überstanden).

Castasegna liegt schiefergrau unter den Kastanienselven von Brentan. Gegenüber dem Restaurant Post, hart an der Grenze zu Italien, steht die Villa Garbald, der einzige Bau des berühmten Architekten Gottfried Semper südlich der Alpen. (Renoviert und um einen Neubau erweitert, dient das Anwesen seit 2004 als ETH-Kompetenzzentrum.) Die Familie des Zollinspektors Agostino Garbald fiel nicht nur mit ihrem Haus auf. Man war sehr belesen und Frau Zollinspektor schrieb. Unter dem Pseudonym Silvia Andrea verfasste Johanna Garbald-Gredig viele, vor allem historische, Erzählungen und Romane, aber auch einen Bergellführer. Mit »Violanta Prevosti« gelang ihr der gewichtigste Bergeller Roman.

Die Bergeller Dichterin ist keine Bergellerin

Aber Johanna Garbald ist keine Bergellerin. Im Militärdienst in Zuoz verliebt sich Agostino Garbald in die Tochter seiner Wirtsleute. In ihrer kurzen Verlobungszeit schreiben sich die beiden eifrig und sehen sich als aufgeschlossenes, gleichberechtigtes Paar. Der beträchtliche Altersunterschied, zwölf Jahre, spielt keine Rolle; die junge Braut aus dem Engadin ist selbstbewusst und weiß, was sie will. »Aber sag, hast Du noch nicht herausgefunden, dass ich mehr Poetin bin als Philosophin?« Und sie kokettiert mit den

Überstand den Bergsturz von 1618:
Palazzo Vertemate

Namen von Bündner Schriftstellergrößen, mit denen sie in Kontakt steht. »Mir bangt übrigens vor so einer berühmten Frau«, gibt Agostino Garbald zurück. »Nach der Hochzeit werde ich für die Leute nur der Mann der Dichterin Johanna Garbald sein.« Doch nach der Heirat, 1860, schweigt die »Poetin« jahrzehntelang. 1877 wird ihr Sohn Andrea geboren, der als erster Bergeller Fotograf und schrulliger Kauz in die Talgeschichte eingehen wird; 1880 und 1881 folgen Margherita und Augusto. Erst jetzt, 1879, beginnt sie zu publizieren, vorerst ohne Wissen ihres Ehemannes. »Violanta Prevosti« erscheint 1905 und ist ein großer Erfolg.

»Violanta Prevosti« kann man als historischen Bergellroman lesen, aber auch als Antwort auf Johann Andreas von Sprechers »Donna Ottavia«, den 1878 erschienenen ersten Band einer geplanten Romantrilogie. Donna Ottavia »lebte« ebenfalls im frühen 17. Jahrhundert. Sprecher lässt (wie Silvia Andrea) den Bündner Statthalter zu Chiavenna beim reichen Plurser Kaufmann Nicolo Vertemate vortraben (und in wohlgesetzten Diskursen die undurchsichtige bündnerische Politik zuhanden der geneigten Leserschaft durchleuchten), und auch bei ihm wird eine unstatthafte Liaison im Bergsturz von Plurs begraben.

Violanta ist nicht Donna Ottavia

Um Donna Ottavia (eine verwaiste Vertemate) bemüht sich standesgemäß ein junger von Salis, der die Angebetete aus jedem Schlamassel herausholt. Opfer eines verliebten Grafen und bigotter Priester, muss sie aus der Festung Fuentes, dem Inbegriff mailändisch-spanischer Dominanz auf dem Hügel von Monteggiolo bei Colico, befreit werden.

Violanta ist ein Spürchen weniger vornehm, dafür eine gute Prise selbständiger. Den »weiblichen« Part übernimmt bei Silvia Andrea die schüchterne Maria. Soll sie, die Enkelin des undurchsichtigen, aber angesehenen Prevosti in Vicosoprano, doch Isidoro, den jungen Vertemate, heiraten. (Das Fest, zu dem die Prevosti im Sommer 1618 in Vicosoprano aufbrechen, hat somit einen handfesten Grund.) Die Strategie geht natürlich nicht auf. Isidoro liebt heimlich eine andere, Nerina – ein Findelkind im Hause Vertemate, das schön ist, in Reimen reden kann, wie eine Nachtigall singt und somit als Hexe gerichtet werden soll. Der Bergsturz von Plurs verschluckt Isidoro mit seiner Nerina und lässt die untröstliche Maria zurück.

Nach der Hinrichtung von Giovanni Battista Prevosti in Thusis bleibt den Enkelinnen nichts anderes als das Exil in Mailand, allwo der fesche spanische Statthalter Feria ein Auge auf die forsche, politisch angenehm naive und mit Spanien sympathisierende Violanta wirft und ihr einen Heiratsantrag macht. Sprechers Donna Ottavia wäre jetzt in ein stilles Gebet gesunken. Nicht so Silvia Andreas Violanta: »*Nein, Herzog von Feria, wir können nie zusammen kommen; zwischen uns steht eine heilige Schranke, Vaterland und Glaube.*«

Toll, wie sich die junge Bergellerin auf die wahren Werte der Dichterin besinnt. Sie reist, Maria im Schlepptau, ins Veltlin und gerät allsogleich vom Regen in die Sintflut. In Tirano und Sondrio bricht im September 1620 mit tatkräftiger Nachhilfe Spaniens ein Aufstand aus, der in einem Massaker an den Protestanten gipfelt. Wer kann, flieht über die Berge ins Engadin und ins Bergell, auch die wortgewaltigen Prediger, die im katholischen Veltlin für den neuen Glauben (und gegen Spanien) agitiert hatten. Jörg Jenatsch, seit C. F. Meyer der Bekannteste der Gilde, geistert bei Silvia Andrea nur am Rande durchs Geschehen (vgl. LiteraTour 26).

Item, den Schwestern Prevosti gelingt die Flucht. Ganz ohne männliche Hilfe geht es aber auch bei Silvia Andrea nicht. Lorenzo, der ehemalige Ziegenhirt von Vicosoprano, dem die mildtätigen Schwestern einst Beeren abkauften, ist jetzt einer der Prädikanten im Veltlin, ein Mann des Dialogs allerdings. Er geleitet, in der Priesterkutte des Don Pietro aus Villa (in dessen Grotto der junge Lorenzo öfters gesessen hat), die beiden Damen durchs Val Masino und über den Passo di San Martino (heute Zocca) ins Bergell. Sie sind, im Gegensatz zur malariageschwächten Donna Ottavia, die ihrerseits oben im Valle Spluga über den Niemetpass ins Bündnerland geschleppt wird, putzmunter und gut zu Fuß und lassen ihre Verfolger kühl als Gletscherleichen zurück.

Noch muss die Liebe etwas warten, erst wird Violanta vom Paradisohügel zu Chiavenna aus ihren Feria beobachten, wie er seine Marodeure auf Brandtour ins Bergell abkommandiert, 1621. Wieder ist Lorenzo im Einsatz; neu dazu kommt Girolamo Vertemate (ein aktenkundiger Sohn des verschütteten Nicolo), der die Versprengten in seinem Landhaus aufnimmt.

Einmal mehr disputiert Violanta mit Lorenzo über Ehre und Vaterland, über den festen Glauben und die wahre Liebe. Dann kriegen sie sich, und auch Maria darf ein bisschen hoffen: Girolamo Vertemate braucht für sein Söhnchen eine Mama.

Vom Paradies auf den Paradisohügel

Nun, die Geschichte ist erzählt; wir können den Ort, wo sie geschrieben wurde, verlassen. Wenige Schritte nach der Grenze finden wir die gelben

Vecchio Ospedale bei Prosto, unweit davon der Grotto Belvedere

Rechtecke des Percorso storico, die uns das italienische Bergell hinunter lotsen. Wir bleiben bis Villa auf der rechten Talseite und quartieren uns im Albergo Posta ein.

Zum Apéro gehen wir die paar Minuten zu den Grotti hinauf (gegenüber dem Posta dem alten Wegweiser nach Savogno folgen). Nicht Don Pietro, eine junge Serviererin schenkt uns ein Glas kühlen Veltliner ein. Ein leichtes Lüftlein weht ... Sitzen da drüben nicht unser trinkfester Herr Pfarrer und der Statthalter Sprecher von Bernegg mit Sohn Fortunat (der, 1618 seinerseits Statthalter in Chiavenna geworden, als Erster über den Bergsturz von Plurs berichten wird)?

Seis drum. Es wird Zeit für unseren allerliebsten Abendspaziergang: den Gang ins Ristorante Lanterna Verde im Weiler San Barnaba ennet dem kleinen Stausee.

Auch am zweiten Wandertag, von Villa bis Chiavenna, lassen wir uns von den gelben, rechteckigen Markierungen des Percorso storico leiten. In Santa Croce wechseln wir die Talseite und wandern durch Kastanienwäldchen und Wiesen in die Ebene von Borgonuovo hinunter. Hier liegt Plurs begraben, ein paar Romanhelden inklusive.

Eine halbe Stunde später stehen wir vor dem Eingangstor zum Palazzo Vertemate. Das prunkvolle Landhaus der Vertemate-Familie stand erst seit wenigen Jahrzehnten, als der Bergsturz, Anfang September 1618, die ganze Pracht der Plurser Kaufleute wegfegte und der Reichtum der Stadt zur Legende wurde.

Auch wenn Silvia Andrea das Stadtpalais vorzieht – gut möglich, dass Don Nicolo seine Bündner Gäste im eleganten Landsitz empfing. »*Don Nicolo führte seine Gäste über einen säulengeschmückten Hof, in dessen Mitte eine Fontäne plätscherte. Ein Diener öffnete eine Doppeltüre und die Herren traten in einen Saal, vor dessen Pracht die Bündner förmlich zurückprallten.*«

Als die Stadt Chiavenna den Palazzo 1986 erbte, war der Glamour längst dahin. Inzwischen ist das Anwesen aufwändig renoviert worden, man kann einen Blick hinter die Fassade tun und auch im Renaissancegarten eine Runde drehen.

Das Schlösschen steht heute nicht mehr mitten in Rebbergen und Gärten, wo die Pomeranzen und die Granatäpfel blühten. Prosto ist ein Vorort von Chiavenna an der Schnellstraße ins Engadin. Nach ein paar Schritten ist das vergessen. An der Mera unten bilden Kirche und altes Spital ein schönes Ensemble, der Grotto Belvedere gleich nebenan lockt, und in einer halben Stunde sind wir in Chiavenna (vgl. LiteraTour 28). Ruhig liegt das Städtchen unter dem Paradisofelsen. Keine marodierende spanische Soldateska zieht durch die Gassen. Nur kleine Rudel genusssüchtiger Italienfahrer aus dem Norden.

Literatur

Silvia Andrea, *Violanta Prevosti. Geschichtlicher Roman,* Reprint. Mit einem Nachwort von Maya Widmer, Haupt Verlag, Bern 1996

Johann Andreas von Sprecher, *Donna Ottavia. Historischer Roman aus dem ersten Drittel des siebzehnten Jahrhunderts,* Basel 1878 (gekürzte Neuauflage Calven Verlag, Chur 1967)

Ursula Bauer, Jürg Frischknecht, *Grenzland Bergell. Wege und Geschichten zwischen Maloja und Chiavenna,* Rotpunktverlag, Zürich 2003

Am Ziel der Genusswanderung: Altstadt von Chiavenna über dem Fluss Mera

LiteraTour-Info

Einstufung 📖 📖 📖
Gehzeiten Vicosoprano-Villa di Chiavenna 4 h, Villa di Chiavenna-Chiavenna 2 h 30
Beste Jahreszeit Mai bis November, im italienischen Bergell je nach Schneesituation auch im Winter
Karten Landeskarte 1:50 000, Blätter 268 Julierpass und 277 Roveredo

An- und Rückreise

Mit der RhB von Chur bis St. Moritz (Fahrplanfeld 940), mit dem Postauto ins Bergell (Fahrplanfeld 940.81)

Route

1. Tag: Von Vicosoprano auf dem Sentiero storico bis Caccior, dann ausholend über die Mairabrücke ob Promontogno zum alten Zugang zu Nossa Donna wechseln, weiter auf dem Sentiero storico über Bondo nach Castasegna. Nach der Grenze dem Percorso storico (gelbe Rechtecke) folgend auf der rechten Talseite nach Villa di Chiavenna gehen.
2. Tag: Auf dem Percorso storico nach Chiavenna (bis Santa Croce auf der rechten Talseite, bis Piuro Borgonuovo auf der linken, bis Prosto wieder auf der rechten (mit einem kleinen Abstecher zum Palazzo Vertemate) und schließlich nochmals auf der linken bis Chiavenna.

Varianten

In Maloja beginnen (bis Vicosoprano 3 h 15)
Oder einen Teil der Strecke mit dem Postauto fahren
Chiavenna-Comersee (Tageswanderung)

Rasten und ruhen

Albergo Posta in Villa di Chiavenna, Tel. 0039 0343 40502; Ristorante Lanterna Verde, Tel. 0039 0343 38588, Mittwoch und Donnerstagmittag (Juli/August nur Mittwoch) geschlossen
Zahlreiche Restaurants und Hotels am Weg

Informationen

Verkehrsverein Pro Bregaglia, 7605 Stampa; Tel. 081 824 31 88, Fax 081 824 36 37; E-Mail: info@bregaglia.ch, www.bregaglia.ch
Tourismusinformation APT, Piazza Stazione, I-23022 Chiavenna; Tel. 0039 0343 3638, www.valchiavenna.it

Tipps

Pretorio (altes Gerichtsgebäude), Vicosoprano: offen zugänglich
Talmuseum Ciäsa Granda, Stampa: Juni–Oktober täglich 14–17 Uhr
Palazzo Castelmur, Coltura: 15. Juni–15. Oktober täglich 14–17 Uhr; 15. Juli–15. September täglich 9.30–11, 14–17 Uhr
Museo Piuro, Sant'Abbondio: Sa/So 15–17 Uhr
Palazzo Vertemate, Prosto: nur geführte Besichtigungen, täglich zur vollen Stunde von 9–16 Uhr (außer 13 Uhr)

Bezeugt frühere Blei- und Silbervorkommen:
die »Schmelzra« bei S-charl

Ueli Redmann

LiteraTour 16: Scuol–S-charl–Tamangur–Pass da Costainas–Lü

Gefurchte Zeit. Der verhallte Lockruf: Lass das Wandern und bleib in der Stadt!

Durchs »Unterengadiner Fenster« mit Cla Biert, »Die Wende« (1962/1984)

Das ist sein größtes Werk. Cla Biert – seiner Unterengadiner Heimat bekannt als bauernder Lehrer, als Meister der Erzählung, als Kabarettist, gar als Troubadour mit der Gitarre – verdichtet alles, was ihn bewegt, zwischen zwei Buchdeckeln, bezeichnet es auch in seinem ladinischen Idiom, dem Vallader, kurz als »Roman«, lässt diesen 1962 unter dem Titel »La müdada« (Die Wende) im Eigenverlag erscheinen und trägt ihn selbst von Haus zu Haus.

Das Buch ist ein grandioses Zeitdokument, eigentlich ein Kompendium der Sprache und Befindlichkeit seiner Heimatgemeinde Scuol im Wandel von der herkömmlichen Agrargesellschaft zur Tourismusabhängigkeit, von der patriarchalen zur demokratischen Politik, von der dörflichen Geschlossenheit zur Weltoffenheit: Zeile für Zeile präzisestens beobachtet, den ganzen Reichtum seiner bedrohten Muttersprache ausschöpfend, selbst erlebt, selbst gefühlt, realistisch bis hinein in die Symbole, Fabeln und Träume.

Das Grundthema entspricht dem seiner frühen und vielleicht stärksten Erzählung »Die Krähen«: Ein Mann pflügt und *»alles ist so, wie es immer war: die Spitzbeeren, die wilden Kirschen, die Schlehen, die Brombeeren«*. Die Frau aber sagte: *»Lass das Bauern sein und komm in die Stadt!«* Heute, da diese Erinnerung über ihn gekommen ist, wendet er nicht, sondern *»pflügt über die Grenzen des Ackers hinaus. Er pflügt, bis die Pflugschar an einem Markstein zerbricht.«* Was hier noch als Wende in einem persönlichen Leben abgetan werden könnte, wird im Roman zur Überlebensfrage einer ganzen Talschaft.

Auch als Troubadour ein präziser Porträtist seiner engeren Heimat: Cla Biert (1920–1981)

Wo Cla Biert aufgewachsen ist: Scuol sot
(im Hintergrund das Heimatmuseum)

Biert agiert gleichsam als Dokumentarfilmer. Er führt mit seinen Worten langsam den Blick, bezeichnet präzise und vollständig die Dinge und Tätigkeiten des bäuerlichen Alltags, die Bewegungen und das Muskelspiel der Haustiere, die Einrichtungen und Verhaltensweisen der Menschen, die prachtvollen Grandhotels und deren stinkende Kehrseite, verweilt in Großaufnahmen auf Details, schwenkt nicht weg, wenn es unschön, bitter, grausam wird. Biert verlangt Ausdauer und volkskundliches Interesse von seiner Leserschaft. Andere Ebenen durchweben vielschichtig die Realitätsschilderungen: die edlen und niederen Motive der Menschen, ihre Sehnsüchte und Leidenschaften, die überdauernden Gesetze der Natur, das symbolisch Bedeutsame, die Welt der Fabeln und Geheimnisse, ja der Träume. Hier wird Biert packend, zeigt sein großartiges erzählerisches Talent, schildert prägnante Charakteroriginale, die er in vergnüglichen Begegnungen aufeinandertreffen lässt und mit den Neuerungen und Modernisierungsanforderungen konfrontiert, er beschreibt einfühlsam die seelischen Befindlichkeiten und immer wieder die Liebe und die Natur.

Gewendet und bewahrt

Ein Augenschein in Scuol zeigt die Wende geglückt: Tourismus und einheimisches Schaffen haben sich aufs beste gefunden. Das »Bollwerk der romanischen Sprache« hat gehalten; das Romanische ist allgegenwärtig, und die scheinbar totgeglaubte Sprache mit ihrem warm-gutturalen Klang wirkt heute mit an der touristischen Corporate Identity. In Scuol herrscht gediegene, überschaubare Gastlichkeit; keine großen Hotelkomplexe – die sind wie zu Bierts Zeiten ennet dem Inn in Vulpera geblieben. Abseits der Durchgangsstraße zeigen sich Schönheiten, so ganz besonders in Scuol sot mit seinen zwei Plätzen von seltener Geschlossenheit – dem Bügl grond und dem Plaz – je mit einem doppelröhrigen Brunnen bestückt; aus einer der beiden Öffnungen fließt reelles Mineralwasser. Im Haus hinter dem Krämerladen am Plaz ist Biert aufgewachsen, geboren am 26. Juli 1920 als Sohn von Bauern und Wirtsleuten.

Der literarischen Vorlage entsprechend, würde die Wanderung bei einer der Inn-Brücken beginnen, durch den bis auf den Boden hinunter begrünten Wald von San Jon schroff ansteigen und dann ins Tal von S-charl hineinführen. So gingen die Scuoler Bauern von alters her zu ihren weit hinten im Tal liegenden Alpen. Diesen Weg geht Tumasch Tach, dessen Adoleszenzjahre der Roman darstellt, immer zu Fuß, weil er gern im Gehen vor sich hin spricht. Tumasch braucht diese Selbstgespräche, denn allzu vieles bewegt ihn: Er schwankt zwischen der Verpflichtung, das väterliche Erbe anzutreten, den Hof in die Zukunft zu führen und das Gut zu mehren, auch seine Aufgabe als Nachkomme einer angesehenen Familie in der Dorfgemeinschaft zu übernehmen, und der Sehnsucht, das Tal zu verlassen, sein Glück in der Ferne zu suchen.

Tumasch lernt die reiche dänische Erbin Karin kennen, und der Feuerlilienliebeszauber spinnt sein unauflösliches Band. Mit Karin begegnet er im Grandhotel der Welt der Reichen, muss Bewährungsproben bestehen, muss Trinkfestigkeit beweisen. Nach dem frühen Tod des Vaters erlöst ihn die Mutter vom Zwang, in dessen Fußstapfen zu gehen, und gewährt ihm Freiheit. Sein Entschluss, in die Ferne zu gehen und ein Mann von Welt zu werden, steht nun fest, doch Karin hat sich längst nicht nur in ihn, sondern auch in seine Heimat verliebt. Zum Abschluss führt eine Skitour die beiden zurück in ihr gemeinsames Dorf.

Aussichten im Fenster – Einblicke in gewaltige Natur

Die Straße war damals nur mit dem Jeep befahrbar. Wandernde bevorzugen den wildromantischen Schluchtweg entlang der tief im schiefrigen Gestein eingefressenen Clemgia, wo die wasserzügigen Hänge eine frische und üppige Vegetation fördern, sodass sich auch sommers angenehm schattig ge-

Ihr Rauschen begleitet die Wanderung: die Clemgia (im Hintergrund: Piz Pisoc, 3173 m)

hen lässt, bis bei Plan da Funtanas die Straße und damit Tumaschs gewohnter Weg erreicht wird.

Dieser erweist sich als anfänglich noch asphaltierte Straße, die bald fast eben ins Tal hineinführt. Nicht allen wird es dabei gehen wie weiland Tumasch, der locker und gedankenversunken fürbass wanderte. Ungeübte Beine schmerzen, die vorbeifahrenden Autos stören. Die Selbstgespräche geraten leicht zum Fluch: Wer wandert schon eine Fahrstraße entlang! Auch Tumasch durfte als Kind fahren, hinten auf dem Pferdewagen des Vaters, und in jener Regennacht, als die Sturzbäche fast Pferd und Wagen in die Tiefe rissen, da steckte er mit Violanda unter der Blache: die erste Berührung, die erste Verwandlung, die erste Wende in seinem Leben! Eine unendlich zarte Kinderliebesgeschichte, die Cla Biert da erzählt.

Die wirklich großartige Szenerie der Schlucht versöhnt: Die Clemgia bedeckt zwischen den Felswänden und Schuttrinsen den ganzen Talboden, kaum Platz lassend für die Fahrstraße, die nach Unwettern auch immer wieder neu fahrbar gemacht werden muss; die Autos wirken klein in dieser Landschaft, und das Rauschen des Baches verschluckt ihren Lärm. Überdies geht der Blick frei hinauf in die Höhen zu den gewaltigen Gesteinsfaltungen und zu den ziselierten Spitzen der Unterengadiner Dolomiten.

Wir wandern im geologisch weltberühmten »Unterengadiner Fenster« (vgl. LiteraTour 18), einer erodierten Lücke in den ostalpinen Gesteinsdecken, die den Einblick in den darunter liegenden, jedoch jüngeren Bünder Schiefer freigibt und so die Ansichten über die Alpenfaltung revolutionierte. Das »Unterengadiner Fenster« erlaubt vulkanischen Gasen aus der Erdtiefe zu steigen und ist so auch die Ursache der über 20 Mineralquellen, die im Umkreis von Scuol entspringen. Bei Sasstaglia können geübte Augen die Scherfläche zwischen dem Unter- und Oberbau der Großfalte der gewaltigen Hauptdolomitmassen erkennen; die aus dem Clemgiaschotter herausmodellierten Erdpyramiden unterhalb der Straße wird ohnehin niemand übersehen.

Bär oder Bike – behaglich in S-charl

Tumasch wird seinerzeit der Straße nachgetrottet sein, heute bietet sich nach der Val Trigl ein Fußweg als lohnende Alternative an. Die wunderschöne Terrasse Pradatsch über der Clemgia, deren Rauschen urplötzlich verstummt, bietet eine andere Welt: stille, feinste Moosböden, ein fast reiner Bergföhrenwald und ein mäandrierendes Bächlein. Seltsamerweise ist der jenseits der Clemgia liegende Nationalpark – 1914 gegründet und 1959 in den Entstehungsjahren des Romans in seinen heutigen Grenzen bestätigt – kein Thema für Biert und bleibt daher auch im Rahmen dieser Wanderung rechts liegen. Dafür folgt nach der Talbiegung bei Val Mingèr wieder der alternative Fußweg. Diesmal gehts wurzlig-holprig den Hängen entlang, flechtenbärtig stehen die Föhren zwischen längst gestürzten und wecken doch noch das Nationalparkgefühl, ein Eichhorn schnalzt und flüchtet, zwischen Moosen mit ihren kunstvollen Fruchtständen und Preiselbeeren sind Tierspuren sichtbar, und alte überwachsene Wege deuten auf die Nähe zur Schmelzra hin, wo Überreste eines gewaltigen Schmelzofens und geisterhafte Ruinen vom ehemaligen Bergbau zeugen. Unermessliche Silberschätze soll der Dial von Piz Cristannes im Gebiet von hier bis hinüber zum Pass da Schlingia besessen haben, erzählt Biert; in der Tat wurden Bleiglanz und Zinkblende ausgebeutet.

Geschickt in den Ufergehölzen getarnt, liegen die verschiedenen Parkplätze am Ende der erlaubten Fahrstraße, denn S-charl selbst, das man wenige Schritte nach der Brücke über die Sesvenna betritt, ist autofrei: ein kleines, geschlossenes Dorf, dreizehn Häuser und eine Kirche. Das langgestreckte stattliche Knappenhaus am behaglichen Platz mit dem Bärenbrunnen weist auf ehemals lebhaftes Treiben hin. Zu Bierts Zeiten war wohl weniger los, Lokaltourismus halt, Bauern

Dokumentiert Bergbau und Bären: Museum »Schmelzra«

von und zur Alp, Jäger, Grenzwächter, ein einzelner professoraler Stammgast und dann und wann eine Tanzgesellschaft. Heute dominieren die Tagesausflügler, bevölkern die ausgedehnten Sonnenterrassen mit Kiosk und Kinderspielplatz, sonnenbaden an der Clemgia. Über Nacht bleiben die Wander- und Bikergruppen und die Turnvereine auf ihren Jahresausflügen.

Auch im Winter, vorzüglich im Frühling, bleibt wegen der Skitourengänger kein Bett leer. Geglückter Ganzjahrestourismus also, doch bleibt S-charl gelassen und würdevoll. Drei Gaststätten buhlen um die Gunst. Der Gasthof Alvetern genießt dabei den Platzvorteil; dafür erinnert im Mayor die alte Stube links neben dem Eingang mit dem niedern Kachelofen und den Schwarz-Weiß-Fotos an Bierts Zeiten und im Crusch Alba der Champagnerkorb mit dem Aufdruck »Heidsieck & Co, Reims« an Tumaschs Trinkgelage im Grandhotel.

Vergänglichkeit und Ewigkeit im Arvenwald

Der Fahrweg vom Dorf weiter der Clemgia nach steigt angenehm sanft. Bei der Brücke über die Clemgia biegen LiteraTour-Wandernde links ab. Talaufwärts, jenseits der Runse von Valbella, liegt – flankiert von zwei verfallenen Alpen – eine der Moorlandschaften von besonderer Bedeutung: der God Tamangur, der berühmte Arvenwald, die in Europa höchstgelegene und größte zusammenhängende Population der Zirbelkiefer Pinus cembra, des »dschember« der Unterengadiner.

Tamangur: Der Name klingt, die Endung scheint Programm. Uralte Bäume, urtümlich belassen, bilden Urwald. Als solcher häufig bezeichnet, stellt er aus der Nähe betrachtet nicht eigentlich einen Wald dar, vielmehr eine Ansammlung von Baumindividuen, schlank oder dick, buschig oder ausgelichtet, zersplittert oder intakt, fast alle alt, Jungwuchs ist nicht auszumachen. Ein emotionaler, ein mystischer Ort! Tumasch findet hier beim Schnitzen einer Frauenfigur die Wende weg vom Drang, der Irdischkeit männlich-einsam durch gefährliche Klettereien in unwirtlichen Höhen zu entfliehen, hin zu Gefühlshaftigkeit, Gemeinschaft und Weiblichkeit.

Bei der Alp Astras, 1954 als Ersatz für die Tamanguralpen errichtet (»privat, nicht eintreten«), endet das Gebiet der literarischen Vorlage. Von südlichen Gefilden berichtet der 1981 früh verstorbene Biert nichts, war mehr Frankreich und dem nördlichen Europa zugewandt. So könnte man hier wenden und wieder hinunter nach S-charl gehen.

Wir aber wandern weiter auf dem schmalen Pfad Richtung Pass da Costainas. Unterhalb mäandert die junge Clemgia und bietet ruhige Rastplätze.

Der verzauberte Arvenwald: God Tamangur

Dann ist die Passhöhe erreicht. An den Hängen stehen einzelne Arven weit über der Baumgrenze, Zeugen des südlich inneralpinen Klimas. Wenige Schritte neben dem Weg sind die Böden jetzt im Spätsommer übersät mit Edelweiß.

Weiter unten auf der Alp Champatsch lassen nur wenige Wegspuren noch erahnen, wo ehedem das prachtvolle Gebäude stand, das heute im Freilichtmuseum Ballenberg von vergangener Alppracht zeugt. Langsam und angenehm fallend, leitet das Sträßchen hinaus ins Münstertal durch einen wunderbar lichten Lärchenwald nach Lü.

Literatur

Cla Biert, *Die Wende.* Aus dem Ladinischen von Silvia Lieberherr, Benziger Verlag, Zürich, Köln und Ex Libris Verlag, Zürich 1984. Cla Biert, *La müdada,* Ediziun da l'autur, 1962
Cla Biert, *Die Krähen* (Orig. *Amuras nairas,* 1956), in: *Bei den Teichen.* Erzählungen, Benziger Verlag, Einsiedeln 1963
Cla Biert, *Las fluors dal desert.* Illustrationen von Barbara Rossi, Ediziun da famiglia, Stampa Ladina, Zernez 1993

Willkommen in Lü – höchstgelegene politische Gemeinde Europas

LiteraTour-Info

Einstufung 📖📖📖📖
Gehzeit 7 h (mit Postautobenützung 3 h)
Höhendifferenz 1050 m (Kurzvariante 450 m)
Beste Jahreszeit Juni bis Oktober
Karten Landeskarten 1:25 000, Blätter 1199 Scuol, 1219 S-charl, 1239 Sta. Maria

An- und Rückreise
RhB bis Scuol (Fahrplanfeld 910), Postauto Scuol-S-charl (Fahrplanfeld 960.60; nur Juni bis Mitte Oktober, wenige Kurse, zuschlagspflichtiges »Alpine Ticket«), Postauto Lü-Fuldera (Fahrplanfeld 960.25; nur wenige Kurse), Postauto Fuldera-Zernez (Fahrplanfeld 960.20), RhB Zernez-Sagliains (Fahrplanfeld 960)

Route
Die beschriebene Wanderung ist durchgehend gut ausgeschildert. Der Weg kann nach starken Regenfällen vor allem im ersten Teil, der Clemgiaschlucht, unpassierbar werden; im Zweifelsfall Auskunft einholen (geschlossene Wanderwege BAW, Tel. 081 861 22 30). Unterhalb des Hotels Filli am Chantröven, den man vom Bahnhof Scuol in Richtung Scuol sot durchschreitet, führt ein schmaler Fußweg Richtung Tulai. Nach dem Fußgängersteg über den Inn gehts links der Clemgia entlang zum Schluchtweg. Der Weg ist künstlich angelegt, gut gesichert und ungefährlich, doch mögen sich nicht ganz Schwindelfreie da und dort etwas unwohl fühlen. Bei der markanten Brücke, die nach einer guten Wegstunde über die Clemgia führt, bieten sich Rastplätze am Flussufer an; wegen der manchmal rasch wechselnden Wasserstände ist Vorsicht geboten. Dann geht es linker Hand steil aufwärts, um bei Plan da Funtanas die Fahrstraße nach S-charl zu erreichen (Postautohaltestelle).
Der Weg folgt nun der Straße, anfänglich asphaltiert, dann unbefestigt durch den grandiosen Canyon. Ca. 600 Meter nach der Val Trigl ist linker Hand ein Wanderweg signalisiert, der eine empfehlenswerte Alternative zur Straße bietet.
Von S-charl stets dem östlichen Ufer der Clemgia einem ausgesprochen angenehm steigenden Fahrweg nach; Fußpfade auf der andern Bachseite sind zu meiden, enden in Sümpfen. Bei Punkt 2018, wo das Sträßchen aufs westliche Ufer wechselt, geht links der alte Alpweg Richtung Tamangur dadora (Wegschild) ab. Diesem folgend, erreicht man nach der verfallenen Alp und dem Überque-

ren der sumpfigen Runse von Valbella auf markierten Wegspuren den Arvenwald God Tamangur. Während die Augen die vielfältige Formgestalt der Bäume bewundern, verlangt gleichzeitig der wurzlig-unebene Weg hohe Aufmerksamkeit, sodass man nur langsam vorwärtskommt. Nach der gleichfalls zerfallenen Alp Tamangur dadaint in wenigen Schritten hinauf zur Alp Astras (keine Tranksame erhältlich).
Von hier in ¾ h auf schönem Bergpfad zum Pass da Costainas (2251 m). Weiter steil hinunter zur Alp Champatsch und von dort angenehmes Waldsträßchen nach Lü.

Varianten

Originalweg in Cla Bierts »Die Wende«: von Scuol sot über Gurlaina, ehemalige Fahrstraße durch den God San Jon bis Plan da Funtanas (2 h)
Postauto bis S-charl, von dort Pferdekutsche (Tel. 081 864 14 05 und 081 864 98 80) bis Alp Astras
Weitere Wanderungen im Gebiet, so im Val Mingèr oder im Val Sesvenna

Rasten und ruhen

Wer Cla Bierts Heimat wirklich kennen lernen will, bucht eine Woche Ferien in Scuol und wird dies nicht bereuen. Dazu gibts mehrere Verpflegungs- und Übernachtungsmöglichkeiten. In S-charl bieten drei Gasthäuser Unterkunft und Verpflegung.

Informationen

Scuol Tourismus, Stradun, 7550 Scoul;
Tel. 081 861 22 22, Fax 081 861 22 23;
E-Mail: info@scuol.ch, www.scuol.ch (dort ist auch das ausführliche und interessante, 14-täglich erscheinende Informationsmagazin Unterengadin-Münstertal »Allegra« erhältlich).
Tourismus Val Müstair, 7532 Tschierv;
Tel. 081 850 39 29, Fax 081 850 39 30

Tipps

Unterengadiner Heimatmuseum am Plaz in Scuol mit seiner bemerkenswerten Bibliothek und einem Paar Bergschuhe von Cla Biert
Museum Schmelzra bei S-charl, das den historischen Blei- und Silberbergbau dokumentiert, dazu die Dauerausstellung »Auf den Spuren der Bären«
Museum Chasa Jaura in Valchava im Val Müstair (vgl. LiteraTour 17)
Römisch-irisch Baden im Bogn Engiadina Scuol (Reservation Tel. 081 861 20 02)
Geheimtipp: In Sent, wo einer der Urväter der ladinischen Literatur, Peider Lansel, lebte, verbrachte Biert seine letzten Jahre. Unmittelbar vor dem Dorfeingang unterhalb der Straße ein steil abfallender Park mit zwei Eselsbrücken des Künstlers Not Vital – wer wagt sich hinüber?

Eines der ältesten Klöster im Alpenraum:
St. Johann in Müstair

Constantin Pitsch

LiteraTour 17: Buffalora-Val Mora-Val Vau-Valchava/Sta. Maria

Umkämpft und sagenumwoben. Ein verzaubertes Tal

Durch eine fast unberührte Landschaft mit Caspar Decurtins, »Rätoromanische Chrestomathie« (1914)

Wegweisend für diese Wanderung ist kein literarischer Text. Uns begleiten historische Quellentexte sowie Sagen und volkskundliche Aufzeichnungen aus der »Rätoromanischen Chrestomathie« von Caspar Decurtins. Die Vielfalt dieser Textsammlung passt gut zu der abwechslungsreichen Landschaft, die wir durchstreifen und die vom Menschen kaum berührt scheint.

»Wenn wir durch die Landschaft wandern, sollten wir beachten, dass unsere Kulturlandschaft nicht nur unsere Häuser und Dörfer, unsere Äcker und Wiesen, unsere Straßen und Wege umfasst, sondern auch den Wald und die Weiden.« Diese Worte von Nicolin Bischoff, Forstingenieur, Forscher und Entdecker zahlreicher prähistorischer Siedlungen im Unterengadin wollen wir beim Betreten dieser Umgebung beherzigen. Also blenden wir etwas zurück, um zu erfahren, dass hier schon vor geraumer Zeit einiges los war.

Ulrich Champell hat uns ein zeitgeschichtliches Dokument in lateinischer Sprache hinterlassen, das etwa 1571 entstanden ist. »*Wir erinnern uns, hier* [in Buffalora] *befanden sich einige Häuser, die zusammen fast ein kleines Dorf bildeten. Die Siedlung war eine Raststätte für jene, die mit Handelswaren aller Art in beide Richtungen den Pass überquerten und dort die Weide benutzten. Zahlreiche Leute aus den angrenzenden Gegenden verkehrten hier, weil in dieser Gegend auch einige Bergwerke […] betrieben wurden, deren Reste heute noch sichtbar sind […]. Die Wirtsleute aber, welche die Gäste und Reisenden hätten betreuen sollen, […] haben sich in Diebe verwandelt und als furcht-*

Der Sammler von Sagen, Märchen und Mythen: Caspar Decurtins (1855–1916)

Einst besiedelt, heute weitläufige Weide:
Alp Buffalora

bare Mörder erwiesen; sie wurden im Engadin verurteilt und hingerichtet. Die Häuser wurden zerstört, die Schmelzöfen zerfielen und wurden wie die Häuser niedergebrannt, sodass der Ort vereinsamte.«

Bewegte Vergangenheit

Die Zeit des Bergbaus geht auf die Jahre 1332 bis 1503 zurück. Das Eisenerz wurde insbesondere in den Stollen am Munt Buffalora gewonnen und mit Saumpferden zu den Schmelzen etwa 300 bis 600 Meter unterhalb von Buffalora transportiert, daher also der Name Ofenpass. Zur Deckung des Energiebedarfs für die Schmelzöfen, aber insbesondere für die Salinen in Hall (Österreich), wurde der Wald kahlschlagartig genutzt.

Nicolin Sererhard, selbst Zernezer, beschrieb *»im Jahre unsres Heilss 1742«* die Waldnutzung und den Holztransport in dieser Region: *»Die Herren zu Insprug haben jährlich 70 bis 80 Tiroler Holzhaker hinauf gesandt, welche in so vielen Jahren ein unglaubliches Spatium Wälder, der rechten Seite des Thals nach hinauf etliche Stunden weit ausgerottet haben, in dieser Ordnung, dass sie jährlich einen gewissen Strich Lands vor sich genommen, und alles niedergehauen, und in flössbare Stücke zerschroten* [etwa 90 cm], *und davon Haufen gemacht, zwischen welchen sie lange Tennen von drei zusammengefügten glatten Hölzern verfertiget, die vom Thal-Wasser an bis* *oberst […] an der Bergseite hinreichten, wann dann gegen den Herbst die Flözenszeit kame, benetzten sie diese Tenne, oder Holzschüss* [worauf sich Eis bildete], *legten die Burren, oder die zum Flözen bereiteten Hölzer auf das schlipfrige Tenn oder Schuss, welche dann über diese Schusshölzer so behend als ein Pfeil hinabschossen, bis in das Thalwasser, durch welches sie hinausgeflözet wurden bis in den Inn, und durch denselben hinunter bis auf Hall.«*

Da in der Gegend große Wassermengen fehlten, *»haben sie mit grosser Kunst und Arbeit Schwellenen* [Triftklausen] *gemacht, womit sie das Wasser aufgeschwellet, wie einen See, wann sie dann die Schliessen eröffnet, schwemte es das bereitete Holz mit sich hinweg«*. Unmittelbar bei der Nationalparkgrenze in Buffalora sind im Bachbett die Reste einer Triftklause zu sehen (eine weitere ist im Routenbeschrieb vermerkt).

Für den Aufstieg nach Jufplaun nehmen wir den Wanderweg, der an der Alp Buffalora vorbeiführt. An der Waldgrenze treffen wir auf einige prächtige Arvenbestände, die über die Jahrhunderte von Axt und Feuer verschont geblieben sind. Hier öffnet sich allmählich der Blick auf die Ostflanke von Munt Buffalora, wo je nach Standort die Schutthalden unter den Stolleneingängen der Bergwerke sichtbar werden. Der Wanderweg nach Munt la Schera führt zum einzigen Eisenerzstollen (Minieras da Fier), der heute noch zugänglich ist. Achtung, nach einigen Metern fällt der Stollen steil ab. Sererhard dazu: *»Allda findet man noch Gänge under der Erden, die sehr tief in den Berg führen. Es dörfte sich aber keiner unterstehen, solche zu ergründen, weil schon unterschiedliche von darinnen erschrekt herausgejagt worden.«*

Wir bleiben in der Ebene und wechseln für den Anstieg zum ehemaligen Zollhaus die Talseite. Vor uns liegt die Hochebene von Jufplaun (Flaches Joch) mit einem ausgedehnten Flachmoor, leider in den 1970er-Jahren infolge eines Entsumpfungsversuchs teilweise zerstört. Nur im oberen Teil ist ein schöner Flussmäander erhalten geblieben. In einigen Jahren sollte dank eines Renaturierungsprojekts das Flachmoor wiederhergestellt sein und das Bächlein wieder frei mäandrieren können. Wer in der warmen Junisonne die Ebene durchstreift, wird vom intensiven Duft der blühenden Mehlprimel begleitet, die weite Flächen bedeckt.

Ein Spielball der Mächtigen

Wir nähern uns dem Übergang ins Val Mora und erhalten nach Osten zusehends den schönen Ausblick ins Hochtal. Der Murtarölgletscher ist mittlerweile dahingeschmolzen. Die Passhöhe Döss Radond bleibt uns vorerst

Wandeln durch ein verzaubertes Tal: Val Mora

noch verborgen. Wir stellen den frappanten Unterschied zwischen der geologischen Beschaffenheit der rechten und der linken Talseite fest: hier Piz Dora und Turettasgrat mit karbonatischem Trias und Verrucano der oberostalpinen S-charl-Decke, dort die zerklüfteten Felsen mit den darunter wie Sanduhren auslaufenden Geröllkegeln, Elemente der Ortler- und der Umbrail-Quattervalsdecken. Es fällt uns nichts auf, was auf einen lebhaften Durchgangsverkehr in früheren Zeiten hindeuten könnte. Der Fund eines Dolchs soll belegen, dass Menschen bereits zur Bronzezeit hier vorbeikamen. Als Alternative zum viel steileren und höheren, dafür aber bedeutend kürzeren Umbrailpass war das Tal wahrscheinlich sehr früh schon eine auch überregional wichtige alpenquerende Verbindung zwischen dem Veltlin und dem Val Müstair, großräumiger betrachtet zwischen der Lombardei und dem Südtirol beziehungsweise Österreich.

Der Pass war auch den großen Heeresführern bekannt. So benützten ihn die Truppen von Kaiser Maximilian, um sich im Juni 1499 für die einen Monat früher erlittene Niederlage in der Schlacht bei Calven zu rächen. Achttausend Mann zogen durch die Täler Mora, Fraele, Alpisella und Livigno ins Oberengadin. (Ursula Bauer und Jürg Frischknecht beschreiben diese Route in »Grenzschlängeln«.) Im Jahr 1635 lieferten sich österreichische und französische Truppen bei San Giacomo im Valle di Fraele eine

Schlacht, an der auch Jörg Jenatsch als Bündner Kommandant in französischen Diensten beteiligt war (vgl. LiteraTour 26). Die österreichischen Truppen wurden besiegt und auf dem gleichen Weg, wie sie gekommen waren, durch das Val Mora ins Münstertal zurückgedrängt. Aufgrund der strategischen Bedeutung der Region wurde die Münstertaler Bevölkerung wiederholt und massiv in Mitleidenschaft gezogen, zum letzten Mal in den Jahren 1798/99, als Österreicher und Franzosen sich im Münstertal erneut bekämpften.

Ein Vertrag mit sechs »Rotters« (Schneeräumer) aus dem Jahr 1737 belegt, dass der Pass auch im Winter unterhalten wurde. 1772 stritten sich die Münstertaler Gemeinden um den Ausbau der Alpenpässe, denn der Transport von Wein, Salz und Eisen brachte Einnahmen: Sta. Maria wollte den Umbrail, Valchava und Müstair hingegen das Val Mora. Der Entscheid sollte im Jahr 1795 in einer vertraglichen Regelung zwischen Bormio und dem Münstertal für den Ausbau einer durchgehenden Straße über Val Mora–San Giacomo fallen. Im Vertrag hätten sich die Münstertaler auch dazu verpflichtet, innerhalb von drei Jahren in der Nähe von Plazzetta eine Unterkunft zu errichten. Im Volksmund trägt der Ort den Namen Plan da l'Ustaria. Das Projekt fiel ins Wasser, weil die Franzosen 1796/97 das Veltlin von den Bündnern befreiten und das Tal der Cisalpinischen Republik anschlossen. Ein letztes Mal soll ein Wegbau in einem Handelsvertrag zwischen der Cisalpinischen Republik und Bayern im Jahre 1812 ernsthaft erwogen worden sein. Um diese Verbindung jedoch nicht durch Schweizer Gebiet führen zu müssen, wurde dem Kanton Graubünden der Vorschlag unterbreitet, das Val Müstair gegen Livigno und Trepale abzutauschen, was die Bündner ablehnten.

So weit also der Ausblick auf die historischen Hintergründe, dank deren dieses Hochtal vom großen Durchgangsverkehr verschont wurde. Die Straße ins Veltlin wurde schließlich zwischen 1898 und 1901 über den Umbrail erstellt. Spannende Informationen mit Quellentexten aus dieser Zeit verdanken wir dem Lokalhistoriker Claudio Gustin.

Die Quellennymphe

Nun steigen wir ins Tal ab. Mit etwas Glück begegnen wir der Kreuzotter (vipera berus), die sich in der Frühlingssonne wärmt oder zufällig den Weg kreuzt. Sie ist in der Region sehr verbreitet. Wir überwinden den steilen Teil des Abstiegs und überqueren die Wasserrinne. Einige Schritte später finden wir rechts die Abzweigung des Wanderwegs nach Cruschetta ins Valle di

Ziel der sagenhaften Wanderung: Valchava

Fracle. Bei der Alp Mora (Alpis Maior) betreten wir eine gut ausgebaute Schotterstraße. Die alpenquerenden Biker haben, wie könnte es anders sein, diesen erlebnisreichen Passübergang ebenfalls entdeckt. Die Alp Sprella (Schachtelhalm) liegt am Hang etwas abseits der Straße.

Wer an diesem Ort der »Donna da la Sprella« begegnen möchte, wähle dafür am besten eine klare Vollmondnacht: Die Hirten berichteten früher, dass sie hier oft einer Frau bei der Quelle Fountauna da la Sprella unterhalb der Alp begegnet seien. Auch bei großer Kälte sei sie jeweils nur leicht gekleidet gewesen. Eines Abends füllte der Untersenn bei Vollmond seinen Wassertrog und aß dabei Sumpfkresse, die es an der Quelle in Fülle gab. Als er den vollen Trog ergreifen wollte, erblickte er plötzlich die Frau, die danebensaß. Mit großem Schrecken flüchtete er in die Alphütte. Als er dem alten Senn den Vorfall erzählte, lachte dieser und fragte, ob er nie etwas von der »Donna da la Sprella« gehört habe. Darauf berichtete er von mehreren ähnlichen Ereignissen, auch davon, wie die Frau eines Tages plötzlich im Gegenhang unter den Felsen erschienen sei. Sie hätten ihr zugerufen, weil sie dachten, die Frau hätte sich im Gelände verirrt. Doch diese sei plötzlich beim schwarzen Felsen der Pala Gronda verschwunden und wurde seither nie wieder gesehen. Den Fußreisenden und Hirten habe sie aber seither in die Ohren gejauchzt und gepfiffen, dies vor allem bei Wetterumschlag.

Dieses von Caspar Decurtins in der »Rätoromanischen Chrestomathie« aufgezeichnete Sagenfragment verweist auf den vorchristlichen Wasserkultus. Christian Caminada, ehemals Bischof von Chur, hat die urgeschichtlichen Kulte im alten Rätien umfassend beschrieben.

Hinter Pedra Grossa und Plazzetta erreichen wir auf dem sanft ansteigenden Weg Tea Fondada. Wer in idyllischer Umgebung Brotzeit halten will, wechsle auf die linke Flussseite hinüber. Nach kurzem Aufstieg durch lichte Föhren erreichen wir eine kreisrunde trichterförmige Senke, in deren Grund sich ein kleiner See spiegelt. Wie diese landschaftliche Besonderheit wohl entstanden ist? Eine Sage gibt uns die Antwort: An dieser Stelle habe früher die schönste aller umliegenden Alphütten gestanden. Eines Tages habe ein alter Mann angeklopft und den Senn um ein Gnadenbrot gebeten. Dieser habe den Alten mit bösen Schimpfwörtern weggejagt. Wenig später traf der Alte einen Hirten, der es mit dem Fremden gut meinte und ihm zu essen gab. Der Alte nahm dankbar an, wandte danach seinen Blick zur Alphütte zurück und verfluchte Hütte und Senn. Kurz darauf stieg dichter Rauch auf, die Erde öffnete sich und verschlang die Alphütte samt dem unbarmherzigen Sennen. Am Abend vor einem Wetterumschlag hört man heute noch aus dem mit Wasser gefüllten kreisförmigen Trichter, wie der Senn im Untergrund die Gebsen wäscht (Tea Fondada, gesunkene Alphütte).

Mysteriöse Vorkommnisse

Gestärkt und vielleicht von einem Bad erfrischt, setzen wir unseren Weg fort und erreichen mit der Sonne bereits im Nacken die Passhöhe Döss Radond (runder Rücken). Es öffnet sich der Blick auf das Val Vau, auf das untere Val Müstair sowie weiter in der Ferne auf die Bergkulisse der Ötztaler Alpen. Wir befinden uns an einer kontinentalen Wasserscheide; die Gewässer Vau, Rom und Etsch (Addige) münden in das Adriatische Meer, während l'Aua da Val Mora über Spöl, Inn und Donau ins Schwarze Meer fließt. Am linken Wegrand beachten wir in der Weide gut eingebettet einen markanten, etwas zerklüfteten Felsbrocken. Es begegnet uns hier eine Ahnfrau, »la Muma Veglia«. Jeder Junge, der etwa im Alter von sieben oder acht Jahren das erste Mal auf dem Alpaufzug hier vorbeikam, war verpflichtet, die »Muma Veglia« zu küssen. Bei seiner Beschreibung der kultisch-rituellen Vorgänge auf Steinen weist Caminada auf vergleichbare Riten hin: So fordert zum Beispiel der »crap furo«, der durchlöcherte Stein auf dem Weg von Obervaz nach Scharans, ebenfalls, dass der Knabe, der zum ersten Mal daran vorbeigeht, dem Steinbild einen Kuss gebe.

Für Kulturinteressierte ein Muss: Weltkulturgut
Kloster St. Johann in Müstair

In südöstlicher Richtung blicken wir ins Seitental Val Döss Radond. Hier führt ein Wanderweg auf der Talflanke unterhalb des Piz Praveder zum Übergang nach dem Lai da Rims. Der Abstieg ins Val Vau (vadum: Flussbett) ist abwechslungsreich. Wir tauchen nach der Alp Praveder allmählich in den Wald ein und erreichen Vau, wobei wir vor dem Zaun die Schotterstraße, die auf der linken Talseite weiterführt, verlassen, der Abzweigung zum Fluss folgen und die Vauwiese betreten. Mitten in der Weide stehen die Reste eines zerfallenen Hofes. Sein mysteriöses Schicksal ist bei Decurtins nachzulesen: Oft haben die Alten von einem Mann berichtet, der bald in diesem Gebäude, bald in der Gegend sich umtrieb, »l'Hom da Vau«. Er soll des Nachts auch Leute bis nach Sta. Maria begleitet haben, wobei er diesen vorauslief. Sobald man versuchte, ihm mit schnelleren Schritten näher zu kommen, habe er das Tempo gesteigert, sodass er nicht eingeholt werden konnte. Kurz vor Dorfeingang sei er jeweils plötzlich verschwunden.

Es wird auch berichtet, dass der Stall früher bei schlechtem Wetter als Viehunterstand gedient habe. Häufig seien aber die Tiere mitten in der Nacht plötzlich panikartig ins Freie gestürmt, als ob der Bär dazwischengekommen wäre. Zwar hätten die herbeieilenden Hirten nie etwas Außerordentliches feststellen können, aber es sei ihnen unmöglich gewesen, die Tiere in den Stall zurückzutreiben. Ähnlich erging es den Ochsen des Klosters, die im Holzschlag als Zugtiere benutzt wurden. Obwohl im Stall angekettet, seien die Tiere am Morgen im Freien gewesen. Dies sei immer wieder geschehen, bis der Stall nicht mehr genutzt wurde.

Inzwischen sind viele Jahre vergangen, ohne dass der »Hom da Vau« je wieder gesehen wurde.

Literatur

Caspar Decurtins, *Rätoromanische Chrestomathie,* Reprint, Octopus-Verlag, Chur 1982–1986

Ulrich Champell, *Raetiae alpestris topographica descriptio, Quellen zur Schweizer Geschichte,* Band 7, Basel 1884

Nicolin Sererhard, *Einfalte Delineation aller Gemeinden gemeiner dreyen Bündten.* Neu bearbeitet von Oskar Vasella, Buchdruckerei Schiers, Schiers/Chur 1994

Claudio Gustin, *100 ons stradun sur l'Umbrail,* Stamparia Engiadinaisa, Samedan 2001

Christian Caminada, *Graubünden, Die verzauberten Täler,* Desertina Verlag, Disentis 1986

Ursula Bauer und Jürg Frischknecht, *Grenzschlängeln. Routen, Pässe und Geschichten: zu Fuß vom Inn an den Genfersee,* Rotpunktverlag, Zürich 2000

In der Dreiapsidenkirche: Karl der Große, der das Kloster im 8. Jahrhundert gründete

LiteraTour-Info

Einstufung 📖📖📖📖
Gehzeit 6 h
Höhendifferenz Aufstieg 510 m, Abstieg 1068 m
Beste Jahreszeit Juni bis Oktober
Karten Landeskarte 1:25 000, Blatt 1239, Sta. Maria, oder Wanderkarte 1:60 000, Unterengadin (weniger detailliert)

An- und Rückreise
RhB bis Zernez (Fahrplanfeld 960), Postauto bis Buffalora (Fahrplanfeld 960.20).

Route
Ausgangspunkt ist die Posthaltestelle Buffalora (1968 m). Aufstieg nach Jufplaun über Alp Buffalora. Wenn man bei der Brücke (P. 1973) den Fahrweg nach Alp Buffalora verlässt und den Flusslauf bis etwa zur Höhenkurve 2000 folgt, findet man eine Triftklause.
Variante: Abzweigung bei Punkt 2195 Richtung Munt la Schera zur Besichtigung des Eisenerzstollens in der Ostflanke des Munt Buffalora (Minieras da Fier, 2400 m).
Aufstieg zum Zollhaus (2289 m). Bei Punkt 2332 Beginn des Abstiegs ins Val Mora.
Variante: Bei Val da las Funtaunas (2116 m) Abzweigung nach Cruschetta-San Giacomo-Alpisella, von Döss Radond kommend, zweigt man unterhalb Alp Sprella bei Punkt 2062 links ab. (Seit der Fusion der beiden Alpen dient ein Teil der Alphütte als Touristenunterkunft, die in Absprache mit den Gemeindebehörden von Müstair tage- und wochenweise gemietet werden kann.) Bei der Alp Sprella (2127 m) führt eine andere Variante über Valbella-Lai da Chazforà (2596 m) nach Fuldera (1638 m).
Nach Plazzetta überquert man bei Punkt 2152 den Fluss zur Besichtigung der Tea Fondada. Am Döss Radond bei Punkt 2234 steht links die Muma Veglia.
Variante: Rechts zweigt der Wanderweg durch Val Döss Radond zu Punkt 2679 nach Lai da Rims (2396 m) ab.
Abstieg durch das Val Vau. Bei las Clastras (1943 m) beachte man die Abzweigung für die Variante nach Lai da Rims. Bei Punkt 1779 Abzweigung nach rechts über den Fluss zur Vau-Wiese. Bei Palüetta Punkt 1623 die Talseite wechseln und den alten Weg nach Valchava/Sta. Maria folgen.

Weitere Varianten
Die Wanderung in umgekehrter Richtung ist etwas anspruchsvoller wegen der Höhendifferenz.
Tageswanderung von Valchava/Sta. Maria zum Lai da Rims, eventuell mit Übergang ins Val Döss Radond
Weitere Touren siehe: www.val-muestair.ch

Rasten und ruhen
Verpflegung aus dem Rucksack.
Folgende Unterkünfte im Val Müstair sind empfehlenswert:
Hotel Central La Fainera, 7535 Valchava; Tel. 081 858 51 61, Fax 081 858 58 16
Hotel Schweizerhof, 7536 Sta. Maria; Tel. 081 858 51 24, Fax 081 858 50 09
Hotel Staila, 7533 Fuldera; Tel. 081 858 51 60, Fax 081 858 50 21; Hotel Chalavaina, 7537 Müstair; Tel. 081 858 54 68

Informationen
Tourismus Val Müstair, 7532 Tschierv;
Tel. 081 850 39 29, Fax 081 850 39 30;
www.münstertal.ch

Tipps
»Oase der Entspannung« mit Biosauna oder einem nach einheimischen Kräutern duftenden Heubad im Hotel Central La Fainera in Valchava
Besichtigungen: Museum Chasa Jaura in Valchava (Juni Oktober Di–Fr 10–12, 14–17 Uhr; Sa–So 15–18 Uhr), Dorfkern Sta. Maria, UNESCO-Weltkulturerbe Kloster St. Johann in Müstair.

Sanfte Weiden unter schroffen Felsen:
Prà San Peder zwischen Vnà und Griosch

Annetta Ganzoni

LiteraTour 18: Vnà-Val Fenga-Heidelbergerhütte-Zuort

Aberglaube, Jagdunfälle und Lokalpolitik. Bekenntnisse eines Bösewichts

Unterwegs in Unterengadiner Seitentälern mit Jon Semadeni, »Il giat cotschen/ Die rote Katze« (1980/1998)

Ein kleines Nest auf der Terrasse, so präsentiert sich Vnà hoch über Ramosch und der Trutzburg Tschanüff, die das längste nördliche Seitental des Inn abschließt, welches wir in zwei Tagen erkunden wollen. Vnà hat heute 70 Einwohnerinnen und Einwohner, und vom einstigen regen Leben der dörflichen Arbeits- und Festgemeinschaft, wie sie Jon Semadeni (1910–1981) noch erlebt hat, ist nicht mehr viel zu spüren. Für den Lehrer, Theatermann und Schriftsteller ist sein Dorf zur Bühne eines wichtigen Teils seiner literarischen Produktion geworden.

Als Begleittexte für unsere Wanderung dienen ein sehr früher und einer der letzten Texte Semadenis: »Il cuolmen da Fenga« ist ein 1936 als Französischaufsatz in Paris entstander Erlebnisbericht zu einer Bergtour des Autors zehn Jahre früher, die genau unserer Wanderroute für den ersten Tag entspricht. In diesen Bericht werden nebst einigen geografischen Details auch historische und volkskundliche Informationen eingeflochten, die unserer Wanderung eine willkommene Tiefendimension verleihen. Obwohl der Dorfname im Buch nicht vorkommt, ist auch die Erzählung »Il giat cotschen/Die rote Katze« in Vnà situiert, was sowohl die Details der in der Landschaft nachvollziehbaren Beschreibung wie auch verschiedene Toponyme offenlegen. Doch handelt es sich hier um eine fiktive Geschichte, in der nicht auf einer realitätsgetreuen Wiedergabe des geografischen Raums insistiert wird.

Schuf aus volksliterarischen Wurzeln Bezüge zur Weltliteratur: Jon Semadeni (1910–1981)

Das Dorf Vnà (1630 m) über den Wäldern des Unterengadins

Schatten der Vergangenheit

In Semadenis Erzählung spaziert ein alter Mann nachts bei Wind und Regen aus dem Dorf in Richtung des weit verzweigten Seitentals. Es kommt vor, dass eine rote Katze mit phosphoreszierenden Augen an einem schiefen Zaunpfosten ihre Krallen wetzt, der alte Rubar kommt jedoch nie dazu, ihr mit seiner Krücke eins überzuziehen. Schon bald ist er müde und kehrt zum Dorf zurück. Während seiner Spaziergänge fließen Gegenwart und Erinnerung assoziativ ineinander, Geschehenes, Geträumtes und Fantasiertes aus der unverarbeiteten Vergangenheit. Chispar Rubar fühlt sich von der roten Katze verfolgt, aber auch Geräusche, Stimmen und Bilder erinnern ihn an seine Leidenschaften und Laster, an die spannungsreichsten Momente seines Lebens. Dabei entsteht in Puzzlemanier der Umriss eines Lebenslaufs, den Leserin und Leser ausdeuten müssen.

Für unsere Wanderung ziehen wir natürlich den Tag vor und auch das schöne Wetter. Wir brechen früh auf, wenn auch nicht bei Dunkelheit, wie die jungen Burschen aus Vnà 1926 und Chispar Rubar am entscheidenden Jagdtag. So können wir schon ausgangs Dorf die wunderbare Aussicht gegen Süden genießen. Es liegt nicht nur das majestätische »Unterengadiner Fenster« (vgl. LiteraTour 16) vor uns, sondern wir sehen auch ins gegenüberliegende Val d'Uina, die Verbindung ins Südtirol, die neuerdings auch

Wanderer und viele Biker anzieht. Wir gehen auf einer (mit Spezialbewilligung) befahrbaren Straße, die sich in leichter Steigung taleinwärts schlängelt. Zu Zeiten des jungen Semadeni spukten hier noch allerlei Geister und Geschichten aus der Vergangenheit herum. Mit übernatürlichen Erscheinungen rechnen wir selbstverständlich nicht, dafür – vor allem im Frühsommer – mit einer außerordentlich reichen Flora. Mit etwas Glück können wir den Bussard beobachten, Krähen, ein Reh im lichten Lärchenwald. Die Holzbank am Wegrand, die Brunnen mit Quellwasser laden schon bald zu einer Rast ein. Für uns ist es allerdings noch zu früh, so gehen wir weiter, nachdem wir am großen Felsen vergeblich nach einer richtigen Höhle gesucht haben, in der – wie in der »Roten Katze« – mehrere Wanderer vor einem Unwetter Schutz finden könnten.

Nur ein unglücklicher Jagdunfall?

Chispar Rubar war in einem traditionsreichen Bauernhaus aufgewachsen und, entsprechend den Ambitionen seiner Eltern, zum einflussreichen Anwalt und Politiker avanciert. Nur in seinem Privatleben stand nicht alles zum Besten, hatte er doch nicht seine geliebte, aber mittellose Ria geheiratet, sondern eine reiche Frau, mit der er weder glücklich wurde noch eine Familie hatte. Als die Tochter von Ria als Magd zu ihm ins Haus kommt, kann er ihr nicht widerstehen. Er schwängert die junge Frau in einer für seine Karriereplanung völlig unpassenden Zeit. Im Dorf beschuldigt er den Tiroler Knecht, der sich umgehend ins nahe Ausland absetzt. Rubar will das Mädchen und ihre Familie mit einem Schweigegeld kaufen, scheitert jedoch an der Wut und Empörung des aufgebrachten Vaters, der Rubar schmählich beschimpft und droht, den Skandal publik zu machen.

An diesem frischen Sommermorgen sind keine Spuren menschlicher Schicksale auszumachen, die sich in dieser Landschaft abgespielt haben könnten. Wir bewundern vielmehr die verschiedensten Alpenblumen und Kräuter auf den Magerwiesen: Trollblume, Salbei, Lichtnelke, Storchenschnabel, Goldpipau, Margerite, Teufelskralle, Skabiose, Schaf-

Sicht aus dem Val Sinestra auf das »Unterengadiner Fenster«

Alpsiedlung Griosch; im Hintergrund: Piz Tschütta oder Stammerspitze (3254 m)

garbe, Kerbel, Esparsette, Klee und wie sie alle heißen. Durch den Tannenwald schauen wir zum imposanten Bau des Kurhaus Val Sinestra jenseits der Schlucht hinüber. 1904 wurde dort neben den hoch geschätzten Arseneisenquellen das Berghaus gebaut, 1912 dann das Hotel mit 120 Betten, das bis zum Ersten Weltkrieg seine mondänen Glanzzeiten feierte und später viele Krisen erlebte.

Bald nach der Abzweigung nach Zuort erreichen wir die Maiensäßsiedlung Prà San Peder, dabei staunen wir über die Cluchers, die aus Moränematerial über Jahrtausende entstandenen Erdpyramiden linker Hand des Weges. Die zweite Siedlung ist Griosch, wo ein Teil der im Lawinenwinter 1999 zerstörten Häuser leicht angepasst wieder aufgerichtet wurden. Hier endet auch der fahrbare Weg, doch bis zur Alp Chöglias geht es in gemächlicher Steigung weiter. Das Tal wird immer enger, rundherum erheben sich steile Berghänge, gegen Osten hin zum Piz Tschütta/Stammerspitz, an dem sich auch Rubar auf seinem Jagdtag orientiert. Nur ist sein Weg offenbar viel kürzer als unserer und scheint dem Angetrunkenen nach einer schlaflosen Nacht keine Mühe zu machen. Uns erwartet nämlich nach der Alp eine bedeutende Steigung bis zum Cuolmen da Fenga/Fimberpass. Dieser Übergang war von alters her eine Verbindung vom Engadin ins Paznaun. Semadeni hält sogar fest, dass er im Dreißigjährigen Krieg von den Österreichern begangen wurde, welche die Franzosen unter Duc de Rohan bei den Felsen von Chöglias schlugen. Auch wurde der Pass natürlich rege von Schmugglern benutzt, die bis in die 1970er-Jahre Zucker, Tabak und Schokolade über die grüne Grenze trugen.

Chispar Rubar setzt sich vom Pass weg in die unwegsamen Berge ab. Seines verbrecherischen Plans ist er sich nur halb bewusst. »*Ganz zuhinterst, nahe der Grenze, suche ich mir ein Versteck und halte ein. Eine unerklärliche Kraft treibt mich. Alles geschieht mechanisch, wie im Wahn, scheint aus einem Traum zu kommen.«* Nun ist er doch erschöpft, die erlittene Demütigung, die aufkommende Verzweiflung, die Angst, öffentlich bloßgestellt statt gewählt zu werden, haben ihn mehr mitgenommen als der Aufstieg. Er greift zur Flasche und trinkt, bis sich alles um ihn dreht, bis Vergangenheit und Gegenwart sich vermischen. Damals, als sein Vater das Bauernhaus in eine Wirtschaft umbauen ließ, da kam aus der eingestürzten Mauer des Hausflurs eine unheimliche Katzenmumie zum Vorschein, ein Sühneopfer, das dem Bau Festigkeit verleihen sollte und der Familie Glück bringen. Und nun, in seinem Delirium, erscheint ihm *»eine riesige rote Katze, bucklig, mit gesträubtem Fell. Sie miaut, faucht und bleckt die Zähne.«*

Im Traum hat er einen einzigen, alles entscheidenden Schuss zur Verfügung. Doch er zögert, bis ihn das Tier anspringt und die Krallen in seine Haut schlägt. Da erwacht Rubar. Auf der anderen Talseite sieht er einen großen roten Klumpen: Ob es die Katze ist? Als er den Mann mit dem rotbraunen Tornister ausmacht, ist er vorerst gelähmt vor Schreck. Doch er rappelt sich auf, erinnert sich an die Schmähungen, an die drohende Niederlage, er trinkt. *»Ein heftiger Schlag reißt den Träumer aus dem Wahn. – Der Kopf muss an einem Stein aufgeschlagen sein. Alles dreht sich. – Dann, wie vom Blitz getroffen, schrecke ich auf. Welch ein Grauen! [Aus der Tiefe meiner Wahrnehmung] scheint mich der Widerhall eines Schusses – und eines Schreis – zu erreichen.«*

Am gleichen Abend treffen Rubars Pächter und sein Sohn auf den völlig betrunkenen, durchnässten Politiker in der Höhle unter dem Felsen, wo sie alle Schutz suchen vor Wind und Wetter. Andere Zeugen gibt es nicht. Der Pächter ist natürlich leicht erpressbar. Allgemein wird angenommen, beim ins Dorf gebrachten Toten handle es sich um das irrtümliche Opfer eines österreichischen Wilderers.

Spukgeschichten, Alpwirtschaft und Bergtourismus

Auf dem Cuolmen da Fenga angekommen, breitet sich vor uns das wunderbare Hochtal der Alp Fenga aus. Semadeni weiß noch von den Erzählungen alter Bauern, die von der abenteuerlichen Alpabfahrt mit den einfachen Holzwagen berichteten. War damals gutes Weideland für die Engadiner Kühe sehr gesucht, werden heute auf der weitläufigen Alp Rinder, Schafe und Pferde aus Sent und Ischgl gesömmert. Komplizierte Grenzverläufe verweisen auf die intensivere Nutzung früherer Zeiten. Es bestanden kirchliche

Val Laver mit Hof Zuort (1711 m)

Beziehungen von Ischgl nach Sent, wie von Galtür nach Ardez. Es wird sogar erzählt, dass die Ischgler in Sent begraben wurden.

Nach einem halbstündigen Abstieg stehen wir vor der Heidelbergerhütte, wo wir aus der Entfernung die zahllosen Biker im farbigen Dress ausgemacht haben. Beim Abendessen erfahren wir, dass die Heidelbergerhütte eines der sieben Etappenziele der Transalp-Tour von Oberstdorf an den Gardasee ist. Das traditionsreiche Haus des Deutschen Alpenvereins ist denn auch voll, doch wir haben glücklicherweise ein angenehmes Sechserzimmer reserviert. In der großen, gemütlichen, aber ziemlich überfüllten Wirtsstube können wir uns nicht ganz in Semadenis stimmungsvolle Abendbeschreibung einfühlen, noch weniger in die Geschichte der Hirten, welche die ganze Nacht stampfende und wiehernde Pferde ums Haus zu hören glaubten, um dann am Morgen festzustellen, dass Schnee gefallen war.

Bis wir gefrühstückt haben, sind die meisten Biker schon aufgebrochen, in Einerkolonne fahren und gehen sie in Richtung des Cuolmen, während wir den weniger begangenen Pfad zur Fuorcla Davo Lais (auch Fuorcla Davo Dieu genannt) wählen, zuerst über blumige Alpweiden, dann durch Geröll (Vorsicht: Mont-Cenis-Glockenblume!). Ein Abstecher auf den Piz Davo Lais oder die leicht zu besteigende Breite Krone empfiehlt sich schon wegen der Aussicht.

Poesie und Musik

Doch auch ohne zusätzliche Anstrengung ist die Fuorcla Davo Lais der höchste Punkt unseres Ausflugs, der Abstieg in zivilisiertere Gebiete verlangt den Knien einiges ab. Vorbei an den reizvollen Bergseen kommen wir in das freundliche und blumenreiche Val Laver, wo die Alp Prà San Flurin der modernen Alpwirtschaft gemäß ausgebaut wurde, um Käse und Butter herzustellen. Die *»Val Laver mit der hellsten Sonne der Welt und mit Unwettern, so schwarz wie des Wolfes Rachen«* hat schon die Volksdichtung und später Victor Stupan, Lehrer und Schriftsteller aus Sent, zu Gedichten und Erzählungen inspiriert. In seiner Kindheit kam ihm dieses Tal wie das eigentliche Paradies vor, nicht zuletzt weil, wer von Sent dorthin gelangen wollte, zuerst den großen, dunklen Wald am Rand der fürchterlichen Schlucht mit der tosenden Brancla durchqueren musste.

Über eine nächste Stufe gelangen wir zum historischen Berghof Zuort hinunter. Hier finden wir neben dem Bauernbetrieb und dem Gasthof die vom berühmten Dirigenten Willem Mengelberg (1871–1951) erbaute Villa nebst der Kapelle mit Glockenspiel. Das Anwesen gehört der 1951 gegründeten Stiftung Mengelberg.

Engagierte Literatur

In der von Clot Curdin (1891–1976) geschnitzten Stube des Restaurants ist es nach einer Erfrischung ruhig genug, um sich nochmals der Lektüre zuzuwenden. Wer war Chispar Rubar und was soll die rote Katze? Die Quelle mit der offenbar zündenden Idee zum »Giat cotschen« waren historische Gerichtsakten, in denen von einem ähnlichen Fall aus dem 19. Jahrhundert berichtet wird. Auch Semadenis früheres Werk liefert wichtige Hinweise zur Interpretation der Erzählung. Kurz vor Schluss derselben, als es um seine Nomination geht, wird der Werdegang Rubars nachgezeichnet: *»Wem verdanken wir den Fortschritt unserer Talschaft und die Ernte der Konjunktur, die sie genießt? Wer hat die Nutznießung der Wasserkraft in die Wege geleitet? Wer hat sich für die Güterzusammenlegung eingesetzt und damit die Existenz der Bauern gesichert? Wer ist der große Förderer des Fremdenverkehrs?«*

Ein zentrales Anliegen Semadenis war denn auch Aktualität und Bezug zur Zeitgeschichte. Mit seinen Theaterstücken sah er die Möglichkeit, die Bevölkerung für wichtige soziopolitische Themen der Region zu sensibilisieren, es ging um Wasserkraftwerke, Güterzusammenlegung, Tourismus, Krise des Bauernstands und Emanzipation der Jugend.

Hintergrund für das literarische Engagement ist das Gedankengut der Lia Naira, dessen Mitglied er war. Diese nach dem Krieg entstandene Verbindung wollte die einschneidende Abwanderung stoppen. Sie versuchte, durch strukturelle Verbesserungen, Schulung und Bewusstseinsbildung vor allem jungen Leuten Anreize zu einer Existenz in der Region zu bieten, eine Kombination von Heimatschutz, Kultur-, Landschafts- und Sprachschutz. Die Lia Naira machte sich dann vor allem in der Opposition gegen verschiedene Kraftwerkprojekte einen Namen. Sie konnte unter anderem verhindern, dass Brancla, Tasnan, Aua da Tuoi und die Macunseen zur Stromproduktion genutzt wurden.

Was Chispar Rubars Erzählung inhaltlich von früheren Geschichten Semadenis abhebt, ist vor allem ihr Schluss. Während Semadenis frühe Spekulanten kläglich versagen, führt Rubar seine Laufbahn als großer Erneuerer und Profiteur äußerlich erfolgreich zu Ende, denn er wird nicht Ziel der gerechten Strafe Gottes, sondern übernimmt wichtige politische Ämter. Dennoch lebt er wie ein tragischer Held einsam und isoliert im kollektiven Kontext seines Dorfes. Die rote Katze, dieser rächende, aus uraltem Gemäuer geweckte *»versteinerte Geist«* einer verratenen Kultur, versagt ihm jegliches persönliche Glück und lässt ihm bis zu seinem Ende, und wahrscheinlich darüber hinaus, keine Ruhe.

Die spukhafte Katze, ein neues Motiv, schafft für den in der regionalen Volksliteratur verwurzelten Jon Semadeni ganz unerwartete Bezüge zu bekannten Kriminalerzählungen der Weltliteratur. Indem der nüchterne Protestant Jon Semadeni das Dämonische oder Tiefenpsychologische einer solchen Erscheinung einfließen lässt, wirkt seine Erzählung nicht mehr lehrerhaft moralisierend wie das erste Theaterstück, sondern sie öffnet sich in Richtung der unheimlichen und fantastischen Literatur. Diese inhaltliche Entwicklung findet auch in der formellen Neuorientierung des Spätwerks einen adäquaten Ausdruck.

Literatur

Jon Semadeni, *La jürada/Der Bannwald,* (zweisprachig). Deutsche Übersetzung von Huldrich Blanke, Tusan/Thusis, Ediziun d'autur/Selbstverlag 1967

Jon Semadeni, *Il giat cotschen/Die rote Katze.* Deutsche Übersetzung von Mevina Puorger und Franz Cavigelli, Limmatverlag, Zürich 1998

Jon Semadeni, Nachlass im Schweizerischen Literaturarchiv, Bern (vgl. www.snl.ch)

Victor Stupan, *La lavera,* Lavin 1974

Annetta Ganzoni, »Zur Spurensicherung eines Polit-Krimis – Anmerkungen zum literarischen Nachlass von Jon Semadeni«, in: *Ladinia,* XXVI–XXVII, San Martin de Tor 2002–2003

LiteraTour-Info

Einstufung 📖📖📖📖📖
Gehzeiten 1. Tag: 5–6 h; 2. Tag: 4 h
Höhendifferenz 1. Tag: Aufstieg 970 m, Abstieg 350 m; 2. Tag: Aufstieg 543 m, Abstieg 1096 m
Beste Jahreszeit Juni bis Oktober. Die Heidelbergerhütte ist für Skitouren sehr beliebt und von der Fuorcla Champatsch her (Skigebiet Motta Naluns) in einer schönen Abfahrt zu erreichen.
Karten Landeskarte 1:25 000, Blatt 1199 Scuol und 1179 Samnaun; Landeskarte 1:50 000, Blatt 249 Tarasp

An- und Rückreise
RhB bis Scuol (Fahrplanfeld 910), Postauto Scuol–Ramosch (Fahrplanfeld 960.70), Postauto bis Vnà (Fahrplanfeld 960.80)

Route
1. Tag: Von Vnà (1637 m) über den Cuolmen da Fenga/Fimberpass (2608 m) in die Heidelbergerhütte (2264 m).
2. Tag: Aufstieg zur Fuorcla Davo Lais (2807 m) und Abstieg ins Val Laver nach Zuort (1711 m), wo wir übernachten, wenn wir es nicht eilig haben. Ansonsten nach Vnà (1 ½ h) oder Sent (2 ½ h) zurück.

Varianten
Spaziergang von Vnà nach Zuort (1 ½ h), Wanderung von Vnà zum Kurhaus Val Sinestra (2 ½ h) und nach Sent (4 h), verschiedene Bergbesteigungen und mehrtägige Bergwanderungen von der Heidelbergerhütte aus, z. B. über das Zahn- oder Kronenjoch in die Jamtalhütte, über Fuorcla Tasna nach Val Tasna–Ftan, über das Ritzenjoch nach Laraintal–Mathon, über das Zeblasjoch nach Samnaun.

Rasten und ruhen
In Vnà: Pension Arina (Tel. 081 866 31 27);
in Ramosch:
Pension Bellavista (Tel. 081 866 31 13),
Pension Heinrich (Tel. 081 860 12 00),
Hotel Posta (Tel. 081 866 31 62)
Hüttenwirte der Heidelbergerhütte sind Bettina und Günther Salner, A-6561 Ischgl,
Tel. 0043 (0)5444 56 12 (Tal),
Tel. 0043 (0)5444 54 18 (Hütte),
www.sent-online.ch/cuntradas/fenga/heidelberger.html

Im alten Gemäuer entdeckte der Autor den Plot seiner Geschichte: Wohnhaus Semadeni in Giarsun

Den Gasthof Zuort bewirtschaften Chatrina und Geri Ritzmann, Tel. 081 866 31 53, www.sent-online.ch/fracziuns.

Informationen
Turissem Ramosch-Vnà, 7557 Vnà,
Tel. 079 230 29 30, Fax 081 330 09 31,
E-Mail: ramosch-vna@engadin.com,
www.ramosch-vna.ch

Tipps
Besichtigung des Dorfes Vnà, des kleinen Ortsmuseums (Mo–Sa auf Anfrage: Tel. 081 866 33 86 oder 866 35 75, So 15.30–18 Uhr) und der Kirche in Vnà, der Villa Mengelberg und der Kapelle mit Glockenspiel in Zuort. Hotel Val Sinestra mit Sommer- und Winterbetrieb, im Sommer mit Postauto (Fahrplanfeld 960.65) erreichbar.

Ungezwungene Verbindung von heidnischem
und katholischem Brauchtum: Friedhof
Domat/Ems auf Tumma Turrera

Esther Krättli und Jean-Pierre Jenny

LiteraTour 19: Tummawege um Domat/Ems

Ein Dorf trommelt. Heimat als Schrebergarten

Ein Hügelspaziergang mit Flurin Spescha, »Das Gewicht der Hügel« (1986)

Ortsunkundige richten an Einheimische allemal und überall dieselben Fragen: »Sind Sie von hier?« Auf der ganzen Welt ist die Antwort dieselbe, in Domat/Ems lautet sie schlicht: »Ja, leider!« – und sie irritiert. Der wettergegerbte Achtziger auf der Parkbank blinzelt den naiven Unterländer verschmitzt an, freut sich kurz an der gelungenen Pointe und stößt genüsslich nach: »Leiderrrrrrr!« Das typische Halszäpfchen-R der Domat/Emser gräbt seine unverwechselbare Tonspur ins Gehör des Touristen und der Touristin.

Mit zwei Namen leben

Das Dorf mit dem doppelten Namen – beide Namen gehen auf das erstmals 766 urkundlich bezeugte spätlateinische »in Amede« zurück – vereinigt unter einem Hut, was sonst durch Grenzen säuberlich getrennt ist: Hier spricht man zwei Sprachen, Emserromanisch und Schweizerdeutsch; die Straßennamen sind zweisprachig und nicht immer entsprechen sich die beiden Versionen: Die Via Nova (wörtlich: Neue Straße) heißt Hauptstrasse, die Gassa Surò (Obere Gasse) ist die Obere Bahnhofstrasse.

Wo, bitte schön, wo verbindet sich heidnisches und erzkatholisches Brauchtum so ungezwungen wie am Domat/Emser Fronleichnamsfest (2. Donnerstag nach Pfingsten)? Die Prozession führt über mit frisch geschnittenem Gras bedeckte Straßen, Trommelwirbel vor dem Hochaltar lassen die Pfarrkirche erzittern, Gewehrsalven vor der Kirche zerreißen die Frühlingsluft nach jeder Gottesdiensthandlung. Die Prozessionsteilnehmer treten streng nach Altersgruppen, Verbänden oder kirchlichen

Literarischer Tabubrecher: Flurin Spescha (1958–2000) schrieb den ersten Roman in Rumantsch Grischun

Zweisprachig und nicht immer wörtlich

Funktionen geordnet auf, allen voran die bis 1856 als Sittenpolizei berüchtigte Cumpagneja da mats, die Knabenschaft, die heute noch für kirchliche und andere Feste zuständig ist.

Wie sich orientieren? Mit einem genialen Kunstgriff erweckt Flurin Spescha das Heimatdorf, das für seine Kindheits- und Jugendjahre Kulisse und Schauplatz in einem abgab, zu einem lebendigen Roman: Sein Held, oder besser Antiheld, heißt Amedes und trägt damit den gleichen Namen wie die Heimat, in der er aufwächst. Innere und äußere Bedrohungen laufen auf demselben Namen auf, rücken in nachbarschaftliche Nähe, vermischen sich und lassen beim jugendlichen Amedes nicht geringe Verstörungen zurück. Da treten sozusagen nebeneinander eine angehimmelte Primarlehrerin und eine ewig nörgelnde Mutter auf, da ist die Welt der Hügel oder Tummas als Freistaat kindlicher Indianerspiele – »*im Herbst, wenn alles dürr ist, rauchen wir ... murattilange Nielen*« – und da sind die leidigen Beichtstühle statt der erträumten Marterpfähle. Der patriarchalische Großvater ist hoher Milizoffizier und verspeist den obligaten Sonntagsbraten, als wärs eine Pflichtübung, der bewunderte Vater dreht Dokumentarfilme fürs Fernsehen, schreibt Gedichte und vertauscht die dörfliche Enge von Domat/Ems, wo jeder jeden kennt, fleißig mit dem Arbeitsort, der Metropole Zürich. Der Mutter zufolge muss der Vater ganz anders gewesen sein als der zwischen Hoffnungen und Niederlagen heranwachsende Sohn.

Flurin Speschas 1986 in deutscher Sprache erschienener Roman »Das Gewicht der Hügel« ist ein Hymnus auf diesen Vater, diesen »*Sänger unter Trommlern*«, und er bleibt Hymnus selbst dann, wenn er ihn als strammen Chordirigenten ironisiert.

Ballade vom Scheitern

Doch das »*Gras auf der Straße wurde immer ärmer von den Schritten und den Schuhen*«. Kein Wunder, dass der heranwachsende Amedes zunehmend nur den Mief von Vereinsleben und Unterdrückung wittert. Nicht länger ist fortan die Rede von Brauchtum und Festen, jetzt münzt die Sprache des kritischen Jungen den Zauber einstiger Kindheitserlebnisse radikal um und schreibt Klartext: »*Prozessionssucht der Amedesser*« lautet seine Diagnose, und da »*Gespräche über die Schweizer Armee, insbesondere ihre Abschaffung*« bei Tisch verboten sind, wendet er sich von Familie und Heimat ab.

Gewiss, der Roman ist Schelte und Elegie in einem, mithin ein klassischer Fall von Satire. Dennoch meistert der Autor den aufwändigen Spagat zwischen den widerstrebenden Erfahrungen mit spielerischer Unbekümmertheit. Psychologisches und Polemik verfliegen in selbstironisches Sprachspiel, wobei eine glasklare Komposition das Verfliegende bindet und greifbar macht. Wie als Refrain legt eine Fabel über das hoffnungslose Unglück von Grille und Ameise den Rahmen über die Lebensgeschichte von Amedes mit ihren voraussehbaren Katastrophen. Die Lebensentwürfe des jungen Romanhelden halten sich dazwischen den nötigen Erlebnisraum frei und ziehen das Lesepublikum von Episode zu Episode mit. Doch sie bleiben Zwischenstrophen in dieser Ballade vom Scheitern eines, der auszog, freie Luft zu schnuppern. Gar Amerika schwebte ihm vor, aber auch das endete katastrophal.

Freilich, Spescha ist zu sehr Künstler, als dass seine Geschichte in Tief- oder gar Trübsinn abtauchte; unbekümmerter Humor und ein gerüttelt Maß an Selbstironie geben Gegensteuer. Diese Unbekümmertheit ist es

Tumma Castè mit dem ersten Weinberg am Rhein

auch, die dem Autor die Quadratur des Kreises in der strittigen standardisierten Schriftsprache Rumantsch Grischun ermöglicht. Dazu muss man wissen: Die 1982 vom Zürcher Romanisten Heinrich Schmid auf der Basis der Schriftsprachen der rätoromanischen Idiome entwickelte Einheitsschriftsprache Rumantsch Grischun hielt Einzug in Verwaltung und Wirtschaft; unter den Kultur- und Literaturschaffenden blieb sie vorerst umstritten und wurde als Fremdkörper empfunden. Spescha brach sozusagen ein Tabu, als er sieben Jahre nach seinem Debüt seinen zweiten Roman »Fieu e flomma« (Feuer und Flamme) in der künstlich geschaffenen Sprache verfasste. Seine literarische Innovation ist inzwischen Pflichtlektüre der Romanischklassen bündnerischer Mittelschulen.

Für den in Zürich lebenden Schriftsteller stellte sich die Frage, ob er deutsch oder romanisch schreiben solle, nie als Frage nach sich ausschließenden Alternativen. Er *hat* Sprache und damit genug. Zweisprachigkeit ist für Spescha unter Berufung auf den Deutschrumänen Paul Celan ein *»Instrument mit zwei Mundstücken«*. Das ist nicht Schönrednerei und es gilt auch für unspektakuläre Alltagswörter, die das romanische Wortgut nicht kennt, wie zum Beispiel Schrebergarten. Mehrere Areale solcher Gärten liegen unmittelbar um Speschas Heimatgemeinde herum. Ihre Pächter hissen Flaggen, die Bekenntnisse zur geliebten Fußballmannschaft oder der verlassenen Heimat sichtbar machen. Flurin Spescha gibt den Gärten den Namen, den das Romanische geländebedingt bislang nicht zu kennen brauchte: *»il schreberin«*.

Zugegeben: Der Ton des Romans »Das Gewicht der Hügel« rutscht gelegentlich in Kalauerei und Kabarett ab. Beides aber legt höchst sensible Zustände von Sprache und Psyche bloß. Und da seit Tucholsky der Satire alles erlaubt ist, hat der junge Autor in seinem Romandebüt nahezu freie Hand. Allerdings mit Tucholskys bitterem Nachsatz, wonach der Satire zwar alles erlaubt sei, dass man mit ihr aber keine Revolution mache. Das muss auch der jugendliche Held Amedes begreifen. Wir werden sehen.

Rettungsanker Unterland

Spätestens seit dem Scheitern seiner Amerikareise ist Amedes klar, dass er *»nie mehr einem Verein beitreten werde, der singt«*; seine Zukunft liegt außerhalb von *»Elternbonus und Majoritätsprinzipien«*. Die Versuche, ins Ausland zu reisen, bleiben glücklos. Zu gewagt, um vor dem eigenen ängstlichen Gewissen bestehen zu können: Unverschuldetes Miterleben des Unfalltodes des jüngeren Reisekameraden mischt sich mit Schuldgefühlen nach

Tumma Turrera mit der spätgotischen Kirche
Sogn Gion

ersten sexuellen Erfahrungen in seinem Innern zu einem bedenklichen Gebräu. Zu gewagt auch die Annäherung des Eigennamens Amedes an ein amerikanisches *»Amy – my name is Eimedes, and I'm from Switzerland ...«*. Amedes' Reisen enden allemal in Depression oder bestenfalls auf der Intensivstation. Die *»amerikanische Katastrophe«*, von der Flurin Spescha 1986 schreibt, ist das mangelnde Selbstvertrauen des jugendlichen Antihelden. Zuletzt bleibt ihm nur die Heimkehr in die dörfliche Enge, zuletzt heißt er wieder *»Amedes, der Unfaller«*, und *»amedesgeprüft«* wird er weiterhinken.

Seinem Dorf, in dem er als kleiner Bub beim Schlitteln an der Tumma Tschelli vom Werkbus mit den Fabrikarbeitern überfahren und schwer verletzt worden war, wird er später unweigerlich den Rücken kehren, denn – tout court – *»das Dorf trommelt«* und die Schmach, als schwächlicher Primarschüler nicht Trommel-, sondern Blockflötenunterricht nehmen zu müssen, bleibt unüberwindbar. Nichts hält ihn zurück in Domat/Ems, auch nicht die Klage der Mutter, auf der *»das ganze Gewicht der Welt lastet«*. Am Ende des Romans sucht Amedes wie sein Autor sein Heil in Zürich und zieht es vor, dort herumzufaulenzen und *»sich um das Dorf zu foutieren«*, wie die verbitterte Mutter klagt.

Wie schwer wiegen die Hügel von Domat/Ems? Es ist weniger das vorgeschichtliche Bergsturzmaterial aus Malmkalk, das, tonnenschwer und von

Der alte Dorfkern, darüber die Friedhofs-
terrassen auf Tumma Turrera

Rhein und Bächen zu unterschiedlich vollkommenen Kegeln erodiert, auf der Seele des Dichters Flurin Spescha lastet. Vielmehr ist es das an Traditionen überreiche Domat/Ems, diese viertgrößte Gemeinde des Kantons Graubünden mit ihren 5 Kirchen, den fast 7000 Einwohnern, 16 Gasthäusern, 78 Vereinen, mit ihrer emsigen Gewerbetätigkeit, allen voran die Ems Chemie mit angrenzendem 27-Loch-Golfplatz. Zwischen 10 und 68 Meter hoch sind die charakteristischen zwölf Hügel oder Tummas in der Rheinebene um Domat/Ems.

Der schönste Blick ergibt sich wohl von der Tumma Turrera mit der spätgotischen Prachtskirche Sogn Gion (Johannes der Täufer) und dem Friedhof. Ein 13. Hügel, Tumma Simanles, wurde zugunsten der Nationalstraße A 13 auf null Meter abgetragen. Nicht so das Werk des Autors Flurin Spescha. Nicht entscheidend sei, »was man uns antut, sondern das, was wir selbst aus dem machen, was man uns angetan hat«, wie bei Sartre nachzulesen ist.

Und so fordert Speschas literarischer Erstling zur posthumen Begehung seines dörflichen Schauplatzes auf. Diese führt zwar an den größeren und kleineren menschlichen Katastrophen des amedesgeprüften Romanhelden vorbei, an dessen großen und kleinen Toden, doch geschieht sie tänzerisch unbeschwert, sodass sich sozialkritische oder lokalpolitische Anklage in fasnächtliches Treiben voller närrischer Einfälle auflöst. Und wie jeder echte Maskenzug ist dieser Maskenzug immer auch Totentanz.

Mehr Hügel als die Ewige Stadt

Von Chur her mit der Rhätischen Bahn anreisend, am Felssturzgebiet von Felsberg vorbei, fallen einem bald die größtenteils dicht bewaldeten Tummas ins Auge. Inmitten schroffer alpiner Bergkulissen liegen sie hingestreut über die fruchtbare Rheinebene wie treibende Inseln. Die mächtigen kubischen Monolithen der Ems Chemie, einst berühmt für den »Emserwasser« genannten Treibstoff der Kriegswirtschaft, gesellen sich ihnen nahezu zwanglos bei.

In Domat/Ems weist das gelbe Zeichen der Wanderwege zwischen zwei Bahnhofgaststätten hindurch halb rechts von der Bahnlinie weg Richtung Dorf. Während des Baus der 1896 eröffneten RhB-Teilstrecke Chur–Thusis waren hier insgesamt fünf Restaurants, was diesem Streckenabschnitt den Übernamen »Veltlinerstrasse« eintrug. Eher wissenshungrig als schon durstig und wohl wissend, dass es sich hier erst um zwei der insgesamt sechzehn eingetragenen Gasthäuser der Gemeinde Domat/Ems handelt, lassen Wandernde die Gasthöfe links – bzw. links und rechts – liegen und folgen dem gelben Rautenzeichen der Bündner Wanderwege mit Blick auf die wunderschöne Tumma Castè, auf der früher eine Burg stand. Zwei Kirchen fallen ins Auge: Die Caplutta Sogn Antoni zuoberst ist jüngeren Datums (1725), die Ursprünge von Sogn Pieder am Fuße des Hügels reichen ins 8. Jahrhundert zurück. Das Kirchlein war Pfarrkirche bis ins 15. Jahrhundert. Ebenfalls am Fuße der Tumma Castè liegt der erste geschlossene Weinberg am Rhein, wie der Straßenname Via Vignola unterstreicht. Sogn Gion auf der unweit talabwärts und im ältesten Dorfteil liegenden Tumma Turrera war vom 16. bis ins 18. Jahrhundert Pfarrkirche und seither ist dies Mariä Himmelfahrt an der Hauptstrasse.

Am Ende des Romans bekennt der Autor mit seinem verstörten Helden: *»Ich wünsche mir kein anderes Woher. Aber wo ich bin, ist anderswo. Ich habe beschlossen, verdächtig zu bleiben.«* Der Vater, der ihm die Welt immer wieder aufgehellt hatte, sodass sie zumindest vorübergehend *»gewichtlos und leicht«* wurde, bleibt Rückbindung des mit seinem Romanhelden ins Unterland abgewanderten Autors mit der Bündner Heimat. Flurin Spescha war knappe 28 Jahre alt, als er »Das Gewicht der Hügel« veröffentlichte. Das Werk ist Hommage an den vier Jahre zuvor verstorbenen Vater. Flurin Spescha selbst starb unerwartet, 42-jährig, im Herbst 2000 in Zürich. Schwere und leichte Hügel fordern zur posthumen Begehung seiner Heimatgemeinde Domat/Ems auf.

Im Emserlied »Ils buobs da Domat« vergleicht der Volkspoet Flori Aloisi Zarn die Ortschaft schmunzelnd mit der Siebenhügelstadt Rom. Der Vergleich zwischen der Ewigen Stadt am Tiber und der kleinen Schwester am Alpenrhein ist eine liebenswürdige Übertreibung, und sie bleibt es selbst dann, wenn man die Tatsache herbemüht, dass die Gemeinde immer schon viele ihrer Söhne als päpstliche Gardisten nach Rom geschickt hat. Dennoch entschädigt die kleine Ewigkeit des Dorfes mit den, im Gegensatz zu Rom, bloß von Kirchen überbauten Hügeln Spaziergänger und Wanderfreudige ausgiebig für mehr als einen sonnigen Nachmittag.

Literatur

Flurin Spescha, *Das Gewicht der Hügel,* Nagel & Kimche, Zürich 1986
Flurin Spescha, *Das Gewicht der Hügel,* pendo pocket 25, Zürich und München 1999
Flurin Spescha, *Fieu e flomma,* Octopus, Chur 1993
Flurin Spescha, *Der zwölfte Tag danach: Geschichten,* Pendo Verlag, Zürich 1998
Flurin Spescha, *Wie wärs mit etwas Meer?,* mit Audio-CD, Pendo, Zürich und München 2002

LiteraTour-Info

Einstufung 📖📖
Gehzeiten 1–2 h
Beste Jahreszeit Ganzes Jahr
Karten Planskizze von Domat/Ems: www.domat-ems.ch (Rubrik Gemeinde/Informationen) und Landeskarte 1:25 000, Blatt 1195 Reichenau

An- und Rückreise
Von Chur nach Domat/Ems mit der RhB (Fahrplanfelder 920 und 940, im Halbstundentakt, nur Regionalzüge halten in Domat/Ems). Busverbindungen ab Chur: Postauto Richtung Flims–Laax (Fahrplanfeld 900.75) sowie Linie 1 der Churer Stadtbusbetriebe

Route
Ab Bahnhof den gelben Wanderwegmarkierungen folgend (Via Scherrat) zwischen Häusern und Gärten Richtung Dorfzentrum und Hauptstrasse/Via Nova. Der Hauptstrasse nach dorfauswärts links bis Post, danach rechts in die Via Castè einbiegen und um die Tumma Castè herum bis ans Ende der Straße. Dann rechts (Barnaus) und auf Crestas über Kopfsteinpflaster leicht aufwärts zur Tumma Turrera. Nach dem Brunnen scharf links durch ein Holzgatter und über den Kreuzweg aufwärts zu den oberen Grabfeldern des Friedhofs und zur Kirche Sogn Gion. Variante: wie beschrieben, auf der Hauptstrasse, jedoch vor der Post rechts in die Via Vignola einbiegen (Rebberg) und auf Tumma Castè mit Kirchlein Sogn Peider/St. Peter und Caplutta Sogn Antoni/St.-Antonius-Kapelle.

Rasten und ruhen
Die zahlreichen Hinweise auf Gasthäuser in Flurin Speschas Roman »Das Gewicht der Hügel« laden allerorten zum Verweilen ein.

Tummalandschaft: erodierte Trümmer postglazialer Bergstürze

Informationen
Gemeindekanzlei Domat/Ems, Tircal 11, 7013 Domat/Ems; Tel. 081 632 82 00, Fax 081 632 82 50; www.domat-ems.ch

Tipps
Sogn Gion auf Tumma Turrera ist normalerweise geschlossen; Schlüssel bei Drogerie Bargetzi, Via Nova 59 (schräg gegenüber Pfarrkirche Mariä Himmelfahrt im Dorfkern).
Ausflug auf die Emser Maiensäße (romanisch: Culms) mit Bergkapelle Sta. Verena/Sontga Frena am Nordabhang eines Ausläufers der Stätzerhornkette (Anfahrt südlich der Tumma Marchesa über die Via da Munt).
Flurin Spescha ist in Zürich begraben; vgl: Daniel Foppa, *Berühmte und vergessene Tote auf Zürichs Friedhöfen,* Limmatverlag, Zürich 2003.

Zeugen bergbäuerlicher Arbeitskultur: Stall mit
Heinzen (Heureuter oder Heureiter)

Jano Felice Pajarola

LiteraTour 20: Versam–Tenner Chrüz–Tenna

Lebendige Leichen. Ein Phänomen im Safiental

Nachforschungen mit Ernst Zahn, »Die Frauen von Tannò« (1911)

Daniel Pianta macht sich auf den Weg hinauf nach Tannò. Ratsleute aus dem Dorf begleiten ihn, den neuen, jungen Lehrer, der eben erst mit dem Zug am nächstgelegenen Bahnhof angekommen ist, unten im Tal also, während ihr Ziel weiter oben liegt, auf einem grünen Hügel, der das Dorf *»auf seinem büffelhaften, verdrossenen Rücken«* trägt, umringt von hohen Tannen, *»drohend, wie ein Heer finsterer Krieger«*, eine *»Schar mürrischer Wachtposten«*. Es ist Herbst, es ist feucht, die Schindeldächer der Häuser sind kohlschwarz, die Behausungen ducken sich *»wie in Erwartung einer Strafe«* und harren des Winters.

Kein Ort zum Verweilen also, wenn man dieser Beschreibung glauben mag. Sie steht am Anfang von Ernst Zahns Roman »Die Frauen von Tannò«, erschienen 1911, gedruckt und verkauft zu Zehntausenden, ein Großerfolg wie viele von Zahns 58 Romanen und Erzählbüchern, deren Gesamtauflage beinahe vier Millionen Exemplare betrug. Er wurde gelesen, dieser Zahn, vor allem in Deutschland, obwohl – oder gerade weil – er ein Schweizer war: 1867 in Zürich geboren, wo der Vater das »Café littéraire« führte, aufgewachsen in Göschenen, wo man 1880 zwecks Übernahme des Bahnhofbuffets hingezogen war, betätigte er sich früh in der Politik und, inzwischen selbst Göschener Buffetier, bald auch als erfolgreicher Schriftsteller. Den Durchbruch schaffte er 1901 mit seinem in der Franzosenzeit spielenden Roman »Albin Indergand«. Zahns bestverkauftes Buch, »Lukas Hochstrassers Haus«, veröffentlicht 1907, ging mehr als 500 000-mal über den Ladentisch, zum größeren Teil in Deutschland; in der Schweiz hielten sich Lesepublikum und Kritik eher zurück.

Stilisiert einen real existierenden Gendefekt (in der Bevölkerung von Tenna) zum Gleichnis: Ernst Zahn (1867–1952)

Rasten vor dem Aufstieg: Alp Brün (1287 m)

Zahn, nach 1916 nur noch schreibend tätig, geriet denn auch während beider Weltkriege in den Verdacht übermäßiger Deutschenfreundlichkeit, 1945 war gar von Kollaboration die Rede, ohne Beweise allerdings. In der Zwischenkriegszeit wurde Zahn von jüngeren Autoren und der Kritik zum Unterhaltungsautor degradiert, in den Nachkriegsjahren verlor er seine Popularität, später auch den Glauben an die Beständigkeit seiner eigenen Werke. 1952 starb Zahn im luzernischen Meggen. Heute ist sein Werk kaum noch bekannt. Grund genug, ihn auf einer literarischen Wanderung wiederzuentdecken. Denn immerhin galt Zahn seinerzeit als Inbegriff des Schweizer Heimatdichters, war mindestens so renommiert wie ein Jakob Christoph Heer (vgl. LiteraTour 12) oder ein Alfred Huggenberger. »Die solide Kunst der Komposition und die Gabe, bis zum letzten Satz spannend zu erzählen«, solche Werte entdeckt die Kritik heute wieder an Zahn. Oder seine Fähigkeit, Figuren zu erschaffen, die dem Identifikationsbedürfnis der Lesenden entgegenkommen.

Keine schöneren Frauen weit und breit

Daniel Pianta also macht sich auf den Weg. Er wird einer ganz besonderen Sorte Menschen begegnen: Bauern zwar, aber nicht arm, sondern mehr oder weniger wohlhabend, ein »*schlankgewachsener, leichtfüßiger und selbstsicherer Schlag von Leuten*«. »*Schönere Frauen findet man weit und breit nicht mehr*«, heißt es über die von Tannò. Einige von ihnen winden gerade beim Schulhaus festliche Kränze, ein Willkommensgruß für den neuen Lehrer, der an diesem Tag im Dorf ankommen soll. Unbeschwert sind sie, schwatzen, lachen, eine vergnügte Szenerie. Allerdings: »*Manchmal legte sich mitten in ihre Fröhlichkeit ein Schweigen, das zu lange dauerte, um ganz natürlich zu sein.*«

Pianta hat mit sich selber zu tun, während er nach Tannò hinaufsteigt, er ist in Gedanken, weiß, dass er »*etwas Großes*« will, aber nicht, was dieses »*Große*« genau sein soll. Jedenfalls: Er will »*dort sein, wo etwas Besonderes ist*«. Das ist die Natur des Daniel Pianta. Und Tannò, dieses seltsame

Nest, kommt der ersehnten Besonderheit sehr nahe. Eine Kostprobe davon wird der Lehrer erleben, kaum ist er im Dorf angekommen: Fritz Figi, ein junger Bursche, verletzt sich während der Willkommensfeier für Pianta an einem Nagel. Und verblutet. Stirbt. Jon Flury, der Pfarrer von Tannò, wird wettern: »*Gebt uns keine solchen Kinder mehr, ihr verdammten armen, geschlagenen Weiber*«, und Pianta wird »*gewaltige Empfindungen*« haben. »*Lauter lebendige Leichen bringen wir zur Welt*«, wird die alte Ulla Calonder klagen, die schon fünf Buben verloren hat, und der Pfarrer wird sich in ihrer Nähe fühlen, als gehe »*gliederklappernd der leibhaftige Tod neben ihm*«.

Sie sind Bluter, die Männer von Tannò, Hämophile, seit Generationen. Und ihre Mütter haben ihnen die Krankheit vererbt. Ohne selber daran zu erkranken. Ein Gendefekt auf dem X-Chromosom. Die Folge: Das Blut kann nicht gerinnen. Es fließt einfach. Und hört nicht mehr auf zu fließen. Doch so genau wissen das die Leute von Tannò in den ersten Jahren des 20. Jahrhunderts noch nicht. »*Die Ärzte waren sich über das Wesen der Krankheit wohl selbst nicht ganz im klaren*«, schreibt Zahn. Und: »*Tannò war gleichsam das Innerste dieses Krankheitsgebietes, der Ort, wo das Übel sich an ganzen Geschlechtern nachweisen ließ.*« Eben: Da ist etwas Besonderes, und da will Pianta hin.

Die Krankheit der Könige im Bauerndorf

Er wandert weiter hinauf. Und wir können uns vorstellen, den Weg mit ihm zu gehen. Wir sind in Versam Station aus dem Zug gestiegen, haben das Postauto ins Dorf genommen und machen uns jetzt auf nach Tannò. Denn er ist Realität, der Ort auf dem Hügel. Er heißt sogar fast gleich, zwei Buchstaben nur müssen wir ändern, das »a«, das »ò«: Tenna. Die kleine, abgelegene Gemeinde im Safiental hat eine ganz besondere Gemeinsamkeit mit den europäischen Herrschaftshäusern der vergangenen Jahrhunderte: die

Panorama auf dem Tenner Chrüz (2020 m): Heinzenberg und (hinten) Stätzerkette

Vom Tenner Chrüz Richtung Nord: Piz Barghis oder Ringelspitz (3247 m)

»*Krankheit der Könige*«, die Hämophilie. Auch in Tenna hat sie grassiert, bis heute fünfzehn Generationen lang, nur sind sie inzwischen nicht mehr im Dorf, die Bluter, sind alle fortgezogen, heißt es.

Seinen unheilvollen Anfang genommen hat das Übel im 17. Jahrhundert. Um 1650 – das ist in den Kirchenbüchern von Tenna überliefert – lebten Albrecht Walther und Ursula Buchli im Dorf, ein Ehepaar. Die beiden hatten vier Kinder, zwei Söhne, zwei Töchter. Einer von ihnen, Samuel, gilt als der erste Hämophile von Tenna, Tochter Ursula als erste sichere Überträgerin. Mehr als 60 Bluter sind seither in der so genannten Tennasippe, unter den Nachfahren der Familie Walther-Buchli also, festgestellt worden, und das in einem Dorf, das lange Zeit fernab aller medizinischer Versorgung war – der lange Weg zu einem Arzt oder ins Spital konnte schon bei der kleinsten Verletzung fatal sein.

Die Bluter der Tennasippe litten – leiden auch heute noch – an der sonst sehr seltenen Typ-B-Hämophilie, deren genaue Ursache man seit 1951 kennt. Und seit 1974 existiert überhaupt erst eine echte Hämophiliebehandlung im Kanton Graubünden, in erster Linie dank der Ärztin Serena Hartmann, deren Mann 1973 die Leitung der Medizinischen Klinik des Kantonsspitals in Chur übernommen hatte. Gemeinsam mit dem Hämophilieforscher Fritz Koller versuchte sie, alle Bluter in Graubünden ausfindig zu machen und sie über die modernen Heim- und Selbstbehandlungsmethoden mit Gerinnungsfaktoren zu informieren. Zwei Drittel dieser Bluter stammten aus der Tennasippe. Was man damals noch nicht wusste: Die überlebenswichtigen Gerinnungspräparate waren zum Teil mit HI- und Hepatitis-C-Viren verseucht. Unzählige Behandelte infizierten sich. Später wurden die Präparate besser kontrolliert, heute werden sie gentechnisch hergestellt, die Ansteckungsgefahr mit HIV oder Hepatitis ist definitiv gebannt. Und dank neuer therapeutischer Mittel muss den Konduktorinnen auch nicht mehr geraten werden, keine Kinder zu haben. Die Einstellungen haben sich geändert (mehr Infos dazu unter: www.shg.ch).

Das Sendungsbewusstsein des Lehrers

Das alles können wir heute wissen auf unserem Weg nach Tenna. Für Pianta, sich allmählich Tannò nähernd, und für die damalige Zeit überhaupt existieren diese Erkenntnisse nicht. Zwar hat der bereits verstorbene Dorfarzt – ebenfalls Bluter, wie es heißt – nach der Ursache der Krankheit geforscht, doch umsonst.

Eine Szene in der Stube der Familie Figi, kurz nach der Beerdigung von Fritz, dem das Willkommensfest für Pianta zum Verhängnis geworden ist: Vater und Mutter Figi, die Töchter Gunde und Justina, Knecht Xander Tuor. Man sitzt am Tisch, isst. Bedrückte Stimmung. »*Der Pfarrer hat doch recht*«, sagt der Alte in die Stille. »*Dass ihr nicht heiraten solltet, ihr, die es angeht.*« Die Töchter. »*Es ist kein Ende von dem Elend, so lange ihr Weiber es so weitertragt.*« Gunde gibt ihm Recht, Justina hingegen – ihr ist der Kopf heiß geworden, sie wechselt einen viel sagenden Blick mit Knecht Xander. Nicht heiraten? Das darf nicht sein. Keine Kinder haben? Dafür ist es schon zu spät. Justina ist, wie der Leser bald darauf erfährt, schwanger von Tuor. Das Kind wird die Krankheit haben, wenns ein Bub ist, es wird sie weitergeben, wenns ein Mädchen ist.

Noch eine Szene: Pianta ist jetzt schon seit einiger Zeit in Tannò, er trifft sich mit Pfarrer Flury und Arzt Semadini im Wirtshaus. Man diskutiert. Und wieder ist nur eine Lösung denkbar: »*Die Frauen, in deren Familien das Übel ist, müssen das Heiraten lassen*«, sagt der Pfarrer, und Pianta erwidert: »*Man müsste sie dazu erziehen können.*« In diesem Moment wird der Lehrer sein Sendungsbewusstsein entdecken. »*Er war heiß danach, etwas für den geschlagenen Ort zu tun, so heiß wie immer, wenn er meinte, dass vor ihm der Weg zum Großen liege.*«

Großes soll geschehen

Noch studiert Pianta aber nach wie vor daran herum, *»woher, warum und wozu«* er den Weg nach Tannò geht, gerade jetzt, kurz nach seiner Ankunft. Einen Faseler hat ihn sein eigener Bruder genannt, so oft, dass Pianta selbst daran glaubt, er sei ein Wirrkopf. Sein Pfad führt durch Wald und Wiesen bergauf, an vereinzelten Höfen und Ställen vorbei, das Emd ist bereits eingeholt, das Vieh zurück von der Alp. Wir, selbst wandernd, stellen uns diesen jungen Mann vor, wie er da hinaufstapft, schwitzend und grübelnd, mit sich selbst nicht im Klaren, und haben vielleicht Mitleid mit ihm, denn wenn wir Zahns Roman gelesen haben, wissen wir, dass Pianta den Pfad auch wieder abwärts gehen wird, Tannò verlassend, unterwegs an einen anderen Ort, zu einer neuen Anstellung, wieder den Wunsch hegend, Großes zu tun. *»Und er wusste nicht, dass er die große Tat seines Lebens vielleicht eben hinter sich hatte.«*

Die große Tat. Versammlung im Schulhaus von Tannò, einberufen von Pianta. Das Gespräch zwischen Lehrer, Pfarrer und Arzt im Wirtshaus hat die Runde durchs Dorf gemacht, es muss etwas passieren, sagen die Leute, damit *»dieser lebendige Tod, zu dem immer neue geboren werden«*, ein Ende findet. An diesem Tag soll es geschehen, soll der Bund begründet werden, die Ehe- und Kinderlosigkeit der Mädchen und Witwen von Tannò. Und tatsächlich: Erst Murren, Murmeln – dann unterschreiben sie den Eid, Frauen wie Männer, ob betroffen oder nicht, ob verliebt oder nicht, ob mit Eifer oder ohne. Pianta setzt seinen Namen als Erster auf die Liste, es folgt Anna Julia Balmott, die Tochter des verstorbenen Arztes, dann kommen die anderen. Die große Tat geht weiter: Es menschelt in Tannò, der *»Nonnenburg«*, wie im Tal gespottet wird, Mädchen und Burschen, die den Eid geleistet haben, werden in Zweifel gestürzt durch die Liebe, die sie plötzlich erleben, so, wie Justina und Xander sie schon erlebt haben, und Pianta muss um den Bund kämpfen, gemeinsam mit Anna Julia und trotz seiner immer offensichtlicheren Zuneigung zu ihr; er sieht den Eid *»dem Brechen nahe«*. Und gerät schließlich sogar selbst in Versuchung: Durch Zufall kommt ans Licht, dass Anna Julia gar nicht aus einer Bluterfamilie stammt, sie und Pianta müssten sich also nicht an den Bund halten, könnten zueinander finden, heiraten, aber es soll nicht sein, sie opfern ihre gemeinsame Zukunft der Zukunft Tannòs. Helden des Alltags, ganz so, wie Zahn sie in seinen Büchern oft gezeichnet hat.

Zeitwechsel, Ortswechsel. Das Tenner Kreuz ist ein guter Platz, um »Die Frauen von Tannò« aus dem Rucksack zu holen und sich die Geschichte

Dorfkern Tenna mit typischen Walserhäusern

von Pianta und Anna Julia nochmals ins Gedächtnis zu rufen. Groß steht das christliche Symbol auf dem Bergkamm, blickt nach Süden, ins Safiental, blickt nach Norden, zum Flimserstein, zurück auf den Weg, den wir gerade hinter uns gebracht haben, ein alter Kirchweg übrigens, auf dem noch bis zur Reformation die Toten aus Tenna nach Valendas zur Bestattung gebracht werden mussten, wie die Geschichtsbücher erzählen. An der wunderbaren Aussicht vom Tenner Kreuz werden sie sich kaum lange erfreut haben, die Leichenträger. Heute packen wir auf der Anhöhe unser Essen aus, legen uns in die Sonne, genießen noch ein Weilchen lesend die Ruhe, wohl wissend, dass es bis Tenna nur noch abwärts geht, lediglich eine gute Stunde bleibt uns zu wandern. Dann werden wir es sehen, Zahns Tannò, das Dorf auf dem *»büffelhaften, verdrossenen Rücken«* des Hügels, umstellt von Tannenkriegern, kohlschwarz die Dächer, geduckt die Behausungen. Gut möglich, dass Tenna uns heute ganz anders erscheint.

Die Wirklichkeit war anders

Weiter unten, da – ist das Pianta, der das letzte Wegstück nach Tannò unter die Füße nimmt? Er hat die Anhöhe hinter sich gelassen, stürzt sich bald in ein Abenteuer, von dem wir inzwischen viel mehr wissen als er in diesem Moment. Großes, Großes will er schaffen. In der Geschichte gelingt es ihm. *»Noch ist keine der Frauen von Tannò vom Bund abgefallen«*, lehrt uns Zahn in seinem Epilog. In der Wirklichkeit ist der Bund der Ehelosen eine Legende geblieben.

Literatur

Ernst Zahn, *Die Frauen von Tannò,* Deutsche Verlagsanstalt, Stuttgart 1911

Tenna (1642 m) liegt auf einer Sonnenterrasse über dem Safiental

LiteraTour Info

Einstufung 📖📖📖
Gehzeit 4 ½ h
Höhendifferenz 1110 m
Beste Jahreszeit Mai bis Oktober
Karten Landeskarte 1:25 000, Blatt 1195 Reichenau und Blatt 1215 Thusis

An- und Rückreise

Chur bis Versam Station mit der RhB (Fahrplanfeld 920), Postauto ab Versam Station bis Versam (Fahrplanfeld 920.10) Zurück mit dem Postauto ab Tenna (Fahrplanfeld 920.10)

Route

Bei der Post in Versam nehmen wir zuerst die Hauptstraße in Richtung Valendas-Ilanz, wandern an der Abzweigung nach Versam Station vorbei und biegen schließlich außerhalb des Dorfes bei einer lang gezogenen Wiese mit Ställen links in den Pfad nach Fahn ein. Nach einem kurzen Aufstieg durch den Wald durchwandern wir eine große Lichtung und traversieren anschließend nochmals ein Stück Wald, bevor wir die Häuser von Arezen erreichen. Etwas weiter oben im Dorf biegt der Weg rechts ab in Richtung Alp Brün. Wir gelangen zuerst zum malerischen Weiler Calörtsch und später, über steile Wiesen und an Maiensäßen vorbei, auf die Brüner Alp. Dort beginnt der Aufstieg zum Tenner Chrüz, die Scala (Treppe), ein schmaler Viehpfad hoch über dem Aclatobel, der durch ein Meer von Alpenrosen führt. Das mächtige Kreuz auf dem höchsten Punkt unserer Route gelangt schnell einmal ins Blickfeld und zeigt uns die Richtung an. Haben wir die Anhöhe einmal überschritten und den imposanten Ausblick gebührend genossen, führt der Weg zuerst sanft, anschließend etwas steiler fallend durch blumenreiche Wiesen in Richtung Tenner Alp und schließlich über einen Pfad, später über einen Feldweg nach Tenna. Unsere Wanderroute mündet unweit des Kirchleins aus dem 16. Jahrhundert in ein Sträßchen, dem wir nun folgen können. Die Postautohaltestelle befindet sich weiter unten im Dorf.

Varianten

FDen Weg von Versam nach Arezen kann man auch auf der Safierstrasse statt via Fahn zurücklegen – etwas schneller, aber weniger ruhig. Von der Brüner Alp aus gibt es außerdem einen Pfad via Lägerbüel-Schlüechtli, auf dem man ebenfalls zum Tenner Chrüz gelangt.

Rasten und ruhen
Gasthaus Rössli, 7104 Versam,
Tel. 081 645 11 13, Fax 081 645 11 44,
E-Mail: roessli.versam@swissonline.ch
Bed & Breakfast Cresta, 7104 Versam,
Tel. 081 645 13 37, Fax 081 630 50 36,
E-Mail: sabine.weber@bluewin.ch
Bergpension Alpenblick, 7106 Tenna,
Tel. 081 645 11 23, Fax 081 645 11 73,
E-Mail: fredromer@freesurf.ch

Informationen
Verkehrsverein Tenna, Tel. 081 630 50 25,
Fax 081 645 11 26,
E-Mail: tenna@safiental.ch
Verkehrsverein Versam, Tel. 081 645 11 13,
Fax 081 645 11 44, E-Mail: info@versam.ch,
www.safiental.ch, www.versam.ch,
www.safien.ch

Tipps
In der Kultursäge in Versam finden immer wieder Ausstellungen statt; Auskunft erteilt der Verkehrsverein Versam.
Wandmalereien aus der Zeit um 1400 schmücken das Tenner Kirchlein. Weitere Informationen bei der Kirchgemeinde in Tenna oder beim Pfarramt in Safien Platz.

Faszination Bergwelt: Tallandschaft Lugnez
(von Morissen aus Richtung Vrin)

Esther Krättli

LiteraTour 21: Morissen-Piz Mundaun-Hitzeggen-Morissen

Nirgendwo und überall. Traumpfade zum oberen Raum

Eine Besteigung der »Bündner Rigi« mit Toni Halter, »Caumsura« (1967/1976)

»Caumsura« ist überall und nirgends. Ein Maiensäß irgendwo in einem Bündner Bergtal. Caumsura – oberer Raum, caum, ein Ort, wo man etwas hegen und pflegen kann, was einem lieb und teuer ist. »Campsura« – oberes Feld, auch der Titel der deutschen Übersetzung ist poetische Fiktion. Zwar spielen beide Titel mit dem tatsächlich existierenden Maiensäß Cuolm Sura am Fuß des Piz Mundaun. Caumsura erweist sich aber als utopischer Ort der Träume und des Unerreichbaren.

»Ei seigi sco ei vegli! Caumsura sco num local tucca el Grischun; nossa historia perencunter entscheiva a Turitg.« Sei es, wie es wolle, schreibt der Autor Toni Halter (1919–1986) im Vorwort, Caumsura als Ortsname gehöre nach Graubünden. *»Die eigentliche Geschichte aber beginnt in Zürich.«*

Ein Unterländer kommt nach Marschaga

Hauptfigur des 1967 erschienenen Romans »Caumsura« ist der Junge Marco Curdin, der mit seiner Familie in einem Arbeiterquartier in Zürich lebt. Marco soll für einige Monate nach Graubünden, um sein Asthma in der Höhenluft auszukurieren. Eine zufällige Begegnung im Hauptbahnhof Zürich verschafft ihm die Bekanntschaft mit einer älteren Frau aus Marschaga, einem kleinen Dorf im Bündner Oberland. An diese Frau erinnert sich Marco, als er nach einer Privatunterkunft für seinen Kuraufenthalt sucht, um dem ungewohnten Leben im Sanatorium zu entgehen.

Chronist der Umwälzungen in der bäuerlichen Kultur des Val Lumnezia: Toni Halter (1919–1986)

Eine der zahlreichen Kirchen, die die Kulturlandschaft Lugnez prägen: Vattiz

Alles hätte bestens geklappt, wenn nicht der Widerstand des Vaters Marco einen Strich durch die Rechnung gemacht hätte. Allein der Name Marschaga bringt den Vater aus der Fassung. Von dort waren nämlich seine Eltern weggezogen, um im Unterland einen großen Bauernhof zu kaufen und so unglücklich zu bewirtschaften, dass sie schon bald von der Fürsorge der Heimatgemeinde Marschaga abhängig wurden. Das hat der Vater nie verkraftet, und er will mit allen Mitteln verhindern, dass sein Sohn an den mit Ressentiments behafteten Ort zurückkehrt.

Schließlich lässt der Vater sich doch erweichen, und Marco bricht an einem Aprilsonntag nach Graubünden auf. Nach langer Reise in Marschaga angekommen, richtet sich Marco Curdin bei entfernten Verwandten ein, bei Geli, dem Cousin seines Großvaters, und dessen Frau Mengia.

Gepflegte Weiden, prämierte Kühe

Hier überlassen wir Marco zunächst seinem Schicksal. Er wird sich im Stall und auf dem Feld nützlich machen. Er wird den Onkel überzeugen, dass die Arbeit auf Feld und Wiesen mit einem neuen Motor schneller zu erledigen ist. Er wird die Gegend um Marschaga, die Maiensäße, Berghänge und Gipfel, erkunden. Er wird Bekanntschaft machen mit dem sterbenden Bauerntum, aber auch mit der Faszination der Bergwelt. Und sein Asthma wird allmählich verschwinden.

Wir indessen vertauschen Marschaga mit Morissen, einem 300-Seelen-Dorf mit etwa zwei Dutzend Bauernbetrieben. Morissen liegt abseits der Lugnezerstraße, am Südhang des Piz Mundaun. Seine Einwohnerinnen und

Einwohner gelten als rechtschaffen und bodenständig. Weit über das Val Lumnezia hinaus sind die Morissener Bauern bekannt wegen ihrer sensationellen Erfolge in der Viehzucht. Wir wandern los, immer den gelben Wegmarkierungen Richtung Piz Mundaun (romanisch Péz Mundaun) folgend. Und so kann es gut sein, dass wir auf den gepflegten Wiesen oberhalb des Dorfes auf die eine oder andere Kuh treffen – und es ist dann nicht irgendein Rindvieh, sondern eine an Viehschauen preisgekrönte Schönheit und prämierte Leistungskuh.

Nach einer Stunde Wegzeit haben wir das Kirchlein Sogn Carli im gleichnamigen Wald hinter uns gelassen und erreichen den Berggasthof Bündner Rigi. Bevor wir den letzten steilen Aufstieg zum Gipfel des Piz Mundaun in Angriff nehmen, kehren wir in der geschichtsträchtigen Gastwirtschaft ein. Nur wenige Schritte von hier hatte der einheimische Panoramamaler Michel Caderas – er scheint nicht nur kreativ, sondern auch geschäftstüchtig gewesen zu sein – im Jahre 1862 einen kleinen Restaurationsbetrieb eröffnet, wo er Bergtouristen bewirtete und Molkenkuren anbot. Von Michel Caderas wird später noch die Rede sein. Etwa zur gleichen Zeit entstand an seinem jetzigen Standort das Gasthaus Bündner Rigi, das allerdings zuerst den Namen Hotel Piz Mundaun und zeitweilig den exotischen Namen Villa Buenos Aires trug, dies weil der damalige Besitzer sein Glück zuvor im fernen Argentinien gemacht hatte.

Berühmt für seine prämierten Zuchterfolge:
Morissen

Unterwegs zum oberen Raum:
Alp Fantanuglias (1769 m)

Der Klapperstorch im Escherwald

Vom Gasthaus Bündner Rigi gehts über Bergweiden steil hinauf zum Gipfel. Der Name Mundaun wird vom lateinischen »mundare« abgeleitet, was so viel wie säubern und somit auch roden bedeutet. Der Piz Mundaun ist tatsächlich ein Berg ohne größere Waldflächen. Umso mehr erstaunt der Anblick des an der Ostflanke des Mundaun gelegenen Uaul da Sogn Carli, den wir beim Aufstieg von Morissen durchwandert haben. Er ist erst gegen Ende des 19. Jahrhunderts aufgeforstet worden, interessanterweise aufgrund eines Legats von Arnold Escher von der Linth. Er wird darum auch Escherwald genannt.

Vielleicht sehen wir einen Mäusebussard seine Kreise ziehen oder Turmfalken, die über unsere Köpfe jagen. Eher unwahrscheinlich ist der Anblick eines Storches, er gehört nicht gerade zu den einheimischen Vogelarten. Und doch soll der Klapperstorch beim Kirchlein im Wald Sogn Carli zu Hause sein und seit Menschengedenken für den Nachwuchs im Val Lumnezia gesorgt haben (vgl. LiteraTour 23).

Die Kinder von Onkel Geli und Tante Mengia sind längst ausgeflogen, haben das Dorf verlassen und leben irgendwo im Unterland. Die beiden Alten sind allein in Marschaga zurückgeblieben und bewirtschaften nur noch einen kleinen Teil ihres einstigen Anwesens. Den Rest haben sie verkauft oder in Pacht gegeben. Der Stadtbub Marco wird für sie zum Lichtblick, lastet die Zukunftlosigkeit des sterbenden Bauerntums doch schwer auf ihnen.

Während der Bub für Mengia wie ein eigener Sohn ist, sieht Geli in ihm eine willkommene Hilfskraft. Seine nüchterne Berechnung hat auch etwas Gutes: Als Marco sich als nützlich und geschickt erweist, kehren auch beim Alten die Begeisterung und der Arbeitswille zurück. Er ist stolz, dass sie das Maiensäß Caumsura wieder selber bewirtschaften können und nicht mehr in Pacht geben müssen. Alles in allem ist es ein Sommer der Illusionen. Für den Onkel, weil er glaubt, es kehre wieder neues Leben in den Bauernbetrieb zurück. Für Marco, weil er den Traum einer Rückkehr zur alten Familienscholle erfüllt sieht. Doch so gradlinig verläuft wohl kein Weg.

Und dazwischen das Unüberwindbare

Der rätoromanische Autor Toni Halter war auf beiden Seiten der Mundaunkette zu Hause. Geboren im zum deutschsprachigen Obersaxen gehörenden Weiler Valata und aufgewachsen in Surcuolm auf der Westseite des Piz Mundaun, war Halter viele Jahre lang Lehrer in Vella, dem Hauptort des Val Lumnezia, auf der Ostseite des Mundaun. Aus seiner Jugend kannte er das bäuerliche Leben als Kuh- und Geißenhirt.

Halter zeichnet einen Bergbauern, der einerseits eigennützig, andererseits voll Achtung für die Tüchtigkeit der andern ist. Die Erfahrungen, die er in seiner Jugendzeit im an einer Sprach- und Konfessionsgrenze liegenden Bauerndorf Surcuolm machte, haben Halter geprägt und spiegeln sich in seinem Werk wider. Auf der einen Seite die reformierten Rätoromanen von Flond, auf der anderen die katholischen und deutschsprachigen Walser von Obersaxen. Und mittendrin, über allem thronend, der mächtige Piz Mundaun.

Wer dort oben ankommt, wird für allfällige Mühsal belohnt: Die Aus- und Rundsicht ist eindrücklich. Und wer davon begeistert ist, wird sie durchaus als atemberaubend erleben.

Es war kein Einheimischer, sondern ein deutscher Schulmeister, der dem Piz Mundaun zu verdientem Ruhm und dem Beinamen »Bündner Rigi« verholfen hat. Gottlieb Ludwig Theobald (1810–1869), der an der Kantonsschule in Chur Naturwissenschaften unterrichtete und in seiner Freizeit die Bündner Bergwelt erforschte, bestieg den Piz Mundaun zweimal, 1855 und 1860. In seinen Aufzeichnungen zählt er diesen Berg zusammen mit dem Piz Beverin bei Thusis und dem Piz Linard im Engadin zu den schönsten Bündner Gipfeln überhaupt. Den Piz Mundaun verglich er wegen seines einmaligen Panoramas mit der Innerschweizer Rigi, sodass er fortan von Einheimi-

Der Piz Mundaun (2064 m) ist auch ein Skiberg

schen »nies Rigi« (unsere Rigi) oder eben »Bündner Rigi« genannt wurde. Ein Bergkamerad Theobalds war übrigens Michel Caderas aus Ilanz, der 1861 den Rundblick vom Piz Mundaun auf Papier verewigte. Sein Mundaunpanorama ist unterdessen eine antiquarische Trouvaille, vergleichbar mit dem 40 Jahre später entstandenen Calandapanorama.

Der Piz Mundaun hilft bei Verstimmungen

»Sche ti has mala veta e schliata luna, sche pren il fest e fai ina tura sil Pez Mundaun.« – »Wenn du verstimmt bist und schlechte Laune hast, dann pack deinen Stock und mach eine Wanderung auf den Piz Mundaun.« Dieser Tipp findet sich in einem Bericht, der bereits 1860 in der »Gasetta Romontscha« erschienen ist. Ob seine Wirkung tatsächlich derart positiv ist, bleibt offen. Dass es sich beim Piz Mundaun jedoch um den schönsten Aussichtsberg der Schweiz handelt, scheint ein Wettbewerb, der Anfang des 20. Jahrhunderts durchgeführt wurde, zu beweisen. Die Vorgaben waren eindeutig: Gewinnen und fortan als Panoramaberg par excellence gelten sollte derjenige Gipfel, von dem aus am 1. August die meisten Höhenfeuer zu sehen sein würden. Der Piz Mundaun bot damals Aussicht auf die zahlreichsten Feuer. Wie viele es genau waren, bleibt Geheimnis. So wie es ein Geheimnis bleibt, ob die Oberländer deshalb wirklich die besten Patrioten sind.

»*Marco kehrt zurück*« – diesen Titel hatte Toni Halter eigentlich anfänglich für seinen Roman »Caumsura« vorgesehen. Die Geschichte hat sich allerdings in eine andere Richtung entwickelt. Wer seine Scholle einmal verlassen hat, für den gibts kein Zurück.

Was bleibt, ist die Erinnerung an einen besonderen Ort, einen oberen Raum, ein Caumsura der Erwartungen. Ein Traum.

Literatur

Toni Halter, *Caumsura,* Ediziuns Fontaniva, Cuera 1967
Toni Halter, *Campsura.* Aus dem Romanischen von P. Hildefon Peng, Orell Füssli Verlag, Zürich 1976
Duri Blumenthal u. a., *Kulturführer Val Lumnezia und Vals,* Fundaziun da Cultura Val Lumnezia, Vrin 2000
Andrea Darms, *Der Piz Mundaun,* Eigenverlag, Flond 2001

Vor allem aber ein Aussichtsberg: das Nordpanorama über das Vorderrheintal mit Waltensburg und Andiast

LiteraTour-Info

Einstufung 📖📖📖
Gehzeiten 4 h (Auf- und Abstieg je 2 h)
Höhendifferenz 718 m
Beste Jahreszeit Juni bis Oktober
Karten Landeskarte 1:25 000, Blatt 1214 Ilanz (Glion); Landeskarte 1:50 000, Blatt 257 Safiental; Wanderkarte Kümmerly & Frey 1:40 000 Val Lumnezia-Obersaxen; Wanderkarte Kümmerly & Frey 1:60 000 Surselva

An- und Rückreise
Von Chur nach Ilanz mit der RhB (Fahrplanfeld 920); mit dem Postauto nach Morissen (Fahrplanfelder 920.40 und 920.41)

Route
Den gelben Wanderwegmarkierungen zum Piz Mundaun folgend, verlassen wir das Dorf Morissen (1346 m) in Richtung Norden. Auf der zunächst asphaltierten Bergstraße kommen wir nach etwa ¾ h zum Kirchlein Sogn Carli im gleichnamigen Wald. Der Straße folgend, verlassen wir nach kurzer Zeit den Wald und gelangen zum Berggasthaus Bündner Rigi (1618 m). Über Alpweiden führt der Weg jetzt steil zum flachen Gipfel des Piz Mundaun (2064 m) mit seiner beeindruckenden Rundsicht. Abstieg über den ungefährlichen Grat Richtung Hitzeggen. In der Talmulde nehmen wir den Weg über Fantanuglias zurück nach Morissen.

Variante
Im Sommer und Herbst besteht die Möglichkeit, ab Vella mit den Sesselbahnen Vella–Triel–Hitzeggen auf die Mundaunbergkette zu gelangen. Die halbstündige, gefahrlose Gratwanderung zum Piz Mundaun ist auch für Kinder möglich. Abstieg über Fantanuglias oder Bündner Rigi nach Morissen. Auskunft zu Betriebszeiten und Fahrplan der Sesselbahnen Vella–Triel–Hitzeggen bei den Bergbahnen Piz Mundaun AG, Talstation Vella Tel. 081 931 15 74.

Rasten und ruhen
In Morissen gibt es günstige Gästezimmer und Verpflegung in der Pensiun e Ustaria Piz Mundaun, Tel. 081 931 11 07.
Unterwegs lädt das Gasthaus Ustaria Bündner Rigi (Tel. 081 925 14 43) mit seiner herrlichen Aussicht zum Verweilen ein. Eine

weitere Einkehrmöglichkeit ist das Restaurant an der Bergstation der Sesselbahnen Valata–Cuolm Sura–Piz Mundaun.
Über weitere Übernachtungsmöglichkeiten in Hotels, Pensionen sowie über Massenlager in der Nachbargemeinde Vella informiert der Verkehrsverein Val Lumnezia.

Informationen
Verkehrsverein Val Lumnezia, Casti de Mont, 7144 Vella; Tel. 081 931 18 58, Fax 081 931 34 13; www.vallumnezia.ch

Tipps
In der Val Lumnezia besteht ein gut ausgebautes Angebot für Ferien auf dem Bauernhof. Ideal für einen Aufenthalt auch mit Kindern ist die naturnahe Badesee- und Erholungsanlage Davos Munts oberhalb Vattiz, wo man auch zelten kann.
Der Lugnezer Kultur- und Erlebnisweg, die Senda culturala Val Lumnezia, führt von Vella aus taleinwärts zur Badesee- und Erholungsanlage Davos Munts. Unterwegs trifft man auf Informationstafeln zu Geschichte, Kultur, Geologie, Fauna und Flora des Val Lumnezia. Beim Verkehrsverein ist ein Faltprospekt mit Angaben zur Senda culturala erhältlich.

Naturschönheit und Naturgewalt vermählen
sich oft: im Peiltal

Susanne C. Jost

LiteraTour 22: Vals Platz–Peiltal–Vals Platz

Urchig?! Gestern wie heute. Überlegungen zu Beginn des 21. Jahrhunderts

Eine ecomuseale Begehung mit Johann Josef Jörger, »Urchigi Lüt« (1918), »Bei den Walsern im Valsertal« (1913) und Hans Haid u. a., »Ein Leben lang« (1995)

Die Bemerkung eines überaus kommentierfreudigen Passagiers des Postautokurses von Ilanz nach Vals lässt mich nicht mehr los. Seine Begeisterung über die Wildheit der Luchneren und der fast demütig immer wieder auftauchenden Häusergruppen kennt keine Grenzen. »Ist das nicht fantastisch hier!«, ruft er aus und setzt gleich darauf etwas leiser hinzu: »Also wohnen möchte ich hier ja nicht, aber toll ist es schon.«

Später, unterwegs von Peiler Hof zu Peiler Hof, erinnere ich mich an den flüchtig hingeworfenen Kommentar. Die Nähe, aber auch die Gewalt der Natur scheinen allgegenwärtig, ein Leben mit ihr ein mächtigeres Muss als anderswo.

Hier kommen sie her, Johann Josef Jörgers »Urchigi Lüt«. Er selbst ebenso. Kaum zwölf Jahre alt, zog es ihn fort. Ins Gymnasium sollte er, aber die einzige Brücke, die damals auf die andere Talseite hinüberführte, war weggerissen worden. Niedergeschlagen kehrte er ins Dorf zurück, und bereits am Nachmittag bahnte er sich seinen Weg über eine umgestürzte Tanne »*hinüber in die Welt hinaus*«.

Es schien ihn förmlich wegzuziehen aus der Enge, der Abgeschlossen- und Abgeschiedenheit von Dorf und Tal. Und doch, wie seine Tochter 1944 notiert, kehrte er immer wieder zurück: »Am liebsten stieg er ins kleine Peiltal hinauf; [...] dort hatte er den Frieden schlichten, naturverbundenen Alpenlebens erfahren. Er mag ihm wohl jedes Mal neu das Herz erfüllt haben, wenn er dieses heimatlichste Stück Heimatboden betrat.«

Wochentags rassistisches Gedankengut durchgesetzt: der Sonntagsschriftsteller Dr. Jörger (1860–1933)

Vals Platz: die Steinplattendächer verraten den Einfluss aus Süden

Schlicht, naturverbunden, ursprünglich – urchig. Für Jorger eine gelebte Erinnerung, für manch einen Besuchenden heute ein gesuchtes Erlebnis auf Zeit. *»Ich begegne ihr liebend gern, der guten alten Zeit, als man die Socken noch am Brunnen vor dem Tore wusch«*, schreibt Hans Haid in »Ein Leben lang«, fragt sich ehrlicherweise aber auch, ob er denn die Socken tatsächlich wieder am Brunnen waschen möchte …

Alles ändert und bleibt sich gleich

Wie in manch anderer Bergregion fallen in Vals Vergangenheit und Gegenwart in eigentümlicher Weise zusammen. Die Bergwelt scheint unserer Schnelllebigkeit erfolgreich zu trotzen und erinnert nicht nur daran, wie es war, sondern lässt erahnen, dass es Dinge gibt, die dem Wandel der Zeit und unserer Gesellschaft entgegenzutreten vermögen. Auf dem Weg nach Vals verschiebt sich so manche Perspektive.

Spätestens bei der einstigen Walsersiedlung Tersnaurs, wo die Straße gegen St. Martin abzweigt und in die Luchneren eindringt, verschiebt sich die Ordnung der Dinge. Eben noch konnte man die Weite des Val Lumnezia genießen, schon wird man von einer rauen Mächtigkeit verschluckt, die gleichzeitig faszinierend und beengend wirkt. Die Walser, die ab dem 12. Jahrhundert aus dem Wallis auswanderten, bevorzugten solche Landschaften. Wer im Valsertal ankam und sich niederließ, wurde als Walser zum Valser.

Mit »*Wier husa zwüschet leida, rucha Bärga*« vermerkt Jörger in seiner Monografie »Bei den Walsern im Valsertal« eine altüberlieferte Klage der Valser, die mehr als treffend erscheint und alles überdauert, was Vals zwischen der ersten Siedlungsnahme der Walser ab Mitte 14. und den touristischen Boomjahren des späten 20. Jahrhunderts erlebt hat. Weder der eher abschreckende Hotelkomplex der Therme noch die moderne Abfüllanlage des Valserwassers am Dorfeingang ändern etwas daran. Hier dominiert der Berg. Die Talsohle, in der sich die Häuser des alten Dorfkerns um den Hauptplatz herum eng aneinander schmiegen, erreicht zwar zeitweise eine Breite von 300 Metern, die beidseits steilen Tallehnen, an denen die für Vals typischen Ställe – gebaut aus einer Kombination von Stein und Holz – bis gegen 2000 Meter Höhe kleben, lassen jedoch allfällig aufkommende menschliche Überlegenheitsgefühle wie Seifenblasen zerplatzen.

Die Natur hat bessere Arbeit geleistet, ihr urchiges Gesicht zu wahren, als das Dorf. Die Neueröffnung der Therme Anfang der 1990er-Jahre hat einen Aufschwung ins Tal gebracht, der nicht nur architektonische Kunstwerke – wie die Therme selbst – hervorgebracht hat. Die konsequente, da vorgeschriebene Bedachung mit Gneis- oder Glimmerschieferplatten wirkt teilweise beinahe ironisch. Der Dorfplatz verschweigt jedoch das meiste, und das älteste Haus am Platz trägt die Jahrzahl 1539. Von einer Pfarrkirche war gemäß Jörger schon 1451 die Rede. Der heutige eindrucksvolle Bau geht auf das Jahr 1642 zurück und ist den Heiligen Petrus und Paulus geweiht.

Wenn der Wandel die Zeit anhält

Der heilige Petrus, Schutzpatron des Tales, ist es auch, der mich nach dem steilen Aufstieg an der Kirche vorbei auf der Anhöhe begrüßt, von der aus ich ins Peiltal gelange. Der Platz des Bildstocks ist gut gewählt, ermöglicht er doch dem Heiligen wie auch seinen Besuchern einen Rundblick über das gesamte Dorf und weit talaus- und -einwärts. Sozusagen hinter dem Rücken von Petrus öffnet sich das Peiltal, und mein Entscheid, die Talseite zu wechseln, ist schnell getroffen. Im Gegensatz zur beinahe schwindelerregenden Steilheit der rechten erahne ich, den Waldsaum der linken Talseite betrachtend, eine milder gesinnte Topografie und genieße nach der ersten Anstrengung den kurzen Abstieg zum Illgrassteg, der mich über den Peilerbach führt.

Die Naturstraße, die ich nach kurzem Aufstieg erreiche, deutet auf die Erschließung des Peiltales hin, hat sie aber längst nicht begründet.

Walser besiedelten die Berghänge bei Vals ab dem 14. Jahrhundert

Lange vor ihrer Erstellung durch polnische und französische Kriegsinternierte in den letzten Jahren des Zweiten Weltkriegs war das nun so still vor mir liegende Tal eine wichtige Verbindung zur Welt jenseits der Valser Berge.

Der Weg in die Welt hinaus führte vor den 1870er-Jahren nicht über Ilanz, wie er es heute tut, sondern brachte Bauern und Bergträger via Peiltal zum Valserbergpass nach Hinterrhein und über den San Bernardino in den sonnigen Süden. Mit dem Bau und Ausbau der Straße nach Ilanz scheint sich das ganze Valsertal gedreht zu haben und entsprechend still und entrückt wirkt das einst viel begangene und ganzjährig besiedelte Peiltal. So schreibt denn auch Jörger über sein liebstes Tal: »*Es wandern nur mehr Touristen den alten Pfad und die paar Walser, die im Sommer als Hirten oder Mähder im Hinterrheintal ihr Brot verdienen.*«

Was vom Wandel unberührt geblieben zu sein scheint, ist demnach erst durch diesen entstanden. So paradox es klingen mag, im Peiltal scheinen Wandel und Moderne die Zeit angehalten zu haben, die Geschäftigkeit ist um-, der Mensch ausgezogen. Die sechs Höfe, denen ich in den kommenden Stunden begegne, liegen still da, dienen bestenfalls noch als Maiensäße und zeugen doch lebendig von einer Zeit, die Jörgers Geschichtenband »Urchigi Lüt« in all ihren Facetten einzufangen vermag.

Das Gestern als Hoffnung auf morgen

Die Valser sind sich einig. Mit diesen Geschichten hat der Dr. Jörger, wie er in Vals meist genannt wird, ganze und beherzte Arbeit geleistet, und man wird nicht gern daran erinnert, dass der Doktor, in seiner Funktion als Psychiater und Leiter der Anstalt Waldhaus in Chur, mit weitaus weniger Herz, dafür mit umso mehr von Rassentheorien beeinflusstem Eifer agiert hat. Aber trotz seiner nicht unumstrittenen Persönlichkeit werden seine Mundartliteratur und die volkskundlichen Aufzeichnungen zu seiner Heimat von Fachkreisen ebenso geschätzt und gelobt wie von der geneigten Leserschaft.

Sicher ist, dass ohne seine Aufzeichnungen viele Geschichten, aber auch einstige Eigenheiten des Dialekts und des Brauchtums verloren gegangen wären; sie wären verlassen worden wie die Höfe in unwirtlicher Höhe. Wie der Wanderer besucht nun die Leserin im Jetzt das Gestern mit der Landschaft als bereitwilligem Gehülfen. Vom Tobelhus zum Boda-, Chappeli- und Furrahus und weiter zum Hofli und Inder Peil durchquere ich eine karge Wiesen- und Weidelandschaft. Beschwerlich, aber machbar erscheint bäuerliches Leben hier. Das Chappelihus lädt zum Verweilen. Nicht nur wegen der Aussicht, die sein Standort bietet, und nicht nur dank der großen flachen Steine, die rückseitig zum Wohnhaus bereitwillig perfekte Bühnen für ein ausgiebiges Picknick abgeben. Ein Verweilen ist vor allem auch angezeigt, um sich die kleine Kapelle anzuschauen, die auf ihre eigene Art und Weise an die Landschaft anknüpft. Gottvertrauen, das braucht(e) man hier, um auszukommen.

Die Aussicht auf die Peiler Höfe auf der rechten Talseite veranschaulicht die so oft beschriebene Siedlungsform der Walser. Eine Streusiedlung wie aus dem Bilderbuch. Jeder für sich und doch eine Gemeinschaft. Die Eigentümlichkeit dieser walserischen Lebensphilosophie spiegelt sich auch im Wohnhaus des Chappelihus. In typischer Valser Manier wohnten hier zwei Familien zusammen unter einem Dach. Die zwei Kamine verraten jedoch getrennte Kochstellen. Man teilt und bleibt doch für sich. Ein Zeichen von Härte? Oder Trotz?

Trotzig scheinen sich zumindest die gegenüberliegenden Höfe der Vertikalkraft zu widersetzen. Einzig die Gebäude Uf dr Matta sonnen sich auf einer kleinen Terrasse. Landwirtschaftliche Arbeit an und in solchen Steillagen kann ich mir kaum vorstellen, sehe sie irgendwo zwischen Wahnwitz, bewundernswerter Ausdauer und dem Willen, dem Berg ein Auskommen abzutrotzen.

Fernes Gebimmel verrät eines der Tiere, die in diesem Gelände noch mithalten können, und die das Peiltal heute berühmt machen: die Ziege. Am Wendepunkt der Wanderung befindet sich denn auch die Ziegenalp Peil. Mit der Heimkehr der Ziegen am späteren Nachmittag bietet die Alp hier Freilichtspiel, Schaulandwirtschaft und Direktvermarktung. Der kleine Restaurationsbetrieb gleich nebenan ergänzt das Angebot – eine neue Überlebensstrategie, die hier wie anderswo einigen Menschen am und mit dem Berg eine neue Vision für die Zukunft ermöglicht. Wie einst, so Haid in seinem eigenwilligen Text, geht es ums Überleben, *»ungebrochen ununterbrochen voller Hoffnung auf morgen übermorgen, aufs zweitausendzehn aufs zweitausendachthundertachzig und so weiter«.*

Die Idylle der Gefahr

Am Hang hinter den Wirtschaftsgebäuden der Ziegenalp stürzt ein Wasserfall in die Tiefe und verschwindet auf halber Höhe. Nicht der Fels, sondern eine Wasserfassung verschluckt seine geballte Kraft. Jörger nennt Lawinen und Wasser die *»Löwinnen der Berge«*. Wasser, eine der gefürchtetsten Naturgewalten in Vals, wird hier zum wirtschaftlichen Nutzen, und es ist Wasser, das Dorf und Tal in aller Welt bekannt gemacht hat. »S'isch guat z'-Valserwasser« – sei es im Trinkbecher oder in der Therme.

Die schmale Straße schlängelt sich dem Peilerbach entlang, und immer wieder grüßen Erfrischungsuchende aus dem Bachbett. Kleine Staudämme werden errichtet, es darf gespritzt werden. Was alle wissen, aber keiner zu beachten scheint: Wird aus dem Sammelbecken Wasser abgelassen, drohen Flutwellen. Zahlreiche Tafeln mahnen, aber die Gefahr ist vielleicht zu wenig vorstellbar, zu menschengemacht. Zu friedlich ist das Gluckern des Restwassers, zu einladend die mit Sonne getränkten Steine, als dass man an die stets drohende Kraft des Wasser denken könnte oder möchte. Vielleicht sind wir auch schon zu weit weg vom bewussten Wissen darum, und schließlich sind wir zu Besuch in der Natur.

Wer hier bleibt, lernt schnell. *»Es hat des Kampfes und Wehrens kein Ende«*, schreibt Jörger, und Tage nach meinem Ausflug höre ich, dass der Peilerbach sich nach Gewittern einmal mehr in ein reißendes Ungetüm verwandelt hat und Evakuierungen notwendig wurden.

Der steile und lang gezogene Abstieg über den Wiesenweg bringt mich direkt zurück in die obere Dorfhälfte. Neue Häuser stehen hier Schulter an Schulter mit Gebäuden aus dem 16. und 17. Jahrhundert. Letztere tragen fast alle einen kunstvoll geschriebenen Haussegen an ihrer Frontseite. Gläu-

Die Zeit scheint angehalten: Bodahus (1745 m)

bigkeit und Aberglaube vermischen sich hier. Gott wird um den Schutz von Haus, Hof und Mensch gebeten, der Schriftzug wird zum Talisman, und falls Gott grad nicht hinschaut, sind da – seit jüngerer Vergangenheit – zum Glück immer noch die Versicherungsplaketten, die manche der alten Häuser zieren und scheinbaren Schutz versprechen. An der (Ehr-)Furcht vor der Natur, die man hier mit dem ersten Blick aus dem Fenster lernt, werden auch sie nichts ändern.

Eine Prise Urchig fürs Handgepäck

Von manchem Glück und Unglück wüsste sie sicher zu erzählen. Eine alte Frau sitzt halb verborgen auf einem kleinen Balkon eines noch viel älteren Hauses. Sie blickt zur Straße hinunter. Ob sie beobachtet, wer hier vorbeigeht? Vielleicht sitzt sie auch einfach nur da. Auf jeden Fall wird sie selbst beobachtet. Ein wanderndes Paar blickt fasziniert zu ihr hoch. Ebenso unvermittelt wie absehbar lehnt sich der Mann gegen den Zaun und setzt die Kamera an. Lange dreht er am Objektiv, sein Motiv keinen Augenblick aus dem Fokus verlierend.

Irgendetwas rebelliert in mir, Haid fällt mir ein: »*das ehemals Heilige ist massentouristisch verkommen ausgebeutet massakriert geschändet und die menschen selbst: durch permanente touristenanbiederung herabgekommen prostituiert und schließlich mutiert. arme kreaturen des geldmachens und*

Perfekte Bühne zum Verweilen: das Chappelihus (1728 m) mit angebauten Küchen

des entweihens der berge.« Seine Worte sind mir hier zu hart, zu einseitig, und doch kommt es mir vor, als ob die gezückte Kamera meines Vordermannes die Szene entweiht, die sie einfangen will. »Klick, klick, klick«, es tut mir weh, und die Frage nach Respekt brennt mir auf der Zunge.

»*Jemanden intensiv und immer wieder mit der Kamera zu begleiten ist eine Gratwanderung. Dahinter stehen Gefühle von Neugierde bis Voyeurismus. In diesem Fall war es vor allem der Drang, etwas festhalten zu wollen, was im Grunde vergänglich ist. [...]. Im Laufe von zwei Jahren [...] habe ich viele Bilder gemacht, andere habe ich bleiben lassen. Welche, das spielt keine Rolle. Wichtig ist, dass du erlebst.*« Peter Donatschs Bilder erzählen in »Ein Leben lang« eine eigene Geschichte und sind zugleich Zeitdokument. Als beobachtender Begleiter hat er miterlebt und geteilt. Der Bilderjäger vor mir kann diesbezüglich wohl nicht mithalten, hat aber mit Sicherheit ein Bild im Kasten, das dem entspricht, was viele Besucher hier suchen. Was er heimträgt, ist ein Bild aus dem Heute, das wie ein Gestern anmutet und es doch nicht ist ...

Literatur

Johann Josef Jörger, *Urchigi Lüt. Geschichten im Valserdialekt,* Walservereinigung Graubünden, Chur 1989 (3. Auflage)

Johann Josef Jörger, *Bei den Walsern im Valsertal,* Gandahaus-Vereinigung, Menghini, Vals, Poschiavo und Basel 1998 (5. Auflage, Schriften der Schweizerischen Gesellschaft für Volkskunde Bd. 10)

Hans Haid, Erika Hössli, Peter Donatsch und Rolf Vieli, *Ein Leben lang,* Edition Wortbild, Maienfeld 1995

Aufschwung im urchigen Tal: Valser Wasser

LiteraTour-Info

Einstufung 📖📖📖
Gehzeiten 3–4 h
Höhendifferenz 490 m
Beste Jahreszeit Mitte Juni bis Mitte Oktober
Karten Landeskarte 1:25 000, Blatt 1234

An- und Rückreise

RhB nach Ilanz (Fahrplanfeld 920), Postauto nach Vals Platz (Fahrplanfeld 920.45); im Peiltal verkehrt ein Wanderbus (Tel. 081 935 16 49, 079 632 23 53, www.pizaul.ch)

Route

Vom Dorfplatz aus links an der Kirche vorbei bis ans Dorfende. Von hier aus führt der Weg Richtung Valserberg entlang des Baches durch Stauden steil den Hang hinauf bis zu einer Wiesenkrete, wo er sich verzweigt. Der Pfad rechts führt hinauf zum Bildstock mit der Statue des heiligen Petrus. Hier beginnt der Weg ins Peiltal. Es folgt ein kurzer Abstieg hinunter zum Illagrassteg, einer kleinen Brücke über den Peilerbach. Steil den Hang hinauf erreicht man die Peilerstrasse. Kurz nach dem Waldchappeli zweigt der Weg rechts ab und steigt durch Wald und Lichtungen in die Höhe. Links des Weges erinnert ein Holzkreuz an einen verunfallten Valser. Kurz nach Verlassen des Waldes folgt das Tobelhus, der äußerste Hof von Peil auf der linken Talseite. Wenig später folgt das Bodahus und rechts führt ein Pfad zur Selvaalp und zum Selvasee hinauf. Der unterste Weg der Verzweigung weist taleinwärts zum Chappelihus, einem weiteren Peiler Hof, neben dem eine kleine Kapelle steht. Leicht absteigend folgen das Furrahus und das Hofli. Nun führt der Weg hinunter in den Talboden zu den Häusern von Inder Peil. Nach der Überquerung der Brücke über den Peilerbach folgt der Sand. Von hier aus sind verschiedene Routen möglich, und auch für den Rückweg nach Vals Platz stehen Varianten offen. Statt wie hier gewählt auf der Peilerstrasse talauswärts zu wandern, können rechts aufsteigend die Höfe der rechten Talseite besucht werden. Bleibt man auf der Straße, zweigt bei der Wegbiegung nach dem Waldchappeli ein steiler Wiesenpfad rechts ab direkt zurück ins Dorf. Ein anderer Weg führt links via Bord nach Valé und von dort nach Vals zurück.

Rasten und ruhen
Bei Inder Peil befindet sich seit 1978 der Peiler Kiosk, ein Kleinstrestaurant mit Außensitzplätzen (nur bei guter Witterung geöffnet, ab Mitte Juni Sa/So, ab Mitte Juli bis Mitte Oktober täglich). Es besteht außerdem die Möglichkeit, sich mit Produkten von der Ziegenalp Peil - Halbhartkäse, Vollmilchziger und Ziegenmilch - einzudecken.
In Vals gibt es zahlreiche Unterkunfts- und Verpflegungsmöglichkeiten.

Informationen
Visit Vals, 7132 Vals, Tel. 081 920 70 70, Fax 081 920 70 77, E-Mail: info@vals.ch, www.vals.ch

Tipps
Ein besonderes Schauspiel bietet sich auf der Ziegenalp Peil jeweils gegen 16 Uhr, wenn rund 200 Ziegen mit ihrer Hirtin oder ihrem Hirten zu den Ställen zurückkehren.
Auf jeden Fall lohnend ist ein Besuch des Talmuseums Gandahus, wo Geschichte, Alltag, Brauchtum und Handwerk der Walser des Valsertales den Besuchenden (be-)greifbar gemacht werden. Ebenfalls angeboten werden geführte Dorfrundgänge (Auskunft Visit Vals).
Als Ergänzung zur wandernden Erkundung des Valsertales lädt die Felsentherme (vgl. LiteraTour 29) zum entspannenden Bade, Tel. 081 926 80 08, www.therme-vals.ch.

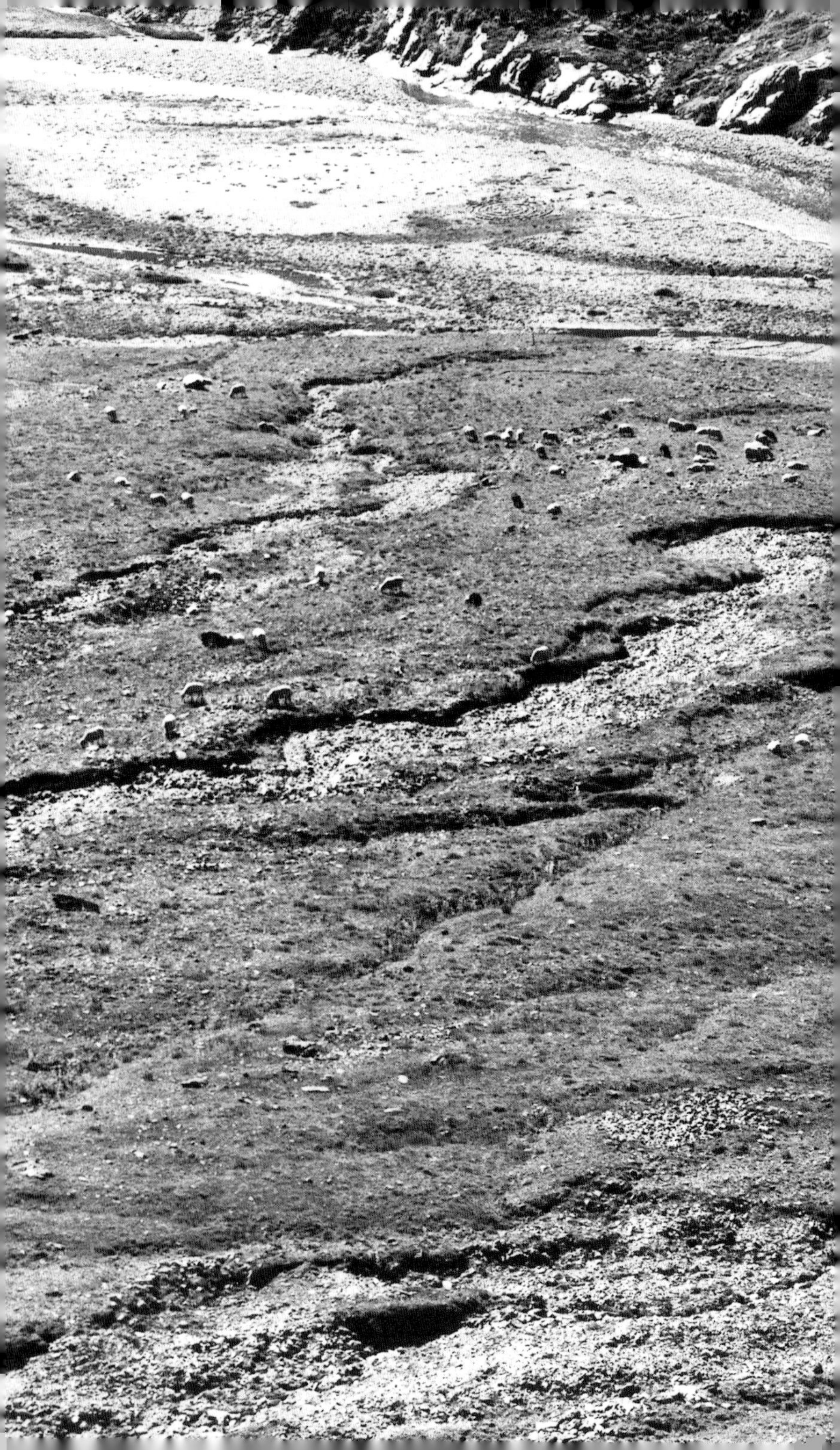

»Die Masse der Schafe hat die Tendenz auseinander zu gehen«: Hirtenalltag auf der Greina

Kaspar Schuler

LiteraTour 23: Vrin–Diesrutpass–Plaun la Greina–Rabius/GR (Campo Blenio–Olivone/TI)

Im Windschlauch. Wo Steine bersten und Hirten im Kreis gehen

Auf Jagd- und Alpwegen mit Leo Tuor, »Giacumbert Nau, Hirt auf der Greina« (1988/1994)

Die Greina ist ein feuchter Windschlauch voll zerzauster Nebelhexen. Und weit. Ein letzter Fetzen Sagenland. Eigentümlich, dass praktisch alle Wandernden sie eilends durchschreiten, sogar bei Sonnenschein, schnurstracks, als fürchteten sie sich. Vielleicht mit Grund.

Leo Tuor war vierzehn lange Sommer Schafhirt dort oben. Sein Roman »Giacumbert Nau, Hirt auf der Greina« ist ein innerer Monolog in Stücken. Nachdenklich kargbittere Gedankenketten, auf jeder Seite neu beginnend, fortschweifend und ineinander fließend, sind es eines Hirten Perlenschnüre, aufgereiht wie die Schafe in der Gaglianera. Vom Nordwind Punteglias und der Einsamkeit kantig geschliffene Literatur in Brocken.

Aufbrechen. Giacumbert kennen lernen. »*Nicht gerade groß und nicht besonders schön. Schmale Schultern hatte er für einen Mann, und keine Haare auf der Brust. […] Eine feine Hand hatte er. An seiner Linken waren aber, bis auf den Daumen, alle Finger ab.*« Allein hingehen, wie immer, wenn man einen Hirten erleben will, erst recht einen toten. Hinaufgehen, irgendwo auf Graswoge oder Felskamm stehen, absitzen und lesen, laut in den Wind. Nur nicht in einer warmen Hütte.

Füllt die Einsamkeit des Alphirten auf endloser Weide wortgewaltig: Leo Tuor (geb. 1959)

Wider Heuchler und Behörden

Der einfachste Zugang, zu empfehlen mit schwerem Rucksack, ist jener von Vrin im Val Lumnezia über den Diesrutpass. Wird die Greina

Nur echt, wenn es stürmt, findet Leo Tuor: die Greina, wie man sie (von Bildern) kennt

künftig Jagdbanngebiet mit Gleitschirm- und Zeltverbot, Wanderwegpflicht und weiteren Geboten, so ärgert das Leo Tuor am meisten. Er wohnt unterhalb. Wieso muss man oben, um den Tourismus in einer verletzlichen, hochalpinen Landschaft zu kanalisieren, den zwei einzig verbliebenen Greinajägern, einer davon ist er, die Jagd verbieten? Zumal die vielen Wandernden das Ihre zur Vertreibung des Wildes beitragen. Zwei Gämsen erlegt er in einem Herbst. Andrerseits: Das Jagdbanngebiet nützt dereinst der Gemeinde Vrin, die einen zusätzlichen Jagdaufseher erhält. Nicht unwichtig für das Bergdorf in einer der Sackgassen Graubündens, dem Lugnez (vgl. LiteraTour 21).

Wer sich nicht auf der Teerstraße warm laufen will, reserviert ab Vrin den Kleinbus bis Puzzatsch. Wer ab Vrin wandert, trifft auf die Kapelle Sogn Giusep mit ihrem Schindeltürmchen. Drinnen umfängt einen geweihte Stille, im Chor musizieren verblassende Engel, im Schiff stehen Kirchenfahnen für Prozessionen bereit. Der Katholizismus, im ganzen Bündner Oberland präsent, dominiert auch die Politik. Fast alle Surselver Großräte im Bündner Kantonsparlament sind Mitglieder der CVP. »Schwarze Lawine« heißt ihre Macht im Volksmund.

»Giacumbert Nau« rechnet schonungslos mit ihren kleinbürgerlich engen und bigotten Seiten ab: »*Überhaupt, Pfaffen und Polizisten und Patres und Poeten und den Pöbel hatte er auf der Latte – alles, was mit einem P begann. […] Der Pfaffen wegen, die ihn geprellt und hintergangen hatten. Wegen dem Poliziot, der ein Schnüffler war und ein Dummkopf obendrein. Wegen den großmäuligen Poeten und wegen den kahlköpfigen Politikern.«*

Zornig erinnert sich Giacumbert, wie er als Zweitklässler den Katechismus auswendig lernen musste: »*Du sollst nicht begehren deines Nächsten Weib.*« Er fragte den Pfarrer, was das heiße, ›*begehren*‹: »*Da habe ich vom Heiligen Zorn eine Ohrfeige bekommen, die ich mein Lebtag nicht vergessen werde. Fortan hieß meine Rache: ›Du sollst begehren deines Nächsten Weib.‹*« Dem frönt der Hirte intensiv, vorab in einsamen Nächten im Stroh, fühlt mit der Stummelhand nach seinem Geschlecht und erinnert sich an seine Geliebte, Albertina. Doch sie ist unerreichbar, verheiratet nun, wie so viele seines Jahrgangs, und er trotzig allein, sorgt sich um seine Schafe im Unwetter am Berg, vermisst die fortgebliebene Katze, krault seinen Hund.

Wer in Puzzatsch zu wandern beginnt, sollte dort in die Kirche treten und auf Seite 81 von Tuors Text nachlesen, wie der Pfaffe sich erhängt: »*Das Weiß seiner Augen rinnt in den Judasbart wie Sperma, angestaut seit Jahr und Tag.*« Vielleicht lässt sich so erahnen, wie blasphemisch 1988 Tuors Roman im Bündner Oberland aufgenommen wurde, als das Original auf Surselvisch erschien. Trotz Empfehlung der kantonalen Kulturkommission verweigerte die Regierung einen Publikationsbeitrag. »*Giacumbert ist nie beliebt gewesen bei seinen Leuten. Zu scharf waren seine Zähne, zu direkt seine Rede, zu durchdringend sein Blick.*«

Die Milchbar am Diesrut

Jetzt beginnt der Aufstieg zu Giacumberts Hinterlassenschaft, denn »*Giacumbert ist fort, und die Weiden, die mit demselben Buchstaben begannen, sind zerstört*«. Wie zur Bestätigung ist auf keinem einzigen Wegweiser die Greina erwähnt. Im Gespräch sagt Leo Tuor: »Für mich ist die Greina nur dann wirklich, wenn es stürmt und schneit, ansonsten ist sie kaputt.«

Auf der Alp Parvalsauns gibts Ziegenkäse zu kaufen und auf 2110 Metern über Meer steht tatsächlich eine »Milchbar« am Wegrand, mit dunkelblauen Henkeltassen an Bretterhaken, Selbstbedienung. Man erfährt, Joghurt oder kühle Kuhmilch schlürfend, aus einem angenagelten Zeitschriftentext, dass hier bereits vor 4000 Jahren »Weib, Wein und Olivenöl in Amphoren« über den Diesrutpass gesäumt wurden.

Sein Übergang ist ein langer Rücken, auf einem Stein ein älterer Mann, mit freundlichen Augen und einem Knaben an seiner Seite. Nur mit einer

Wasserflasche ausgerüstet, sitzen sie da. Auf den Gruß hebt er die linke Hand. Beim Weitergehen ist ein spärliches Bimmeln und Blöken am Berg zu hören. Der Hirt am Wegrand hatte alle Finger.

»Als ich ihn zum letzten Mal sah, rief er: Wir sehen uns noch, spätestens in der Hölle. Die Schönen sind dort unten. Addio!«

Graue Wolken stauen sich. *»Wenn Du über den Diesrut kommst und das Auge dafür hast, dann siehst Du in der Ebene auf kleinem Hügel den Steinhaufen, der einmal die Hütte des Rosshirten war. Wenn Du das Auge hast. Dein Auge, deine Seele.«* Mir zeigt sich eine geäderte Landschaft aus dem gebirgigen Herzen der Erde, Rückzugsort vielleicht der emigrierten Alpfee Margriata. *»Giacumbert schiebt den Hut zurück. Die Ebene interessiert Giacumbert nicht. Piano della Grena.«* Die Ebene gehört auch hier den Rindern. Die Schafe sind in die steilsten Hänge verbannt. Die Schäfer quittierens den Rinderhirten und angesehenen Sennen mit Stolz oder Verachtung.

Ich steige hinab, schreite über flache, kiesige Weiden voll blauvioletter Glockenblumen, wate durch den Rein da Sumvitg und suche einen Platz zum Schlafen, weitab von Mooren und weidendem Galtvieh.

Giacumberts Land

Anderntags regnets und Nebel wabert den nordwestlich die Ebene begrenzenden Bergrücken hoch. Gaglianera heißt der Hang, von Giacumbert verwünscht und verherrlicht – er hat sich dort verkrochen. Sitzt man davor, mitten auf der gewellten Rinderweide, ist die Gaglianera so breit wie das ganze Gesichtsfeld. Und hoch, so hoch, dass nur ein kleiner Streifen Himmel bleibt. Eine im Anrollen zu tausend Felsbuckeln erstarrte Granitwoge. Nicht schroff und nicht sanft.

Steht man drin, ists ein chaotisch gestuftes Felslabyrinth: grau, graugrün, graurötlich, mit weißen Quarzadern versetzt, vom Gletscher rundgeschliffen, vom Frost zertrümmert, vom Wasser zernagt in Steine, Schutt und Splitter. Dazwischen gibts Gras, langes, worauf man ausrutscht in der Nässe, kurzes in den Mulden und auf schmalen Bändern. *»Giacumbert schaut finster wie ein Teufel und eilt über Höcker und Furchen der Gaglianera.«*

Aufsteigen, atmen, weitersteigen, schwerer atmen. Vernebelt, durchnieselt. Hirtenalltag. Und denken. Wo sind wohl die obersten Schafe und wo jene von diesem, wo die eines andern Bauern? Tausend Variationen des »Habe ich alle?«. Im »Handbuch Alp« schreibt Tuor: *»Das Phänomen der Masse ist das, was dich beschäftigen wird, wenn du mit Schafen gehen*

»Habe ich alle?«: Schafspuren im Greinasand

willst. Die Masse kann man nicht zählen. […] Wie arbeitet die Masse? Die Masse entwickelt eine schreckliche Dynamik. Zusammen bewegen sie sich rasch, sie gehen und gehen ohne aufzuhören. […] Die Masse der Schafe hat die Tendenz auseinanderzugehen. Je länger du sie sich selbst überlässt, desto weiter auseinander geht sie. Sie verschwindet in die Ferne, in die Felsen, ins Nichts. Nach ein paar Tagen hast du nichts mehr. Wie sie zusammenbringen? Mit Gehen und nochmals Gehen.«

Giacumbert geht und flucht und rennt, spiegelt – so wird in Graubünden das Absuchen des Geländes mit dem Feldstecher genannt – und schaut, wie Schaf um Schaf sich aufreiht, zu einer, zu mehreren Perlenschnüren, zu einem langen Zug ins Tal, in die Höhe, zum Läger. Harmonie mit der Natur? Hart erarbeitet, abgetrottet, jeden Tag von neuem die Möglichkeiten nutzend, die der Berg dem Hirten lässt. Giacumbert kennt seinen Spielraum, kennt die Gaglianera, passt sich an, um seine Arbeit zu tun, nützlich zu sein.

Die Greina nutzen

Auf der Schulkarte des Kantons Graubünden war der Greinastausee bereits eingezeichnet. Seit 1916 im Gespräch, besaßen die Nordostschweizer Kraftwerke (NOK) ab 1946 eine Konzessionsbeteiligung und verfolgten diverse Nutzungspläne. Aufgrund der Rivalitäten mit dem Tessin sowie von Bündner Talschafts- und Parteistreitigkeiten kam nichts davon zustande. Mitte der 1950er-Jahre einigten sich Kanton und NOK auf eine Greinanutzung nach Norden, zum Vorderrhein. Nun zögerte die NOK, sie setzte neu auf Atomenergie. Ende der 1970er-Jahre, als man parallel zu weiteren Wasserkraftwerksprojekten erneut die Greinapläne diskutierte, begann sich vehementer Widerstand zu regen. Im Verein Pro Rein Anteriur kämpften couragierte Einheimische. Die Emotionen gingen während Jahren hoch, die Nerven der auf Pfründe und Wasserzinsen schielenden Politiker lagen blank.

»Seid ihr nicht bei Trost? Die Bäche sollen verstummen? Und was ist mit meinen Tieren? […] Nicht einmal die Steine wollt ihr mir lassen. Sogar die Geröllhalden wollt ihr mir nehmen. […] Gauner seid ihr, Lumpenpack. Baut eure Seen in euren Städten, die Kloaken sind. Verflucht sollt ihr sein […]. Lasst der Erde ihren Frieden und dem Tal sein Rauschen und Raunen. Verschwindet, woher ihr gekommen seid!«

1986 verzichteten die NOK (heute Axpo) auf die Konzession und nach weiteren Bemühungen der Umweltorganisationen erhielten die Gemeinden Ausgleichszahlungen für die entgangenen Wasserzinsen.

Wo hinaus talwärts?

Keinen Gipfel und kein Ziel erreicht, keinen Weg abgespult, nur früh hoch zu den Schafen gegangen, sie gesucht und lang gehütet, spät heimgekehrt. So ziehen Hirten ihre Kreise, Wandernde gehen linear. Wer den Hirtenalltag

Von Giacumbert verwünscht und verherrlicht:
die Gaglianera

nachempfinden will, muss verweilen da oben. Drei Hütten, je an Eckpunkten der Ebene, bieten sich an.

Wer nach Süden wandert, über den flachen Pass Crap la Crusch, zur moor- und tümpelreichen Alpe di Motterascio, erlebt realisierte Kraftwerkspläne. Nach einem steilen Abstieg erreicht man den Luzzone-Stausee mit seinen meist öden Ufern, von Kraftwerksleuten als »Speckränder« bezeichnet, analog zum Schmutzrand einer entleerten Badewanne.

Über den Passo della Greina, nach Westen, ist die Hochebene stilvoller zu verlassen. Gegenüber der grauen Gaglianera liegt der schwarze Pizzo Corói: »*Ein Schieferrücken, stolz, behäbig breit. Am Nachmittag schimmern seine feinen Runsen blaugrau in der Sonne. Schneeflecken leuchten neben grünen Bleisen. Fleck neben Fleck, jedes Jahr ein wenig anders. Breit macht sich der Coroi in die Ebene hinaus, wie eine Glucke. Ein Riesenhuhn. Und gegenüber die weite, weite Gaglianera.*«

Zwischen Gaglianeragranit und Coróischiefer hat sich Tuffgestein emporgedrückt. Das ergibt am Passo della Greina ein faszinierendes steinernes Dreifarbenspiel, weiß-grau-schwarz, vom beständig rinnenden Wasser zernagt. Man betritt hier den Kanton Tessin und wer in der Mulde kurz nach der Passhöhe die mit einem blauweißen Wegweiser markierte Abzweigung nach Norden nicht verpasst, findet zu einer idyllisch kleinen Schlucht. An ihrem Ausgang liegt die Scalettahütte, wo einem das kühle Bier mitsamt dem großen Ausblick serviert wird: das Val Camadra zu Füßen, das Bleniotal im Dunst. Die Verheißung, dass es einen Süden gibt, üppig, nicht mehr karg.

Feiner Bergkäse, litteratura

Im Norden der Greina, nach der Camonabrücke auf Schafwegen hoch Richtung Piz Ner, fände sich der Pfad zu Giacumberts Hütte. Ihn zu suchen, ist nicht empfehlenswert. Nachlesen ist besser, vor der Terrihütte beispielswiese, bei Kaffee und einem Nussgipfel.

In eineinhalb Stunden überschreitet man den Crest la Greina, den exponierten Geländerücken hoch über dem Somvixer Rhein, und erreicht nach einem steilen Abstieg den Fuß der Frontscha, wo sich der Bach stiebend und spritzend in weißen Kaskaden mehr fliegend als fließend den Weg durch den Granit erzwungen hat. Unten schmiegt sich das Wasser in den harten Stein, der nun, nach Jahrtausenden, dessen Wellenformen trägt.

Wer beim kleinen Stausee Runcahez den Bus verpasst, marschiert zwei satte Stunden nach Rabius (vgl. LiteraTour 24). Dafür kommt man so auf halbem Weg am Weiler Val vorbei und hat die Gelegenheit, dort in der klei-

Unterwegs zur Terrihütte (2170 m), ein Blick zurück: Camona-Brücke über den Rein da Sumvitg

nen Gastwirtschaft einzukehren. Familie Tuor verkauft gleich nebenan »feinen Bergkäse, litteratura«. Von Leo die Literatur, von Christina den Käse. Hat man Glück, erhält man einen Kuhmilchcamembert. Das ist ihre Art zu dichten.

Wohin aber ist Giacumbert? Er ist oben geblieben, mit 37 Jahren. Hat sich vor dem weiß gurgelnden Hochwasser gefürchtet und davor, für die Bauern zu ertrinken. Hat Schafe mit der Axt getötet und in der Hütte eine Maus. Ist über die dörren Herbstweiden gegangen. Hat fantasiert und sinniert, gelästert und geliebt »*und sein Geschlecht erhoben gegen den scheckigbunten Himmel*«. Ist frei geblieben und an den Berg gebunden, innerlich verletzt.

»*Über dem oberen Steinmann baut Giacumbert eine Steinfrau. Die Tränen fallen zur Erde.*
Es tut weh, weh, weh.
Es lässt Steine bersten.
Meine Seele, ein zerrissenes Spinnweb.«

Literatur

Leo Tuor, *Giacumbert Nau, Hirt auf der Greina.* Aus dem Surselvischen von Peter Egloff, Octopus, Chur 1998

Leo Tuor, *Giacumbert Nau, cudisch e remarcas da sia veta menada, messas giu da Leo Tuor,* Octopus, Chur 1988

Giorgio Hösli, Kaspar Schuler (Hrsg.), *Handbuch Alp, Handfestes für Alpleute, Erstaunliches für Zaungäste,* Octopus, Chur 1998

»Meine Seele, ein zerrissenes Spinnweb«:
Steinfrau auf der Greina

Abstieg nach Norden: die Frontscha im Val Sumvitg

LiteraTour-Info

Einstufung 📖📖📖📖📖
Gehzeiten Aufstieg: Vrin-Diesrutpass-Terrihütte 3 h. Übergang: Terrihütte-Motterascio- oder Scalettahütte 2 h. Abstieg Nord: Terrihütte-Runcahez 2½ h. Abstieg Süd: Scalettahütte-Campo Blenio 2½ h, Motterasciohütte-Campo Blenio 3 h
Höhendifferenz Siehe Routenbeschrieb
Beste Jahreszeit Juni bis September
Karten NLK 1:25000, Blätter 1213 Trun, 1233 Greina, 1253 Olivone

An- und Rückreise
Mit der RhB Chur-Ilanz (Fahrplanfeld 920), Postauto Ilanz-Vrin (Fahrplanfeld 920.40); Kleinbus Vrin-Puzzatsch (Reservation Tel. 081 931 12 28). Abstieg Nord: Privatbus ab Stausee Runcahez zur Bahnstation Rabius-Surrein jeweils Freitag, Samstag, Sonntag: Rabius ab 9.15, 15.15 Uhr; Runcahez ab 10.00, 16.00 Uhr; ab Mitte September nur nachmittags. Außerhalb Fahrplan: Tel. 079 357 85 74. Ab Rabius-Surrein mit der RhB via Ilanz nach Chur (Fahrplanfeld 920). Abstiege Süd: Ab Ghirone/Pian Geirètt im Val Camadra fährt von Ende Juni bis Mitte September an Samstagen und Sonntagen ein Bus nach Campo Blenio (Vorbestellung erforderlich: Tel. 091 862 31 72) und weiter nach Olivone (Fahrplanfeld 600.78), von dort Postauto nach Disentis (Fahrplanfeld 920.80).

Route
Aufstieg: Ab Vrin/Puzzatsch (1667 m) über offene Alpweiden auf den Diesrutpass (2428 m). Hinunter auf die Greina (2200 m), über die Camonabrücke und den felsigen Muot la Greina zur Terrihütte SAC (2170 m). Ab Terrihütte und Diesrutpass führen verschiedene Wege über die Hochebene und Crap la Crusch (2268 m) zur SAC-Hütte Motterascio (2172 m) oder über den Pass Crap/Passo della Greina (2357 m) zur Scalettahütte (2205 m).
Abstieg Nord: Von der Terrihütte steil und in kurzen Felsstufen (mit Ketten gesichert) über die Crest la Greina hinunter ins Val Sumvitg (1600 m). Linksufrig (auf einem Wanderweg) oder rechtsufrig (Naturstraße) erreicht man über idyllische Weiden, durch Nadelwälder und Lawinenzüge den Stausee Runcahez (1280 m).
Abstiege Süd: Von der Scalettahütte gibts zwei Abstiegsvarianten: Einen neckisch schmalen, in der Hüttendirettissima liegenden Felsweg oder den ausgeschilderten Wanderweg durch den Cogn di Camadra, den Talkessel unter dem Piz Medel. Ab Punkt 2012/Pian Geirètt nimmt man den Bus oder geht auf langer, harter Straße bis Campo Blenio.
Von der Motterasciohütte steil abwärts auf schmalem Bergweg zum Luzzonestausee (1606 m), auf breiter Naturstraße diesem entlang, über die Staumauer und in Serpentinen eine Teerstraße hinunter nach Campo Blenio (1216 m). Variante: Statt über die Staumauer die Straße hoch, durch einen Tunnel und über den Passo Muazz (1697 m) und Compietto steil hinunter nach Olivone.

Rasten und ruhen

Reservation ist überall zu empfehlen, in der Terrihütte auch das hausgemachte Gebäck.
Terrihütte SAC: Tel. 081 943 12 05
Scalettahütte SAT: Tel. 091 872 26 28
Motterasciohütte SAC: Tel. 091 872 16 22
Ustaria Val, 7173 Surrein: Tel. 081 943 11 96
Osteria Centrale con alloggio, 6718 Olivone; Tel. 091 872 11 07

Informationen

Uniun da traffic Val Lumnezia, 7144 Vella; Tel. 081 931 18 58, Fax 081 931 34 13
Uniun da cura e traffic Sumvitg, 7173 Surrein; Tel. 081 943 16 91
Blenio Turismo, 6718 Olivone; Tel. 091 872 14 87, Fax 091 872 15 12; www.blenio.com

Tipp

»ZAlp« lesen! Die poetische Zeitschrift ungebändigter Älplerinnen und Älpler verblüfft. Adresse: Lediweid, 3823 Wengen. www.zalp.ch

Wo früher nach Enzianwurzeln gegraben
wurde: Alp Nadéls (1987 m)

Esther Krättli und Jean-Pierre Jenny

LiteraTour 24: Val–Tenigerbad–Runcahez–Muletg Veder–Val

Bitterer als Wermut. Auf den Spuren von Enzianstechern und Schnapsbrennern

Eine Rundwanderung im Val Sumvitg mit Gion Deplazes, »Bittere Lippen« (1961/1976)

Bei unserem ersten Augenschein im Val Sumvitg haben wir kein Glück. Es regnet und dichter Nebel hängt im Tal. Doch Schutz vor Wind und Nässe bietet uns die Ustaria Val auf fast 1300 Metern über Meer mit ihrer gemütlichen Gaststube, dem ehrwürdigen Specksteinofen und der schlagfertigen, um fast keine Auskunft verlegenen Wirtin Erna Cathomas. Draußen sind Himmel und Hölle los. Günstigere Wetterverhältnisse werden uns ein anderes Mal in dieses hochalpine Tal locken. Heute genießen wir die Hausspezialitäten, Maluns und Capuns, und lassen uns den Alpkäse schmecken. Dazu gibts Wasser und Wein – und die bodenständigen Kommentare der originellen Wirtin über Gott und die Welt. Köstlich. Der kurze, verregnete Ausflug hat sich auf jeden Fall gelohnt.

Kaum mehr als zwei magere Geißen

Wir kommen wieder. Bei besserem Wetter und mit der Erzählung »Bittere Lippen« von Gion Deplazes (geb. 1918) wandern wir im Val Sumvitg. Und blättern zurück in die jüngere Geschichte des Tals, wo die Leute, wie Deplazes berichtet, dazu verdammt waren, *»bis zum Jüngsten Tag Wurzeln zu graben«*, also: Enzianwurzeln stechen oder graben und daraus den begehrten Enzianschnaps brennen. So geschehen bis in die 1960er-Jahre, bevor die kostbare Staude unter Pflanzenschutz gestellt wurde, um sie vor der Ausrottung zu bewahren.

Scharfer Beobachter der Lebensweise seiner Landsleute: Gion Deplazes (geb. 1918)

Val Sumvitg (von der Alp Nadéls aus) mit Piz Vial (3168 m)

Toni dalla Durischa, mausarme Hauptfigur der Erzählung und mittelgroßer Sechziger, sammelt seit eh und je Enzianwurzeln. Wer wie er »*kaum mehr als zwei magere Geißen sein eigen nennt*« und keinen Flecken Erde zum Anbau von Getreide und Gemüse besitzt, der nagt manchen langen Winter am Hungertuch. Da ist es denn ein Glück, wenn einer wie er, Toni dalla Durischa, über einen Vorrat an Schnaps verfügt. Von Trunksucht ist hier nicht die Rede, sondern von Branntwein als einer Handelsware, die zum nötigen Bargeld verhilft, oder aber von Branntwein als einer Tauschware gegen knapp werdende Lebensmittel.

»Bittere Lippen« handelt vom mühsamen Ausgraben und Wegschleppen der Enzianwurzeln in schwierigstem Gelände, vom Gären und Destillieren in der Hütte. Gebrannt wird hier oben, weit weg vom Talgrund, nahe der Baumgrenze, unter Felszacken und Eiszungen. Denn das Getränk ist allemal leichter ins Tal zu buckeln als die erdfeuchten, schweren Pfahlwurzeln, von denen 100 Kilogramm 12 bis 13 Liter Schnaps ergeben. Übrigens, ein tüchtiger Wurzelsepp, wie die Enzianstecher im deutschsprachigen Alpenraum auch heißen, soll es täglich auf eine Ausbeute von 200 Kilogramm gebracht haben, wobei eine einzige Wurzel 2 bis 6 Kilogramm wiegt.

Während der Enzian heute geschützt ist, war die Herstellung von Enzianschnaps nie verboten – ganz im Gegensatz zum Absinth, dessen Herstellung lange Zeit untersagt war. Die zahlreichen Medikamente, die in Human- und Veterinärmedizin zwecks Anregung von Verdauungsprozessen Verwendung finden, werden unterdessen allerdings, wie auch der Schnaps selber, aus in kultiviertem Anbau gewachsenen Pflanzen hergestellt. Der nicht besonders auffallend schön blühende gelbe Enzian ist eine der weltweit circa 1400 bekannten Enzianarten, wovon 30 in der Schweiz wachsen und hier besonders auf den Jurahöhen. Es war bitter nötig, den Enzian unter Schutz zu stellen, denn durch das Abernten wurde jeweils die ganze Pflanze zerstört. Ein junger Enzian blüht erstmals nach 5 bis 6 Jahren, später nicht unbedingt alljährlich und kann bis zu 60 Jahre alt werden. »Bittere Lippen« nennt drei Arten: den Purpurenzian, den weißen und den gelben Enzian.

Volkskunde und Liebesgeschichte

In seiner Erzählung schildert Gion Deplazes mit ans Dokumentarische grenzender Präzision die erforderlichen Geräte und Techniken, die temporäre Behausung und Schnapsbrennerei der Wurzelstecher (ein provisorischer Holzverschlag, die so genannte Hitta), das Gelände, die Enzianarten sowie Gestalt und Geschmack der verschiedenen Wurzeltypen. Doch das 1961 in surselvischer, also oberländerromanischer, Sprache erschienene Werk verdankt seinen Titel – »Levzas petras« im Original – auch der Tatsache, dass der Inhaltsstoff der Enzianwurzel, das so genannte Amarogentin, der bitterste aller bislang bekannten natürlichen Stoffe ist – weit bitterer als Wermut.

Der Titel verspricht neben spannend erzählter Volkskunde auch eine jener Liebesgeschichten, deren Ende unschwer voraussehbar ist, nämlich unglücklich. Das Enzianstechen ist keine reine Männersache – im Gegenteil, früher fiel diese harte Arbeit vorwiegend den Frauen zu –, und so gräbt, schleppt und sammelt auch bei Deplazes eine Frau mit.

Der Schnaps entsteht *»aus der verborgenen Süße, die in der Wurzel steckt«*, erklärt Toni dalla Durischa, und das lässt nicht nur Gutes erahnen.

Am Ort erbarmungsloser Plackerei

Wir genießen vorerst die Muße einer halbtägigen Rundwanderung vom Weiler Val aus durchs hintere Val Sumvitg. Der Fahrstraße entlang gelangen wir vorbei an den zerfallenden Gebäuden des einstigen Hotelkomplexes Tenigerbad zum Stausee bei Runcahez. Dort befindet sich die Endstation des Busses, der Wandernde in den Sommermonaten von Rabius und Sumvitg her ins Val Sumvitg transportiert (vgl. LiteraTour 23). Die Strecke wurde

Die Ruine des einstigen Kurbadehotels dämmert vor sich hin

einst von den Enziangräbern zu Fuß mit Sack und Pack zurückgelegt. Gion Deplazes' Schwerstarbeiter scheuten zudem die 10 Kilometer Weg mit 600 Metern Höhendifferenz nicht, um mitunter an Wochenenden im Tal unten die Angehörigen zu besuchen.

Das wunderschöne Talende, das hinter dem Stausee liegt, war der Schauplatz der täglichen Schinderei beim Wurzelsammeln, die Jahr für Jahr nach Mariä Himmelfahrt, also dem 15. August, anfing. Steil steigen die Hänge links und rechts über dem Tal empor. Und alles wird überragt vom drohend nahen Gipfel des Piz Vial (3168 m), an dessen schroffen Seiten mächtige Eismassen herabhängen, als ob sie nächstens das gut tausend Meter tiefer liegende Hochtal zuschütten wollten.

Alp Sutglatscher, Vigliuts, Alp Rentiert – so heißen die links vom Somvixer Rhein liegenden Alpwiesen, wo die bis zu einem Meter hohe Staude des gelben Enzians blüht. Dort oben legten die Enziangräber die aus steinigem Untergrund gegrabenen Wurzeln auf mitgebrachte Blachen, die sie über unwegsames Gelände zur Hitta unten im Talgrund schleppten.

Und die Liebesgeschichte?

Als Toni dalla Durischas Sohn Meltger 20 Jahre alt ist, nimmt er erstmals eine junge Frau mit zum Sammeln. Senza ist die Tochter der bettelarmen Nachbarsleute, und Nächstenliebe mag den alten Mann dazu veranlasst haben, dem Mädchen einen kleinen Verdienst anzubieten. Doch bald stellt sich heraus, dass hier eine andere Liebe im Spiel ist.

Während einer Verschnaufpause von der harten Arbeit wollen Meltger und Senza sich auf einer Steilwiese umarmen. Gerade noch rechtzeitig erscheint der Vater, um dies zu verhindern. Zwar spielt die Erzählung von allem Anfang mit dem Motiv der Rivalität zwischen Vater und Sohn, doch erst jetzt klärt sich dessen Hintergrund: Der Vater gesteht, dass Senza die Frucht einer geheimen Liebesbeziehung zwischen ihm und Senzas erst kürzlich verstorbener Mutter ist.

Mit seinem späten Geständnis kann der Vater zwar den drohenden Inzest verhindern; doch hängt von nun an der Unstern ungelebter Liebe über den Geschwistern. Das mehrfach in der Erzählung erwähnte Sprichwort »*Die Sünden des Bluts rächen sich im Blut*« trifft alle; nicht Selbstlosigkeit ist es, die Toni dalla Durischa dazu bewegt, seine Tochter mitzunehmen, sondern Schwäche. Endlich will er seine quälenden Gewissensbisse loswerden und reißt damit alle ins Unglück. Sein Wiedergutmachungsversuch scheitert kläglich.

All dies mag im Leben – im wirklichen Leben – vorkommen und ist höchst tragisch. Es kann durchaus sein, dass ein wirkliches Ereignis dem Autor den Anstoß zu seiner Erzählung gegeben hat, stellt der Inzest in früheren Zeiten doch eine recht häufige Verstrickung dar. Selbst wer dies mitbedenkt, kann den Autor nicht ganz freisprechen vom Vorwurf, er habe mit »Bittere Lippen« ein Werk geschrieben, dessen vordergründige Symbolik – in der Art eines Heimatromans – zum Klischee neigt und – aus Kalkül – auf den Eklat hin geschrieben ist.

Unsere Einschätzung und damit Empfehlung: Gion Deplazes' »Bittere Lippen« weniger als Belletristik lesen, sondern als Bericht über Land und Leute und ihre Sitten und Gebräuche, der durchaus seine erzählerischen Qualitäten hat.

Schauplatz des Wurzelstechens:
Alp Sutglatscher

Zweisprachig dreifache Vorsicht! Schafe, Steinschlag, Weidegatter

Zum Sprichwort verstummt – eine Warnung

»Bittere Lippen« als volkskundlichen Bericht zu lesen, heißt jedoch nicht, die literarischen Figuren als Menschen zu verkennen. Die vom Schicksal gebeutelten Enzianstecher besitzen nicht nur die Technik des Tagwerks, sie haben auch eine Sprache. Doch mangelt es ihnen an der Wohltat des Gesprächs, das allein den Austausch von Individuum zu Individuum in Gang zu halten vermag. Wie überhitzte Dampfkessel sind sie, stetig und unaufhaltsam aufstauend bis zur letzten gewaltsamen Entladung mit verheerenden Folgen.

Das Verschwiegene bringt Leiden für alle, für den Schweigenden wie für seine Nächsten, und wenn das Schweigen endlich sprechen will, so tarnt es sich herrisch und ungeschickt mit der Autorität des ichfernen Sprichworts oder mit dem Hinweis auf Brauch und Tradition.

Phrasen und gewohnheitsmäßige Handlungen zwingen den Einzelnen unter ein anonymes Schicksal, dessen einziger Trost es ist, ein gemeinsames zu sein: *»Wer zusammen sündigt, büßt zusammen«*, *»Ehre und Schande wandern von Haus zu Haus wie der Geißhirt und sein Gehilfe«*, überhaupt empfehle es sich, *»dass man über den Tümpel hinweg springt und nicht mitten hinein«* – und was der Scheinweisheiten sonst noch mehr sind. Es hilft dem jungen Meltger nichts, die Bräuche als Faulheit der Denkgewohnheiten zu brandmarken, denn hartnäckig pocht der Vater darauf, die Bräuche als Blumen zu sehen, die *»das Leben auf dem Arbeitsweg menschlich«* machen. Das Alter hatte immer schon Recht, die Vergangenheit war immer schon mächtiger als die junge Gegenwart – als ob diese angeblich so junge Gegenwart, die so reich sein könnte an Erfahrungen aller Zeiten, als ob diese neue Gegenwart nicht viel älter und damit weiser wäre als alle im Dunkel der Unwissenheit liegenden Vergangenheiten!

Und wenn schon vom Dampfkessel als Menschenbild die Rede ist: Liegt nicht trotz allem ein Funke Wahrheit, individuell erfahrbare Wahrheit, in der Äußerung, die Toni dalla Durischa angesichts der gärenden Maische macht: »*Die Menschen müssen wachsen. Das Schnapsfässchen nicht. Und die Menschen wachsen nur, wenn die Kräfte beisammen bleiben …*« Das ist gut gemeint und bestimmt auch richtig, doch keine der Figuren von »Bittere Lippen« wird dadurch vor Überkochen und Implosion bewahrt.

Das Geräusch der Maische, also der zum Gären angesetzten, in kleine Stücke zerschnittenen Enzianwurzeln, die gut sechs Wochen vor sich hinsäuseln, ist heute im Val Sumvitg nicht mehr zu hören. Und trotz Pflanzenschutz bekommt man die Enziane in natura nicht leicht zu sehen, es sei denn um den Preis waghalsiger Kraxeleien abseits und hoch über den markierten Wanderrouten, wovon hier ausdrücklich abgeraten sei, zumal die Pflanze in anderen Alpentälern und vor allem im Jura gefahrlos betrachtet werden kann.

Noch immer lockt hingegen das unvergleichliche Flimmern der Luft über Bergwiesen und lichtem Bergwald im alpinen Hochtal. Und es lockt das Wechselspiel von Witterung und Licht an Hängen und Klüften des Piz Vial. Ganz hinten im Val Sumvitg. Natürlich nicht ohne Zwischenhalt im Gasthaus von Val. Auch und ganz besonders an Regentagen.

Literatur

Gion Deplazes, *Levzas petras,* Romania, Cuera 1961

Gion Deplazes, *Bittere Lippen.* Aus dem Surselvischen von Gion Deplazes und Walter Kauer, Benziger/Ex Libris, Zürich/Köln 1976

Aluis Maissen, *Sumvitg – Ina presentaziun culturhistorica,* Sumvitg 2000 (auf Deutsch: *Sumvitg. Eine kulturhistorische Darstellung,* zu beziehen über info@sumvitg.ch)

Levzas petras. Verfilmung in romanischer Sprache an Originalschauplätzen. Produktion: Schweizer Fernsehen DRS, Zürich 1993; Videokassette VHS (80 Min.)

Moderne Architektur und Kunst in Trun: Gemeindehaus mit Stahlplastik von Matias Spescha

LiteraTour-Info

Einstufung 📖📖📖
Gehzeiten 2–3 h (je nach Ausgangsort)
Höhendifferenz 300 m
Beste Jahreszeit Juni bis Oktober
Karten Landeskarte 1:25 000, Blatt 1213 Trun (nördliches Val Sumvitg); Landeskarte 1:25 000, Blatt 1233 Greina (südliches Val Sumvitg); Landeskarte 1:50 000, Blatt 256T Disentis/Mustér

An- und Rückreise
Mit der RhB von Chur nach Rabius-Surrein oder Sumvitg-Cumpadials (Fahrplanfeld 920) Von Ende Juni bis Mitte Oktober, jeweils Freitag bis Sonntag: Busverbindung ins Val Sumvitg ab Rabius bzw. Sumvitg. Bergfahrt: 9.15 Uhr ab Rabius. Talfahrt: 16 Uhr ab Runcahez. (Haltestellen: Rabius–Sumvitg-Cumpadials–Surrein–Val–Bogn Tenigia/Tenigerbad–Runcahez). Fahrplaninfo: www.sumvitg.ch/tourismus/busfahrplan Ruftaxi (außerhalb des Fahrplanes): Marc Cathomas, Tel. 079 357 85 74

Route
Ab dem Weiler Val der Fahrstraße entlang über Tenigerbad zum Stausee bei Runcahez (Endstation Bus). Von dort dem Rein da Sumvitg (Somvixer Rhein) talaufwärts folgend über Tegia Nova und Muletg Veder bis zum Zusammenfluss des Rein da Vigliuts und des Rein da Sumvitg. Eine Brücke aus mächtigen Holzstämmen führt auf die andere Talseite. Mit Blick talauswärts wandern wir links vom Somvixer Rhein zurück über Rosas Dado nach Tenigerbad und weiter nach Val.

Variante für ausdauernde Enziankraxler:
Rabius (927 m)–Surrein–Val–Tenigerbad–Crest Liandras–Alp Nadéls (1987 m): 4 h
Abstieg über Zignau nach Trun (852 m): 3 h

Rasten und ruhen
Gasthaus im Val Sumvitg: Ustaria Val im gleichnamigen Weiler Val; Tel. 081 943 11 96

Informationen
Sumvitg Turissem, Plantasch, 7173 Surrein; Tel. 081 943 16 91; www.sumvitg.ch

Tipps
In Tenigerbad/Bogn Tenigia unbedingt einen Blick auf den Hotelkomplex der Thermalquellen Tenigerbad werfen, die in den 1970er-Jahren ihre letzte Blüte erlebten.
Nur wenige Meter talaufwärts beim Kirchlein Nossadunna dalla Neiv (Unsere Liebe Frau vom Schnee) kann das Mineralwasser an einem Brunnen gekostet werden.
Das Val Sumvitg ist auch idealer Ausgangsort für eine 2-Tages-Wanderung zur Hochebene Greina (vgl. LiteraTour 23).

Val Sumvitg: Sicht talauswärts; im Hintergrund: Piz Russein oder Tödi (3614 m)

Vielleicht ein literarischer Tatort:
Mompé Tujetsch

Jano Felice Pajarola

LiteraTour 25: Acla-Mompé Medel-Mompé Tujetsch-Sedrun

Schauer und Schrecken. Mordsgeschichten aus dem Herrgottshaus

Eine Spurensuche mit John Knittel, »Via Mala« (1934) und Jon Durschei/Irmgard Hierdeis, »Mord in Mompé« (1987)

Ich stehe auf der kleinen Brücke, die nach Acla hinüberführt. Eine bescheidene Ansammlung von Häusern und Ställen auf halbem Weg zwischen dem Medelser Hauptort Curaglia und dem Lukmanierhospiz. Halte John Knittels »Via Mala« in der Hand, lese. Es ist kalt, ein Novembermorgen, Sonntag, Schatten liegt über dem zu dieser Jahreszeit verlassenen Weiler. Und wird hier noch eine Weile bleiben: Die Sonne mag vor dem Mittag kaum über den Piz Medel, den Piz Uffiern und den Piz Cristallina steigen. Stille, gebrochen nur vom Rauschen des jungen Medelser Rheins und dem Umblättern der Seiten. Mich friert, aber eine detektivische Unrast hat mich gepackt. Ich möchte herausfinden, wo sich die wahre »Via Mala« befindet. Im Val Medel bin ich. John Knittels fiktiver Geografie auf der Spur. Und einer anderen Mordsgeschichte aus den nicht immer so heiligen Landen des »Herrgottshauses«, wie man den Namen der Bündner Oberländer Region Cadi etwa übersetzen könnte. Aber davon später.

Hinterrhein, Vorderrhein?

Die Verwirrung beginnt schon im ersten Satz des Romans. »The *Nearer Rhine*«, »*der Nähere Rhein*«. Was hat Knittel – »Via Mala« hat er auf Englisch verfasst – damit bloß gemeint? Es gibt keinen »Näheren Rhein«. Sucht man Rat in den Übersetzungen von »Via Mala«, stößt man in älteren Ausgaben auf den Vorderrhein und findet das nicht einmal so abwegig. Der »Nähere« Rhein könnte ja durchaus der »Vordere« Rhein sein. Nimmt man hin-

Verschleiert seine Identität: Jon Durschei (geb. 1952) mit Irmgard Hierdeis (geb. 1939)

Wo fließt der »Nähere Rhein«? John Knittel (1891–1970) verfasste seinen Bestseller auf Englisch

gegen die Übersetzung von Knittel-Tochter Margaret Furtwängler zur Hand, erstmals erschienen im Jahr 2001, ist an der gleichen Stelle plötzlich vom Hinterrhein die Rede. Natürlich, das passt besser zur Viamalaschlucht bei Thusis, vom Hinterrhein in die Felsen gefressen und wohl die nächstliegende Assoziation, die man mit Knittels »Via Mala« verbindet (vgl. LiteraTour 28). Und vertraut man Margaret Furtwänglers Erinnerungen, so hat ihr Vater ihr einmal offenbart, sein Familienepos spiele im Avers – in einem Seitental des Hinterrheins also.

So beginnt »Via Mala« bei Furtwängler ja auch: *»In einem schmalen Seitentale des Hinterrheins.«* Im Jeff, so heißt der Ort, an dem die Sägemühle des tyrannischen Familienvaters Jonas Lauretz steht. Tönt fast wie Juf, die höchstgelegene Siedlung im Avers. Von dort führt der Weg durch die »Via Mala« hinab nach Andruss – Andeer? Die berühmte Schlucht hätte Knittel dann einfach ein wenig nach Süden versetzt, dorthin, wo man vom Schams ins Avers abzweigt. Durchaus möglich. Oder auch nicht. Denn man kann ja auch bei der älteren Version bleiben: *»In einem schmalen Seitentale des Vorderrheins.«* Und das nicht ohne Grund.

Der Vorsehung nachgeholfen: Kirche in Acla als Lawinenkeil

Dass es sich bei Knittels Lanzberg um Chur handeln muss, wird der Leserin, dem Leser bald einmal klar. Folgen wir dem Rhein aufwärts: Bei Reichenau – mit dem Richenau in »Via Mala« hat es wenig zu tun – biegen wir in Richtung Surselva ab und gelangen dem Vorderrhein entlang nach Ilanz. Ilanz heißt auch im Roman einfach Ilanz. Dorthin muss der alte Lauretz ab und zu *»wegen des Geschäfts«*. Häufiger ist er in

Andruss, noch etwas weiter oben im Tal: Dieses Dorf spielt im Roman – wie Lanzberg – eine wichtige Rolle, also scheint Knittel seinen Namen verfremden zu müssen. Und doch ist es unverkennbar: Andruss, der *»Hauptort dieser katholischen Bergpfarrei«*, ist Disentis/Mustér, der Hauptort der Cadi (vgl. LiteraTour 29).

Ein Blick in die Yzolla

In Andruss biegen wir nach links ins Val Medel ab. Und gelangen so an das Ziel unserer imaginären Reise: in das Tal der Yzolla, wo die Knittelsche »Via Mala« zum Yzollapass hinauf führt. Das Romandörfchen Nauders wäre in Tat und Wahrheit Curaglia, und bei den Häusern von Acla wären wir im Jeff, umringt vom »Pic Cristallina« und seinen *»wilden Nachbarn, dem Medel, Ufiern und Valdraus«*. Es ist offensichtlich: Von Lanzberg bis zum Yzollahospiz bildet Knittel die Geografie zwischen Chur und dem Lukmanierpass nach. Bleibt nur noch die Frage, ob das Val Medel auch aus der Nähe dem Yzollatal gleicht.

Bin ich hier im Jeff? Ich betrachte die Behausungen für Mensch und Vieh in Acla. Lange dauert das nicht, die Runde ist schnell gemacht. Steige schließlich hinauf zur modernen Kapelle neben dem Weiler, überblicke das Ganze von oben. 1934 hat Knittel »Via Mala« geschrieben. Welche Gebäude könnten damals schon gestanden haben? Findet sich hier das *»einsame Haus«* mit der Sägemühle, *»ganz versteckt in einem Winkel unter der grauen, nackten Felswand eines Berges, der zu einer Höhe von siebenhundert Metern emporstieg«*? Grau muss es sein, das Haus, dreistöckig, aus groben Granitblöcken gebaut, mit Steinen auf dem Dach.

Ich kann es nicht entdecken.

Der Medelser Rhein, heute gezähmt vom Stausee Santa Maria, könnte er einst so wild gewesen sein wie die Yzolla, die *»mit unwiderstehlicher Wucht ihre schäumenden Wasser durch das steile Bett an der Mühle vorbeijagte«*? Gibt es hier den *»lärmenden Kessel eines Wasserfalls«*, dessen Tosen *»unablässig an die Ohren«* schlägt?

Ich kann es mir nicht vorstellen.

Welche Atmosphäre könnte hier

Auf der Suche nach Knittels Tatort: Drual im Val Medel (Hintergund: Piz Medel, 3210 m)

Die wahre Via Mala? Medelser Rheinschlucht

geherrscht haben? Könnte es die Hölle gewesen sein, eine Welt der Rohheit wie das Jeff? Hier müsste er gehaust haben, der Jonas Lauretz, der *»unumschränkte Herr und Meister der Via Mala«*, dessen Frau und Kinder seine Sklaven waren, Knechte des *»ungerechtesten aller Herren«*. Hätte hier die schaurige Warnglocke der Sägerei läuten können, *»bim-bim-bim«*, als Mahnung an ein lange verheimlichtes Verbrechen?

Ich kann sie nicht hören.

Aber dann, als ich mit dem Medelser Rhein in Richtung Curaglia spaziere, bis auf der anderen Talseite Fuorns im Morgenlicht blinkt, fühle ich mich plötzlich doch in eine andere, in Knittels Zeit versetzt: am Hang über mir zwei Ställe, ein altes Haus, nicht aus grauem Stein, aus Holz. Zwei Gestalten kommen langsam den Weg hinunter, ganz in Schwarz gekleidet, man ist auf dem Weg in die Sonntagsmesse. Für einen Augenblick spüre ich den Geist des Yzollatales. Bis die beiden hinter einer Wegbiegung verschwinden wie Gespenster. Haus und Ställe bleiben verlassen im Sonnenlicht zurück. Es ist nicht das Jeff, nein, und doch habe ich einen Moment lang einen Blick darauf werfen können. Jetzt surrt über mir wieder die Hochspannungsleitung, die mich auf meinem Weg fast noch treuer begleitet als der Medelser Rhein.

Knittels Ort der Bosheit

Schafe, immer wieder Schafe. Auf Weiden, bei Ställen. Kurz vor Matergia eine Rast; zu wärmendem Kaffee aus der Thermosflasche ein Blick über das Tal. Nein, das Leben mag auch hier entbehrungsreich gewesen sein, aber nicht so schlimm wie entlang Knittels »Via Mala«. Große, grüne Weiden, wenn auch manchmal etwas steil, freundliche Siedlungen, eine Sonne, die auch im November noch kräftig scheinen kann. Das hier ist nicht das Yzollatal. Oder lässt mich einfach mein Spürsinn im Stich? Schaue ich zu wenig genau hin? Nein. Es ist Knittel, er will mich in die Irre führen. Es ist hier, und es ist doch nicht hier, das Jeff, das Yzollatal. Knittel verwischt die Spuren. Schlägt Haken. Erdenkt Finten. Nichts darf zu offensichtlich sein. Das ist das Geheimnis.

Die »Via Mala« ist die Viamalaschlucht, ist das Avers, ist das Val Medel. Die »Via Mala« ist jener Ort, an dem Knittel Wildheit vermutet, eine Natur, die raue Menschen hervorbringt, den Jonas Lauretz eben, *»selbst ein Geschöpf des Teufels«*, dessen Herz war *»wie das Gestein der Bergwände, hart, kalt, unbeweglich«*. *»Für uns ist das Jeff wie die Hölle«*, sagt Silvelie Lauretz im Roman. Die »Via Mala«, das ist dort, wo uns das Böse nicht loslassen will. Wir können sie überall suchen und überall finden.

Auftritt für Pater Ambrosius

Ich muss auf andere Gedanken kommen. Klaube in Matergia das zweite Buch aus dem Rucksack, das mich an diesem Tag begleitet – »Mord in Mompé« von Jon Durschei und Irmgard Hierdeis –, und tauche ein in die Welt des Pater Ambrosius. Von »Via Mala« ist dieses Buch meilenweit, jahrzehntelang entfernt, und doch gibt es Gemeinsamkeiten: In beiden dreht sich alles um einen Mord, und beide spielen in der Cadi, in der »Casa Dei«, im »Herrgottshaus«, wenn man so will. Aber im Gegensatz zu Knittel verfremden Durschei und Hierdeis ihre Schauplätze nicht, sie wenden keine Kniffe an, um den Lesenden in einem geografischen Niemandsland zu halten.

Ein Geheimnis, nein, zwei Geheimnisse, gibt es in »Mord in Mompé« allerdings auch: Während Knittel uns den Mord an Jonas Lauretz sozusagen live miterleben lässt, sind wir bei Durschei und Hierdeis gemeinsam mit Pater Ambrosius einem vorderhand unbekannten Mörder auf der Spur. Und auch die Identität von Mitautor Jon Durschei bleibt im Dunkeln – es ist ein Pseudonym. Eine Anfrage bei seinem Verleger Werner Bucher ergibt nur so viel: Durschei lebe in der Surselva als Kleinbauer, wolle anonym bleiben, meide den Literaturbetrieb, schreibe unter anderem Namen auch rätoromanische Texte und Gedichte. Er, Bucher, lektoriere Durscheis deutsche Arbeiten intensiv, was wohl ein Grund dafür sei, dass er mit ihm oft gleichgesetzt werde.

»Er ist aber Durschei, und ich bin Bucher«, sagt Bucher. Und ergänzt: »Durschei ist über 50 Jahre alt, ich selber bin Jahrgang 1938.« Was einem auch nicht viel weiterhilft, eigentlich. Ob dieser Durschei in einem der Orte lebt, die in »Mord in Mompé« vorkommen? In Mompé Medel vielleicht,

Dominiert optisch und geistig das Tal: Kloster Disentis/Mustér

wo jener Gian Deplaces zu finden ist, in den sich das Mordopfer Gabi Andermatt hoffnungslos verliebt hat? Oder in Mompé Tujetsch, auf der anderen Seite des Vorderrheins, wo sich das Haus der jungen Frau befindet? Wo sie in der Badewanne stirbt, kaum hat das Buch begonnen?

Dem Mörder auf der Spur

Palì, Curaglia, Mompé Medel habe ich hinter mir gelassen, ich sitze bei der Kapelle Sontga Gada unweit von Disentis/Mustér auf einem Mäuerchen und lasse den Schweiß vom Aufstieg aus der Tiefe von Cuflons trocknen. Kräftige Spätherbstfarben und eine wärmende Sonne sind endgultig an die Stelle der fröstelnden Morgendunkelheit von Acla getreten. Auf der anderen Seite der Ebene setzt sich der Barockbau des Klosters Disentis in Szene, die Heimat von Pater Ambrosius, dieser – so sagt es die Kritik – »weitab von Pater Brown oder Miss Marple auf sehr persönliche Art mit Verbrechen« umgehenden Detektivfigur, die »nicht mit Action, sondern mit Intuition Übles aufspürt, Verzweiflung, Existenzangst und Eifersucht«.

In der Szene, die ich bei Sontga Gada rekapituliere, folgt Ambrosius' Blick tieftraurig dem Besen, den Sepp im Klosterhof schwingt. Sepp, Aushilfskraft, ein junger, gutmütiger Tiroler, ist bis über beide Ohren unglücklich verliebt in die ebenfalls unglücklich verliebte Gabi Andermatt, die zu diesem Zeitpunkt bereits tot ist, aber das weiß Sepp nicht, Ambrosius hingegen schon, und der Pater macht sich Sorgen, wie der Tiroler auf die schlimme Nachricht reagieren wird. Unten wischt Sepp hin und her, Ga-Bi, Ga-Bi. Ambrosius zieht sich zurück vom Fenster, zurück in die Klausur.

Inzwischen selbst im Klosterhof angelangt, versuche ich mir diesen Sepp bei seiner eintönigen Tätigkeit vorzustellen. Blicke hinauf zu einem Fenster, hinter dem gerade der Schatten eines Benediktiners zu verschwinden scheint. Durschei macht es mir einfach, einfacher als Knittel. Er benutzt die reale Welt und webt eine fiktive Geschichte hinein, belässt sein Szenario nicht im letztlich Undefinierbaren. Die Details aus dem Krimi lassen sich in der Wirklichkeit problemlos wiederfinden. Auch der Weg, den Pater Ambrosius im siebten Kapitel einschlägt und auf dem wir ihm nun folgen, *»nach Mompé, zu Gabis Bauernhaus«*, an *»Geschäften, Boutiquen, Restaurants und Ferienhäusern vorbei«*, hinauf nach Segnas, weiter über einen Fußweg, *»leicht, aber unentwegt ansteigend«*, bis nach Mompé Tujetsch. Dort soll Gabi Andermatts Haus gleich am Weg liegen, unweit der Nikolauskapelle, man könnte es suchen gehen und wäre vielleicht sogar erfolgreich. Ambrosius hat anderes im Sinn. Er betritt die Kapelle und betet.

Das Experiment ist zu Ende

Ich sitze in Sedrun im Bahnhofbuffet und lasse nochmals die letzten Kapitel von »Mord in Mompé« Revue passieren. Trinke, wie einer der Protagonisten im Buch, einen gespritzten Weißen, bin, wie er, von Mompé Tujetsch hier hinauf gewandert, *»gemütlich geradeaus«*, *»den Schatten der Wäldchen und Hecken«* genießend, *»weder zu heiß noch zu kühl«*. Unterwegs ein Gedicht zu schreiben, habe ich zwar nicht versucht, aber mir doch ein paar Notizen gemacht. Habe, wie Gabis Gast, der Maler Jean Gilli, meine *»Mompéerlebnisse«* festgehalten, für die spätere Verwendung, wenn auch nicht als *»Mischung aus Kriminalroman und Tatsachenbericht«*, von dem Gilli hofft, er werde ihm zu literarischem Ruhm verhelfen. Langsam ist es Zeit aufzubrechen, mit einer von Gillis letzten Bemerkungen im Gedächtnis: *»Ich für meinen Teil fahre morgen früh als letzter von Mompé weg und werde nach menschlichem Ermessen nie mehr wiederkehren; denn sosehr ich wünschte, dass Gabi noch lebt, ich habe keine Einwände vorzubringen, dass das Experiment von Mompé-Tujetsch zu Ende und letztlich gescheitert ist.«* Draußen vor dem Buffet wartet schon der Zug. Ich steige ein. Und habe keinen Grund, nicht wiederzukehren.

Literatur

Jon Durschei, Irmgard Hierdeis, *Mord in Mompé,* orte-Verlag, Zürich 1987
John Knittel, *Via Mala,* Fischer Taschenbuch Verlag, Frankfurt a. M. 2001

Tatort zwei? Mompé Medel

LiteraTour-Info

Einstufung 📖📖📖
Gehzeit 5 ½ h
Höhendifferenz 300 m
Beste Jahreszeit Mai bis November
Karten Landeskarte 1:50 000, Blatt 256 Disentis

An- und Rückreise
Von Chur mit der RhB nach Disentis/Mustér (Fahrplanfeld 920), anschließend mit dem Postauto nach Acla (von Mitte Juni bis Mitte Oktober) oder nach Fuorns (übriges Jahr, Fahrplanfeld 920.80). Von Sedrun mit der Matterhorn-Gotthard-Bahn zurück nach Disentis/Mustér (Fahrplanfeld 143)

Route
Fährt das Postauto nur bis Fuorns, folgen wir der Passstraße bis zur Postautohaltestelle Acla (Medel), die während der Wanderjahreszeit ebenfalls bedient wird, was den kurzen Aufstieg von Fuorns bis hierher erspart. Bei den Häusern beginnt der markierte Weg nach Disentis/Mustér. Die spätere Abzweigung nach Pardé lassen wir links liegen und wandern durch Wiesland, auf dem sich unser Weg zeitweise verliert. Wir gelangen nach Matergia, wo wir einen schönen Blick auf die Ortschaften Pardé, Platta und Curaglia genießen können. In Drual folgen wir dem Wegweiser Richtung Disentis/Mustér. Bei den Ställen und der Kapelle von Palì halten wir abwärts (kein Wegweiser), bis wir beim Medelser Rhein auf die Senda Romana stoßen. Durch einen Hang steigt der Pfad an in Richtung Mompé Medel. Bei der Weggabelung im Birkenwäldchen gehts weiter geradeaus, bis sich der Blick auf das Dorf und die Gegend um Disentis/Mustér auftut. Wir wandern nach Mompé Medel und steigen nach der Kapelle Sogn Valentin in die Schlucht hinab, überqueren bei Cuflons das Brücklein über den Vorderrhein und steigen steil hinauf zur Kapelle Sontga Gada. Unsere Route führt weiter über die Ebene Salaplauna nach Disentis/Mustér und hinauf zum Kloster. Bei der Pforte wenden wir uns nach einer Besichtigung wieder nach links und folgen der Fahrstraße, die in die Oberalpstrasse mündet. Auf dem Trottoir gelangen wir schließlich zum Sport- und Kulturzentrum Acla da Fontauna. Wir überqueren die Straße und steigen an der Talstation der Bergbahnen vorbei hinauf nach Acletta. Zuoberst in der Disentiser Fraktion, schon nach der Kapelle, wenden wir uns nach links und folgen dem

Weg, bis er oberhalb von Cuoz in einen weiteren Pfad einmündet. An diesem Punkt gehts aufwärts nach Peisel und weiter nach Segnas, von dort schließlich nach Mompé Tujetsch. An der Nikolauskapelle vorbei führt der Weg hinab zur Bahnlinie und weiter nach Sedrun.
Varianten: Mit dem Postauto bis zum Staudamm Sta. Maria fahren und von dort nach Acla hinunter wandern, anschließend weiter auf der oben beschriebenen Route. Zwischen Segnas und Sedrun gibt es außerdem den bekannten Wanderweg über Caischavedra und Bostg, der die beiden Ortschaften über das Disentiser Skigebiet statt der Bahnlinie entlang verbindet (Auf- und Abstieg ca. 600 m).

Rasten und ruhen
Hospezi Sta. Maria, 7184 Lukmanierpass, Tel. 081 947 51 34, Fax 081 947 48 73, E-Mail: hospezi@lukmanierpass.ch; Hotel Dalla Posta, 7185 Platta; Tel. 081 947 52 54, Fax 081 947 52 13, E-Mail: hotelpostpl@compuserve.com; Hotel Cuntera, 7184 Curaglia; Tel. 081 947 63 43, Fax 081 947 57 07, E-Mail: info@hotel-cuntera.ch; Hotel Scopi, 7184 Curaglia; Tel. 081 947 55 52, Fax 081 936 41 16, E-Mail: info@hotelscopi.ch; Restaurant Pass Roman, 7183 Mompé Medel; Tel. 081 947 47 33; Restaurant Péz Ault, 7180 Acletta; Tel. 081 947 41 46, Fax 081 947 40 14; Restaurant Cresta, 7186 Segnas; Tel. 081 947 41 76, Fax 081 936 40 43. Weitere Hotels und Restaurants in Disentis und Sedrun (Auskunft bei Disentis Sedrun Tourismus).

Informationen
Disentis Sedrun Tourismus; Tel. 081 920 40 30, Fax 081 920 40 39, E-Mail: info@disentis-sedrun.ch, www.disentis-sedrun.ch

Tipps
Das Klostermuseum Disentis verfügt über eine kulturhistorische und eine naturgeschichtliche Abteilung; sehenswert ist auch die Klosterkirche (Tel. 081 929 69 00). Die Wollkarderei de Sax in Disentis ist der älteste Wollverarbeitungsbetrieb der Schweiz (Museum und Laden, Tel. 081 947 52 10 oder 081 947 58 59). Das Museum La Truaisch in Sedrun zeigt die wertvollste Mineraliensammlung der Schweiz (Tel. 081 949 18 67).

Noch ein Tipp
Mit John Knittels »Via Mala« lässt sich auch in den wildromantischen Tälern des Avers wandern.
An- und Rückreise: RhB bis Thusis (Fahrplanfeld 940), Postauto bis Andeer (Fahrplanfeld 940.30), Postauto bis Campsut/Avers (Fahrplanfeld 940.40)
Information: Avers Tourismus, 7447 Avers; Tel. 081 667 11 67, Fax 081 667 12 02; E-Mail: avers@viamalaferien.ch

Geschichtsträchtige Landschaft: Paspels mit
Burgruine Alt Sins

Jano Felice Pajarola

LiteraTour 26: Rodels–Canovasee–Fürstenau–Cazis–Hohenrätien

Liebe, Blutrache und Gerechtigkeit. Lokaltermine im Domleschg

Auf legendären Wegen mit Conrad Ferdinand Meyer, »Jürg Jenatsch« (1874)

Hier ist es passiert. Schloss Rietberg, 1621, in der Nacht vom 24. auf den 25. Februar. Im Morgengrauen. Der Mord. In dieser Schlafkammer. Dort der Fluchtweg, der vergebliche, in den Kamin. Das winselnde Hündlein. Jenatsch, dem nichts entgeht. Der Herr Pompejus, der aus dem Rauchfang gezerrt wird. Das Beil, das ihn zerhaut. Jenatsch wieder, Blut an den Händen, im Gesicht. Frevelflecken. Die gedungene Verbrecherbande, die davonreitet, ungehindert, triumphierend. Der Kastellan, der das Todeswerkzeug an sich nimmt. Versteckt. Für die Rache scharf hält.

Der Tag wird kommen. 18 Jahre später. In einem Wirtshaus in Chur. Ein Fasnachtsabend. Ein Fest für Jenatsch, den betrogenen Verräter, zur Feier des Unabhängigkeitsvertrages. Maskenball, wilde Lustbarkeit. Eine große Frau in venezianischer Tracht mit samtener Halbmaske, Lukretia, Tochter des Pompejus. Hinter ihr Jenatsch. Im Gasthaus Gedränge, wilde Gesellen. Eine zottige Bärin, mächtig, die Wappen der drei Bünde umgehängt. Warnende Worte, Jenatsch überhört sie. Sein furchtloser Tanz mit dem Untier. Der Larvenkreis, der immer enger wird. Plötzlich: entblößte Waffen. Klingen blitzen. Das Beil, das von Hand zu Hand geht. Das Ende von Jürg Jenatsch.

Stilisierte einen Schuft zum Bündner Freiheitshelden: Conrad Ferdinand Meyer (1825–1898)

Nichts als ein Schuft

»Ich bin mir gewiss, dass er nichts als ein Schuft war«, vertraute Conrad Ferdinand Meyer einem Brieffreund an, »und erst ich habe aus ihm eine historische Persönlichkeit gemacht.« *»Eine Bündnergeschich-*

Lokaltermin 1: Schloss Rietberg

te« heißt denn auch der Untertitel zu »Jürg Jenatsch«. Hier wird nicht »Bündner Geschichte« wiedergegeben, hier wird »eine Geschichte« erzählt. Die Geschichte einer heroischen Figur, eines Nationalhelden, des Bündner Freiheitsstrebens, von Meyer personalisiert in der Figur Jürg Jenatsch.

Was wissen wir über jenen Jenatsch, der von 1596 bis 1639 tatsächlich gelebt und in den Bündner Wirren eine so wichtige Rolle gespielt hat? Das Licht der Welt erblickt er in Samedan als Sohn eines evangelischen Pfarrers. Seine Jugend verlebt er in Silvaplana, das Studium der Theologie absolviert er – mit mehreren disziplinarischen Zwischenfällen – in Zürich und Basel. 1617, ein Jahr vor dem Beginn des Dreißigjährigen Krieges, wird er in die Bündner Synode aufgenommen und wirkt als Pfarrer in Scharans. 1618 beteiligt er sich an dem von Zeitgenossen und Historikern als willkürlich und grausam geschilderten protestantischen Strafgericht von Thusis, das sich gegen die spanisch-katholische Partei in Graubünden richtet. 150 Katholiken werden dabei verurteilt und hingerichtet; Pompejus Planta, Führer der spanischen Partei in Graubünden, wird verbannt, sein Besitz konfisziert.

1620 entgeht Jenatsch im Veltlin selbst knapp einem Blutbad unter den Protestanten, das an die 600 Tote fordert (vgl. LiteraTour 15); er verlässt sein Kirchenamt und betätigt sich in der Folge nur noch politisch. 1621 ermordet er schließlich den aus der Verbannung auf sein Domleschger Schloss

Rietberg zurückgekehrten Planta. Im Engadin gehen Jenatsch und seine Anhänger beinahe terroristisch gegen die Anhänger der spanischen Partei vor; politische Gegner werden kurzerhand beseitigt. Jenatsch leistet Kriegsdienst in deutschem und venezianischem Sold und steigt bis zum Grad des Obersten auf. 1622 nimmt er in Kardinal Richelieus Heer an der Rückeroberung des Veltlins teil, doch das siegreiche Frankreich gibt den Bündnern ihr ehemaliges Untertanenland – entgegen Jenatschs Hoffnungen – nicht zurück, sondern überlässt es 1626 im Vertrag von Mozon (Aragonien) de facto den Spaniern. Der Bündner, obwohl ein enger Vertrauter des französischen Herzogs Henri Rohan, wendet sich von Frankreich ab und beginnt geheime Verhandlungen mit Habsburg. 1635 tritt er im Kapuzinerkloster Rapperswil sogar zum Katholizismus über, um seine Ziele doch noch zu erreichen. 1637 ist es nach unzähligen Ränkespielen und Intrigen soweit: Es kommt zum Verrat an Rohan.

Jenatsch führt den Aufstand an, der letztlich die Vertreibung der Franzosen aus dem Veltlin und aus Graubünden zur Folge hat. Doch bald fällt er seinen eigenen Untaten zum Opfer: 1639 wird er unter ungeklärten Umständen – es wird Blutrache der Planta vermutet – während der Fasnachtszeit in der Churer Wirtschaft Zum staubiga Hüatli ermordet und schon anderntags in der Kathedrale beigesetzt. Das Verbrechen wird nur sehr oberflächlich untersucht; den Machthabern scheint es genehmer, die Täterschaft und deren Hintermänner im Dunkeln zu lassen.

Kleinod in der Kulturlandschaft Domleschg:
Canovasee

Lokaltermin 2: Kloster Cazis

Meyers Jenatsch ist anders

Meyers Jenatsch ist wie der historische Jenatsch ein Mörder, ein Fanatiker, ein Intrigant, ein Verräter. Doch die Motivation ist sozusagen gereinigt: Die Romanfigur Jenatsch ist kein frühneuzeitlicher Terrorist, kein skrupelloser Machtmensch, kein militärisch gestützter Bündner Diktator. Er ist bis in die letzte Faser seines Körpers bestimmt von Freiheits- und Vaterlandsliebe, so sehr, dass er jene Menschen, die er am ehesten lieben könnte, grausam behandelt, seinen Freund Herzog Rohan, indem er ihn hintergeht, seine Jugendliebe – Meyers Erfindung! – Lukretia Planta, indem er ihren Vater umbringt.

Was Dichtung und Wahrheit ebenfalls unterscheidet: Für Meyer ist klar, dass es die politische Intrige ist, die Jenatschs Schicksal vorzeichnet; er unterliegt also in all seinen Taten einem nicht unbeträchtlichen Maß an Fremdbestimmung, muss sich höheren Zwängen fügen. Eine aufwallende, jähzornige Art ist seiner Natur zwar eigen, doch die zunehmende Hingabe an Unehrlichkeit, Intrige und Verrat erlernt er von seinen Gegnern. Er muss sich deren Mittel aneignen, um selbst erfolgreich zu sein. Er ist der Getriebene in einem Konflikt zwischen Recht und Sittlichkeit einerseits, Macht und Politik andererseits. Eben: Meyers Jenatsch ist nicht mehr nur ein Schuft, er ist eine Persönlichkeit, die – anders als sein historisches Vorbild – das Zeug zum Freiheitshelden hat.

Vorbei an Pompejus' Schloss

Rietberg, bald 400 Jahre nach der Ermordung des Pompejus Planta: ein friedliches Bild. Große Obstgärten, Schatten spendende Laubbäume, ein stiller Teich, ein Landwirtschaftsbetrieb. Im Turm wohnen Menschen wie du und ich, aber Geschichte ist im Domleschg allgegenwärtig: Ruinen, Burgen, Schlösser, Herrschaftshäuser prägen die Landschaft und die Dörfer. Eh man sichs versieht – es muss nur die Stimmung passen, der Blickwinkel alle Modernität ausblenden –, wähnt man sich in einer anderen Zeit.

Vielleicht steht man also im Dachgeschoss des Turms von Rietberg und späht aus den runden Maueröffnungen über das Tal, dreht sich wieder um – und erschrickt. Da ist noch jemand, ein Schatten gleitet vorbei, eine Frauengestalt, sie setzt sich in ein anderes der großen runden Fenster, stumm, nachdenklich. Lukretia.

Es ist Jenatschs Todesjahr, Februar. Tauwetter. Meyer lässt den Föhn durch die Schlucht der Viamala brausen, der Wind stöhnt und pfeift um die alten Mauern von Rietberg. »*Lukretia stand am Fenster, und ihr Blick bemühte sich, die Nebel zu durchdringen, die längs der Falten des Heinzenberges krochen und über das jenseitige Rheinufer und die Heerstraße wie graue Schleier herabhingen.*« Aus der Ferne dringt Lärm an ihr Ohr, Reitergruppen kann sie heraushören und die Schellen der Lasttiere. Jenatsch zieht nach Chur, er bringt die Friedensurkunde, das Dokument der Unabhängigkeit Graubündens. Unter den Berittenen: Rudolf, Lukretias Vetter, Todfeind Jenatschs. Neben ihm der Wirtssohn aus Splügen, ein weit herum gefürchteter Raufbold. Er trägt ein Bärenfell. Bald wird auch das Mordbeil, das geschärfte, aus seiner Truhe im Schloss verschwinden und mit ihm der Kastellan. Meyer hat das Schicksal seines Helden bereits besiegelt.

Rietberg, später. Nochmals die Frauengestalt. »*Mitternacht ging vorüber, und noch immer saß Lukretia am Turmfenster und hörte ratlos und ohne klare Gedanken dem dumpfen Rauschen des Rheins zu.*« Im Schloss wird es ruhig. Dunkel liegt das Tal vor ihr. »*Nur von Cazis drang ein matter Schimmer über den Rhein. Er kam aus der Klosterkirche, wo die Schwestern schon Frühmette sangen.*« Cazis: Dort will Lukretia den Schleier nehmen, der Welt und Jenatsch entsagen. Die Gestalt am Fenster seufzt. Blickt nochmals hinüber auf die andere Talseite. Rafft plötzlich mit einer entschiedenen Bewegung ihre Kleider. Und verschwindet. Im Dachgeschoss des Turmes bleibt der Beobachter allein zurück. Eilt selbst an Lukretias Fenster, sucht das einsame Licht aus Cazis. Vergeblich, am ganzen Heinzenberg leuchten in den Häusern die Glühbirnen. Am Nachthimmel blinkt ein Flugzeug. Ein Auto fährt brummend an Rietberg vorbei.

Lukretias Zufluchtsort

Der Klostermauer entlang ins Cazner Oberdorf, dorthin, wo »*auf einer Erhöhung des linken Rheinufers am Fuße des lieblichen Heinzenbergs*« die »*Mäuerlein und anspruchslosen Gebäude des Frauenklosters Cazis die*

Als wärs an der Loire: Schloss Schauenstein
in Fürstenau

Hütten eines dem katholischen Glauben zugetan gebliebenen Dorfes« überschauen. Hier lässt Meyer die schöne Lukretia sitzen, *»am schmalen Bogenfenster einer Zelle, die nach dem grauen, jetzt vom Morgenlichte beschienenen Schlossturme«* von Rietberg hinüberschaut. Seit Monaten wohnt sie nun schon hier, die frommen Frauen hegen den Wunsch, sie möge ihre würdige neue Priorin werden. Doch Pompejus' Tochter scheint nicht willig.

Lukretia erinnert sich: Unweit des Comersees hat sie den Mörder ihres Vaters aus spanischer Gefangenschaft befreit. Ist mit ihm über Bellinzona und das Misox nach Norden gereist. Ist auf dem San-Bernardino-Pass erneut ihrer Jugendliebe erlegen, für einen Moment nur, *»sie sah ihn an, als wäre dieser Augenblick ihr ganzes Leben«*. Doch das Blut ihres Vaters trennt die beiden, wie es sie vereint. *»Du bist mein Eigen! Du bist mir verfallen«*, sagt Lukretia. Aber: *»Diesem Boden, dieser geliebten Heimaterde bist du zuerst pflichtig. So gehe hin und befreie sie.«* Und fügt hellsichtig an: *»Hüte dich vor mir, Geliebter! Kreuze nie meinen Weg!«* Jenatsch, der seine jugendliche Schandtat inzwischen als *»unnütze Befleckung«* verwünscht, spielt kurz mit dem Gedanken, gemeinsam mit Lukretia unterzugehen. *»Aber er erdrückte den Dämon.«*

Das ist Meyers Held: *»Er war gewohnt, an nichts zu verzweifeln und nichts aufzugeben.«*

Literatur

Conrad Ferdinand Meyer, *Jürg Jenatsch. Eine Bündnergeschichte,* Verlag Philipp Reclam jun., Stuttgart 1987

Conrad Ferdinand Meyer, *Jürg Jenatsch. Eine Bündnergeschichte.* Mit einem Nachwort von Reto Hänny, Insel, Frankfurt a. M. 1988

Conrad Ferdinand Meyer, *Die Richterin,* Verlag Philipp Reclam jun., Stuttgart 2001

Friedrich Pieth, *Bündnergeschichte,* Verlag Schuler, Chur 1982

Verein für Bündner Kulturforschung (Hrsg.), *Handbuch der Bündner Geschichte,* Band 2: *Frühe Neuzeit,* Verlag Bündner Monatsblatt, Chur 2000

Lokaltermin 3: Hohenrätien

LiteraTour-Info

Einstufung 📖📖📖
Gehzeit 4 ½ h
Höhendifferenz 250 m
Beste Jahreszeit April bis November
Karten Landeskarte 1:25 000, Blatt 1215 Thusis

An- und Rückreise

Mit der Rhätischen Bahn nach Rothenbrunnen (Fahrplanfeld 940), von dort mit dem Postauto nach Rodels (Fahrplanfeld 940.22). Zurück mit der Bahn ab Thusis (Fahrplanfeld 940)

Route

In Rodels gehen wir an der Kirche vorbei bis zum Ortsschild Pratval. Dort zweigt unser Weg nach links ab in Richtung Rietberg. Beim Tor zum Schlosshof folgen wir dem Wegweiser Praxis Rietberg und erreichen nach einem Wäldchen eine Kreuzung, wo wir den Weg nach rechts wählen. Wir wandern bis zum Wegweiser Paspels-Canovasee und folgen dem Sträßchen bis auf die Anhöhe, wo uns der Weg nach links zum Gut Canova und zur Burgruine Neu Sins oder geradeaus zum Canovasee führt. Von dort nach einer Besichtigung wieder auf dieselbe Anhöhe zurückgekehrt, wählen wir das Sträßchen aufwärts in den Wald hinein (kein Wegweiser) zur Almenser Mühle und weiter nach Almens. Kurz vor der Dorfmitte gehen wir nach links und nehmen beim Brunnen den Weg nach Scharans. Im Wald erreichen wir ein Reservoir, von dem aus ein Pfad hinunter ins Dorf führt. An der Kirche vorbei, in der Jenatsch 1617 nach seiner Aufnahme in die Bündner Synode gepredigt hat, gehen wir geradeaus die Straße nach Fürstenau. Dort biegen wir gleich nach den Gärten von Schloss Schauenstein nach rechts in die Schlossgasse ein und besichtigen das mittelalterliche Städtchen Fürstenau. Der Hauptstraße entlang wandern wir, bis rechts bei zwei jungen Linden ein Sträßchen abzweigt. Wir gelangen an den Hinterrhein und folgen ihm flussaufwärts bis zu einer Holzbrücke, die uns auf die Heinzenberger Seite des Tales bringt.
Wir unterqueren die A 13 und wenden uns rechts in Richtung Cazis. Haben wir das Dorf erreicht, überqueren wir die Bahnlinie und gehen hinauf zum Dominikanerinnenkloster, wohin sich Jenatschs Jugendliebe Lukretia Planta in Conrad Ferdinand Meyers Roman mehrmals zurückzieht. Unterhalb der

Wendelinskapelle gehts weiter auf der Innerdorfstrasse. Auf der folgenden Anhöhe steht ein Brunnen, dort führt der Weg zum Waldrand hinauf, wir biegen gleich wieder nach links ab – der Pfad sieht auf den ersten Blick nach einem privaten Durchgang aus, ist aber öffentlich. Auf dem alten Weg gelangen wir schließlich nach Schauenberg und wandern hinab zur Lochmüli (Billardcenter). Dort folgen wir der Hauptstraße abwärts um die Kurve und biegen später nach rechts in den Tscharteinaweg ein. Bei der ersten Gabelung gehen wir nach rechts, bei der zweiten geradeaus; Markierungen sind nicht vorhanden. Später gelangen wir an eine Kreuzung, dort wählen wir den ansteigenden Weg in den Schlosswald und biegen bei einer Sitzbank mit Wegweiser links ab. Bei der nächsten Gabelung erneut links, und bald sind wir in der Alten Strasse von Thusis. Ihr folgen wir bis ins Altdorf hinauf – hier hat anno 1618 unter Jenatschs Beteiligung das Thusner Strafgericht stattgefunden – und biegen an ihrem Ende links ab in Richtung Kirche und Neudorfstrasse. Am südlichen Dorfende folgen wir den Wegweisern nach Hohenrätien. Wir verlassen nun die Spuren von »Jürg Jenatsch«; die eindrückliche historische Stätte hoch über Thusis, wo sich ein großer Teil von Meyers Novelle »Die Richterin« (1885) abspielt, ist ein ausgezeichneter Ort, um den Tag ausklingen zu lassen (Grillmöglichkeit und Trinkwasser vorhanden). Für die Rückkehr nach Thusis wählen wir den Weg, auf dem wir zuvor gekommen sind.

Variante
Für den Abstieg von Hohenrätien kann man den Umweg über Carschenna (prähistorische Felszeichnungen) und Sils im Domleschg wählen (1 h). Dort das Postauto nach Thusis nehmen (Fahrplanfeld 940.22).

Rasten und ruhen
Restaurant Landhus, 7416 Almens, Tel. 081 655 13 61, Fax 081 655 13 58, E-Mail: landhus.almens@bluewin.ch; Gartenrestaurant Remise (nur freitags, samstags und sonntags von Ostern bis Mitte September offen, vorher anfragen!), 7414 Fürstenau; Tel. 081 651 30 20, Fax 081 651 10 98, E-Mail: campell.walliser@freesurf.ch; Schlosshotel und Restaurant Schauenstein, 7414 Fürstenau; Tel. 081 632 10 80, E-Mail: kontakt@schauenstein.ch; Restaurant Bahnhöfli, 7408 Cazis, Tel. 081 651 19 72; Kloster der Dominikanerinnen, 7408 Cazis (Gästezimmer auf Voranmeldung), Tel. 081 651 14 32, Fax 081 651 14 44, E-Mail: info@kloster-cazis.ch
Verschiedene Restaurants und Hotels in Thusis (Auskunft beim Verkehrsverein)

Informationen
Verkehrsverein Thusis, Neudorfstr. 49, 7430 Thusis; Tel. 081 651 11 34, Fax 081 651 25 63, E-Mail: vvthusis@spin.ch, www.thusis-viamala.ch

Tipps
Zum Städtchen Fürstenau ist in der Reihe der Schweizerischen Kunstführer GSK ein informatives Bändchen erschienen (Markus Rischgasser, »Fürstenau – Stadt im Kleinstformat«, Gesellschaft für Schweizerische Kunstgeschichte, Bern 2001).
In Cazis steht beim Kloster die Wendelinskapelle zur Besichtigung offen. Ebenfalls einen Abstecher wert ist die reformierte »Steinkirche« am nördlichen Dorfausgang.
Von Thusis aus (vgl. LiteraTouren 27 und 28) empfiehlt sich ein Besuch in der Viamalaschlucht (Fahrplanfeld 940.30).

Leben mit oder trotz wilder Natur:
Obermasügg unter dem Piz Beverin (2997 m)

Ursula Riederer

LiteraTour 27: Thusis–Urmein–Tschappina–Glaspass–Obertschappina

Flugzone am Heinzenberg. Sagenhafte Abgründe, berauschende Aussichten

Durchs wilde Nollatobel mit Reto Hänny, »Flug« (1985)

Ein Mann startet im Niemandsland eines Flughafens, fliegt in einer kleinen Maschine weg von der Stadt übers Gebirge und zurück in die eigene Vergangenheit, eine Kindheit auf dem Berg. Abheben und wegfliegen, sich wie der Adler in die Lüfte schwingen: Das verspricht die Sicht übers Tal hinweg, weiter ins nächste Gebirgstal und von dort noch weiter und so fort. In virtuosen Satzschlaufen, häufig ohne Satzzeichen, erzählt Reto Hänny in seiner Erzählung »Flug« vom Bergbauernalltag in einer Landschaft, die so sanft wie liebreich, so schroff wie abgründig ist.

Wer sich von den üppigen Textcollagen mittragen lässt, findet die Spiegelbilder der meist namenlosen Orte mühelos. Ohne dass Namen fallen, ist klar, dass der Berg Heinzenberg heißt, wo der Autor 1947 in Tschappina geboren wurde, und die Stadt Zürich ist, wohin er abgewandert ist und wo er lebt. Klar ist auch, dass es sich beim Marktflecken um Thusis handelt, wo sich die Bauern vom Berg auch heute noch an den Saisonmärkten mit dem Nötigsten für Haus, Hof und Stall versorgen. Noch immer finden sich in den Auslagen der Stände neben CDs und Musikkassetten Stiefel, Hacken und Pickel, Mandeln und Magenbrot, Kälberstricke, Lederriemen, Jagd- und Fischereizeug, aber auch Käse, Honig und andere landwirtschaftliche Produkte. Thusis ist und war regionales Handelszentrum, heute Transitstation an der A 13 zwischen München und Milano mit zwei Autobahnanschlüssen, einst Etappenort für Postkutschenreisende (vgl. LiteraTouren 26 und 28).

Porträt des Schriftstellers als Kind: Reto Hänny (geb. 1947) mit seinem Großvater, ca. 1950, in Tschappina

Brandneue Haube und Häuser

Vom Bahnhof Thusis führt nicht nur die Alte Bahnhofstrasse zu den

Marktflecken vor schroffer Gebirgskulisse: Thusis

Läden und Gaststätten im Dorf. Direkter Zugang bietet auch die Liftanlage über fünf Etagen mitten ins stillose Einkaufszentrum, in den 1980er-Jahren an der Stelle des Jugendstilhotels Post erbaut. Mit dessen Abbruch wurde der Fußweg zerstört, den nun der Aufzug ersetzt. Spuren von Vandalismus, Pisse und anderen menschlichen Verrichtungen machen den Ort zum Unort. Am Südende der 500 Meter langen Neudorfstrasse verrottet das Hotel Viamala, einer der letzten Zeugen touristischer Blütezeit, mehrmals durch Brand beschädigt, zum abbruchreifen Objekt.

Die Namen Neu- und Altdorfstrasse weisen auf den Wiederaufbau nach dem katastrophalen Dorfbrand von 1845 hin, eine der vielen Feuersbrünste, die Thusis bis auf ein paar Häuser niederbrannte. Die planmäßige Anlage des Ortes, schnurgerade breite Straße mit klassizistischen Wohn- und Geschäftshäusern, dazu rückseitig Ökonomiegebäude, wirkt noch heute urban. An den jüngsten, weniger dramatischen Brand des Turms der reformierten Kirche am 3. Mai 2001 mahnen die 150 Jahre alten, zerschellten Glocken, wovon eine, 570 Kilogramm schwer, an der Straße beim südlichen Dorfeingang, die andere neben der Kirche steht. Die brandneue verzinkte Zwiebelblechhaube wurde im Sommer 2002, festlich umrahmt, mit einem Kran aufgesetzt.

Kampfjets und rumpelnde Steinblöcke

Kurz vor Dalaus, einem Weiler der Gemeinde Masein, donnert eine Staffel Kampfjets vom Berg her und erinnert an die Schilderungen in »Flug«, wo der ohrenbetäubende Krach, wenn die Maschinen längst wieder über alle Berge sind, *»gierige Beerensammler, welche ihre halbvollen Kessel fallen lassen und den Strähl durch die Luft schmeißen, aus den Heidelbeerstauden* *hochschreckt; wo Vampirs und Venoms, bevor die über den Pass gespannte Hochspannungsleitung diese Überflüge vereitelte, aus Bordkanonen feuernd, in weiß markierten Zielfeldern, das Moor zerfetzend, ihre Treffer versenkten […]«.*

Fliegend berichtet der Erzähler nicht nur vom Leben mit den Eltern, Großeltern und dem Bruder auf dem Tobelhof, sondern auch von Louis Blériot (1872–1936), der als Erster den Ärmelkanal überflog. Die Biografie des französischen Flugpioniers führt wie ein roter Faden durch einen Abschnitt europäischer Geschichte und steht für Trubel und Technik, Hektik und Heute, aber auch für tollkühne Männlichkeit und hartnäckige Träumereien.

Wir sollten besser nicht während der Hochjagd in den Stauden und im Gehölz unterwegs sein, rät Reto Hänny. »Die schießen einfach drauf los, auf alles, was sich bewegt.« Schade, ausgerechnet in dieser Zeit sind die Farbkontraste dunkler Schieferwände, goldgelber Lärchennadeln und rot gefärbter Beerenstauden vor violettblauem Herbsthimmel ein besonderes Vergnügen für die Sinne. Die Hochjagd bringt jeweils etwa sechstausend Jäger während der letzten drei Septemberwochen in tranceähnlichen Zustand. Wir folgen dem Rat des Schriftstellers und wandern ohne Weidmänner, ohne lauernde Gefahr im Gebüsch.

Das Gehen auf meist schattenlosen, geteerten Sträßchen erweist sich als schweißtreibend. Mit der Gewinnung an Höhe wird auch die Sicht weiter. Keine Spur ist in den von sanften Hügeln und Hecken durchwirkten Wiesen von der schrundigsteinigen Scharte zu sehen, die der Nolla, einer der wildesten Bäche weit und breit, im Laufe der Zeiten ins Gelände gerissen hat. Dabei hatte er im bröckligschieferigen Untergrund leichtes Spiel. Als »wütend Wässerlin« bezeichnen ihn alte Schriften, und örtliche Sagen, mit denen der Großvater in »Flug« den beiden Buben Angst einjagt, erzählen *»von im Kamin hockenden Hexen […], von lang über ihren Tod hinaus keine Ruhe findenden, in Vollmondnächten im Rappentobel geisternd zum Steineklopfen verdammten Falschspielern und Wucherern […]«.*

Einer der wildesten Bäche weit und breit: der Nolla

Nach Gewittern und starken Regenfällen transportiert der Wildbach rumpelnd mächtige Steinblöcke, Steine mit glitzernden Pyritwürfelchen und kristallinen Quarzadern, und ganze entwurzelte Bäume. In seinem Erstling »Ruch« schildert Hänny alten Chroniken folgend die Auswirkungen heftiger Gewitter: »*Nach und nach wären wohl hundert und mehr Mannsmahd Wiesland, Wald und Weiden, mergelschiefriger Boden, der nicht selten Schwefelkies in großen Mengen eingesprengt enthalte, nebst Häusern und Ställen in die Tiefe geglitscht, fast geräuschlos, bald nicht nur bei Regen, bald selbst bei trockenem Wetter, in den Abgrund geschlipft, wo der Nolla alles wegschwemmt*« (vgl. LiteraTour 7). Die Gesteins- und Schlammmassen werden seit 1909 von 70 Sperren und Vorsperren zurückgehalten. Um durch Aufforstung von über 300 Hektaren Wald die Abhänge zu stabilisieren, enteignete der Kanton Graubünden damals zahlreiche Bauern am Heinzenberg.

Dicke Mauern und kleine Fenster

Auf der anderen Seite des Nollatobels rücken talauswärts die Ruinen von Obertagstein und die Wiesen der Alp Saissa ins Blickfeld. Vom Fastdreitausender Piz Beverin mit den beiden Hörnern zieht sich die Horizontlinie über die höckrigen Gipfel Einshorn und Zwölfihorn Richtung Osten, wo sich am Horizont das Lenzhorn und der Piz Linard erheben. Ein Holzstrickbau, ein stattliches blechgedecktes Steinhaus markieren den Ortseingang von Urmein. Das Zwölfi- und das Einshorn heißen so, weil die Sonne früher, wenn sie schien, vom Dorfplatz aus um zwölf Uhr exakt über dem Zwölfi- und

Wie eine Startrampe zum Fliegen:
der Heinzenberg (mit Ober- und Untertschappina)

um ein Uhr über dem Einshorn stand. Heute steht sie in der Sommerzeit über den Hörnern je eine Stunde früher.

Obwohl nur wenige hundert Meter voneinander entfernt, liegen Welten zwischen Urmein und Tschappina. Urmein, das die Häuser kompakt um einen Dorfplatz versammelt, hat eine romanische Vergangenheit. Tschappina ist durch und durch walserisch. Die traditionellen Höfe, bestehend aus dem Wohnhaus, einer frei stehenden Scheune, einem Backhaus und einem Ziegenstall, liegen in lockeren kleinen Gruppen und als Einzelgehöfte in den Wiesen. Die Streusiedlung Unter- und Obertschappina mit den Weilern Inner und Usser Glas auf dem Glaspass ist eine Kulturenklave im ehemals romanischsprachigen Gebiet. Ehen geschlossen und Kontakte gepflegt wurden weniger mit den Nachbarn am Heinzenberg als vielmehr mit den Leuten im walserischen Safiental.

Bis eine Straße das Tal im 19. Jahrhundert erschloss, war der Glaspass die einzige Verbindung nach Chur. Im Safiental war Reto Hänny in jungen Jahren eine Zeit lang als Lehrer tätig. Glas deutet nicht auf das reichliche Vorkommen von wasserhellem, glasklarem Quarz am Piz Beverin hin, sondern wurzelt im Lateinischen »clausum« und erinnert ans Kloster Cazis, frühere Besitzerin von Ländereien am Heinzenberg.

Dicke Mauersockel, von der Sonne geschwärzte Holzstricke, kleine, eng beisammenliegende Fenster zeugen von Kargheit und Krampf, einem Alltag, der den Menschen fast unmenschliche Energie abtrotzte, in strengen Wintern etwa, *»wenn wir, der Bruder und ich, in die Stube verdammt, spielten – während Mutter draußen Wochenwäsche machte, draußen im Hof mit klammen Fingern und gefrorener Schürze am Brunnen stand und auf dem Waschbrett mistige Überkleider und Stallhemden schruppte; und Vater tagsüber, zwischen dem Füttern, in den Erlen war, tief hinten im Tobel, am Rande der Schlucht, Brennholz schlug, […]«*.

Etwas Farbe in den Bergbauernalltag brachten die Großtante und der Großonkel, Kavallerieoffizier im Ersten Weltkrieg und Grenzwächter. Er schenkte dem Buben einen bunten Propeller, den er am Thusner Herbstmarkt an einem Schießbudenstand herausgeschossen hatte. Aber die kindlichen Flugversuche des Icherzählers um den Stubentisch herum nervten die bei Kuchen und Kaffee plaudernden Erwachsenen, worauf der Großonkel dem kleinen Störenfried ohne Federlesens das Geschenk wieder wegnahm. Nun wollte der Bub nicht mal mehr von den »*Crèmeschnitten*« und »*Schnudergugen*« kosten und verkrümelte sich in sein Spielreich im Kasten unter der Stiege: »*Verschanzt, verstockt, in mir Trotzwälle gegen Kuchenduft und*

War früher ganzjährig bewohnt: Hof Masügg, heute Alp

Kaffeedampf aufwerfend, […].« Fliegen übers Stalldach weg, über den Brunnen im Tobelhof und die Jauchegrube konnte er ja auch ohne Propeller, nachts, wenn er sich und den kleinen braunen Teddybären mit den havarierten Füßen, ohne den er nicht einschlafen konnte, in den Schlaf gelullt hatte.

Abwechslung bescherten auch die Ansichtskarten, die ausgewanderte Verwandte geschickt hatten und welche die Großmutter in einer Schuhschachtel aufbewahrte. Zum Beispiel jene der Tante Berta aus New York mit dem Luxus und Großartigkeit vorspiegelnden Waldorf-Astoria-Hotel. Dabei hatte die Tante nur die Enge des Bergbauernlebens mit dem einer Immigrantin und Angestellten auf einer einsamen Farm vertauscht. Sie gehörte nicht zu denen, die ihr Vermögen vermehrten, wie Christian Lorenz Allemann, Bürger von Tschappina, der in seiner Heimatgemeinde als Wohltäter auftrat. Der in Ägypten reich gewordene Baumwollhändler bezahlte nicht nur das 1924 erbaute Schulhaus, sondern auch die Gemeindesäge und eine Drahtseilbahn über die Nollaschlucht für den Holztransport. Auch alimentierte er eine Stiftung für unentgeltliches Schulmaterial und finanzierte die Dorfbibliothek.

Ein abgelassener Bergsee, nur noch Erinnerung

Im Maitlatobel – eine Holztafel markiert diesen Standort – begegnen wir der stillgelegten, von Allemann gesponserten Sägerei. Weitere solche Tafeln, die ab und an aufschlussreich, manchmal auch irritierend kurios die alten walserischen Flurnamen in deutscher Übersetzung erklären, säumen fortan den Weg durch den Studenwald. Eine Verzweigung, etwa 700 Meter nach dem Dorfausgang, lässt uns vorerst, weil sie ohne Signalisierung ist, etwas ratlos. Dass es rechts gemächlich aufwärts über den Lüübach weitergeht, erweist sich zum Glück schon bald als richtig.

Der Lüübach entwässert das Gebiet des nicht mehr existierenden Lüscher Sees, dessen Wasser 1910 durch einen Stollen und einen Kanal in den Nolla abgelassen wurde. Der Eingriff geht zurück auf ein Projekt von Richard La Nicca (1794–1883), Pfarrerssohn, geboren in Tenna, im Safiental. Als Oberingenieur beim Kanton plante er den Ausbau der Straßen, Schutzbauten gegen Lawinen und Murgänge und unter anderem die Rheinkorrektion im Domleschg, zu denen die späteren Eingriffe am Heinzenberg gehörten.

In »Flug« erzählt der Großvater vom *»gutmütig im Schlamm des Bergsees rumrumorenden vieläugigen Ungeheuer, das, als man, der kurzsichtigen Laune eines Ingenieurs folgend, drangeht, mit einem durch den Hügel getriebenen Loch den See abzulassen, wütend, Hütten Wiesen Weiden und Wald, zu blauschwarzem Brei vermantscht, mit sich reißend, das Tobel hinabrollt, bis weit in die Ebene hinaus, und dort, aus dem noch unkorrigierten Flusslauf brechend, alles niederwalzend sich in die Felder, in die reifende Frucht wirft; […]«*.

Wo die Waldstraße endet, führt ein schmaler Pfad durchs Bett des Schwarz Nolla. Die sich auftürmenden Steinblöcke und zerborstenen Wuhrköpfe künden von der Wucht des Wildwassers, jetzt ein zahmes, unschuldiges Rinnsal. Fast senkrecht über dem aufgerissenen Grund liegt Masügg auf einer Geländezunge, an deren Spitze sich der Wiss Nolla, vom hellen Quarz des Beverins geprägt, mit dem Schwarz Nolla aus dem Gebiet des Heinzenbergs vereinigt. Der früher ganzjährig bewohnte Hof auf Masügg dient heute dem Alpbetrieb. Auf der eingezäunten Weide sömmern Kühe und Pferde.

Je höher wir dem Grat entlang steigen, desto flacher erscheint der Heinzenberg, dafür wirken die Abhänge mit den Schiefertrümmern noch abgründiger. Und passend zu solcher Stimmung hat sich der Piz Beverin eine Nebelkappe übergestülpt.

In Obermasügg, am Fuß der Krähenköpfe, dient das kleine Gebäude Alpagädemli, ein ehemaliger Stall, dem Hirten, der seit Jahren für Tschappiner Bauern Rinder sömmert, als Behausung. Aber die Idylle trügt. Wie aus dem Nichts zerreißt eine Dreierstaffel Kampfjets der Schweizer Luftwaffe

Vogelperspektive (vom Hoch Büel, 2107 m, aus) über die Nollawälder

die Bergruhe. »Seit einigen Jahren fliegen sie wieder im Tiefflug«, erklärt der Hirt und seufzt. »Wenigstens schießen sie nicht mehr!«

Der moorig weiche Boden ist voller Alpenrosen, Heidel- und Preiselbeeren. Über der Waldgrenze schlängelt sich der bequeme Weg der Flanke des Hoch Büel entlang, eine dem Piz Beverin vorgelagerte Kuppe, zum Glaspass. Das Panorama belohnt den schweißtreibenden Aufstieg. Der flache Bergrücken lockt tatsächlich wie eine Startrampe zum Fortfliegen, um aus genügender Distanz und Vogelperspektive zurückzuschauen, den Weitblick für eigene, kühne Träume zu nutzen, um, wie Reto Hänny schreibt, *»[...] Gegenwärtiges aus dem Vergangenen zu erfahren, Vergangenes im Gegenwärtigen erkennend, wiedererkennend; auf der Suche nach Ansätzen für das Hier und Jetzt, das, unwirtlich und kalt, wie es sich zeigt und gibt, nur als unwirklich zurückgewiesen zu werden verdient –; [...]«.*

Literatur

Reto Hänny, *Flug,* Suhrkamp, Frankfurt a. M. 1985; Suhrkamp Taschenbuch 1649, Frankfurt a. M. 1989

LiteraTour-Info

Einstufung 🕮🕮🕮🕮
Gehzeit 4½ h
Höhendifferenz 1150 m
Beste Jahreszeit Mai bis Oktober
Karten Landeskarte 1:25 000, Blatt 1215 Thusis; Wanderkarte 1:25 000, Thusis-Heinzenberg-Domleschg

An- und Rückreise
RhB Chur–Thusis (Fahrplanfeld 900.80), Postauto Thusis–Urmein–Obertschappina (Fahrplanfeld 940.23); Postauto Präz–Thusis (Fahrplanfeld 940.20), beide Linien verkehren alle ein bis zwei Stunden, Bustaxi für Fahrten ab 19.55 Uhr bis 0.10 Uhr ab Obertschappina und Präz mit Spezialtarif, Reservation eine Stunde vor Abfahrt, Tel. 081 651 55 77, www.taxi-service.ch

Route
Die Strecke ab Bahnhof Thusis über Dalaus und Urmein ist größtenteils gut ausgeschildert. Zunächst auf der Neudorfstrasse, zweigt sie am Südende in die Altdorfstrasse ab, vorbei an der reformierten Kirche und hinauf bis zum Waldrand. Hier bietet sich die abwechslungsreiche, nach Unwettern aber oft nicht begehbare Wildbachvariante durchs Nollagebiet nach Urmein an (über die Begehbarkeit informiert der Verkehrsverein Thusis). Sicher ist dagegen der Weg über Dalaus, allerdings auf geteerten Sträßchen; wer sich diesen Abschnitt ersparen will, fährt mit dem Postauto bis Urmein. Von Urmein folgt der Weg nach Untertschappina einer alten Verbindung, die nach etwa einem halben Kilometer in die Kantonsstraße mündet. Bei der Post und Postautohaltestelle Untertschappina führt die Waldstraße Richtung Nollatobel und biegt nach etwa einem Kilometer rechts ab über den Lüübach. Der Bergpfad über Masügg, durch die teils eingezäunte Weide dem Grat entlang nach Obermasügg führt durch lockeren Wald. Als Variante empfehlenswert ist der Abstecher über Hoch Büel (2107 m) zum Glaspass (1 h), der markiert und ausgeschildert kurz nach Obermasügg abzweigt. Der Abstieg vom Glaspass zur Postautohaltestelle in Obertschappina (40 Min.) folgt entweder der geteerten Fahrstraße oder dem markierten, ruhigeren Fußweg durch den Wald, der unterhalb des Passes abzweigt.
Varianten: Ab Glaspass (1846 m) dem Alpzaun entlang zum Glasergrat (2134 m) mit Sicht ins Safiental, Abstieg zur Lüschalp (1977 m), auf dem Alpweg zum Bischolpass und zur Bischolhütte, Fußweg zum Tguma (2163 m), dem Grat entlang zur Präzer Höhi, Abstieg zur Alp Gronda-Präz (1184 m), Fahrstraße nach Präz (5 h). Der Glaspass ist auch Ausgangspunkt der Hochgebirgstour (für Schwindelfreie) der Westwand entlang zum Gipfel des Piz Beverins (2997 m; 3½ h); Abstieg über Schutthalden nach Wergenstein oder Lohn (3 h) am Schamserberg oder zurück zum Glaspass (4 h).

Rasten und ruhen
Die Berggasthäuser am Heinzenberg bieten regionale Spezialitäten sowie günstige Unterkünfte an. Es empfiehlt sich, Übernachtungen zu reservieren. Berggasthaus Heimat, Obertschappina, 28 Betten; Tel. 081 651 16 05; Berggasthaus Beverin, Usser Glas, Sonnenterrasse, Stübli und Restaurant mit 50 Sitzplätzen, 30 Betten in Doppel- und Mehrbettzimmern; Tel. 081 651 13 23,
Fax. 081 651 16 88,
E-Mail:info@berggasthaus-beverin.com,
www.berggasthaus-beverin.com

Informationen
Verkehrsverein Thusis, Neudorfstrasse,
7430 Thusis; Tel. 081 651 11 34,
Fax 081 651 25 63, E-Mail:vvthusis@spin.ch

Tipp
Marktbesuch auf der Neudorfstrasse in Thusis. Viermal im Jahr (jeweils freitags) werden an den Saisonmärkten einheimische Produkte feilgeboten: Ende März nebst Biofleisch und Käse auch Fuchsschwänze und Felle; Ende Mai Kräuter und Blumen; Mitte August gehört ein Kinderflohmarkt dazu; und am Weihnachtsmarkt Anfang Dezember sind Honig, Eingemachtes, allerlei Handwerk und Basteldinge zu finden (Infos beim Verkehrsverein Thusis).

Wasserkraft ist ein wichtiger Wirtschaftszweig
Graubündens: Stausee bei Sufers

Kurt Wanner

LiteraTour 28: Thusis–Andeer–Montespluga–Isola–Chiavenna

Auf der Dichter- und Denkerroute. Der »große Schritt« von Norden nach Süden

Auf der Via Spluga mit Wolfgang Hildesheimer, »Marbot. Eine Biografie« (1981)

1825 war für Sir Andrew Marbot das Ziel seiner Reise *»selbstverständlich Italien«*. Und er hatte – gemäß seinem Biografen Wolfgang Hildesheimer – keine Eile, dieses Ziel zu erreichen. Eine Maxime, an der es festzuhalten gilt, auch wenn seit Marbots Splügenpassage zwei Jahrhunderte vergangen sind und die Menschen, die heute hier unterwegs sind, es meistens sehr eilig haben.

Fakten, Fiktionen auch, Orte und Zahlen beschäftigen den Wandernden von Thusis bis Chiavenna. Nicht als kulturhistorischer Ballast, sondern als wegbegleitende Ergänzung. Die Via Spluga, die zu Beginn des 19. Jahrhunderts noch »Untere Strasse« hieß und dem europäischen Warentransit diente, ist ein im Jahr 2001 eröffneter Kulturwanderweg von 65 Kilometer Länge. Man hat also Zeit, sich manches in Erinnerung zu rufen und vor Augen zu führen, um es am richtigen Ort zu prüfen, zu erkennen und zu hinterfragen.

Bevor es vom Flecken Thusis (vgl. LiteraTouren 26 und 27) südwärts geht, drängt sich eine Klärung der Umstände von Marbots Reise auf, und diese sind – einmal vom Reiseziel Italien abgesehen – doch von besonderer Art. Wer war denn dieser junge Engländer, dessen Name bis zum Erscheinen von Wolfgang Hildesheimers fiktiver Biografie 1981 in keinem Lexikon zu finden war? Geboren wurde Sir Andrew Marbot 1801 in Northumberland als Sohn eines katholischen Landedelmannes, der sich ausschließlich für Jagd und Fischerei interessierte. Die Mutter hingegen, die 1781 in Dresden geborene und in Italien aufgewachsene Lady Catherine, war gebildet und von lebhaftem Gemüt. Deren Vater wiederum weckte im heranwachsenden Andrew, der von einem Jesuitenpater unterrichtet wurde, die Zuneigung zur Kunst.

Lebte von 1957 bis zu seinem Tod in Poschiavo: Wolfgang Hildesheimer (1916–1991)

Preisgekrönt: die Granitspannbrücke Pùnt da Suransuns (von Ingenieur Jürg Conzett) in der Viamala

1820 war die für jeden Engländer gehobenen Standes obligate klassische Bildungsreise, die Grand Tour, angesagt, bei der es um das Studium der Kunstschätze Italiens, aber ebenso um die Begegnung mit der italienischen Landschaft ging. Marbot wählte nicht den direkten Weg. Er hielt sich vorerst mit der zwei Jahrzehnte älteren, von ihm innig geliebten Mutter in London auf, und dort kam es – Höhepunkt und zugleich Niedergang seines Lebens – zum Inzest.

Im Herbst 1820 führte die Reise via Paris in die Poebene. Venedig, Pisa und Siena waren die wichtigsten Stationen. In Florenz erreichte Marbot im November 1822 die Nachricht vom Tod seines Vaters, worauf er zur Mutter nach England zurückkehrte. Mit ihr verbrachte er die drei nächsten Jahre, und es war für beide die glücklichste Zeit ihres Lebens. Der immer stärker werdende soziale und moralische Druck machte im Frühjahr 1825 eine endgültige Trennung unumgänglich. Marbot begab sich noch einmal nach Italien, wobei er diesmal *»nicht mehr auf einer Reise war, von der man zurückkehrt, sondern auf dem Weg, den man verlangsamen kann, da man das Ziel, den Ruhepunkt immer noch früh genug erreicht, denn an ihm wartet eine Entscheidung, die, solange man reist, hinausgezögert wird«*.

Marbots Reise durch Graubünden beginnt am 5. Oktober 1825 in Chur. Wie lange er dort geweilt hat, ist dem 1991 in Poschiavo verstorbenen Schriftsteller nicht bekannt. Nehmen wir einmal an, Marbot sei Mitte Oktober *»mit der soeben eingerichteten Linienkutsche«* Richtung Italien gereist. Später sollten Wandernde auch heute nicht unterwegs sein, da der erste Schnee ein Durchkommen nördlich und südlich der Passhöhe erschweren oder gar verunmöglichen kann. Die kühle Herbstwitterung scheint an Marbot nicht spurlos vorübergegangen zu sein – doch davon wird noch die

Rede sein. Vorerst gilt es nämlich, das erste Hindernis auf unserer Splügenpassreise zu überwinden: die Viamala, eine bereits zur Römerzeit begangene Schlucht, die sowohl in der Literatur- als auch in der Kunstgeschichte Europas Spuren hinterlassen hat.

Ein Riss in der Erdkugel

Thusis verlassen wir am südlichen Dorfausgang. Die Via Spluga verläuft meistens abseits des Autoverkehrs durchs *»Verlorene Loch«*, über Rongellen ins imposanteste Teilstück der Viamala mit der ca. 70 Meter tiefen und stellenweise nur 3 Meter breiten Klamm. Nach 1739, als die Passage durch den Bau von zwei Brücken verbessert wurde, bildete die Schlucht am Hinterrhein einen Anziehungspunkt für Landschaftsmaler aus ganz Europa, galt sie doch – neben der Teufelsbrücke an der Gotthardroute oder den Staubbachfällen im Berner Oberland – als gefährlichster und malerischster Ort in den Alpen. Aber nicht nur William Pars, John Frederick Lewis, Joseph Anton Koch oder der von Marbot hochverehrte Joseph William Mallord Turner waren beeindruckt: Selbst Goethe, der am 31. Mai 1788 hier durchreiste, griff in der Viamala zum Zeichenstift – und nicht etwa zur Schreibfeder!

Hat sich das Schluchterlebnis am Hinterrhein auf die Literaten weniger inspirierend ausgewirkt? Im Gegenteil, wie dies etwa Hans Christian Andersen, Friederike Brun, Gottfried Keller, Friedrich Nietzsche oder Theodor Fontane bezeugen. Die stärkste Anziehungskraft auf den modernen Reisenden übt freilich immer noch der von John Knittel 1934 an touristisch vorteilhafter Lage angesiedelte Liebesroman »Via Mala« mit seinen diversen Verfilmungen aus (vgl. LiteraTour 25).

An Dramatik fehlt es auch bei »Marbot« nicht. Das außergewöhnliche Naturschauspiel – für andere Reisende zu selbiger Zeit eine »im Schoße des Schreckens schlafende Schönheit« – hat den jungen Engländer emotional zwar kaum berührt, es ist vielmehr zum Objekt der Prüfung seiner selbst und seiner kunstpsychologischen Theorien geworden: *»Ein jäher Riss in der Erdkugel, markiert von geborstenem Fels, wie eine riesenhafte Wunde, an deren ungeheuerlichen senkrechten Rändern, deren obere Hälfte hier und dort, auf einem schmalen Vorsprung oder auch nur aus dem Stein wachsend, ein verirrter Baum schmückt, deren untere Hälfte jedoch niemals von einem Sonnenstrahl berührt wird, einerseits auf verwegener Höhe, andrerseits aber auch in gefährlicher Tiefe, die Straße entlang führt. Ein Sturz aus dem Wagenfenster, und man fiele der Erdmitte zu, deren glühender Kern je-*

Von Marbot unbeachtet: Kirche St. Martin in Zillis

doch dieser schmale Spalt nicht verrät, denn in ihm toben die Wasser, die man zwar von der Kutsche aus nicht sieht, deren Brausen und Tosen man aber in dauernd wechselnder Stärke und variierender Höhe (pitch) hört, […] Angesichts dieses außerordentlichen Schauspieles habe ich mich wieder gefragt, ob solche Extravaganzen der Natur ›schön‹ seien, doch blieb ich mir die Antwort schuldig, denn dieses Wort ist für die Erscheinungen der Natur nicht anwendbar. In der Natur haben wir den Urzustand und damit den Ausgangspunkt aller Betrachtungen des Sichtbaren; den absoluten Orientierungspunkt (reference point), der sich unserer ästhetischen Beurteilung verweigert.«

Das nächste Ziel heißt Reischen. Von dieser zur Gemeinde Zillis gehörenden Siedlung mit der 1709 erbauten Kirche und einigen hübschen Bürgerhäusern erblicken wir erstmals das Schamsertal (Val Schons), oft als »grüne Mulde zwischen zwei Schluchten« bezeichnet. In idealer Weise ergänzt wird der Talgrund durch den Schamserberg, die Muntogna da Schons, ein agrarisches Wirtschaftsgebiet am linksseitigen Berghang, wo acht kleinere Dörfer auf drei Höhenlagen verteilt sind. Der Schamserberg stellt auch eine kulturelle Einheit dar, in der die rätoromanische Sprache, einst das dominierende Idiom des ganzen Tales, zwar gefährdet ist, aber mit Stolz und mit einer vielen Bergbewohnern eigenen Hartnäckigkeit hochgehalten wird.

Wo bleibt die Kirchendecke von Zillis?

Zillis ist das Ziel der ersten Etappe auf der Via Spluga. Nach dem Naturschauspiel der Viamala folgt hier das Kunsterlebnis: die Kirche St. Martin mit ihrer aus 153 Holztafeln zusammengesetzten Decke, die aus dem 12. Jahrhundert stammen. Im Sinne Marbots wäre auch dies ein *»reference* *point«*, und es ist eigentlich erstaunlich, dass er diese »Sixtina der Alpen« nicht erwähnt, obschon nach Ansicht des Kunsthistorikers Erwin Poeschel »in keinem Museum der Geist einer ernsten und strengen Frühe so stark zu uns zu reden vermag« wie hier in der ländlichen Stille eines Bergtals. Aber Marbot hat ja auch die Giottofresken in Padua übersehen, da er – gemäß Hildesheimer – *»das Nicht-Erwartete«*, wie die meisten Reisenden, überhaupt nicht oder nur zufällig zur Kenntnis genommen hat.

Dass er den Thermalquellen von Andeer keine Beachtung schenkt, ist schon eher verständlich – den berühmten Bädern Italiens, die immerhin einen Goethe oder Heine zu beeindrucken vermochten, ergeht es im späteren Verlauf der Reise ebenso. Umso mehr erfahren wir über den Aufenthalt in Splügen. Doch bevor wir das Passdorf im Rheinwald erreichen, gilt es eine zweite Schlucht zu durchqueren: die Rofla, von Marbot nicht erwähnt, obwohl sie dank ihres Wasserfalls zu den spektakulären Naturereignissen an der Via Spluga gehört.

Zwischen Andeer und Sufers wurde die alte Wegsubstanz durch spätere Straßenbauten zu einem großen Teil überdeckt. Trotzdem konnte für den Wanderweg eine attraktive Route geschaffen werden, die an alten und neuen Zeitzeugen vorbeiführt: an den Andeerer Granitsteinbrüchen, die seit dem 19. Jahrhundert betrieben werden, an den Schalensteinen von Bärenburg, die auf frühgeschichtliche kultische Handlungen hindeuten, an den Überresten einer mittelalterlichen Burg, die während 200 Jahren das grundherrliche Zentrum der Grafschaft Schams bildete, an den Anlagen der Kraftwerke Hinterrhein sowie an der Festung Crestawald, die zu Beginn des Zweiten Weltkriegs erbaut wurde. Heute ist dieses während 60 Jahren streng geheim gehaltene Bollwerk gegen einen Angriff von Süden zum Museum geworden.

Kranke Tage in Splügen

Bald erreichen wir Sufers, 831 in einem karolingischen Güterverzeichnis erwähnt, und schließlich Splügen, den idealen Ausgangspunkt für Wanderungen in alle vier Himmelsrichtungen. Splügen ist eines der markantesten Passdörfer im ganzen Alpengebiet. Es ist zugleich der Hauptort der ältesten Bündner Ansiedlung von Walsern, jenen alemannischen Kolonisten, die sich im Hochmittelalter – vom Wallis her kommend – in weiten Teilen der Alpen niedergelassen haben.

Marbot hat von dieser Walsergeschichte nichts gewusst, denn sie ist erst im 20. Jahrhundert gründlich erforscht worden. Zudem beschäftigen ihn hier andere Probleme, denn er ist infolge einer verschleppten Erkältung an einer Lungenentzündung erkrankt. Gute Pflege findet er bei einer *»alteingesessenen angesehenen Familie names Simmen«*, deren Nachkommen noch heute in diesem Tal leben. Er sei übrigens nicht der erste Engländer gewesen, den es hier befallen habe, schreibt Wolfgang Hildesheimer, manch einer sei nicht weitergekommen und liege auf dem Friedhof von Splügen begraben.

Wie recht er mit dieser Feststellung hat, wird uns bewusst, wenn wir auf unserer Wanderung bei der Splügner Kirche vorbeikommen: Rechts vom Hauptportal, in die Kirchenmauer eingelassen, befindet sich ein etwas verwaschenes Epitaph. Auch im Gästebuch des Hotels und im Splügner Kirchenbuch begegnen wir dem jungen Engländer, der im gleichen Jahr wie Marbot geboren wurde. Ist dieser Thomas Allot Osborn, über den 1974 ein Bericht in der »Neuen Bündner Zeitung« erschien, letztlich ein kleiner »Baustein« zu Hildesheimers Biografie? Manches spricht dafür.

In Splügen bleibt Marbot beinahe einen Monat, bevor er Mitte November 1825, *»wenn auch nicht wieder bei Kräften, so doch nach seinem eigenen Ermessen reisefähig«*, den Splügenpass überquert. Obwohl ihm die Einheimischen angesichts der unsicheren Witterung davon abraten, hält es ihn nicht länger. Er sehnt sich nach dem Süden und vor allem auch nach Veränderung. Hildesheimer meint, sein zunehmender Fatalismus habe ihn zudem wagemutig gemacht: *»Der Unbill elementarer Gewalten sich auszusetzen, dieser Wesenszug des Romantikers, reizte auch den Romantiker in ihm. Zudem aber hatte er diesem großen Schritt über die Höhe von Norden nach Süden eine Art symbolischer Bedeutung zugemessen: mit ihm meinte er, aus dem Dunkel persönlicher Verstrickung in eine neue Freiheit hinauszutreten.«*

Die Hölle in den Wolken

Vermutlich ist dieser *»grosse Schritt«* heute für die wenigsten Fußreisenden auf der Via Spluga von einer derart fundamentalen Bedeutung. Und die meisten von ihnen werden auch bei anderen klimatischen Voraussetzungen unterwegs sein. Marbot schildert den Passübergang in einem Brief aus Cremona: *»Es ging sofort bergan, und schon begann es leicht zu schneien, als habe der Himmel mit seiner Darbietung auf die ungeteilte Aufmerksamkeit der Reisenden gewartet. Immer weiter hinauf, und der Schnee fiel dichter und dichter, als wolle er alle Spuren freundlicherer Jahreszeiten verwischen, bevor sich einer von uns entschließe, zu ihnen zurückzukehren […]. Ich gestehe, dass mir ein wenig bang wurde – ich dachte, vielleicht sei die Hölle nicht unter der Erde, sondern in den Wolken.«*

Eines der markantesten Passdörfer in den Alpen: Splügen

Die Etappe von Splügen zur Passhöhe hinauf und dann talabwärts nach Isola ist auch heute noch der »große Schritt« von Norden nach Süden, der über eine, abgesehen von einer Schweizer Fahne und einer italienischen »bandiera tricolore«, kaum sichtbare Grenze führt. 650 Meter bergauf und 850 Meter bergab gilt es zurückzulegen; wenn man es gemütlich nimmt, braucht man etwa sechs Stunden. Durch Lärchen- und Tannenwälder geht es erst dem Hüscheräbach entlang, später über Alpweiden. Am Altbäärg, dem letzten Wegstück auf der Nordseite, erleben wir den einstigen Saumpfad: unregelmäßig gepflästert, von Randsteinen begrenzt und mit kurzen Kehren dem steilen Gelände angepasst.

Marbot mag dies alles gesehen haben, als er mit der Kutsche über die zwischen 1818 und 1823 erbaute Kommerzialstrasse den 2113 Meter hohen Splügenpass überquerte. Auch er kam am Passdorf Montespluga vorbei, das damals noch nicht am Ufer eines zur Zeit des Faschismus erbauten Stausees gelegen hatte. Was er auf seiner Reise nicht mitbekam, war das spektakulärste Wegstück: die seit dem Mittelalter begangene Schlucht des Cardinello, die bis 1823 als der »infamste« Abschnitt der ganzen Splügenroute galt. Goethe passierte sie 1788, ohne sie zu erwähnen, obwohl Ludwig Emil Grimm, der jüngste der Märchen-Brüder, drei Jahrzehnte später erklärte: »Diesen Weg sollten alle machen, die zum Dichten begabt sind.«

Marbot kam dennoch nicht ungeschoren davon, vor allem der »Scien«, die senkrechte Felswand mit der schwalbennestartig befestigten, kurvenreichen Fahrstraße zwischen Pianazzo und Campodolcino, machte ihm gehörig zu schaffen: »*Wir fuhren weiter, einer unbekannten Tiefe zu, in der das Dunkel uns nun aufnahm. Unser Kurs schien mir wie eine Spirale, die durch ein weites Loch in die Unterwelt führe, doch führte sie nur in die Welt, eine heimatlose Welt, in der ich nicht zu sein begehrte.*«

Wer auf der Via Spluga wandernd unterwegs ist, wird diesen Abstieg von den kargen Alpweiden und Bergwiesen zwischen den schroffen, felsigen Abhängen und den kleinen Siedlungen des Val San Giacomo hinunter zu den Kastanienhainen und Rebbergen ins bereits mediterrane Valchiavenna unweit des Lago di Como harmonischer erleben.

Ziel bleibt Chiavenna. Hier übernachtet auch Marbot, um tags darauf nach Colico zu reisen, wo er das Schiff nach Lecco besteigt. Zu seinem Wohnsitz wählt er schließlich Urbino. Dort bleibt er bis zu seinem rätselhaften Verschwinden im Februar des Jahres 1830.

In Chiavenna (vgl. LiteraTour 15) verabschieden wir uns von Marbot. Das in seinem Ortskern gut erhaltene Städtchen scheint ihn – einmal mehr – nicht besonders beeindruckt zu haben. Beim Kunsthistoriker Jacob Burckhardt, einem von Italien ebenso Faszinierten, war dies im Sommer 1878 etwas anders: »Sonntag gegen Mittag langte ich in Chiavenna an, vom Frieren auf dem Berg gleich in den wunderbaren, heißen Süden, wo über die Gartenmauern Feigenbäume und hohe Oleander herüberschauen. Das ganze Nest ist zwischen haushohe Höllenbrocken eines urweltlichen Felssturzes eingenistet, zwischen welchen gedeiht, was an Pflanzen nur wachsen kann. Abends bei der Loretokirche war ich glückselig.«

Dieser Gemütszustand ist Andrew Marbot leider nicht beschieden, als er anderntags »*zu Schiff über den unbewegten Comersee*« nach Lecco fährt.

Literatur

Wolfgang Hildesheimer, *Marbot. Eine Biografie,* Suhrkamp Verlag, Frankfurt a. M. 1981

Jacob Burckhardt, *Briefe zur Erkenntnis seiner geistigen Gestalt,* Alfred Kröner Verlag, Leipzig 1935

Kurt Wanner, *Via Spluga. Durch Kulturen wandern,* Terra Grischuna, Chur 2002

LiteraTour-Info

Einstufung 📖📖📖📖📖
Gehzeit 4 Etappen à 4–7 h
Höhendifferenz Aufstieg 1400 m, Abstieg 1800 m
Beste Jahreszeit Juni bis Oktober
Karten Wanderkarte Via Spluga 1:40 000, Bündner Wanderkarte K+F Hinterrheintäler 1:60 000, Landeskarten 1:50 000, Safiental 257 T, San Bernardino 267 T und Roveredo 277

An- und Rückreise
RhB bis Thusis (Fahrplanfeld 940), Postauto Thusis–Splügen (Fahrplanfeld 940.30), Corriera STPS Splügen–Chiavenna (Fahrplanfeld 940.45). Die Rückreise kann auch via Bergell–St. Moritz–Albula oder via Veltlin–Bernina erfolgen.

Route
Die Via Spluga ist durch besondere Wegweiser durchgehend gut, auf der Schweizer Seite etwas besser markiert. Auch wenn die vier Etappen nicht besonders anstrengend sind, sollten sie nur gut vorbereitet und mit einer entsprechenden Ausrüstung (wetterfeste Kleidung, feste Schuhe mit griffiger Sohle) begangen werden. Man ist im Gebirge unterwegs, das Wetter kann rasch umschlagen, und einzelne Wegabschnitte können plötzlich erschwert oder gar nicht mehr passierbar sein.
Die Zeit von Mitte Juni bis Mitte Oktober ist ideal. Vor- und nachher ist der Weg über den Splügenpass nicht schneefrei. Gleiches gilt für die Schluchtpassagen im Norden und im Süden. Umgekehrt können aber auch im Spätherbst noch gute Verhältnisse herrschen.

Rasten und ruhen
Ideale Etappenorte sind Thusis, Zillis (oder Andeer), Splügen, Isola (oder Campodolcino) und Chiavenna. Es gibt entlang der Via Spluga keine größere Ortschaft, die nicht über Gastbetriebe und Einkaufsmöglichkeiten verfügt. Mittags ist die Verpflegung aus dem Rucksack empfehlenswert.

Spektakulärstes Wegstück der Splügenroute: die Cardinello-Schlucht

Informationen
Die lokalen Tourismusbüros (Thusis, Zillis, Andeer, Avers, Splügen, Madesimo, Campodolcino, Chiavenna) oder Viamala Ferien, 7435 Splügen; Tel. 081 650 90 30, Fax 081 650 90 31,
E-Mail: info@viamalaferien.ch, www.viamalaferien.ch, erteilen weitere Auskünfte.

Tipps
Kunsthistorischer Höhepunkt: die Kirchendecke von St. Martin in Zillis, der eine Dauerausstellung am Postplatz gewidmet ist (April–Okt. täglich 9–11.30 und 13–17 Uhr). Maillartbrücke bei Donat. Heimatmuseen in Zillis und Splügen. Wallfahrtskirchen von Gallivaggio und San Guglielmo bei San Giacomo Filippo.

Auch ein Zauberberg: das Rheinwaldhorn (3402 m), auf der Alpensüdseite als Adula bekannt

Kaspar Schuler

LiteraTour 29: Vals–Valserberg–Medels–Zapport–Rheinwaldhorn

Hinter Höll und Paradies. Eine Reise hoch über den Ursprung

Unterwegs mit Placidus Spescha, »Beschreibung der Erstbesteigung des Rheinwaldhorn im Jahre 1789«

Giuli Battesta Spescha war ein astrologischer Schütze par excellence: Am 9. Dezember 1752 geboren, ethischen Idealen, menschlicher Erkenntnis und Entwicklung verpflichtet, freiheitsliebend, reiselustig und naturverbunden – Eigenschaften, die einem Mönch das Leben nicht unbedingt einfacher machten.

Seine Mutter, Anna Maria Genelin, eine Frau *»voll Feuer, roth von Farbe und vollkommen gesund«*, glaubte ihn im Zeichen des Steinbocks geboren und erklärte damit seinen lebenslangen Gipfeldrang. Giuli, der spätere Placidus, schreibt über sie: *»Sie wurde Mutter von 5 Kindern, die sie in Zeiträumen von je drei Jahren gebahr. Sie erreichte das 80. Jahr ohne jemals krank gewesen zu sein.«* Der Vater, Petrus Laurenz Spescha, war *»ein Mann von außerordentlicher Leibesstärke«*. Wieso er wohl bereits mit 40 Jahren starb? Angeblich aufgrund eines unvorsichtigen Trunkes kalten Wassers. In Vaters Todesjahr war der 14-jährige Bauernsohn des romanischen Schreibens und des deutschen Lesens mächtig und im Sommer als Hirtenjunge hinter Vieh, Kristallgruften und Berggipfeln her. Dem wagemutigen Kerl wurde die höhere Ausbildung in Chur ermöglicht und 1770 folgte er seinem Latein- und Musiklehrer, dem bischöflichen Kaplan, ins Vintschgau. Wieder daheim, trat er ins Kloster Disentis ein, studierte sechs Jahre in Einsiedeln und schrieb Aufsätze wie *»Unterricht, die Seele, den Leib und die zeitlichen Güter wohl zu pflegen«*.

Avantgardist unter den Gipfelstürmern: Pater Placidus Spescha (1752–1833)

Refugium eines klerikalen Alpinisten: Kloster Disentis/Mustér

Schreiben und ergründen war das eine, das den weltoffenen Pater und Kulturgeografen bewegte. Seine zweite Leidenschaft: Berge und Gipfel. Wie viele es waren, die er zur äußeren Horizonterweiterung bestiegen und zur inneren beschrieben hatte, wusste er später selbst nicht mehr.

Den Sherpa aus dem Kloster dingen

1789 verhalfen ihm drei Flachländer Akademiker zur Erstbesteigung des Rheinwaldhorns. Spescha, sozusagen als erster Bündner Sherpa angeheuert, beschrieb die Umstände so: *»Diese, nämlich Rengger von Bern, Ackermann von Mainz und Domeier von Hannover wollten dem Dorfe Medels im Rheinwald sich nähern, kamen aber in das Thal Medels in der Landschaft Disentis und sodann zu mir zurück […]. Sie hatten sich auf ihrer Reise schon einmal verirrt, folglich befürchteten sie, sich noch einmal zu verirren; demnach fiel ihnen der sonderbare Gedanken ein, mich als Wegweiser zu bekommen, und mein gnädiger Herr Abt gab mir die Erlaubniss dazu.«*

Der 27-Jährige war nicht mehr zu halten. In einem einzigen Tag *»reisten wir thalabwärts nach Surrhein, wandten uns südlich ins Seitenthal Tenija, gingen seitwärts über die Diesrotschlucht und uns dann östlich wendend kamen wir Abends nach Romein im Longnäzerthal«*. Unterwegs wurden sie von Regen und Sturmwind überrascht, *»der immer stärker wurde und die Herren Doktoren ein paar Mal auf ihre Knie niederschleuderte. […] Jammer! allein ich konnte diese guten Herren nicht anderst trösten als indem ich ihnen die Verschonung der Winde vorstellte, die sonst Steine vom Ort bewegen, Schiefer, ja Menschen und sogar beladene Rosse auffassen und weiter schleudern […].«* Sie rasteten einen Tag im heutigen Rumein, bevor es in einem weiteren pastoralen Gewaltsmarsch nach Vals und über den Valserberg ging.

Weniger athletischen Menschen sei nahe gelegt, mit einem genussvolleren Bezug zu beginnen: in der Thermalquelle Vals (vgl. LiteraTour 22). Auch hier zu nächtigen, empfiehlt sich, obwohl sich Spescha mit den Bewohnern überworfen hatte. Drei Jahre war er Dorfkaplan, doch verweigerte man ihm beim Abschied das volle Gehalt, da er manchmal abwesend – auf Bergtouren? – gewesen sei. Er schimpfte die Valser eine Räuberbande.

Zwischen den Fronten

Im Sommer 1789 zog er frohgemut mit seinen drei Begleitern über den Valserberg ins Rheinwald. Anderntags galt es dem Hinterrhein aufwärts zu folgen. Tut man ihm das heute nach, heißt es, den Panzerschießplatz zu durchqueren, ein gut schweizerisches, ordentlich aufgeräumtes, sündhaft teuer verbautes Pseudogefechtsfeld. Über öde Betonpisten und zerquetschte Munitionshülsen schreitend, lässt sichs trefflich über Placidus' dramatische Kriegserfahrungen sinnieren, die er zehn Jahre nach seinem Erlebnis am Rheinwaldhorn durchzustehen hatte.

Im März 1799 bemühte er sich gegenüber den anrückenden französischen Truppen erfolgreich um Verschonung von Bevölkerung und Kloster. Allerdings wurden einige seiner Schätze als Kriegsbeute abtransportiert: eine aus 300 Bänden bestehende Bibliothek, seine Kristallsammlung und sein Herbarium. Anfang Mai versuchte er einen Bauernaufstand gegen die Besatzungstruppen zu verhindern. Er scheiterte bei seinen Landsleuten, wie auch diese am französischen Heer, und so blieb ihm nur die tragische Rückkehr ins mitsamt dem Kloster eingeäscherte Disentis. Die Österreicher besiegten die Franzosen und vermuteten, der freiheitsliebende Pater kooperiere mit den napoleonischen Truppen. Sie verhörten ihn, der sich

Pastoraler Gewaltsmarsch über den Valserberg (2504 m) ins Rheinwald; unten: Hinterrhein

Hinterrhein, das höchstgelegene Dorf im Rheinwald

unerschrocken wehrte, und beschlagnahmten seine Kartenwerke. Als er eine Predigt unter die biblischen Worte stellte: »Trauet nicht den Fürsten und Menschen, in welchen kein Heil ist«, wurde er von einem Klosterbruder denunziert, eingekerkert und im September nach Innsbruck verbannt. Wo es ihm zum Glück nicht schlecht erging: »*Das wunderbarste, wie es mir vorkam, dass ich hier bemerkte, waren die Jungfrauen aus dem Zillerthal, die Molken zum Verkauf hieher brachten. Sie sind von Ansehen sehr groß, stark und dick. Ihre Farbe ist hochroth, die Haut meistens zart und weiß, und ihre Brüste stehen so hervor, dass sie nicht selten mit Binden müssen eingeschränkt werden, damit das Gleichgewicht erhalten werden möge. […] Die Zillerthalerin neigt mehr zur einfachen Nahrung, zur Fröhlichkeit und zu einer liebreichen Gesellschaft, reift sich an ehe sie verwelket, liebt Musik, Gesänge und Tanz und wächst so auf.*«

Im Februar 1801 kehrte Pater Placidus heim und wurde ehrenvoll empfangen. Die Trimmiser wollten ihn als Pfarrer; später bereute er, dieses Angebot ausgeschlagen zu haben.

Die Höll in den Ohren

»*Mit einem Führer versehen, begaben wir uns auf den Weg, um die Rheinquelle und das Weitere zu sehen. Zu meiner Sicherung nahm ich aber aus der Alp Zaport einen Schafhirt mit Namen Antonio mit.*« Auf die Bergamasker Hirten hielt Spescha große Stücke. Er bezeichnet sie als aufrichtige, gesprächige und lustige Ehrenmänner. *»Ihr Mundvorrat besteht einzig in Polenta und Wasser. […] Ein Bischen fetten Käse zur Polenta gegessen achten sie für eine festtägliche Mahlzeit.«* Heutzutage ist sowohl beim Nahrungsangebot wie auch akustisch eine Diversifizierung auszumachen: Auf Alp Zapport donnern die Panzerkanonen in den Hirtenohren. Nicht dass die Geschosse die Hirtschaft oder das Vieh gefährden. Die Armee gibt darauf Acht, andere als die beweideten Alphänge zu zerfetzen, und auch das Abfackeln eines Hanges im Sommer 2003 wird amtlich bedauert. Doch der Geschützlärm, das Donnern, Bersten und Detonieren lässt sich nicht ignorieren und zermürbt den Hirten. Wandernden ist nur außerhalb der Schießzeiten der Zugang zur Zapporthütte erlaubt. Auch dann führt der Aufstieg durch die Höll, so heißt ein kitzliges Wegstück in den Felsen, wo tief unten das schmale Gischtband des jungen Hinterrheins tost. Dass gegenüber ein banales Stück Weide Paradies heißt, lässt auf sehr romantische Namengeber schließen – oder touristisch gewiefte.

Aufstieg zum Valrhein

Unsereiner schläft wohlig in der Zapporthütte. Der Pater hingegen bestieg den Gipfel des *»Valrhein«*, wie er das Rheinwaldhorn taufte, gleichentags und musste im Talabschluss den *»langen Rheinwaldglätscher«* überqueren. Heute ist von diesem Gletscher nicht mehr viel übrig. Aber immer noch entspringt hier, im Ursprung, der Hinterrhein, hoch über Moränenrippen, kleinen, dicht beieinander liegenden und mächtigen, die anzeigen, wo einst das Eis lag. Gegenüber der Fels, mehrstufig und glatt geschliffen, überströmt von Schmelzwasser. Über allem schwingt sich die Firnlinie zum dunkeln Rheinwaldhorn auf, tausend Meter höher, während am Fuß der Wand Alpenmargeriten wuchern. Ein Ort zum Ankommen.

Wieso noch weiter? Nur um hinaufzugehen, wie damals Placidus.

Was folgt, ist keine übliche Bergwanderung, sondern eine Gipfelbesteigung über steil abfallende Grate, Eis und Firn, was Gebirgserfahrung voraussetzt und eine Ausrüstung mit Pickel und Steigeisen, Seil und Gletscherbrille. Vorzugsweise lässt man sich wie Pater Placidus von einem Führer leiten, zumal heutige Bergführer weniger ängstlich sind. So ausgestattet, bleiben einem all die Schrecken erspart, die der Erstbesteiger ab der Läntalücke erlebte.

»Allein als unser Führer die Vertiefung des Lentathales und andere Glätscher erblickte, und den Weg wahrnahm, der zum Valrhein vor uns lag,

Vorhof der Hölle: Panzerschießplatz

wollte er um keinen Schritt mit uns weiter gehen; auch keine Vorstellung konnte ihn dazu bewegen. Allein der beherzte Schafhirt gieng voraus, ich ihm nach, und die Herren folgten. Bald ergriff mein Nachfolger meine Kutte und die anderen die Röcke ihrer Vorgänger. Allein nach und nach kam es mir schwer vor, die drei Doktoren, welche von Zeit zu Zeit empfindliche Rückzüge sich erlaubten, aufzuhalten und nachzuziehen; ich hielt mich also Sicherheitshalber selbst an dem Rockzipfel des Schäfers fest. So wanderten wir über den schmalen Schneerücken linienweise hinauf und mussten Bedacht nehmen, nicht auszuglitschen und keinen Fehltritt zu begehen; denn rechts würde der Todfall an mehreren Stellen unvermeidlich gewesen sein.

Wir folgten immer dem Grat des Bergrückens; aber endlich wurde dieser so steil, dass wir ihn nicht betreten durften; wir hatten auch kein Werkzeug bei uns, um Tritte einzuhauen. Wir mussten also auf eine etwas flachere Schneeseite übersetzen, damit wir von der Westseite her den Gipfel ersteigen konnten. Rengger, mein Nachfolger glitt aus; ich sprang ihm nach, ergriff ihn und stellt ihn wieder in sein Glied; er wäre zwar nicht erfallen, denn die unten liegende Schneefläche hätte ihn aufgehalten; aber seine Haut und seine Kleider hätten verschleift werden können. Allein dieser Zufall machte auf die Herren einen solchen Eindruck, dass sie die weitere Reise nicht fortsetzen wollten. Wir machten ihnen also Sitze und Tritte in den Schnee […].«

Nachdem sie also die drei Flachländer auf dem Gletscher deponiert hatten, machten sich die zwei Bergerprobten auf, den Gipfel über den Westgrat zu ersteigen. Dem Hirten entglitt sein Stock in einen Eisschrund und da sie *»mit keinen Fußeisen versehen, über das rohe Eis, das von neuem Schnee entblößt war, wandern mussten«*, bewog der Pater den Bergamasker, den Stock zu holen. *»Er näherte sich also der Öffnung mit sachten Schritten und bei jedem rief er aus: Jesus Maria; endlich kniete er nieder und ergriff den Stock. Die bedenkliche Seite ward nun übersetzt und wir verschnauften. Nun ward ich mit einer andern Verlegenheit belästigt. Denn als ich meinen Führer zur völligen Besteigung des Gipfels aufmuntern wollte, erwiederte er: mi no, d.i. ich gehe nicht, und so oft ich ihm Vorstellungen machte, beantwortete er sie ganz gelassen, mit dem ›mi no‹. Ich musste also den Gipfel allein ersteigen und erstieg ihn auch ganz leicht, weil nur auf Schnee zu treten war.«*

Erst auf dem Abstieg wurde dem Pater klar, wie besonnen der Bergamasker war, denn er selber hatte auf dem Gipfel *»auf einem schneeigen Vordach«*, einer Wächte, gestanden. *»Vermuthlich wollte der Schäfer gerade aus dieser Besorgniss, er möchte einstürzen, ihn nicht ersteigen.«* Heute steht ein eisernes Gipfelkreuz am Ende des schmalen Firngrates und das Gipfelbuch in einer Militärgamelle reicht nur bis ins Jahr 1997 zurück. Da fehlen gut 200 Jahre und darum auch Speschas Gipfelvers:

»Berühmt muss dieser Berg wohl sein
Im Mittelpunkt der Alpen;
Aus seinen Füßen fließt der Rhein,
Bekannt den Jungen und den Alten.«

Ein Mann zum Fürchten?

Auf dem Abstieg *»trafen wir die Herren Doktoren im Schnee sitzend an so, wie wir sie eingepflanzt hatten […] Wie froh waren sie, als sie uns erblickten und wir sie aus der Gefangenschaft des Schnees führten!«* Doch das Abenteuer war noch nicht ausgestanden. Placidus berichtet: »(Auf dem Abstieg über eine) *weder schlipfrige noch steile Schneehalde […] glitschte Rengger aus und fuhr gegen mich her wie ein Pfeil; ich fieng ihn auf, ehe er ab dem Schnee war; denn er war ein leichter Herr. Nun traf es den Herrn Ackermann, der ein fetter und schwerer Mann war; er hatte das nemliche*

Schicksal. Ich schoss auf ihn zu wie ein Jochgeier auf ein hurtiges Murmelthier; allein ich konnte ihn nicht aufhalten als bis meine Füße ein Steinlager erreicht hatten, wobei meine Knochen knackten.«

Alle blieben heil und der Pater wurde als Retter gepriesen, was ihn – wie auch Bergsteiger Rengger – nicht vor Schneeblindheit bewahrte. *»In der Nacht stellte sich bei uns zweien ein solches Brennen in den Augen und im Gesichte ein, dass wir die ganze Nacht hindurch nur jammern mussten. Am Morgen machte der Herrr Wirth aus gestoßenem Alaun und Eierweiß eine Salbe, nach deren Anstrich verließ uns alsbald der große Brand; die Augen aber sahen nur halb.«* Auch das jedoch vermochte den Pater, nach dem Abschied von den Herren, nicht zu bremsen. Erneut machte er sich in Windeseile auf den Weg und ging gleichentags durch die Roflaschlucht, das Schamsertal und die Viamala bis Thusis (vgl. LiteraTour 28), auch wenn er bereits *»in Sufers vor lauter Blödigkeit der Augen kaum die Häuser voneinander unterscheiden konnte«.*

In Versam floh die Wirtstochter vor ihm, und auch zu Hause im Kloster angekommen, ließ man den Gipfelstürmer keineswegs hochleben: *»Als ich mich vor dem Abten stellte, um, wie üblich, seinen Segen zu empfangen, machte er über mich ein geschwindes ›Kribis-Krabis‹ und sagte nur: gehen sie! Etwelche Täge durfte ich nicht öffentlich mich sehen lassen. Die Haut schälte sich vom Gesichte und den Händen ganz; ich bekam eine neue und es war mir wohl.«*

In seiner zweiten Lebenshälfte fiel ihm die erneute Häutung schwer. Zusehends fühlte er sich eingeengt von all den Kaplanspflichten, wirkte an verschiedenen Orten, verbitterte ab dem Geist der Restauration und der ausbleibenden Wertschätzung, die ihm nicht zuletzt der Abt in Disentis verwehrte. Am 14. August 1833 starb er in seinem Geburtsort Trun.

Literatur

Speschas Beschreibungen seiner Bergtouren sind leider vergriffen. Alle Zitate stammen aus: Friedrich Pieth und Karl Hager, *Pater Placidus a Spescha. Sein Leben und seine Schriften,* Benteli, Bümpliz-Bern 1913

Im Buchhandel erhältlich:

Placidus Spescha, *Beschreibung der Alpen, vorzüglich der höchsten.* Edition und Einleitung von Ursula Scholian Izeti. Eine Publikation des Vereins für Bündner Kulturforschung, Chronos, Zürich 2002

LiteraTour-Info

Einstufung 📖📖📖📖📖
Gehzeit Vals–Valserberg–Nufenen: 5 h
Tunnel/Nordportal-Zapporthütte SAC: 4 h
Zapporthütte–Rheinwaldhorn: 4 h
Höhendifferenz Siehe Routenbeschrieb
Beste Jahreszeit Juni bis September
Karten NLK 1:25 000, Blätter 1234 Vals, 1254 Hinterrhein, 1253 Olivone

An- und Rückreise

RhB Chur–Ilanz (Fahrplanfeld 920), Postauto nach Vals (Fahrplanfeld 920.45), Postauto im Rheinwald (Fahrplanfeld 940.30), RhB Thusis–Chur (Fahrplanfeld 940)

Route

Auf dem gut markierten Wanderweg verlässt man Vals (1252 m) bergauf nach Süden, folgt den Weilern über dem Peiltal (vgl. LiteraTour 22) und gelangt über die Alp Walletsch auf den Valserberg (2504 m). Auf der dahinter liegenden Alp Piänetsch (2168 m) geht es nach Osten, auf schmalem Weglein durch den zuerst lichten Cassannawald, am Schluss durch Erlen- und Farngestrüpp in Richtung Althus und Nufenen (1568 m). In Hinterrhein gibts keine Übernachtungsmöglichkeit, in Nufenen nur im Touristenlager des Gasthauses Rheinwald. Wenn, wie öfters, die Armee das Gasthaus requiriert, ist man gezwungen, nach Medels auszuweichen, ins Hotel Walserhof. Den stündigen Fußmarsch, parallel zur Autobahn, erspart man sich besser und nimmt das Postauto (Fahrplanfeld 940.30). Mit ihm gelangt man auch zum Nordportal des San-Bernardino-Tunnels (1611 m), wo der Anmarsch zur Zapporthütte beginnt, am nördlichen Berghang, zum Teil auf abschüssigen Felsbändern. Über den verfallenen Zapportstafel gelangt man zur neuen Hirtenhütte (2079 m). Nach der Felspassage in der Höll folgt der Anstieg zur Zapporthütte (2276 m). Zum Ursprung ists ein Katzensprung über ein paar Felsbuckel. Auf den Gipfel des Rheinwaldhorns (3402 m) hingegen, den höchsten Berg des Kantons Tessin, ists eine Gebirgstour. Speschas Erstbesteigerroute (Nr. 683) ist im SAC-Clubführer *Bündner Alpen 2, vom Lukmanier zum Domleschg* beschrieben.

Rasten und ruhen

Hotel Alpina, 7132 Vals, unverkennbar mit der Handschrift des Vriner Architekten Gion A. Caminada umgebaut; Tel. 081 935 11 81, Fax 081 935 16 51
Hotel Therme, 7132 Vals; Tel. 081 926 80 80, Fax 081 926 80 00, hotel@therme-vals.ch
Gasthaus Rheinwald, 7437 Nufenen; Tel. 081 664 13 90, Fax 081 664 19 13
Hotel Walserhof, 7436 Medels; Tel. 081 664 16 12, hotel-walserhof@swissonline.ch
Zapporthütte SAC; Tel. 081 664 14 96. Sind einem alle Berggeister wohlgesinnt, kocht Anita Engi, Hüttenwartin, Chili con Carne. Zur Eruierung ihrer Anwesenheit und der Sicherung eines Schlafplatzes gilt es sich anzumelden.

Informationen

Die Regionale Auskunftsstelle über militärische Schießen weiß, wann die Zapporthütte erreichbar ist: Tel. 081 725 11 95
Therme Vals; Tel. 081 926 80 08, www.therme-vals.ch
Touristik Visit Vals, 7132 Vals, Tel. 081 920 70 70, Fax 081 920 70 77, valsinfo@bluewin.ch
Touristik Splügen/Rheinwald, Bodenplatz, 7435 Splügen; Tel. 081 650 90 30, Fax 081 650 90 31

Tipps

Wer via Valserberg wandert, schickt die Bergausrüstung fürs Rheinwaldhorn per Post an den Übernachtungsort im Rheinwald.
In Nufenen sind auf einem Spaziergang neben imposanten alten an den beiden Dorfenden die neuen Häuser des hier und in Oberengstringen ansässigen Architekten Manfred Nussbaum zu entdecken.

Rheinwaldhorn (3402 m): Spescha stieg von der Läntalücke über den Läntagrad auf

Früher Fluchtburg der Freiherren von Vaz
(11./12. Jahrhundert), heute kulturell genutzt:
Castello di Mesocco

Vincenzo Todisco

LiteraTour 30: San Bernardino–Pian San Giacomo–Mesocco

Es tosten einst die Wasserfälle. Auf der Suche nach dem verlorenen Paradies

Eine Talwanderung mit Remo Fasani, »Pian San Giacomo« (1983)

Die A 13 lässt den Touristinnen und Touristen fast keine andere Wahl: Die Mesolcina, auf Deutsch Misox, das Tal der spektakulären Wasserfälle, wird durchreist, gar durchrast; im besten Fall gönnt man sich einen Halt beim eindrücklichen und unübersehbaren Castello di Mesocco. Doch dann: nichts wie weiter. Südwärts. Dabei bleiben viele landschaftliche und kulturelle Schätze dieses Durchgangstals verborgen. Und vollends unentdeckt bleiben die alten Pfade, die einst der Dichter Remo Fasani als Kind gegangen ist.

Die beiden Täler Misox und Calanca bilden zusammen mit dem Puschlav und dem Bergell den im südlichen Alpenraum gelegenen Teil des Kantons Graubünden (Grigioni italiano). Die Valli, wie die italienischsprachigen Südbündner Täler genannt werden, sind schon immer in vielen Bereichen mit Problemen konfrontiert gewesen; sie können nicht auf ein identitätsstiftendes Zentrum zählen und wurden lange Zeit sich selbst überlassen. In der zweiten Hälfte des 19. Jahrhunderts, mit dem Bau der Gotthardbahn, verlagerte sich der Transitverkehr nach Westen und die Valli verkamen zur Bedeutungslosigkeit.

Das Misox erlangte nach 1967 mit dem San-Bernardino-Straßentunnel und dem entsprechenden Transitverkehr wieder eine gewisse wirtschaftliche Bedeutung. Die Zeche, die dafür bezahlt werden musste, war allerdings hoch. Die Autostraße hat die Landschaft verändert und stellt für die Menschen und Dörfer eine große und zum Teil unerträgliche Belastung dar.

Zorn über die laufende Zerstörung seines Tals: Remo Fasani (geb. 1922)

Resultat rücksichtsloser Verunstaltung:
San Bernardino mit der Chiesa Rotonda

Ein geschundenes Tal

Die San-Bernardino-Route ist die meistfrequentierte Nord-Süd-Transversale Graubündens. Vom Passo del San Bernardino erstreckt sich das Misox etwa 45 Kilometer in Richtung Tessin. Auf dieser Distanz ist der Höhenunterschied beträchtlich: 2065 Meter auf der Passhöhe, 260 Meter in San Vittore.

Trotz massiven Ausbaus ist die Transitstraße in schwierigem Gelände kurvenreich und für den alpenquerenden Schwerverkehr nicht geeignet. Aber die Engpässe am Gotthard haben gewaltige Verkehrsaufkommen auf die A 13 verlagert. Nicht genug. Das Misox hat auch in anderen Bereichen große Veränderungen erfahren; eine der einschneidensten ist die Nutzung der Wasserkraft.

Dazu kam in den 1980er-Jahren eine neue Bedrohung: Die schweizerische Stromwirtschaft plante ein Endlager für ihre schwachen und mittelstarken radioaktiven Abfälle im Piz Pian Grand, einem Berg oberhalb des Pian San Giacomo. Remo Fasani, 1922 in Mesocco geboren, wehrte sich vehement gegen das Projekt, und zwar mit einem Instrument, das er schon damals hervorragend beherrschte: der Dichtung. Er exponierte sich in der Presse; und nachdem am 19. September 1983 der Große Rat eine Motion der Misoxer Großräte gegen die geplante Lagerung von Atomabfall im Piz

Pian Grand abgelehnt hatte, fühlte sich Fasani *»nicht mehr als Bündner, sondern nur als Misoxer«*.

Das ergreifendste Plädoyer für ein Misox ohne Atommüll lieferte Fasani mit einem fast unscheinbaren Büchlein, einem Gedichtband mit dem Titel »Pian San Giacomo«. Das Werk gliedert sich in zwei Teile: das achtstrophige und gleichnamige Gedicht »Pian San Giacomo« und eine Sammlung von Zeitungsartikeln, Essays und Briefen, die Fasani 1983 zum Problem der Endlagerung von radioaktivem Abfall im Misox verfasst hat. Im Gedicht besingt der Autor das intakte Tal seiner Kindheit und lässt seiner Entrüstung ob der schamlosen Verwüstung freien Lauf:

»Ihr habt uns die Eisenbahn genommen, die Wasserfälle.
Ihr habt uns, welch ein Wahnsinn, eine Autobahn gegeben,
finstere Fabriken. Ihr wollt uns die radioaktiven Abfälle
aufzwingen. Seid verdammt!«

Und er meinte damit die Politiker und Behörden des Kantons Graubünden und des Bundes. Mit heiligem Zorn appelliert Fasani an die »Coscienza civile« der Misoxer Bevölkerung, fordert sie auf, für ihr Tal zu kämpfen: Seiner Dichtkunst schenkt er mehr Vertrauen als der Politik.

Senso dell'esilio – das Gefühl, fremd zu sein

Der Pian San Giacomo ist die zweite Talstufe zwischen San Bernardino und Mesocco. Unter hohen Bergen eingeschlossen, fern vom Meer, von der Weite: Da entsteht das Gefühl, verbannt zu sein. Damals, als Remo Fasani noch ein Kind war, lebte man im Misox nach alter Tradition. Die Mehrheit der Talbewohner waren Bauern, auch Remo Fasanis Eltern. Ihr Leben spielte sich zwischen Mesocco und San Bernardino ab. Man pflegte die Transhumanz, die den Jahreszeiten angepasste Wanderung mit den Tieren von einer Talstufe zur anderen. Den Winter verbrachte man im Dorf. Im Frühling stieg man hinauf bis zum Pian San Giacomo und im Hochsommer bis nach San Bernardino. Drei Stationen, drei Jahreszeiten. Diesen Weg ist Remo Fasani unzählige Male gegangen. Die Enge und das Auf und Ab zwischen steilen Bergflanken haben ihn geprägt.

Die Thematik der Abgeschlossenheit hat ihn zu einer ersten lyrischen Sammlung mit dem Titel »Senso dell'esilio« inspiriert. Die Gedichte vermitteln Fasanis Gefühl der Enge, des abgeschlossenen Horizonts. Dabei ist allerdings nicht zu übersehen, dass der Dichter die Landschaft stilisiert hat, denn in den Gebieten von San Bernardino und Pian San Giacomo weitet sich das Tal aus wie zu einem großen Amphitheater. Das Gefühl, fremd zu sein, ist zu Fasanis ständigem Begleiter geworden. Er musste, in jungen Jahren schon, wie jeder Misoxer, der studieren wollte, das Heimattal verlassen. Endlich befreit von der Enge der Berge, gerät Fasani in ein zweites Exil: »*Esilio in patria*«, wie er es nennt, verbannt und fremd im eigenen Land.

Ein Mann aus den Bergen

»L'uomo Remo Fasani,
di professione prima contadino
e dopo insegnante,
di fede contestatore solitario,
di patria svizzero,
di parlata e indole lombardo
(alpestre, alpestre molto),
di cultura italiano (fiorentino)
e un po' tedesco (Hölderlin)
e cinese (Li Po),
che tra Coira, Zurigo, Neuchâtel
ha vissuto esattamente finora
in esilio metà della sua vita,
[...]«

»Der Mann Remo Fasani,
von Beruf zuerst Bauer
und dann Lehrer,
im Glauben einsamer Protestierer,
die Schweiz als Vaterland,
Lombarde in Sprache und Wesen
(alpin, sehr alpin),
Italiener(Florentiner) in der Kultur
und ein wenig Deutscher (Hölderlin)
und Chinese (Li Po),
der zwischen Chur, Zürich, Neuchâtel
bis jetzt genau sein halbes Leben
im Exil verbracht hat,
[...]«

Untergegangene Kindheit: der Hof der Fasanis im Ausgleichsbecken

So porträtiert sich Remo Fasani in seinem Gedicht »Il sogno« in der Sammlung »Oggi come oggi« (1973–1976). Er bewegte sich immer zwischen zwei Welten: in der Literatur, als Dichter und Prosaautor, als Essayist und Kritiker, und im Lehrberuf. So pendelte er zwischen den Sprachen und Kulturen, zwischen Poschiavo, Zürich, Florenz und Paris. Bis 1985 war er Professor für italienische Literatur- und Sprachwissenschaft an der Universität Neuenburg. Fasani lebt in Neuenburg, schreibt, gilt über die Landesgrenzen hinaus als einer der bedeutendsten Dichter der italienischen Schweiz und hat sich auch als hervorragender Übersetzer (von Hölderlin und Eichendorff) einen Namen gemacht.

Das verlorene Paradies

Fasani ist ein Dichter der Landschaft. Die Berge sind für ihn ein Ort der Sammlung, der Stille und Introspektion. Immer wieder schimmert sein ökologisches Denken durch. Die Thematik des Engagements und der Auflehnung geht auf das Jahr 1969 zurück mit der Sammlung »Qui e ora« (1971 erschienen). In diesem Buch finden sich zwei Gedichte, »Paesaggio« und »Il fiume«, aus welchen sich dann später das längere »Pian San Giacomo« herauskristallisiert hat. Die beiden Gedichte aus dem Jahre 1969 sind ein Klagelied über eine verlorene Welt, und 1983 erweitert sich der Text zum Plä-

Pian San Giacomo: letzter Zeuge der Transhumanz

doyer für eine Welt, die es zu retten gilt. Dabei wird der kontemplative Charakter zurückgenommen und die Dichtung zu einem Instrument der Auflehnung und des Protests.

Das heutige San Bernardino verkörpert genau das, was Fasani ablehnt und verabscheut. Das Dorf ist zwar nicht ein St. Moritz Italienischbündens und wird es auch nie sein. Die Blockbauten mit Ferienwohnungen im nördlichen Teil des Dorfes sind aber das traurige Ergebnis einer rücksichtslosen Verunstaltung der Landschaft.

Die erste Talstufe nach dem Pass besteht aus der Mulde von San Bernardino sowie den beiden Seen Lagh Doss und Lago d'Isola, umgeben von ausgedehnten Nadelwäldern und Waldwiesen. Unsere Wanderung beginnt auf der anderen, der rechten Talseite bei der Talstation der Gondelbahn. Das Gebiet gehört zur Alpe Fracch. Ganz in der Nähe hat der Talfluss Moesa sein Bett. Die reinen Fichtenbestände werden zuerst von Lärchen und anschließend von Legföhren und Alpenerlen abgelöst. Darüber beginnen die weiträumigen Alpweiden.

Wir durchwandern den Bosco del Fracch inmitten einer herrlichen Moorlandschaft mit Tannen, Lärchen und Legföhren. Die niedrige Vegetation besteht aus Waldbeersträuchern, vor allem aus Heidelbeeren. Schaut man Richtung Nordosten auf die andere Talseite hinüber, erblickt man den Pizzo Uccello, eine markante Bergspitze, die als Wahrzeichen des Tales gilt.

Der Lago d'Isola ist ein künstlicher See, der zu einer Rast einlädt. Er fügt sich erstaunlich gut in die Landschaft ein, obwohl an seinem Ende die Staumauer das Tal verriegelt und die Autostraße weder zu übersehen noch zu überhören ist. Die westliche Talflanke ist ein Trümmerhang; zahllos und teils riesig liegen mit Moos bedeckte Felsblöcke herum.

Später, am Fuße der Staumauer, sieht man die Autostraße nicht mehr, aber man hört sie immer noch. Der Weg führt nun abwärts durch einen sehr schönen Wald mit Fichten und Lärchen, den Bosch de Pignela, Richtung Pignela. Kurz nach der Staumauer lohnt es sich, den Weg zu verlassen und einen Abstecher im Wald in Richtung Osten zu wagen, um nach dem schluchtartigen Flussbett der Moesa mit den vom Wasser ausgehöhlten, wannenartigen Gletschermühlen zu suchen. Der Anblick lässt die einstige, wilde Schönheit des Tales erahnen, als die Moesa noch ungenutzt floss. Ebenso lohnend ist ein anderer Abstecher – bei der Abzweigung am Riale con i pozzi – zum Ponte romano. Es ist zwar keine echte römische Brücke, aber es ist ein schöner Ort mit einem idyllischen Wasserfall.

Bald führt unser Weg aus dem Wald auf eine große Lichtung, die Alpe Pignela. Von hier aus genießt man einen herrlichen Blick auf Pian San Giacomo. Pignela war früher eine Alp und wird heute noch als Maiensäß genutzt. Vor dem Haus steht ein Kreuz auf einem Steinhügel. Rechts über Pignela erhebt sich der Piz Pian Grand. Nach der Lichtung wird der Weg steil und streng. Und bevor man erneut in den Wald gelangt, erblickt man auf der anderen Talseite einen weiteren, riesigen Wasserfall.

Die Kraft der Winde

Nach dem Abstieg erreichen wir Scot, wo die Aussicht Curina mit dem Ausgleichsbecken und der kleinen Zentrale freigibt. Wir sind am Fuße der zebragestreiften »*Montagna picccola*«, wie Fasani sie nennt. Die »*Montagna piccola*« ist bis weit oben »*grün, mit Gras bedeckt und bewaldet*«. Die üppige Vegetation ist ein Kennzeichen der Mesolcina. Auf der anderen Talseite, in größerer Entfernung zur Moesa, erhebt sich die »*Montagna grande: steil und felsig, mit dichten Tannenwäldern im unteren Teil*«.

Dort, wo jetzt der künstliche See liegt, besaßen Fasanis Eltern das Maiensäß Curina:

»*[…] es gab, es sind nicht viele Jahre vergangen,*
ein Gut, im Gut einen Hof […]«

Dort hat Remo Fasani gelebt. In den 1950er-Jahren wurde nach Spina, auf der anderen Seite, umgesiedelt:

»*[…] und, dort wo sich einst ein Stück Welt ausbreitete,*
geistert, heute, ein Wasserreservoir,

ein Becken, das von einem Gitterzaun geschützt wird,
schwärzlich, das den Himmel nicht widerspiegelt [...]«

Links über dem See stürzte einst einer der schönsten Wasserfälle Graubündens über die Felswand, die Cascada de Sacch. Über sie schreibt Fasani:

»[...] Aber einst
entsprang aus diesem Himmel
ein sich senkrecht in die Tiefe stürzender Wasserfall
und nach ihm, aus einem unsichtbaren, von diesem
ausgehöhlten Becken, ein zweiter,
mit einer leichten Neigung, in der Mitte eine Erhöhung,
die ihn zu einem schäumenden Fächer machte.
[...]«

In seinem Gedicht vernimmt Fasani im Halbschlaf den Frot, das Geräusch des Wasserfalls. Es wird besonders durch den Nordwind hörbar und verheißt gutes Wetter. Die Misoxer Mundart kennt verschiedene Bezeichnungen für den Wind: Òra oder Breva ist der leichte und angenehme Südwind. Mit Vent bezeichnet man den starken Nordwind.

Die zweistufige Cascada, erinnert sich Fasani, erfüllte einst das Tal mit einem leichten und angenehmen Rauschen, das heute vom Dröhnen der Autostraße verdrängt worden ist. Fasani kennt den kleinen Pfad, der hinunter zum zweiten Wasserfall führte. Heute geht kein Weg mehr dorthin, und für den Ortsunkundigen wäre es ein gefährliches Unterfangen. Besser nicht hingehen, meint Fasani, als dürfte man diesen entweihten Ort nicht ein zweites Mal profanieren. Es genügt, dass durch die Staumauer die Moesa versiegt und den ganzen Pian San Giacomo entlang zu einer trostlosen Wüste aus Steinen und Sand geworden ist.

Kein Endlager für radioaktive Abfälle

Am Hang oberhalb Curina war der Tunneleingang vorgesehen für das Endlager der Atomabfälle im Piz Pian Grand (das am Ende zum Glück doch nicht gebaut wurde). Curina war einst ein Maiensäß mit Kühen, Ställen und Weiden. Die Ställe der Fasanis standen am Rande des heutigen Beckens. Sie wurden der Kraftwerkanlage geopfert. 1958 begann man, den Wald zu roden, und bald danach erfolgte der Bau des Ausgleichsbeckens. Der Vater von Remo Fasani musste schweren Herzens sein geliebtes Curina verlassen.

Für den alpenquerenden Schwerverkehr nicht geeignet: A 13 oberhalb Mesocco

Er stellte jedoch eine Bedingung: Die Kapelle von Curina sollte an einem anderen Ort neu gebaut werden. Und so entstand 1962 kurz vor der Brücke die Kapelle, an der man heute vorbeigeht. Unmittelbar danach überquert man das ausgetrocknete Bett der Moesa und biegt nach rechts in südlicher Richtung gegen Spina ab, wo heute eine kleine Wohnsiedlung entstanden ist.

Von wenigen Dorfteilen in Mesocco abgesehen, liegen die Dörfer in der Mesolcina auf der rechten Talseite. Die Gemeindegrenzen verlaufen fast immer quer zur Hauptwasserrinne. Die Siedlungen sitzen oft auf Schuttkegeln, die ihnen einen gewissen Schutz vor Hochwasser bieten. Dennoch gab es in der Vergangenheit bis in die allerjüngste Zeit häufige und verheerende Hochwasserkatastrophen.

Von Spina wandern wir weiter zur Häusergruppe La Monda und, bei der Kantonsstraße angelangt, an der Azienda agricola Toscano vorbei, dem größten Bauernhof im Tal – und einzigen dieser Art. Ein Blick zurück zeigt den Piz Pian Grand.

Auf dem Sentiero di valle, dem Talwanderweg, der abschnittweise parallel zur Kantonsstraße verläuft, gelangen wir nach Mesocco. Und später, im Postauto sitzend, erleben wir das Tal fahrend. Fasanis Verse bleiben angesichts der übernutzten Landschaft präsent. Und wir denken an Max Frischs Satz: »Und jetzt nur nicht die Wut verlieren.« Verglichen mit 1983 schlägt Fasani heute leisere Töne an, aber seine Wut hat er nicht verloren. Und je leiser er sie zum Ausdruck bringt, desto eindrücklicher wirkt sie.

Literatur

Remo Fasani, *Pian San Giacomo,* Edizioni Pantarei, Lugano 1983

Remo Fasani, *Senso dell'esilio,* Menghini, Edizioni di Poschiavo 1945 (dritte Publikation in der Reihe *L'ora d'oro*)

Remo Fasanis Gedichte sind nicht übersetzt; die oben angeführten Zitate wurden von ihm und Vincenzo Todisco ins Deutsche übertragen.

Silvia Fantacci, Ueli Hintermeister, *Val Calanca. 25 Wanderungen in einem ursprünglichen Südalpental,* Rotpunktverlag, Zürich 2002

Aurelio Ciocco, Dante Peduzzi, Riccardo Tamoni, *Mesolcina-Calancatal,* Schweizer Heimatbücher, Verlag Paul Haupt, Bern 1998

Stürzt als Restwasser zu Tal: die Moesa

LiteraTour-Info

Einstufung 📖📖📖
Gehzeiten 4 ½ h
Höhendifferenz 800 m
Beste Jahreszeit Mai bis September
Karten Landeskarte 1:50 000, Blatt 267 T

An- und Rückreise
Postauto Chur–San Bernardino (Fahrplanfeld 900.80; Eilkurs, hält in San Bernardino und Mesocco, Platzreservation obligatorisch; Tel. 081 256 31 66). Postauto ab Pian San Giacomo (Fahrplanfeld 940.30; Halt auf Verlangen, gegenüber Restaurant Moesa), ab Mesocco (Fahrplanfeld 900.80)

Route
Es empfiehlt sich gutes Schuhwerk; der Weg ist abschnittweise sehr steil. Von San Bernardino-Villagio führt eine Unterführung unter der A 13 zur Sesselbahntalstation. Über die Alpe Fracch steigt man zur Diga d'Isola ab. Der Weg ist gut markiert und verläuft recht eben entlang dem Stausee. An dessen Ende gelangt man zum Bergbach Ri d'Ocola (Riale d'Ocola) und zur begehbaren Staumauer der OIM (Officine Idroelettriche del Moesano). Von da führt der Weg leicht abwärts und geht nach einer Linkskurve unter die imposante Staumauer. An der Abzweigung zum Ponte romano endet der breite Waldweg, und es beginnt ein Wanderpfad, der Sentiero di valle, der bis Pignela (Alpe Pignela) führt. Man folgt dem Schild Pian San Giacomo–Mesocco–Sentiero di Valle und gelangt so über Spina, Monda, Pian San Giacomo und weiter über Cebbia nach Mesocco.

Varianten
Kurz oberhalb des Ausgleichsbeckens Curina bieten sich zwei Möglichkeiten: Entweder nach rechts durch den Wald bis zur Kantonsstraße und weiter nach Mesocco oder direkt links hinunter zum Ausgleichsbecken.

Rasten und ruhen
Ristorante Moesa auf dem Pian San Giacomo
Fünf Restaurants in Mesocco
Mehrere Hotels und Restaurants in San Bernardino

Informationen
San Bernardino Vacanze, Casella Postale 22, 6565 San Bernardino; Tel. 091 832 12 14, Fax 091 832 11 55;
E-Mail: info@sanbernardino.ch

Tipps
Sehenswert sind die Chiesa Rotonda in San Bernardino, der so genannte Ponte romano unterwegs auf dem Wanderweg, Chiesa Santa Maria del Castello und Castello di Mesocco sowie die a Marca-Häuser in Mesocco.

Noch ein Tipp
Weiter südwärts wandern mit: Beat Hächler (Hrsg.), *Das Klappern der Zoccoli. Literarische Wanderungen im Tessin,* Rotpunktverlag, Zürich 2002

Weiter Horizont: Hinter der Westseite
des Heinzenbergs erheben sich die Gipfel
des Avers, Schams und Oberhalbsteins

LiteraTour-Weiterungen. Literatur aus und über Graubünden

Eine ausgewählte Bibliografie

Mit den 30 beschriebenen LiteraTouren ist der literarische Schauplatz Graubünden noch längst nicht erwandert. Zu groß ist der größte Schweizer Kanton mit seinen sprichwörtlichen 150 Tälern – und Täler sind immer auch passierbare Zugänge zu alpinen Übergängen. So führt der literarische Fundus, der Graubünden real oder symbolisch zum Spielraum von Handlungen und Ereignissen bestimmt hat, zu weiteren Höhen und Tiefen.

Die folgende Auswahlbibliografie ist als Anregung zum Weiterlesen und Weiterwandern gedacht; sie versammelt ein vielfältiges Spektrum literarischer Wandervorlagen. Darin aufgenommen sind einige klassische Werke, die zum Teil durchaus wieder lesenswert sind, vor allem aber eine breite Palette zeitgenössischer Literatur. Neben original deutschen und ins Deutsche übersetzten Titeln finden sich auch eine kleine, nach Sprachen gruppierte Auswahl nicht übersetzter italienischer, Werke in den fünf rätoromanischen Idiomen (ladin, putér, surmiran, sursilvan, vallader) und walserdeutsche Titel. Die Aufnahme in diese Auswahlbibliografie ist keine Wertung. Die in den einzelnen Kapiteln aufgeführten Werke sind hier nicht wiederholt.

Ein Teil der Titel ist allerdings vergriffen; in der Kantonsbibliothek Graubünden in Chur – www.kbchur.gr.ch – sind sie ausleihbar. Die erwähnten Anthologien und Jahrbücher vermitteln einen interessanten Einblick in die aktuelle Literatur- und Kulturszene in Graubünden. Darüber hinaus enthält die Zusammenstellung wichtige weiterführende Literatur, denn spannend ist auch das Lesen über Graubünden; auf jeden Fall erschließt sich den Interessierten der kulturelle und literarische Kontext. Aufgenommen sind schließlich einige andere thematische Wander- und Ausflugsführer, die zur Entdeckung einer vielfältigen Kulturlandschaft animieren.

Klassische Werke

Silvia Andrea (Pseudonym für Johanna Garbald-Gredig), *Die Räterin.* Schäfer, Schkeuditz 1905
Nina Camenisch, *Geschichten und Sagen aus Alt Fry Rhätien.* Richter, Davos 1899
Nina Camenisch, *Blumen der Heimat.* Richter, Zürich 1907
Kasimir Edschmid, *Davos – die Sonnenstadt im Hochgebirge.* Orell Füssli, Zürich 1932
Konstantin Fedin, *Sanatorium Arktur.* Verlag Kultur und Fortschritt, Berlin 1956
Beatrice Harraden, *Schiffe, die nachts sich begegnen.* Engelhorn's allgemeine Bibliothek, Stuttgart 1895

Hermann Hesse, *Beschreibung einer Landschaft. Schweizer Miniaturen.* Suhrkamp, Frankfurt a. M. 1990
Hermann Hoster, *Genesung in Graubünden. Roman eines Kurorts.* Paul List Verlag, Leipzig 1938
Eywind Johnson, *Notizen aus der Schweiz.* Huber, Frauenfeld 1976
Emil Ludwig, *Der Mord von Davos.* Querido, Amsterdam 1936
Rainer Maria Rilke, *Briefe 1914–1926.* 2 Bände. Insel, Wiesbaden 1953
Martin Schmid, *Bergland.* Oprecht, Zürich 1943
James Schwarzenbach, *Der Regimentsarzt.* Thomas, Zürich 1965
Tina Truog-Saluz, *Peider Andri.* Reinhardt, Basel 1921
Tina Truog-Saluz, *Die Marchesina.* Reinhardt, Basel 1929
Tina Truog-Saluz, *Die Liebe des Peider Lunghin.* Reinhardt, Basel 1944
Tina Truog-Saluz, *Bündner Novellen.* Reinhardt, Basel 1950
Johann Andreas von Sprecher, *Familie de Sass.* Calven, Chur 1978
Jakob Wassermann, *Etzel Andergast.* Roman. Fischer, Berlin 1931
Jürg Weiss, *Klippen und Klüfte.* Orell Füssli, Zürich 1942
Hans Zulliger, *Joachim als Grenzwächter.* Francke, Bern 1957
Stefan Zweig, *Rausch der Verwandlung.* Fischer, Frankfurt a. M. 1988

Italiano
Giovanni Luzzi, *Dall'alba al tramonto.* Fides et Amor, Firenze 1934
Giovanni Andrea Maurizio, *La stria.* Ristampa. Stamparia Engiadinaisa, Samedan 1944
Felice Menghini, *Leggende e fiabe di Val Poschiavo.* Menghini, Poschiavo 1986
Felice Menghini, *Nel Grigioni Italiano.* Menghini, Poschiavo 1987

Rumantsch
Gian Fontana, *Crappa-grossa. Novellas.* Bischofberger, Chur 1930
Peider Lansel, *La cullana d'ambras.* Schuler. Chur 1912
Peider Lansel, *La musa ladina.* Engadin Press, Samedan 1918
Peider Lansel, *Il vegl chalamêr.* Fretz, Zürich 1929
Alexander Lozza, Prosa. *Duri Lozza,* Salouf 1961
Giachen Caspar Muoth, *Il cumin d'Ursèra.* Fiebig, Chur 1896

Zeitgenössische Literatur
Verena Auffermann, Iso Camartin, *Nelke und Caruso. Über Hunde. Eine Romanze.* Berlin-Verlag, Berlin 1997
Urs Augstburger, *Schattwand.* Bilgerverlag, Zürich 2001
Paul Bänziger, *Der Sommer und Winter der Sontga Margriata.* Ikos, Theilingen 2002
Urs Bangerter, *Der große Baum. Geschichten aus der Nachbarschaft.* Mit Bildern von Ernst Ludwig Kirchner. Verlag am Eschbach, Eschbach/Markgräflerland 1997
Linard Bardill, *Fortunat Kauer.* Zytglogge, Bern 1998
Marco Barzetto, *Galerie der Schweine. Ärzte im Dschungel des organisierten Verbrechens.* Roman. Satyr-Verlag, Zürich 1995
Albert Baumann, *Der Einstieg in die neue Hemisphäre.* Roman. Haag + Herchen, Frankfurt a. M. 1998
Clo Duri Bezzola, *Zwischenzeit.* Roman. Pendo, Zürich 1996
Clo Duri Bezzola, *Das gestohlene Blau. Il blau engulà.* Gedichte, deutsch/rumantsch grischun. Pendo, Zürich 1998
Rolf Bierriecher, *Ein Schloss in Graubünden.* Goldmann, München 1988
Jürg Bleiker, *Flugwetter im April.* (Krimi) Gorio, Elgg 2000
Hans Boesch, *Schweben.* Roman. Nagel & Kimche, Zürich 2003
Bertolt Brecht, *Theaterarbeit: Chur, Zürich, Berlin 1947–1956.* Suhrkamp, Frankfurt a. M. 1994 (Edition Suhrkamp. Neue Folge, 836)
Hermann Burger, *Diabelli.* Fischer, Frankfurt a. M. 1985

Iso Camartin, *Von Sils-Maria aus betrachtet. Ausblicke vom Dach Europas.* Suhrkamp, Frankfurt a. M. 1991
Iso Camartin, *Die Bibliothek von Pila.* Suhrkamp, Frankfurt a. M. 1994
Linard Candreia, *Pflastersteine - Crappa da saluda. Geschichten* (deutsch und romanisch). Desertina, Disentis 2003
Gion Mathias Cavelty, *Quifezit, oder Eine Reise im Geigenkoffer.* Suhrkamp Frankfurt a. M. 1997 (Edition Suhrkamp 2001)
Gion Mathias Cavelty, *Ad absurdum, oder Eine Reise ins Buchlabyrinth.* Suhrkamp, Frankfurt a. M. 1997 (Edition Suhrkamp 2031)
Gion Mathias Cavelty, *Tabula rasa, oder Eine Reise ins Reich des Irrsinns.* Suhrkamp, Frankfurt a. M. 1998 (Edition Suhrkamp 2076)
Friedrich Dürrenmatt, *Durcheinandertal.* Diogenes, Zürich 1989
Friedrich Dürrenmatt, *Turmbau. Stoffe IV–IX.* Diogenes, Zürich 1990
Jürg Federspiel, *Wahn und Müll.* Limmat, Zürich 1983
Peter Flüeler, *Holzweg, kein Durchgang.* Calven, Chur 2001
Wolfram Frank, *Angelica, zarte Seele.* Calven, Chur 1999
Wolfram Frank, *Jelenas Geschichte.* Calven, Chur 2002
Wolfram Frank, *Davos - ein Essay.* Desertina, Chur 2004
Dante Andrea Franzetti, *Die Versammlung der Engel im Hotel Excelsior.* Nagel & Kimche, Zürich 1990
Günter Grass, *Im Krebsgang.* Steidl, Göttingen 2002
Armin Gyger, *Es ist noch längst nicht aller Nächte Morgen.* Calven, Chur 1999
Toni Halter, *Konzil im Dorf.* Aus dem Romanischen von Paul Kamer, Rex-Verlag, Luzern/Stuttgart 1980
Hans Hehlen, *Die Herberge.* Agelstern, Zürich 1990
Katharina Hess, *Traversina.* Terra Grischuna, Chur 1999
Katharina Hess, *Septemberschnee.* Terra Grischuna, Chur 2001
Wolfgang Hildesheimer, *Mitteilungen an Max über den Stand der Dinge und anderes.* Suhrkamp, Frankfurt a. M. 1983
Silvio Huonder, *Übungsheft der Liebe.* Roman. Fischer Verlag, Frankfurt a. M. 1998
Walther Kauer, *Tellereisen.* Benziger, Zürich 1979
Ulrich Knellwolf, *Tod in Sils Maria. 13 üble Geschichten.* Arche, Zürich 1994
Gertrud Leutenegger, *Ninive.* Suhrkamp, Frankfurt a. M. 1977
Rosetta Loy, *Schokolade bei Hanselmann.* Piper, München 1996
Mariella Mehr, *Daskind.* Roman. Ullstein, Berlin 1997
Mariella Mehr, *Angeklagt.* Roman. Nagel & Kimche, Zürich 2002
Hans Mohler, *Regimentsspiel.* Flamberg, Zürich 1969
Adolf Muschg, *Sutters Glück.* Suhrkamp, Frankfurt a. M. 2003 (Suhrkamp Taschenbuch 3442)
Erica Pedretti, *Engste Heimat.* Suhrkamp, Frankfurt a. M. 1995
Andri Peer, *Jener Nachmittag in Poschiavo.* Reinhardt, Basel 1974
Oscar Peer, *Gärten über dem Strom.* Benziger, Zürich 1983
Oscar Peer, *Grenzstation,* Benziger, Zürich 1984
Rut Plouda, *Wie wenn nichts wäre. Sco scha nüglia nu füss* (deutsch und romanisch). Octopus, Chur 2001
Brigitte Sattelberger, *Das geschenkte Jahr. Eine Kur in Davos vor 100 Jahren.* Roman. Echo-Verlag, Freiburg i. Br. 1995
Annemarie Schwarzenbach, *Das glückliche Tal.* Mit einem biografischen Nachwort von Charles Linsmayer. Huber, Frauenfeld 1987
Sina Semadeni-Bezzola, *Hektor und Viktor. 13 verrückte Geschichten.* Appenzeller Verlag, Herisau 2004
Bernhard Setzwein, *Nicht kalt genug.* Roman. Haymon, Innsbruck 2000
Arno Surminski, *Malojawind. Eine Liebesgeschichte.* Rororo Taschenbuch, Reinbek 1991
Rico Tambornino, *Eiszeitjäger.* Erzählungen. Terra Grischuna, Chur 1998
Vincenzo Todisco, *Das Krallenauge.* Roman. Aus dem Italienischen von Maja Pflug. Rotpunktverlag, Zürich 2001

Vincenzo Todisco, *Wie im Western.* Roman. Aus dem Italienischen von Maja Pflug. Rotpunktverlag, Zürich 2004
Leo Tuor, *Onna Maria Tumera oder Die Vorfahren.* Aus dem Rätoromanischen von Peter Egloff, Limmat, Zürich 2004
Robert Vieli, *Ermittlungen in der Provinz. Ein Bündner Gaunerroman.* Rothenhäusler, Stäfa 1998
Robert Vieli, *Der Mann mit dem gläsernen Blick und andere seltsame Geschichten.* Desertina, Disentis 2002
Barbara Vine, *Königliche Krankheit.* Aus dem Englischen von Renate Orth-Guttmann. Diogenes, Zürich 2003
Otto F. Walter, *Das Staunen der Schlafwandler am Ende der Nacht.* Rowohlt, Hamburg 1983
Markus Werner, *Bis bald.* Roman. Residenz, Salzburg 1992
Gloria Wunram, *Der blaue Koffer.* Roman. eFeF-Verlag, Bern 1997
Emil Zopfi, *Computer für tausendundeine Nacht.* Limmat, Zürich 1980

Italiano

Alice Ceresa, *La figlia prodiga.* Einaudi, Torino 1967
Alice Ceresa, *Bambine.* Einaudi, Torino 1990
Remo Fasani, *Allegoria.* Bastogi, Foggia 1984
Remo Fasani, *Il vento del Maloggia.* Casagrande, Bellinzona 1997
Remo Fasani, *A Sils Maria nel mondo.* Book Editore, Castel Maggiore 2000
Marco Foppoli, *Il patto perduto.* Romanzo storico. Alpinia Editrice, Bormio 2000
Ketty Fusco, *In quell'albergo sul fiume.* Armando Dadò, Locarno 1999
Paolo Gir, *La rifugiata e altri racconti.* Pro Grigioni Italiano e Armando Dadò, Locarno 1996
Paolo Gir, *L'azzurro di sera.* Armando Dadò, Locarno 1998
Paolo Gir, *Le vie della notte.* Armando Dadò, Locarno 2002
Rosetta Loy, *Cioccolata da Hanselmann.* Rizzoli, Milano 1995
Grytzko Mascioni, *Carta d'autunno.* Mondadori, Milano 1973
Grytzko Mascioni, *Le notte di Apollo.* Rusconi, Milano 1990
Grytzko Mascioni, *Puck.* Romanzo. Piemme, Casale Monferrato 1996
Grytzko Mascioni, *Un'estate mediterranea.* Rai-Eri, Roma 1999
Anna Mosca, *Il grano sulla tomba. Processo a Delia.* (Due romanzi) Elvetica, Chiasso 1970
Elda Simonett-Giovanoli, *Personaggi veri e leggende.* Menghini, Poschiavo 1997
Rinaldo Spadino, *L'ultima radice.* Pantarei, Lugano 1978
Rinaldo Spadino, *Tania.* Pedrazzini, Locarno 1981
Vincenzo Todisco, *Il culto di Gutenberg e altri racconti.* Pro Grigioni Italiano e Armando Dadò, Locarno 1999
Vincenzo Todisco, *Quasi un western.* Edizioni Casagrande, Bellinzona 2003

Rumantsch

Clo Duri Bezzola, *A l'ur dal di.* Il Chardun, Zernez 1984
Clo Duri Bezzola, *La chà dal sulai.* Uniun dals Grischs, Samedan 1987
Cla Biert, *Las fluors da desert.* Anita Biert, Ardez 1993
Silvio Camenisch, *Cara Laura.* Romania, Trun 1984
Silvio Camenisch, *Smaledetta primavera.* Romania, Trun 1986
Silvio Camenisch, *Miez miur e miez utschi.* Romania, Trun 1989
Silvio Camenisch, *Frenzi, ed auters raquens.* Desertina, Disentis 2001
Theo Candinas, *Burnida.* Edition Fontaniva, Chur 1965
Theo Candinas, *L'orva.* Edition Fontaniva, Chur 1966
Theo Candinas, *Entagls.* Edition Fontaniva, Chur 1974
Theo Candinas, *Historias da Gion Barlac.* Romania, Trun 1977
Theo Candinas, *Tè – Tuà.* Desertina, Disentis 1993
Theo Candinas, *Maria Madleina; Biografia d'ina lavunza.* Ediziun Romania, Trun 2004
Flurin Darms, *Sut il Pinut.* Novellas. Edition Fontaniva, Chur 1972
Flurin Darms, *D'ina riv'a l'autra.* Eigenverlag, Domat/Ems 1978
Gion Deplazes, *Paun Casa.* Maggi, Ilanz/Glion 1960

Gion Deplazes, *La spina ella spatla.* Romania, Trun 2001
Ursicin G. G. Derungs, *Il cavalut verd ed auter prosa.* Eigenverlag, Vella 1988
Victor Durschei, *Mistira.* Spescha e Grünenfelder, Ilanz/Glion 1998
Jacques Guidon, *Pennarias.* Il Chardun, Tschlin 2001
Jon Guidon, *Poesia e prosa,* Uniun dals Grischs, Zernez 1980
Toni Halter, *Culan da Crestaulta.* Maggi, Ilanz/Glion 1956
Toni Halter, *Il cavalè della Greina.* Desertina, Disentis 1960
Toni Halter, *Diari suenter messa.* Desertina, Disentis 1977
Vic Hendry, *Ils Saracens vegnan.* Desertina, Disentis 1974
Vic Hendry, *Sur logs sogns.* Condrau, Disentis 1981
Giovanni Netzer, *La mort da Giulietta.* Raquints. Artori, Savognin 2000
Jon Nuotcla, *L'öv dal ravarenda.* Chasa paterna, Lavin 1984
Jon Nuotcla, *Istorgias.* Il Chardun, Tschlin 2001
Andri Peer, *Poesias 1946–1985.* Desertina, Disentis 2003
Oscar Peer, *Accord.* Chasa paterna, Lavin 1978
Oscar Peer, *Viadi sur confin.* Uniun dals Grischs, Celerina/Schlarignia 1981
Oscar Peer, *Tanter di e not.* Uniun dals Grischs, Celerina/Schlarignia 1993
Leo Tuor, *Onna Maria Tumera ni ils antenats.* Octopus Verlag, Chur 2002

Walserdeutsch

Anna Maria Bacher, *Z Tzit fam Schnee (Die Zeit des Schnees).* Verlag Bündner Monatsblatt, Chur 1994
Hanna Grünitz-Camastral, *Vo dä Gemschi und anderi Gschichtä us em Riiwaald.* Walservereinigung Graubünden, Splügen 2001
Luzi Jenny, *Im Gädemli. Gschichtä und Gidichti im Tschappiner Dialekt.* Walservereinigung Graubünden, Splügen 2002
Luzi Jenny, *Wier und schii.* Dialektgeschichten. Terra Grischuna, Chur 1985
Bernadette Lerjen-Sarbach, *En anneri Faarb.* Alte und neue Texte. Walservereinigung Graubünden, Chur 2000
Bernadette Lerjen-Sarbach, *Mamma Lawasch. Blick in eine Kindheit.* Rotten-Verlag, Visp 2000
Elisabeth Mani-Heldstab, *Underwägs.* Walservereinigung Graubünden, Chur 1999

Anthologien und Jahrbücher

Bündner Jahrbuch. Zeitschrift für Kunst, Kultur und Geschichte Graubündens. Verlag Bündner Jahrbuch, Chur 1960ff.
Rumantscheia. Eine Anthologie rätoromanischer Schriftsteller der Gegenwart. Redaktion: Vic Hendry und Andri Peer (romanisch und deutsch). Artemis, Zürich 1979
Vincenzo Todisco (Hrsg.), *Maremonti – Literarische Stimmen aus Graubünden* (dreisprachig). Scala 3; Beiheft zum *Bündner Jahrbuch* 2003. Verlag Bündner Jahrbuch, Chur 2002

Italiano

Quaderni Grigionitaliano. Rivista trimestriale. Pro Grigioni Italiano, Coira 1998ff.
Scrittori Del Grigioni Italiano. Antologia letteraria. A cura di Antonio e Michèle Stäuble. Pro Grigioni Italiano e Armando Dadò, Locarno 1998

Rumantsch

Litteratura. Nuovas litteraras. Periodikum des Vereins der romanischen Schriftstellerinnen und Schriftsteller. Cuera 1978ff.
Revista Retoromontscha. Lia Romontscha, Chur/Cuera 1971ff.

Walserdeutsch

Erika Hössli, Kurt Wanner, *Uber alli Grenzä. Walser Dialekttexte der Gegenwart.* Verlag Bündner Monatsblatt, Chur 1992

Walser Weisheiten. Sprichwörter und Redensarten. Hrsg.: Max Weibel. Huber, Frauenfeld 1998

Kinderbücher

Linard Bardill, *Ro & die Windmaschine.* Neugebauer, Gossau/ZH 2001
Linard Bardill, *Aus dem blauen Wunderland. Das gelbe Ding.* Neugebauer, Gossau/ZH 2001
Linard Bardill, *Baumhütte Falkenburg.* Neugebauer, Gossau/ZH 2002
Linard Bardill, *Kannst du nicht schlafen.* Neugebauer, Gossau/ZH 2003
Lukas Bardill, *Die Geschichte vom heiligen Strohsack.* Casanova, Chur 2001
Alois Cariget, *Des St. Moritzer Peterli wunderbares Skiabenteuer. Ein sommerlicher Spitzbubenstreich.* Zwei Erzählungen. Reprint. Orell Füssli, Zürich 1995
Alois Cariget, *Birnbaum, Birke, Berberitzte. Eine Geschichte aus den Bündner Bergen.* Orell Füssli, Zürich 1996
Alois Cariget, *Maurus und Madleina. Über den Berg in die Stadt.* Orell Füssli, Zürich 1996
Alois Cariget, *Zottel, Zick und Zwerg. Eine Geschichte von drei Geissen.* Orell Füssli, Zürich 1996
Alois Cariget, Selina Chönz, *Flurina und das Wildvögelein. Schellen-Urslis Schwester.* Orell Füssli, Zürich 1996
Alois Cariget, Selina Chönz, *Der grosse Schnee.* Orell Füssli, Zürich 1996
Alois Cariget, Selina Chönz, *La naivera.* Lia Rumantscha, Chur/Cuoira 2001
Alois Cariget, Selina Chönz, *Schellen-Ursli.* Orell Füssli, Zürich 1995
Franziska Dürr Reinhard, *Kirchners Katze.* Bilder von Ernst Ludwig Kirchner. Verlag Bündner Monatsblatt, Chur 2003
Geschichten aus Graubünden zur ersten Schweizer Erzählnacht. Bündner Arbeitsgemeinschaft Jugendbuch, Bonaduz 1995
Yvonne Goldner-Beivi, *Mondnacht.* Reinhardt, Basel 2001
Margret Rettich, *Die Geschichte vom Wasserfall, der Christian Pitschen Melchior Glück brachte, als dieser es schon verloren glaubte.* Neptun, Kreuzlingen 1991
Pierina Seglias, *Du bist nicht allein, kleines Mädchen.* Eigenverlag, Bonaduz 2001
Sina Semadeni-Bezzola, *Munkelmaus. Märchen in zwölf Monaten.* Cardun-Verlag, Winterthur 1997
Antonella Stecher-Castellani, *Hurlipatsch e Sontgaclau. Hurlipatsch und der Nikolaus* (deutsch und romanisch). Ediziun Hurlipatsch, Scuol 1996

Lesen über Graubünden

Standardwerke und Sachbücher zur Kultur- und Literaturgeschichte

Andreas Bellasi, Ursula Riederer, *Weine aus Graubünden. Zwischen Tradition und Trend: Rebkultur im Bündner Rheintal.* Stutz Verlag, Wädenswil 1993
Robert Henry Billigmeier, *Land und Volk der Rätoromanen. Eine Kultur- und Sprachgeschichte.* Huber, Frauenfeld 1983
Arnold Buchli, *Mythologische Landeskunde von Graubünden.* 3 Bände. Desertina, Disentis 1989/1990
»Bündner Bibliografie«. In: *Bündner Monatsblatt,* Heft 2. Verlag Bündner Monatsblatt, Chur 1985ff.
Iso Camartin, *Rätoromanische Gegenwartsliteratur in Graubünden.* Desertina, Disentis 1977
Carl Camenisch, *Graubünden in der deutschen Dichtung.* Haessel Verlag, Leipzig 1923
Christian Caminada, *Graubünden – Die verzauberten Täler.* Reprint. Desertina, Distentis 1992
Paul Caminada, *Wintersport; Entstehung und Entwicklung. Desertina,* Disentis 1986
Rita Cathomas, Marianne Fischbacher, *Erzählenhören. Frauenleben in Graubünden.* Octopus, Chur 1998
Rita Cathomas, Marianne Fischbacher, *Das Erzählen geht weiter. Frauenleben in Graubünden.* Octopus, Chur 1999
Churer Stadtgeschichte, 2 Bände. Verlag Bündner Monatsblatt, Chur 1993
Caspar Decurtins, *Rätoromanische Chrestomathie.* 15 Bände. Reprint. Octopus, Chur 1982–1986
Caspar Decurtins, Ursula Brunold, *Die drei Winde.* Romanische Märchen. Desertina, Disentis 2002

Gion Deplazes, *Die Rätoromanen. Ihre Identität in der Literatur.* Desertina, Disentis 1991
Kurt Derungs, *Amalia oder der Vogel der Wahrheit. Mythen und Märchen aus Rätien im Kulturvergleich.* Verlag Bündner Monatsblatt, Chur 1994
Peter Donatsch, *Walser – Geschichten vom Leben zwischen den Bergen.* Verlag Bündner Monatsblatt, Chur 1994
Leza Dosch, *Kunst und Landschaft in Graubünden.* Bilder und Bauten seit 1780. Scheidegger & Spiess, Zürich 2001
Fraubünden. Frauen- und Geschlechtergeschichte Graubünden. Hrsg. von Silvia Hofmann, Ursula Jecklin, Silke Redolfi. 4 Bände. Verlag Neue Zürcher Zeitung, Zürich 2003–2006
Frauen in Graubünden, Hrsg.: Frauenzentrale Graubünden. Desertina, Disentis 1990
Jürg Frischknecht, Thomas Kramer, Werner Swiss Schweizer, *Filmlandschaft Engadin, Bergell, Puschlav, Münstertal.* Verlag Bündner Monatsblatt, Chur 2003
Ueli Haldimann, *Hermann Hesse, Thomas Mann und andere in Arosa.* AS Verlag, Zürich 2001
Handbuch der Bündner Geschichte, 4 Bände, Hrsg.: Verein für Bündner Kulturforschung. Verlag Bündner Monatsblatt, Chur 2000
Heidi, Karrieren einer Figur. Hrsg. von Ernst Halter. Offizin, Zürich 2001
Dirk Heisserer, *Thomas Manns »Zauberberg«.* Piper, München 2000
Luzius Keller, *Proust im Engadin.* Insel, Frankfurt a. M. 1998
Märchenhaftes Graubünden. Eine Auswahl von Bündner Märchen und Sagen. Hrsg.: Katharina Hess. Terra Grischuna, Chur 1998
Silvio Margadant, *Land und Leute Graubündens im Spiegel der Reiseliteratur 1492–1800.* Juris, Zürich 1978
Jon Mathieu, *Bauern und Bären. Eine Geschichte des Unterengadins.* Octopus, Chur 1987
Jon Mathieu, *Eine Agrargeschichte der inneren Alpen.* Chronos, Zürich 1992
Paul Emanuel Müller, *Graubünden in den Werken der Dichter.* Desertina, Disentis 1985
Armon Planta, *Verkehrswege im alten Rätien.* 4 Bände. Terra Grischuna, Verlag Bündner Monatsblatt, Chur 1985–1987
Cla Riatsch, *Mehrsprachigkeit und Sprachmischung in der neueren bündnerromanischen Literatur.* Hrsg.: Verein für Bündner Kulturforschung. Verlag Bündner Monatsblatt, Chur 1998
Enrico Rizzi, *Geschichte der Walser.* Aus dem Italienischen von Mina und Urs Waldmann-Münzenmeier. Verlag Bündner Monatsblatt, Chur 1993
Andrea Schorta, *Wie der Berg zu seinem Namen kam. Kleines rätisches Namenbuch.* Terra Grischuna, Chur 1988
Günther Schwarberg, *Es war einmal ein Zauberberg. Thomas Mann in Davos. Eine Spurensuche.* Steidl, Göttingen 2001
Johann Rudolf Stoffel, *Das Hochtal Avers, Graubünden. Die höchstgelegene Gemeinde Europas,* erstmals erschienen 1938, 4. unveränderte Auflage, Gemeinde Avers und Walservereinigung Graubünden, 2003
Kurt Wanner, *Der Himmel schon südlich, die Luft aber frisch. Schriftsteller, Maler, Musiker und ihre Zeit in Graubünden 1800–1950.* Verlag Bündner Monatsblatt, Chur 1993
Kurt Wanner, *Wo ich mich leichter fühle als anderswo. Annemarie Schwarzenbach und ihre Zeit in Graubünden.* Verlag Bündner Monatsblatt, Chur 1999
Kurt Wanner, *Philipp Hössli oder die Sehnsucht nach der Aussicht auf dem Gipfel des Berges.* Walservereinigung Graubünden, Splügen 2000
Richard Weiss, *Das Alpwesen Graubündens. Wirtschaft, Sachkultur, Recht, Älplerarbeit und Älplerleben.* Reprint. Octopus, Chur 1992

Thematisch weiterwandern in Graubünden

Architektur-, Kultur-, Kunst- und Wanderführer

Ursula Bauer, Jürg Frischknecht, *Bäderfahrten. Wandern und baden, ruhen und sich laben.* Rotpunktverlag, Zürich 2002
Ursula Bauer, Jürg Frischknecht, *Grenzschlängeln. Routen, Pässe und Geschichten.* Rotpunktverlag, Zürich, 5. Aufl. 2004

Ursula Bauer, Jürg Frischknecht, *Veltliner Fußreisen. Zwischen Bündner Pässen und Bergamasker Alpen.* Rotpunktverlag, Zürich, 3. Aufl. 2000

Charly Bieler, *Unter Lüstern. 33 traditionelle Hotels in Graubünden.* Desertina, Disentis 2003

Köbi Gantenbein, Jann Lienhart, Cordula Seger, *Bauen in Graubünden. Ein Führer zur Gegenwartsarchitektur.* Hochparterre, Zürich 1999

Katharina Hess, *Märchenhaftes Wandern in Graubünden. Auf den Spuren von Sagen und Märchen.* Terra Grischuna, Chur 2000

Erhard Meier, *Kulturwege in Graubünden.* Terra Grischuna, Chur 2000

Museen in Graubünden. Ein abwechslungsreicher Gang durch die Geschichte, Kultur und Natur Graubündens. Terra Grischuna, Chur 1995

Gabriel Peterli, Gerhard Schlichenmaier, *Barocke Kirchen in Graubünden; Architektur, Plastik, Malerei.* Verlag Bündner Monatsblatt, Chur 2003

Schweizer Architekturführer 1920–1990. Band 1 und 3. Werk Verlag, Zürich 1992

Kurt Wanner, *Unterwegs auf Walserpfaden. Ein Wanderbuch.* Walservereinigung Graubünden, Chur 1999

Graubünden Kultur

Nützliche Adressen und Kontakte bei der Planung literarischer Wanderungen in Graubünden, zum Kennenlernen der vielfältigen Kulturlandschaften und wichtigsten kulturellen Ereignisse sowie zur Beschaffung vergriffener Werke aus und über Graubünden

Bibliotheken

Kantonsbibliothek Graubünden
Karlihofplatz
7001 Chur
Tel. 081 257 28 28, Fax 081 257 21 53
(Mo geschl.)
www.kbchur.gr.ch
E-Mail: info@kbchur.gr.ch

Dokumentationsbibliothek Davos
Promenade 88
7270 Davos Platz
Tel. 081 413 08 26, Fax 081 413 40 74
(Di 16–20 Uhr, Mi–Fr 15–19 Uhr)
www.davos.gr.ch
E-Mail: timothy.nelson@davos.gr.ch

Dokumentationsbibliothek Oberengadin
Plazza da scuola
7500 St. Moritz
Tel. 081 834 40 00, Fax 081 834 40 01
(Di, Mi 15–18.30 Uhr, Do 15–19.30 Uhr)
www.engadina.ch
E-Mail: bibliothek.stmoritz@bluewin.ch

Museen
Fast jede größere Ortschaft in Graubünden unterhält ein Orts- oder Heimatmuseum, das regionale Geschichte, Handwerk, Landwirtschaft und religiöse Kunst dokumentiert. Hinweise dazu finden sich in den LiteraTour-Infos der einzelnen Kapitel; Auskünfte geben auch die örtlichen Tourismusbüros. Hier eine Auswahl der überregional bedeutendsten Museen (wo nicht anders vermerkt, sind sie montags geschlossen):

Bündner Kunstmuseum
Postplatz
7002 Chur
Tel. 081 257 28 68, Fax 081 257 21 72
www.buendner-kunstmuseum.ch
E-Mail: info@bkm.gr.ch

Bündner Natur Museum
Masanserstr. 31
7000 Chur
Tel. 081 257 28 41, Fax 081 257 28 50
www.naturmuseum.gr.ch
E-Mail: info@bnm.gr.ch

Rätisches Museum
Hofstr. 1, Museumplatz
7000 Chur
Tel. 081 257 28 88, Fax 081 253 31 18
www.rm.gr.ch
E-Mail: info@rm.gr.ch

Kirchner Museum Davos
Promenade, Ernst-Ludwig-Kirchner-Platz
7270 Davos Platz
Tel. 081 413 22 02, Fax 081 413 22 10
(Juli–Sept. täglich 10–12, 14–18 Uhr; übrige Zeit: 14–18 Uhr)
www.kirchnermuseum.ch
E-Mail: kirchnermuseum@spin.ch

Casa Carniec Museum Regiunal Surselva
7130 Glion/Ilanz
Tel. 081 925 41 81 oder 081 925 43 23
(Juni–Okt. Di, Do, Sa 14–17 Uhr)
www.museumregiunal.ch
E-Mail: info@museumregiunal.ch

Ciäsa Granda Museo della Val Bregaglia
(Juni–Okt. täglich 14–17 Uhr)
7605 Stampa
Tel. 081 822 17 16
www.bregaglia.ch

Cuort Ligia Grischa Museum Sursilvan
(April–Nov. Mo, Mi, Sa 14–17 Uhr)
Via principala
7166 Trun
Tel. 081 943 25 83

Veranstaltungen
Im dreisprachigen Graubünden finden zahlreiche kulturelle Veranstaltungen statt. Nachstehend die interessantesten jährlich (oder alle zwei bis fünf Jahre) wiederkehrenden Kulturereignisse. Infos und Programm sind direkt erhältlich oder abrufbar.

Alpine Kulturtage Thusis
Obere Stallstr. 2
7430 Thusis
Tel. 081 630 06 58, Fax 081 630 06 55
www.kinothusis.ch/alpine kulturtage
E-Mail: aktt@bluewin.ch

Dis da litteratura a Domat / Rätoromanische Literaturtage Domat/Ems
Uniun da scripturas e scripturs rumantschs (Verband der romanischen Schriftstellerinnen und Schriftsteller)
c/o Lia Rumantscha
Via da la Plessur 47
7001 Chur
Tel. 081 258 32 22, Fax 081 258 32 23
www.usrum.ch
www.rumantsch.ch
E-Mail: liarumantscha@rumantsch.ch

Festival dal film rumantsch / Festival des romanischen Films
c/o CCM Center da cumpetenza e management cultura, lungatg e formaziun (Kompetenz- und Managementzentrum für Kultur, Sprache und Bildung der Region Surselva)
Casa da Mont
7031 Laax
Tel. 081 921 25 60, Fax 081 921 25 70
www. ccm-laax.ch
E-Mail: ccm.secretariat@rumantsch.ch

Freilichtspiele Chur
Postfach 305
7002 Chur
Tel. 081 252 43 31
E-Mail: verein.frech@bluemail.ch

Jazz Tage Davos
c/o Davos Tourismus
Promenade 67
7270 Davos
Tel. 081 415 21 21, Fax 081 415 21 59
www.davos.ch
E-Mail: events@davos.ch

Giornate Grigionitaliane / Italienisch-bündnerische Begegnungstage
Pro Grigioni Italiano
Martinsplatz 8
7000 Chur
Tel. 081 252 86 16, Fax 081 253 16 22
www.pgi.ch
E-Mail: info@pgi.ch

Klibühni Höflibeiz (Juli–August)
Kirchgasse 14
7002 Chur
Tel. 081 252 02 37, Fax 081 252 74 71
www.klibuehni.ch
E-Mail: hoefli@klibuehni.ch

Scuntrada / Begegnungstage der RätoromanInnen
Lia Rumantscha
Via da la Plessur 47
7001 Chur
Tel. 081 258 32 22, Fax 081 258 32 23
www.liarumantscha.ch
E-Mail: liarumantscha@rumantsch.ch

Weltfilmtage Thusis
Obere Stallstr. 2
7430 Thusis
Tel. 081 630 06 56, Fax 081 630 06 55
www.kinothusis.ch/weltfilmtage
E-Mail: kinothusis@bluewin.ch

Infos aktuell

Freizeit Graubünden
Karlihof 11
7208 Malans
Tel. 081 300 06 90, Fax 081 300 06 99
E-Mail: info@freizeit-graubuenden.ch
www.freizeit-graubuenden.ch

Graubünden Ferien
Alexanderstr. 24
7001 Chur
Tel. 081 254 24 24, Fax 081 254 24 00
www.graubuenden.ch
E-Mail: contact@graubuenden.ch

Thematisches Wandern

www.wanderweb.ch

Die Autorinnen und Autoren

Daniel Anker

1954 in Schaffhausen, Journalist, schrieb einen Skitourenführer »Graubünden. Ostschweiz« (2. Aufl. 1997) und gab im Zürcher AS-Verlag die Bergmonografien »Piz Bernina – König der Ostalpen« (1999) und »Piz Palü – Dreiklang in Fels und Eis« (2003) heraus; er lebt in Bern.

Dres Balmer

1949 in Grindelwald. Schriftsteller und Reisereporter für verschiedene Zeitschriften, Zeitungen und Radio DRS; er lebt in Zürich.

Ursula Bauer

1947 in Solothurn, lebt und arbeitet als Mediendokumentalistin und Autorin in Zürich. Zusammen mit Jürg Frischknecht veröffentlichte sie die Lesewanderbücher »Grenzschlängeln« (5. Aufl. 2004), »Veltliner Fußreisen« (3. Aufl. 2000), »Antipasti und alte Wege« (4. Aufl. 2004), »Bäderfahrten« (2002) sowie »Grenzland Bergell« (2003), alle im Rotpunktverlag Zürich.

Köbi Gantenbein

1956 in Malans. Soziologiestudium in Zürich. Redaktor bei der »Bündner Zeitung«, dann Reporter beim Schweizer Radio. Heute Chefredaktor von »Hochparterre«, der Zeitschrift für Architektur und Design.

Annetta Ganzoni

1958 a Schlarigna, viva a Berna. Zieva il diplom da magistra secundara instrucziun in diversas scuolas dal Grischun. Stüdi da romanistica. Lavura daspö il 1997 scu conservatura dals fonds aint il Archiv svizzer da litteratura cun respunsabilted per il rumauntsch e'l taliaun. Lavuors publizisticas, scientificas e redacziunelas.

1958 in Celerina, lebt in Bern. Nach dem Sekundarlehrerdiplom Unterricht an verschiedenen Schulen Graubündens. Romanistikstudium. Arbeitet seit 1997 als wissenschaftliche Mitarbeiterin im Schweizerischen Literaturarchiv mit der Verantwortlichkeit für das Romanische und Italienische. Publizistische, wissenschaftliche und redaktionelle Arbeiten.

Marco Guetg

1949 in Savognin, lebt in Zürich. Studium der Germanistik und Geschichte. Redaktor (»Bündner Zeitung«, »Schweizerischer Beobachter«), Kulturredaktor bei der »Bündner Zeitung«, dann bei der »SonntagsZeitung«. Seit 2001 verantwortlich für die Wochenendbeilage der »Mittelland Zeitung« und freier Journalist.

Jean-Pierre Jenny

Naschi 1950 a Strasbourg. È scolast per tudestg e talian e docent a l'Institut pedagogic Basilea. El viva e lavura a Basilea.
1950 in Strasbourg. Studium der Germanistik und Romanistik. Gymnasiallehrer für Deutsch und Italienisch sowie Dozent am Pädagogischen Institut Basel. Er lebt und arbeitet in Basel.

Susanne Christina Jost

1969 in Davos. Ethnologin. Projekt- und Forschungsassistentin der Ethnographischen Sammlung am Historischen Museum Bern. Autorin verschiedener wissenschaftlicher und publizistischer Arbeiten zu materieller Kultur und sozialem Gedächtnis im europäischen und außereuropaischen Raum.

Esther Krättli

Naschida 1967 a Tusan. Instruescha rumantsch e talian e lavura sco collavuratura libra tar il Radio Rumantsch. Ella viva a Cuira.
1967 in Thusis. Romanistikstudium. Unterrichtet Romanisch und Italienisch und arbeitet als freie Mitarbeiterin bei Radio Rumantsch. Sie lebt in Chur.

Jano Felice Pajarola

1973 in Thal SG, seit 1980 in Graubünden. Studium an der Universität Bern und an der Schule für Angewandte Linguistik in Zürich. Journalist. Seit 1999 Regionalredaktor der »Südostschweiz« für Mittelbünden und die Surselva.

Constantin Pitsch

1946 a Müstair, viva a Berna. Davo il diplom da magister secundar instrucziun in diversas scoulas dal Grischun. Lavur schurnalistica pro'l Radio Rumantsch. Daspö il 1991 collavuratur scientific pro l'Uffizi federal da cultura, respunsabel per la politica da linguas federala.

1946 in Müstair, lebt in Bern. Nach dem Sekundarlehrerdiplom Unterricht an verschiedenen Schulen Graubündens. Mitarbeit bei Radio Rumantsch. Arbeitet seit 1991 als wissenschaftlicher Mitarbeiter im Bundesamt für Kultur, Zuständigkeitsbereich: Sprachenpolitik des Bundes.

Ueli Redmann
1946 in Zürich, seit 1976 in Malans GR. Psychotherapeut. Psychotherapeutische Praxis in Chur und Dozent für Kommunikation in Gesundheitsberufen.

Ursula Riederer
1945 in Zürich, seit 1976 in Graubünden. Journalistin, Übersetzerin, Autorin von Sachbüchern, darunter »Alsleben, alias Sommerlad« (Rotpunktverlag, Zürich 1997) und »Rudolf Olgiati – Bauen mit den Sinnen« (HTW Chur Verlag, Chur 2004). Publiziert regelmäßig mit den Schwerpunkten Architektur und Alltagskultur in verschiedenen Zeitungen und Fachzeitschriften.

Kaspar Schuler
1958 in Zürich, ab 1979 als Senn und Alphirt, seit 1988 ganzjährig in Graubünden wohnhaft. Umweltbewegter (zurzeit bei Greenpeace Schweiz angestellt), freier Journalist. Mitherausgeber und Co-Autor von »Handbuch Alp, Handfestes für Alpleute, Erstaunliches für Zaungäste« (Octopus, Chur 1998), Redaktor von »Graubünden – weiter als das Auge reicht« (Bündner Monatsblatt, Chur 2001).

Andreas Simmen
1954 in Jenaz. Journalist und Verlagslektor. Bis 1998 Redaktor bei der »Wochenzeitung« (WOZ), bis 2000 Redaktor bei »Le Monde diplomatique«/dt. Ausgabe. Herausgeber, Programmleiter beim Rotpunktverlag. Er lebt in Zürich.

Margrit Sprecher
In Chur geboren; lebt in Zürich. Bis 2003 Redaktorin bei der »Weltwoche«, heute freie Journalistin. Buchpublikationen, u.a. »Bündner« (Terra Grischuna, Chur 1991), »Menschen vor Gericht« (Ammann, Zürich 1986), »Leben und Sterben im Todestrakt« (Haffmans, Zürich 2000), »Ungebetene Besuche« (Suhrkamp, Frankfurt a. M. 2001).

Vincenzo Todisco

1964 a Stans NW. Laureato in lettere. Scrittore, docente presso la Scuola universitaria pedagogica dei Grigioni. Fino al 2004 redattore della rivista »Quaderni grigionitaliani«. Opere importanti: »Il culto di Gutenberg« (Dadò, Locarno 1999); »Quasi un western« (Casagrande, Bellinzona 2003); curatore di »Maremonti – Voci letterarie dai Grigioni« (Verlag Bündner Jahrbuch, Coira 2002); »Angelo e il gabbiano«, un libro per bambini (Procap Grischun/Südostschweiz, Coira 2003). Premio di incoraggiamento del Canton Grigioni (2001).
1964 in Stans NW. Romanistikstudium. Schriftsteller, Dozent an der Pädagogischen Fachhochschule Graubünden. Bis 2004 Redaktor der Kulturzeitschrift »Quaderni grigionitaliani«. Publikationen in deutscher Übersetzung: »Das Krallenauge« (Rotpunktverlag, Zürich 2001); »Wie im Western« (Rotpunktverlag, Zürich 2004); Herausgeber von »Maremonti – Literarische Stimmen aus Graubünden« (Verlag Bündner Jahrbuch, Chur 2002; »Angelo und die Möwe«, Kinderbuch (Procap Grischun/Südostschweiz, Chur 2003). Förderpreis des Kantons Graubünden (2001).

Kurt Wanner

1943 in Chur, lebt in Splügen als Sekretär der Walservereinigung Graubünden und Publizist. Wichtigste Veröffentlichungen: »Unterwegs auf Walserpfaden« (Bündner Monatsblatt, Chur 1989), »Der Himmel schon südlich, die Luft aber frisch« (Bündner Monatsblatt, Chur 1993), »Ist Dir bange vor meiner Liebe? Bettina von Arnims Briefwechsel mit Philipp Hössli« (Insel, Frankfurt a. M. 1997), »Via Spluga« (Terra Grischuna, Chur 2001).

Pit Wuhrer

1950 in Ravensburg (BRD), lebt in Konstanz. Auslandredaktor bei der »Wochenzeitung« (WOZ). Buchpublikationen, u. a. »Die Freiheit ist zäh und stirbt endlos. Liverpool – über die Zerstörung einer Region« (Rotbuchverlag, Berlin 1983), »Die Trommeln von Drumcree. Nordirland am Rande des Friedens« (Rotpunktverlag, Zürich 2000).

Der Fotograf

Erich Gruber

1939 in Zürich, Grafiker und Illustrator, lebt in Zürich und in Graubünden. Arbeitete als Grafiker vorwiegend für Industrie- und Dienstleistungsunternehmen; daneben Mitarbeit als Cartoonist bei diversen Zeitschriften und Büchern. Passionierter Fotograf, Bergsteiger und Wanderer.

Der Herausgeber

Andreas Bellasi

1951 in Zürich, seit 1980 in Graubünden. Journalist und Autor. Schrieb Reportagen u. a. für »Du«, »Das Magazin«, »Merian«, »NZZ Folio«, »Weltwoche«, »Zeit-Magazin«. Publizierte Reiseführer und diverse Sachbücher, darunter »Vom Kraut zum höchsten Glück« (Waldgut, Frauenfeld 1993), »Alsleben, alias Sommerlad« (Rotpunktverlag, Zürich 1997) sowie die Romanbiografie »Borromini« (Waldgut, Frauenfeld 1997).

Bildnachweise

Das Umschlagbild und alle Landschaftsfotografien stammen von Erich Gruber, Zürich und Thusis.

Die Porträtaufnahmen der Schriftstellerinnen und Schriftsteller, die die literarischen Wege weisen, sind mit freundlicher Genehmigung reproduziert:

S. 23 Johanna Spyri: Graphische Sammlung, Zentralbibliothek Zürich
S. 35 Thomas Bernhard: Österreichisches Literaturarchiv, Wien
S. 47 Hans Morgenthaler (Hamo): Fondazione Epper, Ascona
S. 59 Georg Fient: AG Buchdruckerei Schiers
S. 75 Hugo Marti: Archiv Charles Linsmayer, Zürich
S. 87 Arthur Conan Doyle: Orell Füssli Verlag, Zürich
S. 88 Max Frisch: Max-Frisch-Archiv, ETH Zürich
S. 91 Thomas Mann: Thomas-Mann-Archiv, Zürich
S. 99 Niklaus Meienberg: Graphische Sammlung, Schweizerische Landesbibliothek, Bern (ohne Copyright-Angabe)
S. 100 Silvio Huonder: Peter de Jong, Die Südostschweiz, Chur
S. 111 Friedrich Nietzsche: Archiv Rotpunktverlag, Zürich
S. 123 Hans Boesch: Thomas Burla, Nagel & Kimche Verlag, Zürich
S. 135 Ulrich Becher: Schweizerisches Literaturarchiv, Bern
S. 147 Elizabeth Main: Kulturarchiv Oberengadin, Samedan
S. 159 J. C. Heer: Kulturarchiv Oberengadin, Samedan
S. 171 Massimo Lardi: zur Verfügung gestellt von Massimo Lardi, Chur
S. 183 Markus Moor: zur Verfügung gestellt von Markus Moor, Rheinfelden
S. 195 Silvia Andrea: Andrea Garbald, Fondazione Garbald, Staatsarchiv Graubünden, Chur
S. 209 Cla Biert: Schweizerisches Literaturarchiv, Bern
S. 221 Caspar Decurtins: Archiv Octopus Verlag, Chur
S. 235 Jon Semadeni: Erich Gruber, Zürich
S. 247 Flurin Spescha: Peter de Jong, Die Südostschweiz, Chur
S. 259 Ernst Zahn: Archiv Charles Linsmayer, Zürich
S. 271 Toni Halter: Theo Gstöhl, Die Südostschweiz, Chur
S. 283 Johann Josef Jörger: Walservereinigung, Chur
S. 297 Leo Tuor: zur Verfügung gestellt von Leo Tuor, Surrein
S. 311 Gion Deplazes: Schweizerisches Literaturarchiv, Bern
S. 323 Jon Durschei und Irmgard Hierdeis: Werner Bucher, Orte-Verlag, Zelg-Wolfhalden
S. 324 John Knittel: Archiv Charles Linsmayer, Zürich
S. 335 C. F. Meyer: Graphische Sammlung, Zentralbibliothek Zürich
S. 347 Reto Hänny: Archiv Reto Hänny, Zollikon
S. 359 Wolfgang Hildesheimer: Ursula Riederer, Thusis
S. 371 Placidus Spescha: Verlag Bündner Monatsblatt, Chur
S. 383 Remo Fasani: Yvonne Böhler, zur Verfügung gestellt von Remo Fasani, Neuchâtel